Carmen Losmann / Stephan Siemens / Eva Bockenheimer (Hg.)
WORK HARD PLAY HARD

Carmen Losmann / Stephan Siemens /
Eva Bockenheimer (Hg.)

WORK HARD
PLAY HARD

Das Buch zum Film

SCHÜREN

Bibliografische Information der Deutschen Bibliothek
Die Deutsche Bibliothek verzeichnet diese Publikation in der Deutschen
Nationalbibliografie; detaillierte bibliografische Daten sind im Internet über
http://dnb.ddb.de abrufbar.

Schüren-Verlag GmbH
Universitätsstraße 55 · D-35037 Marburg
www.schueren-verlag.de
© Schüren 2013
Alle Rechte vorbehalten
Gestaltung: Erik Schüßler
Covermotiv: Thomas Schmidl unter Verwendung eines Motives von Achim Zeman
© VG Bild-Kunst, Bonn 2013
übrige Abbildungen gestaltet von Hilmar Stehr unter Verwendung von Motiven
aus WORK HARD PLAY HARD (© Dirk Lütter / Hupefilm, Köln 2011)
Druck: dd-ag, Birkach
Printed in Germany
Wir verwenden Papiere aus nachhaltiger Waldwirtschaft.
ISBN 978-3-89472-852-6

INHALT

VORWORT

Der Film WORK HARD PLAY HARD hatte einen für alle überraschenden Erfolg. Weder die Beteiligten noch die Film-ExpertInnen hatten mit dieser Resonanz gerechnet, denn ursprünglich war der Film für das ARTE-Programm am späten Abend vorgesehen. Auf dem Dokumentarfilm-Festival in Leipzig bekam der Film dann drei Preise: den Preis der ökumenischen Jury, den Healthy Workplaces Award und den Preis der internationalen Filmkritiker- und Filmjournalisten-Vereinigung FIPRESCI. So gelang es ihm, in die Kinos zu kommen und in den Kinos wurde er zum Ansatzpunkt für viele Diskussionen, an denen auch wir, die HerausgeberInnen dieses Buches mitgewirkt haben.

Diese breite Resonanz hat auch uns überrascht. Wir hatten Wetten abgeschlossen, wie viele ZuschauerInnen sich den Film wohl im Kino ansehen werden. Selbst der Gewinner hatte auf weit weniger ZuschauerInnen getippt, als tatsächlich erreicht wurden. Aber nicht die Zahl allein, sondern auch die Qualität der Diskussionen und Auseinandersetzungen um diesen Film war für uns mehr als beeindruckend. So sahen wir uns ermutigt, diese Diskussion in Buchform zu dokumentieren und auf diese Weise fortzusetzen.

Dabei verfolgten wir die Absicht, möglichst unterschiedliche Positionen und Blickrichtungen in das Buch aufzunehmen. Es versteht sich daher von selbst, dass die Beiträge die Positionen der jeweiligen AutorInnen und nicht die Meinung der HerausgeberInnen widerspiegeln. Unsere eigenen Positionen werden vielmehr in den Beiträgen deutlich, die wir selbst zu diesem Buch geleistet haben.

Dennoch wollen wir hier auf ein Problem aufmerksam machen, das für uns wichtig war und ist: Es war weder das Anliegen des Filmes noch ist es das Anliegen des Buches, einzelne Personen oder Unternehmen für eine gesellschaftliche Erscheinung haftbar zu machen. Diese Erscheinungen setzen sich zwar nur durch das Handeln von

Menschen durch. Aber gesellschaftliche Erscheinungen werden sie nur deshalb, weil sie nicht – und noch nicht einmal in erster Linie – einzelnen Menschen oder Unternehmen zuzurechnen sind. Wir sehen in dem Film professionell tätigen ExpertInnen bei ihrer Arbeit zu, die ihre Arbeit gut machen: Gut im Sinne der Sache, die sie zu tun haben. Dass dabei ein bedrückendes Gefühl entstehen kann, liegt an dem Inhalt dessen, was sie in ihrer professionellen Tätigkeit zu tun haben. Es ist das Anliegen des Films, ein Nachdenken darüber anzustoßen, und es ist unser Anliegen mit dem Buch, uns damit auseinanderzusetzen. Es geht – im Buch wie im Film – um das System der Managementformen, das mit der gegenwärtigen Organisation der Arbeit verbunden ist. Deswegen stehen die im Film gezeigten Personen und Unternehmen für die gesamte Gesellschaft und ihren Umgang mit der Notwendigkeit, möglichst produktiv zu arbeiten. Daher möchten wir mit diesem Buch von verschiedenen Seiten aus beleuchten und betrachten, wie wir gesellschaftlich organisiert arbeiten. Zeigen kann sich das nur an Menschen, die sich damit beschäftigen, dieses System zu organisieren.

Wir freuen uns deswegen besonders, dass auch Personen, die im Film gezeigt werden, sich bereit gefunden haben, an unserem Buch mitzuwirken. Das war alles andere als selbstverständlich, schließlich reichten die Reaktionen der im Film gezeigten Personen und Unternehmen von Empörung und Erbitterung bis zu freundlichen und unterstützenden Worten. Wir sind sehr dankbar, dass wir in dem Buch auch darstellen können, wie einige der ProtagonistInnen den Film betrachten, nachdem er nun nicht nur im Fernsehen, sondern davor auch in den bundesdeutschen Kinos zu sehen war.

In den Film-Diskussionen wurde schnell deutlich, dass es sich nicht um eine Beurteilung oder gar Verurteilung der gezeigten ProtagonistInnen handelt. In den Mittelpunkt der Diskussion rückte die Frage, wie die Formen der Organisation der Arbeit zu bewerten sind, die in dem Film gezeigt werden. Dabei traten sehr unterschiedliche Sichtweisen hervor, die sich jedoch in zwei Punkten aufeinander zu bewegten: Zum einen waren sich die DiskussionsteilnehmerInnen zumeist darin einig, dass die Entwicklung, die zu den gegenwärtigen Formen der Organisation der Arbeit geführt hat, nicht zurückzudrehen ist. Weder wäre das wünschenswert noch ist es möglich. Zum anderen stellten viele DiskussionsteilnehmerInnen fest, dass der Film einen expliziten Kommentar vermeidet und dadurch die ZuschauerInnen dazu auffordert, sich selbst darüber klar zu werden und darüber zu sprechen, wie sie die Entwicklung der «Arbeitswelt» sehen. In dem Film wird sie aus einer künstlerischen Position dargestellt, die notwendig für verschiedene Interpretationen offen ist. So ergab sich ein sehr geeigneter Ansatzpunkt für die gesellschaftliche Auseinandersetzung mit den Problemen der gegenwärtigen Arbeitsorganisation in den Unternehmen.

Diese Überzeugungen teilen auch wir. Daher wollen wir mit diesem Buch zum Film die Diskussion aufnehmen und fortsetzen. An den Anfang unseres Buches stellen wir ein INTERVIEW von Eva Bockenheimer mit der Regisseurin des Films, Carmen Losmann, und dem Philosophen Stephan Siemens, in dem wir Fragen, die in den Kino-Diskussionen über den Film immer wieder gestellt wurden, aufgreifen. Der erste Teil des Interviews behandelt Fragen zur Geschichte des Films, zu seiner Ästhetik und den Entstehungsbedingungen. Der zweite Teil wendet sich den Fragen der Organisation der Arbeit und deren Prinzipien zu.

Auf das Interview folgen unter der Überschrift «RESONANZEN von Mitwirkenden, Presse, Publikum» unterschiedliche Reaktionen, die einen Eindruck von der Wirkung des Films vermitteln. Unterschiedliche Berufsgruppen und in unterschiedlichem Maße in die gezeigten Prozesse involvierte Menschen haben sich die Mühe gemacht, sich mit der Wirkung des Films auf sie zu beschäftigen und uns das Ergebnis zur Veröffentlichung zu überlassen. Dafür möchten wir uns herzlich bedanken. Zu den Resonanzen gehört auch das Echo, das der Film in der Presse gefunden hat. Wir bieten Auszüge und Zitate aus Besprechungen, die in Zeitungen zu WORK HARD PLAY HARD erschienen sind. Diese Ausschnitte bieten das Spektrum der Besprechungen, soweit es uns bekannt geworden ist. Besonders hinweisen möchten wir auf die Resonanzen, die wir den ProtagonistInnen des Films verdanken. Nicht alle Beteiligten waren an einem Gespräch interessiert. Umso mehr freuen wir uns, dass eine ganze Reihe von den im Film vorkommenden Personen von dem Angebot Gebrauch gemacht haben, sich im Buch zu äußern. Dadurch nehmen sie eine Möglichkeit wahr, die sie im Film nicht haben konnten: Sie verhalten sich zu der Darstellung ihrer Person im Film. Dafür möchten wir uns an dieser Stelle ausdrücklich bedanken.

Der Abschnitt «SZENEN – Beschreibungen, Interpretationen, Exkurse» bietet einige Szenenbeschreibungen oder -interpretationen, die inhaltlich die Auffassungen der AutorInnen und nicht notwendig der HerausgeberInnen, widergeben. Wir selbst hatten oft den Eindruck, um Worte ringen zu müssen, wenn wir beschreiben wollten, wie bestimmte Szenen des Films auf uns wirkten. So kamen wir zu der Überzeugung, dass es hilfreich sein könnte, Texte vorzufinden, an denen man sich positiv wie negativ orientieren kann, um die eigene Sichtweise in Worte fassen zu können. Zwei Exkurse behandeln die Frage des Assessment-Centers, einmal aus der Sicht eines Bewertenden und einmal aus der Sicht eines Bewerteten. Damit werden die unterschiedlichen Perspektiven, die ein Assessment-Center notwendig mit sich bringt, auch zur Sprache gebracht. Selbstverständlich handelt es sich auch bei diesen Exkursen um die subjektive Darstellungen der Autoren.

Den Schluss des Buches stellt das Kapitel «RECHERCHE – Fährten, Exzerpte, Notizen» dar, das den Weg der Regisseurin Carmen Losmann zu dem Film, den sie letztendlich gemacht hat, dokumentiert. Es stellt die Recherche-Arbeit in Teilen und Exzerpten der von ihr gelesenen Texte und der von ihr geführten Interviews vor. Außerdem enthält es einen für die Recherche wichtigen Text in voller Länge: «Meine Zeit ist mein Leben» von Stephan Siemens. Insgesamt verdeutlicht dieses Kapitel, dass Carmen Losmann sich mit sehr verschiedenen Ansichten über die gegenwärtige Organisation der Arbeit auseinandergesetzt hat, als sie sich mit der Vorbereitung des Films beschäftigte. Diese Unterschiede, die auch sonst in dem Buch sichtbar werden, spiegeln sich auch in der Würdigung des Films aus unterschiedlichen Kreisen wider. Die Qualität des Films wurde von allen anerkannt, die sich anschließend über die Bewertung des Inhalts des Films stritten. So schafft die künstlerische Form des Films WORK HARD PLAY HARD eine Verbindung und einen Zusammenhang, der es erlaubt, aus unterschiedlichen Gesichtspunkten in die Debatte über den Film wie über seinen Inhalt einzusteigen und miteinander zu sprechen.

Wir wollen uns bei allen bedanken, die zu diesem Buch beigetragen haben. Zuerst gilt unser Dank denjenigen, die einen Beitrag zu diesem Buch geschrieben haben. Für manche waren wir keine leichten HerausgeberInnen. Wir danken ihnen für ihre Geduld. Dann möchten wir dem Schüren Verlag danken, dass er unser Projekt von Anfang an unterstützt und gefördert hat. Die sehr freundliche und geduldige Verlegerin Frau Schüren hat uns stets ermutigt und ermuntert, das Projekt zu einem erfolgreichen Ende zu bringen. Wir wollen uns bedanken bei allen, die uns in der einen oder anderen Form geholfen haben, den Text fertig zu stellen: Martina Frenzel, Daniel Göcht, Petra Rostock, Ursula Siemens, Anka Stankanova, Hilmar Stehr und Sebastian Stein. Abschließend möchten wir uns insbesondere bei Rolf Thiele für seine Unterstützung und für die vielen Diskussionen bedanken.

Wir hoffen, dass dieses Buch ähnlich produktiv zum Nachdenken, Diskutieren und Streiten anstößt, wie dies dem Film gelungen ist.

Die HerausgeberInnen Eva Bockenheimer, Carmen Losmann und Stephan Siemens

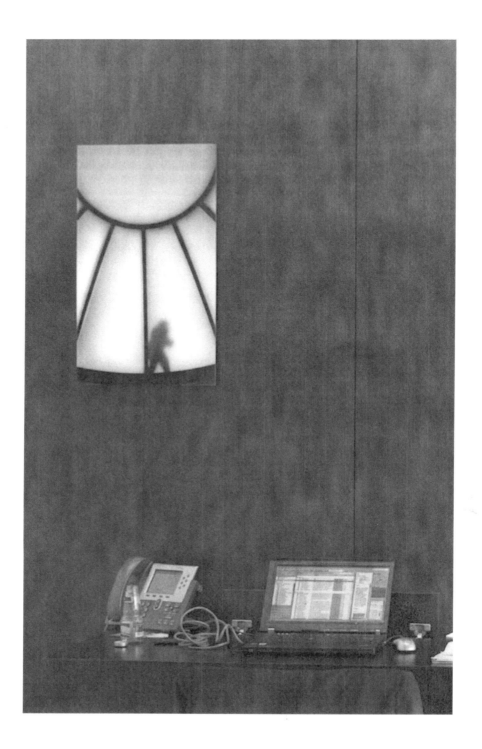

INTERVIEW

mit CARMEN LOSMANN & STEPHAN SIEMENS
moderiert von EVA BOCKENHEIMER

Das folgende Interview entstand am 9. Januar 2013 und wurde zwischen den HerausgeberInnen dieses Buches: der Philosophin Eva Bockenheimer, dem Philosophen Stephan Siemens und Carmen Losmann, der Regisseurin von Work Hard Play Hard geführt. Eva Bockenheimer übernahm dabei die Moderation und hat teilweise die vielfach gestellten Fragen bei Publikumsdiskussionen aufgegriffen. Das mündlich geführte Interview wurde im Nachhinein überarbeitet.

Eva: **Carmen, in welchem Zusammenhang ist Dein Debüt-Film Work Hard Play Hard entstanden?**
Carmen: Work Hard Play Hard wurde zu einer Hälfte von ZDF/ARTE und zur anderen Hälfte von der Nachwuchsförderung der Filmstiftung NRW finanziert. Produziert wurde er von der Kölner HUPE Film- und Fernsehproduktion mit Erik Winker als Produzent. Anne Even war die zuständige Redakteurin für das so genannte «Grand Format», also den großen Dokumentarfilm mit eigener künstlerischer Handschrift, und hat den Film bei ZDF/ARTE betreut. Von daher war Work Hard Play Hard in erster Linie für eine Fernsehausstrahlung im ARTE-Programm und für das ZDF mit seinen anderen Partnerkanälen gedacht. Darüber hinaus hatte ich die Hoffnung, ihn vorab noch auf ein paar Dokumentarfilmfestivals auf der großen Leinwand zeigen zu können. Tatsächlich wurde der Film direkt nach seiner Fertigstellung in den Internationalen Wettbewerb des Leipziger Dokumentarfilmfestivals 2011 eingeladen und dort uraufgeführt. Für mich völlig unerwartet bekam er dort eine recht große Aufmerksamkeit und mehrere Preise. Infolgedessen meldete die

kleine Kinoverleihfirma Film Kino Text Interesse an, WORK HARD PLAY HARD ins Kino zu bringen und so kam es schlussendlich dazu, dass er im April 2012 ins Kino kam.

Eva: **Wie war die Resonanz auf Deinen Film bei den mitwirkenden Unternehmen oder auch bei den mitwirkenden Personen? Haben sie den Film gesehen, bevor er in die Kinos kam und konnten sie noch Einfluss nehmen, welches Material gezeigt werden darf?**

Carmen: Ich fange mal mit Deiner zweiten Frage an: Unabhängig davon, ob ein fürs Fernsehen produzierter Film eine Kinoauswertung erfährt oder nicht, ist es unter den hiesigen Bedingungen der Fernsehsender so, dass die ProtagonistInnen eines Dokumentarfilms kein Mitspracherecht haben, was die Endfertigung oder was den endgültigen Schnitt betrifft. Das hat damit zu tun, dass ein Sender die Sendesicherheit benötigt, sodass nicht kurz vor Ausstrahlung dreißig Leute die Hand heben und sagen: «Stopp, so gefällt uns das dann doch nicht» mit dem Ergebnis, dass der Film nicht gesendet werden kann. Stattdessen verlangt der Sender von mir, besser gesagt von der Produktionsfirma des Films, dass alle Rechte am Bildmaterial des fertigen Films vorliegen. Das hat zur Folge, dass alle Menschen, die beim Dreh mitmachen, nach den Dreharbeiten per Unterschrift ihre Rechte am eigenen Bild abtreten müssen, sofern sie mit einer Veröffentlichung nach wie vor einverstanden sind. Eine Person muss sich also spätestens nach den Dreharbeiten entscheiden, ob sie bei einem Dokumentarfilmprojekt beteiligt sein will. Auf die Fertigstellung des Films und die endgültige Fassung haben die im Film mitwirkenden Personen somit keinen Einfluss.

Ich finde diese Abtretung der eigenen Bildrechte grundsätzlich nicht unproblematisch, gleichzeitig wäre es in dem Fall von WORK HARD PLAY HARD anders sicherlich nicht möglich gewesen, den Film zu zeigen. Es gibt ja ganz klar einen Interessenskonflikt zwischen den Unternehmen, die sich auf eine bestimmte Art repräsentiert sehen wollen und meinem Interesse, eine problematisierende Auseinandersetzung mit dem ideologischen Untergrund ihres Tuns zu führen.

Was Deine Frage nach den Reaktionen der beteiligten Unternehmen betrifft – die sind völlig unterschiedlich. Es waren zum ersten ja recht viele Leute, die vor der Kamera mitgewirkt haben und zum zweiten haben selbst die einzelnen Personen zwiespältige Meinungen zum Film. Beispielsweise hat einer der Beteiligten mir gegenüber geäußert, dass er als Privatmensch den Film sehr gut findet, aber dass er kein zweites Mal mitmachen würde, weil es ihm eigentlich darum ging, einen positiven Beitrag für sein Unternehmen zu leisten. Und ansonsten haben sich etliche Unternehmen gar nicht zum Film geäußert, einige haben sich darüber beschwert, dass ich Dinge einseitig negativ, verkürzt oder manipuliert dargestellt hätte und der komplexen Thematik nicht gerecht werden würde bis hin zu dem Vorwurf, ich würde auf Kosten der beruflichen Zukunft anderer nur meine eigenen Karriereziele verfolgen. Von manchen Unternehmen gab es die Reaktion, dass sie inhaltlich mit dem Film keine Probleme hätten. Es gab also eine große Bandbreite an Reaktionen und teilweise gar keine. Nicht zuletzt, um diese unterschiedlichen Reaktionen transparent zu machen, habe ich die im Film mitwirkenden Personen und Unternehmen noch einmal angeschrieben und eingeladen, innerhalb dieses Buches ihre Sicht auf den Film oder auch auf die Thematik darzulegen – auch als Versuch, eine vielgestaltige Wirklichkeit darzustellen und unterschiedliche Meinungen und Sichtweisen abzubilden. Zum Teil wurde das wahrgenommen (s. Seite 55), zum größeren Teil nicht, beispielsweise mit der Begründung lieber eine eigene Gegendarstellung schreiben zu wollen. Das kann ich durchaus nachvollziehen und würde mich über jede Gegendarstellung freuen, die zu einer inhaltlichen Debatte und Auseinandersetzung beiträgt.

Über die Recherche und die Frage nach den Drehgenehmigungen

Eva: War es denn schwierig, überhaupt Unternehmen zu finden, die in dem Film mitwirken möchten?
Carmen: Den Dreharbeiten zum Film gingen ja längere Recherchearbeiten voraus. Während dieser Recherchezeit habe ich angefangen, mir zu überlegen, in welcher Situation etwas von dem thematischen Feld sichtbar und erfahrbar wird. Und ich habe angefangen Unternehmen zu kontaktieren. Ich habe Ihnen kurz das dokumentarische Vorhaben umrissen, verbunden mit einer jeweils ganz konkreten Anfrage: Könnte ich bei Ihnen eine Potenzialanalyse drehen? Oder: Könnte ich bei Ihnen ein Teamtraining drehen? Oder: Könnte ich eine Besprechung in Ihrem Architekturbüro drehen?

Da gab es unterschiedliche Reaktionen. Manche der von mir angeschriebenen Firmen haben gesagt, nein, das machen wir nicht. Andere waren offen und gerade bei den Architekturbüros gab es einige, die bereit gewesen wären, mitzumachen. Ich habe mich dann für das Büro entschieden, bei dem das entsprechende Gebäude am interessantesten erschien. Bei anderen Firmen wiederum, die bestimmte Trainings oder Beratungsleistungen anbieten und meiner Anfrage gegenüber offen waren, gab es mitunter die Schwierigkeit, dass ihre entsprechenden Kunden nicht damit einverstanden waren sich z. B. bei einem Training filmen zu lassen. Dementsprechend zogen sich die Dreharbeiten relativ lange hin, insgesamt über zwei Jahre. Dabei hatten wir nur dreißig Drehtage, die meiste Zeit habe ich in diesen zwei Jahren damit verbracht, Kontakt aufzunehmen, das Vorhaben zu beschreiben und zu warten. Schlussendlich haben sich ja auch einige Türen geöffnet und dort haben wir dann gedreht.

Oftmals wurde ich bei Publikumsgesprächen mit größtem Erstaunen gefragt, wie ich es geschafft hätte, bei den jeweiligen Unternehmen drehen zu dürfen. Das hat mich schon stutzig gemacht. Wieso gehen viele Leute davon aus, dass ich als Dokumentaristin in privatwirtschaftlichen Unternehmen nicht drehen darf, obwohl die meisten Leute in solchen Strukturen arbeiten und den größten Teil ihrer Lebenszeit darin verbringen? Obwohl Arbeit und die damit verbundenen Formen, wie Arbeit organisiert wird einen so großen, umfassenden Bereich unseres Lebens einnehmen, wird erwartet, dass alles hinter verschlossenen Türen abläuft und nicht für die Öffentlichkeit geeignet ist? Ich war und bin jedenfalls sehr erstaunt über diese Verwunderung im Publikum und mache mir schon Gedanken über unser demokratisches Grundverständnis, wenn hinsichtlich unserer gesamtgesellschaftlichen Arbeitszusammenhänge, die zum größten Teil von Privatunternehmen hergestellt und geformt werden, davon ausgegangen wird, sie passieren wie selbstverständlich unter Ausschluss der Öffentlichkeit.

Insgesamt habe ich eine große Achtung vor den Unternehmen, die gesagt haben: Ja, wir sind offen für Dreharbeiten, wir haben nichts zu verbergen. Denn sie sind die mutigen Stellvertreter für alle anderen Unternehmen, die sich niemals filmen lassen würden, obwohl sie enorme Veränderungsprozesse antreiben und eine Gesellschaft umgestalten, die sich noch immer als eine demokratische versteht, was auch immer das heißen mag unter den Bedingungen unseres undemokratischen Geldsystems. Meines Erachtens liegt es jedenfalls in der Verantwortung aller gesellschaftlichen Akteure – und dazu zähle ich auch die Privatunternehmen – eine Debatte über diese Umgestaltungsprozesse unserer Gesellschaft zuzulassen.

Eva: **Und wie lange hast Du insgesamt an dem Film gearbeitet?**

Carmen: Alles in allem habe ich vier Jahre an dem Film gearbeitet. Angefangen mit der Recherche, die ein Jahr gedauert hat, danach zogen sich die Dreharbeiten über zwei Jahre hin und danach haben wir etwa ein Jahr für die Postproduktion benötigt, also Montage des Films, Sound Design, Tonmischung, Farbkorrektur. Im September 2007 habe ich angefangen mit der Recherche und die Premiere des Films war im Oktober 2011 auf dem Dokumentarfilmfestival in Leipzig.

Ausgangspunkte

Eva: **Wie bist Du bei der Recherche vorgegangen?**

Carmen: Ausgegangen bin ich von einem Paradoxon, das mir in den so genannten neuen Arbeitswelten begegnet ist, hauptsächlich im Bereich des hochqualifizierten Dienstleistungssektors. Ich habe mitbekommen, dass in vielen dieser Unternehmen und speziell im Human-Resource-Management ein neues Credo herrscht: Der Mensch steht im Mittelpunkt. Die Stempeluhren waren abgeschafft, stattdessen die Vertrauensarbeitszeit eingeführt und auch die Anwesenheitspflicht schien mir sehr gelockert. Gleichzeitig begegneten mir in unterschiedlichsten Zeitungsartikeln und Erzählungen auf der anderen, scheinbar paradoxen Seite, Symptome einer enormen Arbeitszeitverlängerung und -verdichtung. Zugespitzt habe ich mich gefragt: In dem Moment, in dem die Unternehmensleitung zu ihren Angestellten sagt: «Arbeite wann und wo du willst», hört kein Mensch mehr auf zu arbeiten – wie kann das sein? Dieser Frage bin ich nachgegangen. So fing die Recherche an.

Ich habe erst einmal versucht, mich diesen Fragen theoretisch anzunähern. Ich habe angefangen, Management-Literatur zum Thema Personalführung zu lesen, habe mich viel mit dem Angebotsmarkt rund um das Human-Resource-Management beschäftigt: Was gibt es für Trainings, Coachings, diagnostische Verfahren? Ich habe mich mit allen möglichen Motivationsverfahren und -trainings beschäftigt, habe mir Motivationsreden angehört. Und mir bei allem die Frage gestellt: Was werden hier für Fähigkeiten gewünscht, nach denen Menschen sich idealerweise ausrichten? Welche neuen Anforderungen werden an mich als einzelne Arbeitskraft herangetragen? Wie sieht der Prototypus aus, der sich als erfolgreiche Arbeitskraft beweist? Nach welchen Persönlichkeitsprofilen wird da gerastert?

Durch meine grundsätzlichen Frage – Was ist das eigentlich, was Menschen von selbst dazu treibt, rund um die Uhr zu arbeiten, obwohl sie keine Chefin und kein Chef (mehr) dazu zwingt? – bin ich zunehmend auf soziologische und philosophische Felder geraten, und unter anderem auf die Texte von Stephan Siemens, Klaus Peters und anderen gestoßen. Dadurch wurde für mich eine Auseinandersetzung mit neuen Management- und Steuerungsformen angestoßen und mir wurde allmählich klarer, was denn dieses «von selbst» bedeuten könnte.

Während der Recherche habe ich mir zunehmend Gedanken über die Sichtbarkeit dieser Thematik gemacht und es entstanden neue Fragen: Wo wird etwas sichtbar von einem Management, das sich ja erst mal in seiner abstrakten Form einer Sichtbarkeit entzieht? Wo geschieht diese Transferleistung von theoretischen Managementtechniken in die Praxis? Wo wird das umgesetzt, wo wird es vermittelt? Wo befinden sich die Übertragungsorte, an denen das Human-Resource-Management in die entsprechenden Menschen, in die einzelnen Körper und Köpfe hineinströmt? Wo kann ich etwas beobachten, wo könnte sich etwas in der Realität zeigen? So bin ich dann Schritt für Schritt bei den jeweiligen Episoden gelandet, aus denen sich der Film zusammensetzt.

Die Dreharbeiten und das Material

Eva: Hat sich im Verlauf der Dreharbeiten auch etwas an Deinem Konzept oder Deinem Fokus verändert oder hat sich etwas ganz anders ergeben als Du es Dir gedacht hast?
Carmen: Auch beim Dokumentarfilm ist es paradoxerweise so, dass man eine Art Drehbuch schreiben muss, das man Sendern oder Filmförderungen vorlegt, um sich für Förderungen zu bewerben. Für WORK HARD PLAY HARD habe ich also auch ein solches Treatment geschrieben, in dem ich vieles aus meiner Recherche zusammengetragen hatte und exemplarisch Situationen entworfen habe, wie etwas sein könnte.

Während der Drehphase kommt dann die Realität ins Spiel und Dinge ereignen sich ganz anders. Ich versuche vor einem Dreh alles zu vergessen, was ich aufgeschrieben habe und mit einem möglichst offenen Blick auf die Realität zu schauen. Wenn ich die ganze Zeit damit beschäftigt wäre, abzugleichen, ob sich die Realität nun so verhält, wie ich es mir im Treatment ausgedacht habe, könnte ich kein Gefühl dafür entwickeln, ob ich das, was ich hier beobachte, spannend finde. Während der Drehphase ist das für mich eine sehr wichtige Frage: Was finde ich an dem, was ich sehe, spannend? Was daraus folgt ist ein sehr subjektiver Blick, nämlich meiner.

Um auf Deine Frage zurückzukommen: Es verändern sich am laufenden Band Dinge, weil sich die Realität anders zuträgt, als im Treatment festgelegt, bis hin zu ganzen Episoden, die sich erst aus anderen Drehtagen ergaben. Darüber hinaus ist ein ganzer Erzählstrang, der im Treatment stand, weggefallen: Ursprünglich dachte ich an einen durchgehenden Protagonisten, einen jungen Unternehmensberater, den wir mit der Kamera bei seiner Arbeit begleiten und der den gesamten Film als roten Faden zusammenhält. Allerdings war er aus dem Unternehmen ausgestiegen, bis wir angefangen haben zu drehen, und so unternahmen wir andere Versuche, mehrere Personen ein oder zwei Tage in ihrem Alltag zu dokumentieren. Ich habe aber im Schnitt entschieden, dass dieser Erzählstrang, der Menschen eher auf einer persönlichen Ebene porträtiert, für mich in die falsche Richtung führt. Ich wollte vielmehr ein System porträtieren und darin nicht einzelne Menschen in ihren individuellen, privaten Kontexten zeigen und hervorheben.

Eva: Wie viele Stunden Material ist da zusammen gekommen?

Carmen: Ich habe ungefähr hundert Stunden Material und nur neunzig Minuten Film als Endergebnis, da bleibt also eine Menge Material liegen.

Grundsätzlich entsteht diese Materialmenge durch die Art und Weise, wie ich versuche dokumentarisch zu arbeiten. Ich möchte aus einer beobachtenden Perspektive an Situationen teilnehmen und sage den Leuten: Machen Sie grundsätzlich das, was Sie sonst auch machen, Sie müssen nichts Spezielles machen, weil wir jetzt als Kamerateam dabei sind, wir wollen einfach nur beobachten, lassen Sie sich von uns nicht stören. Das hat bei diesem Film manchmal geklappt und manchmal nicht – dazu sage ich gleich noch was – aber diese Art zu arbeiten heißt eben erst mal: Es gibt ein Team-Training, das dauert sieben Stunden und wir drehen es dann auch sieben Stunden und haben dementsprechend viel Material.

Bei diesem Film musste ich mich allerdings teilweise darauf einlassen, dass bestimmte Situationen nur für die Kamera stattfanden. Das lag daran, dass zum Beispiel in der Architektur-Episode, die Phase der Auslobung und der ersten Ideensammlung für ein neues Gebäude längst abgeschlossen war und es aktuell kein ähnlich interessantes Projekt gab, das wir gegenwärtig hätten drehen können. Also haben sich die Architekten extra für uns nochmal zusammengesetzt und über den Auslobungstext gesprochen, so als wäre es einige Jahre früher.

In einem anderen Fall fand sich kein Kunde, der damit einverstanden gewesen wäre, wenn wir beim Outdoor-Training mit einer beobachtenden Kamera dabei gewesen wären. Also haben wir eine über Ecken befreundete Firma, ein kleines IT-Unternehmen, angefragt, ob sie nicht bereit wären, ein solches Training zu absolvieren und sich dabei filmen zu lassen. In der Szene des Assessment Centers haben sich die drei daran teilnehmenden Personen freiwillig zur Verfügung gestellt – der eigentliche Potenzialanalyse-Prozess, in dem andere Vertriebsleute des Unternehmens teilgenommen hatten, war zum Zeitpunkt des Drehs schon gelaufen. Insgesamt habe ich auch in diesen «nachgestellten» Situationen versucht, nur die Rahmenbedingungen vorzugeben und ansonsten die Mitwirkenden frei ihre Arbeit machen zu lassen.

Die von mir geführten Interviews sind natürlich gesondert zu betrachten – die sind ganz klar von mir dominiert und gestaltet, in dem ich die Fragen vorgebe und den Verlauf in bestimmte Richtungen lenke, die mich interessieren.

Eva: Ich vermute, dass es im Laufe der Zeit dann auch authentischer wird, am Anfang sind ja wahrscheinlich alle noch angespannter, wenn die Kamera dabei ist, und dann vergisst man sie vielleicht einfach irgendwann, oder?

Carmen: Je nachdem wie konzentriert die beteiligten Personen mit dem eigentlichen Prozess zu tun haben, tritt die Anwesenheit der Kamera eher zurück, wobei die Anwesenheit der Kamera sowieso immer Einfluss auf das Geschehen hat. Ich hatte jedenfalls den Eindruck, dass wir in Situationen, die an sich sehr konzentrationsaufwändig sind und die Menschen darin ernsthaft das machen, was sie sonst auch machen, sehr schnell aus dem Fokus rücken, was beispielsweise daran zu merken ist, dass niemand in die Kamera schaut. Ob die Situationen, die speziell für die Kamera hergestellt wurden, unauthentischer sind als jene, die sich auch ohne unsere Anwesenheit ereignet hätten, kann ich nicht sagen – dafür müsste ich erst mal wissen, was das überhaupt ist, das Authentische.

Das Programm der neuen Arbeitswelt

Eva: WORK HARD PLAY HARD ist ein Film über Arbeit, oder über das Arbeiten und es kommen quasi gar keine «normalen Beschäftigten» vor. Wieso ist das so? Das ist ja erst mal vielleicht irritierend.

Carmen: Der Fokus des Films und damit das, was ich zeigen wollte, lag nicht auf der Arbeit der «normalen Beschäftigen» – wer und was auch immer das ist. Mein Fokus lag auf der Konzeption, Programmatik und Planung einer «neuen Arbeitswelt» und neuen Arbeitsorganisationsformen. Ich wollte mich innerhalb des Films auf die Beobachtung der Managementebene konzentrieren, die hinter der Ausführung von «normaler Arbeit» liegt und sich normalerweise der Sichtbarkeit entzieht. Die Ebene der «Normalbeschäftigen» war für mich dabei weniger interessant, weil sie die Managementprogramme lediglich ausagieren, und das mehr oder weniger unbewusst.

Ich kann es vielleicht präziser am Beispiel der Architektur sagen. Die Architekten und Belegungsplaner reden davon, dass sie die Wege innerhalb eines Unternehmensgebäudes so gestalten wollen, dass die Beschäftigten möglichst oft ungeplant ins Gespräch kommen. Der Hintergrund dafür ist eine Studie, die besagt, dass neue Ideen meistens bei ungeplanten Gesprächen entstehen. Und weil dieses Unternehmen auf ständige Produktinnovationen angewiesen ist, hat es ein Interesse, solche ungeplanten Gespräche anzuregen.

Im Hinblick auf den Film wäre es nun für mich völlig uninteressant gewesen, diese ungeplanten Gespräche zu dokumentieren – stattdessen ist es für mich viel spannender, die Ebene dahinter, also das Planungsgespräch zu beobachten, in dem der Plan des ungeplanten Gesprächs entworfen wird. Plötzlich gerate ich als Zuschauerin in eine Situation, in der ich einen Planungszusammenhang außerhalb meines Lebens beobachten und erkennen kann, der die von mir als ungeplant wahrgenommenen Momente als bewusst geplante zeigt. Das finde ich die eigentlich spannende Frage an den derzeitigen Management-Programmen: Welche Ideen und Strategien kommen darin zum Ausdruck? Und eine der Ideen, die ich darin erkenne, ist die Absicht, die Angestellten unbewusst zu steuern. Diese Form der Menschenführung ist ja viel raffinierter und dem früheren Kommandosystem, in dem ein Chef genau gesagt hat, wo's lang geht, weit überlegen.

An manchen Stellen im Film sind nichtsdestoweniger «Normalangestellte» zu sehen, ganz einfach deshalb, weil ich Situationen gefilmt habe, in denen ein Teil des Managementprogramms in der alltäglichen Praxis mit den Angestellten umgesetzt wird.

Stephan: Wenn ich das richtig verstehe, wolltest Du dieses unbewusste Wirken der indirekten Steuerung dadurch konterkarieren, dass Du bewusst gemacht hast, welche Konzepte dahinterstecken. Und das zeigen.

Carmen: Zumindest wollte ich meine bewusste Aufmerksamkeit auf die neuen Managementformen richten, um sie damit in ihrem unbewussten Wirken zu befragen.

Eva: Ich denke gerade an die Stelle im Film, in der darüber diskutiert wird, dass man eine »Burning Platform» braucht, damit ein Teamprozess losgeht. Dort wird sehr deutlich, dass eine solche «Burning Platform» bewusst geschaffen wird, während alle Beteiligten im Team das Gefühl haben, sie geraten in Konflikte, und keiner weiß genau, warum. Es gibt viele Szenen in dem Film, die dieses unbewusste Wirken deutlich machen.

Carmen: Wobei ich sagen würde, man braucht eine «Burning Platform», um einen Veränderungsprozess, nicht einen Teamprozess, einzuleiten. Wenn die Plattform brennt, muss sich jeder bewegen.

Über die Ästhetik des Films

Eva: **Kommen wir zu Fragen zur Ästhetik des Films. Gibt es Dokumentarfilmer oder Dokumentarfilmerinnen, die Dich in Deiner Arbeit inspiriert haben oder bei denen Du sagen würdest, dass sie in irgendeiner Form Vorbilder für Dich sind?**

Carmen: Während meines Studiums an der Kunsthochschule für Medien bin ich Dokumentarfilmen begegnet, die mich irgendwie fasziniert haben, weil sie in ihrer gesamten Gestaltungs- und Herangehensweise ganz anders waren als die Dokumentarfilme, die ich bislang kannte. Beispielsweise habe ich Filme von Harun Farocki, Hartmut Bitomsky und Frederick Wiseman gesehen, die sich eher um strukturelle, institutionelle Zusammenhänge drehen und nicht einzelne Personen als Protagonisten in den Fokus rücken. Ich habe gemerkt: Aha, so lassen sich also auch Filme machen. Daraufhin habe ich in meinen dokumentarischen, studentischen Arbeiten auch selbst Herangehensweisen probiert, in denen ich nicht um eine spezielle Person gekreist bin, mit der sich das Publikum dann bestenfalls identifizieren soll. Mir gefällt Bertolt Brechts Theorie, die eine Identifikation mit den Figuren ablehnt zugunsten einer Distanz, die eine kritische Auseinandersetzung erst möglich macht.

Eva: **Du hast ja vorher noch Marketing studiert. Hat das Einfluss gehabt auf den Film bzw. bist Du in der Zeit Deines Studiums auf die Idee gekommen, so einen Film zu machen?**

Carmen: Stimmt, ich hatte vor meinem Studium an der Kunsthochschule einen Bachelor in Marketing gemacht, aber die Idee zu diesem Film entwickelte sich erst viel, viel später. Ich habe auch zunächst gar keinen Zusammenhang zwischen meinem früheren Studium und WORK HARD PLAY HARD gesehen. Als ich dann aber in dem Katalog des Leipziger Festivals meinen Kurzlebenslauf las, der neben der Filmbeschreibung abgedruckt war, habe ich gedacht, irgendwie scheint es da eine Verbindung zu geben, irgendeine Reflexion. Ich finde es eine spannende Frage, aber ich habe keine eindeutige Erklärung dafür, nur so ein Gefühl, dass ich denke, alles hat mit allem zu tun.

Eva: **Das ist ja auch inzwischen lange her, dazwischen lag ja noch das Studium an der KHM, der Kunsthochschule für Medien in Köln.**

Carmen: Ja, und davor noch ein Jahr Praktikum, das man braucht für die KHM. Also 2002 war ich fertig mit dem Marketing-Studium.

Stephan: Und wolltest Du vor dem Marketing-Studium schon Filme machen?

Carmen: Ich wusste gar nicht, was ich machen soll, ich hatte Abitur, und jetzt? Ich hatte mich überhaupt nicht damit befasst. Dann habe ich ein Semester Biologie studiert, das fand ich total doof, aber während der Zeit habe ich viel fotografiert, ich hatte eine Videokamera, es gab so ein kleines zögerliches Interesse. Von zwei Film-hochschulen habe ich mir zu der Zeit die Bewerbungsunterlagen zuschicken lassen. Darin hieß es dann, ab 23 Jahre kann man sich bewerben und auch die sonstigen Bewerbungsanforderungen waren angegeben. Das erschien mir alles so unerreich-bar, was soll ich da alles abgeben, das kann ich vergessen. Dann habe ich eben einen dreijährigen Bachelor in Marketing gemacht. Mein Interesse am Filmemachen war also völlig diffus, sonst hätte ich das gradliniger verfolgt und hätte vielleicht erst mal etwas Geisteswissenschaftliches studiert, was mich wirklich interessiert hätte, aber so habe ich eigentlich gar nichts gedacht. Oder besser gesagt, ich habe die herrschende Ideologie blindlings ausagiert: kurzes Studium, wirtschaftsnah, mit Auslandserfahrung.

Eva: **Also Du warst nicht schon immer eine große Cineastin?**

Carmen: Nein, ich bin mehr aus Versehen zum Film geraten.

Eva: **Zurück zu den ästhetischen Fragen des Films: Wieso hast Du für den Film das Breitbildformat gewählt? Das finde ich jetzt tatsächlich noch mal besonders span-nend, wenn der Film eigentlich gar nicht als Kinofilm geplant war.**

Carmen: Die Bildgestaltung habe ich gemeinsam mit Dirk Lütter, dem Kameramann des Films, entwickelt und auch die Entscheidung für das Breitbildformat Cinema-scope mit ihm zusammen getroffen.

Bei der Bildgestaltung von WORK HARD PLAY HARD haben wir uns im Vorfeld einige Gedanken gemacht und gestalterische Elemente festgelegt, um über die lange Drehphase hinweg eine durchgehende Form zu bekommen, die die Bildgestaltung ausmachen soll. Wir kamen relativ schnell auf die Idee, als Bildformat das Cine-mascope zu wählen, das bedeutet Breitbild mit einem Seitenverhältnis von 1:2,35, mittlerweile hat sich 16:9 zum Standard entwickelt. Soweit ich weiß ist das Cine-mascope das Format, das für den Westernfilm erfunden wurde, um die unendlichen Weiten des Westens angemessen ins Bild zu bringen. Es trägt als Bild praktisch das Versprechen von Freiheit mit sich, das Abbild einer freien Welt in der ganzen Größe und Weite. Dirk und ich fanden also Cinemascope als Bildikone von Freiheit passend für die Abbildung einer neuen Arbeitswelt, die auch eine neue Form von Freiheit verspricht. Darüber hinaus fanden wir es interessant, dass bei Cinemascope das Bild oben und unten schmaler wirkt. Das Cinemascope bringt also zwei wider-strebende Aspekte zusammen: Eine Entgrenzung und eine Verengung des Bildes, sodass die Welt weiter und enger zugleich wirkt. Das alles fanden wir als Bildformat für diesen Film interessant. Auch wenn vielleicht kein Mensch diese Anlehnung an den Western versteht und das Cinemascope letztendlich nur auf einer sehr unbe-wussten Ebene eine gewisse Stimmung setzt – wir fanden das irgendwie gut.

Eva: **Ich glaube schon, dass man es sieht. Ich finde es toll. Und das neue Büro als Prärie finde ich auch eine gute Idee...**

Stephan: Ich finde auch, dass man es sieht, aber man versteht nicht, dass man es sieht. Es wirkt unbewusst. Und was man auch noch versteht, ist, dass dadurch eine enorme Dichte möglich ist, die sonst nicht möglich wäre. Wenn man zum Beispiel das Assessment-Center sieht, dann ist es in der Szene ja so, dass Menschen sehr groß aufgenommen werden, mit großflächigen Gesichtern. Durch das Breitbildfor-mat sind beide Personen, die das Gespräch miteinander führen, in einem Bild zu sehen und dadurch verstärkt sich der Eindruck, dass die jeweilige Person unmittelbar und nah vor einem sitzt, so als ob man selber der Bewertete oder Bewertende wäre. Das spiegelt sich sehr schön mit dem eigentlichen Charakter dieses Gesprächs, wo ja Nähe nicht so angesagt ist, sondern wo ganz im Gegenteil ein professionelles Umfeld da ist. Das wirkt als ein super Gegensatz, das finde ich persönlich großartig.

Eva: **Man hat, wenn man den Film sieht, eine sehr große Distanz zu dem, was da gezeigt wird. Du und Dein Kameramann, ihr schafft es, eine Distanz zu schaffen. Mit welchen Mitteln habt ihr das erzeugt?**

Carmen: Da muss ich mal nachfragen, was meinst Du genau mit Distanz?

Stephan: Darf ich direkt etwas dazu sagen? Also aus meiner Sicht der Dinge gibt es viele Szenen mit sehr gedeckten, wenn überhaupt vorhandenen Farben, sehr kühle Szenen, wodurch ein sozialtechnologischer Eindruck entsteht beim Betrachter in Bezug auf die Situationen, die durch diese Ästhetik auch erhellt werden als sozialtechnische Situationen. Nehmen wir mal das Assessment-Center – man könnte aber auch andere Szenen nehmen wie die vom Palast der Arbeit am Anfang – da kommen schon Farben vor und zwar ganz ausgewählt. Knallige Farben, ein gelber Kreis auf so einer Steckdose, oder ein Orangensaftglas. Diese Farben fallen richtig stark auf, weil alle anderen Farben entweder gar nicht da sind oder sehr gedeckt sind. Man hat sozusagen ein allgemeines Schwarz-Weiß-Gefühl. Für den Raum des Assessment-Centers gilt das ganz besonders, weil da die weißen Resopaltische stehen, schwarzes Telefon, die Menschen tragen schwarz-weiße Sachen oder beige und blaue, oft farbunauffällige Sachen.

Carmen: Über diese Kühle, von der immer wieder die Rede ist und die der Film angeblich ausstrahlt, wird oft als eine mit den Mitteln der Bildgestaltung künstlich hergestellte Kühle gesprochen – das ist auch richtig: Mit dem Bild richte ich die Welt zu einem Ausschnitt nach meiner Vorstellung. Gleichzeitig will ich diese Kühle etwas näher befragen: Liegt das Kühle nur an der Machart der Bilder oder doch auch an der Welt, an den Räumen, an der Architektur, die dort zum Ausdruck kommt?

Um jetzt mal das Beispiel Farbkorrektur aufzugreifen, in diesem Schritt der Postproduktion kann man ja alle Farben nach Herzenslust verschieben. Sowohl Dirk als auch mir war es wichtig, dass wir die Hauttöne «naturnah» abbilden. In der Farbkorrektur orientiert man sich an den Hauttönen, wenn man alle im Bild vorkommenden Farben so wenig wie möglich verzerren und die Farbstimmung möglichst realistisch abbilden möchte. Wir haben also keinen bläulichen Filter über die Bilder gelegt, um einen kühlen Eindruck zu verstärken, sondern haben stattdessen versucht, uns den tatsächlichen vorhandenen Farbstimmungen anzunähern. Nichtsdestoweniger wird der Film als kühl empfunden – woran liegt das?

Bestimmte Farbgebungen, bestimmte Architekturen sind in der Realität auf bestimmte Weisen konzipiert und umgesetzt, z. B. bei der Assessment-Center-Episode der Innenhof, der nach allen Seiten hin abgeschlossen ist und von metallischem Grau dominiert wird – den habe ich nicht extra für den Film gebaut, um darzustellen, wie kühl diese Welt ist, sondern den finde ich vor und setze ihn in gewisser Art und Weise in Szene, damit genau das, nämlich seine Konstruktion auffällt. Außerdem lasse ich bestimmte filmische Verschleierungsmittel, die auch gerne in Imagespots verwendet werden, einfach weg: Es gibt keine treibende Musik, keine schnellen dynamischen Schnitte. Stattdessen stellen wir die Kamera auf ein Stativ und versuchen, sie so klar und präzise zu setzen, dass das Bild etwas über die Konstruktionen und Ideologien erzählen kann, die in die beobachtete Welt eingeschrieben sind.

Wir wollten mit der Bildgestaltung dem Vorgefundenen entsprechen. Ich habe zum Beispiel den Eindruck, wenn die Kamera ruhig und statisch auf einem Stativ steht, fallen einem die Strenge und die Rechtwinkeligkeit der vorhandenen Architektur direkt ins Auge. Würde ich mit einer Schulterkamera ein eher geschmeidiges Bild produzieren, würde das gar nicht so auffallen. Die Architektur – und ich meine jetzt nicht nur die Büroarchitektur, sondern auch ganz allgemein die uns täglich umgebende Architektur – wird von uns ja gar nicht mehr bewusst wahrgenommen als formatierende Kraft, die uns immer mit Mauern umgibt, in rechte Winkel reinbringt, formt und nach ihrem Willen gestaltet. Und das wollte ich mit der Bildgestaltung nicht verschleiern, sondern in Entsprechung begegnen.

Eva: Ich meinte mit meiner Frage genau so etwas, wie Du gerade gesagt hast: Dass die Kamera still bleibt und dadurch ein bestimmter Effekt entsteht, z.B. dass die Kühle und Strenge des Raumes deutlich wird, weil eben nicht mit geschmeidigen Stilmitteln gearbeitet wird.

Carmen: Ich muss noch etwas zu den verwendeten Gestaltungsmitteln ergänzen, bisher haben wir ja immer nur von der Bildgestaltung gesprochen und sind noch gar nicht auf die Tongestaltung, oder neudeutsch: auf das Sounddesign eingegangen.

Grundsätzlich haben die Gestaltung des Sounddesigns und die Verwendung von Musik einen sehr subtilen Effekt auf die Stimmung eines Films. In meinen vorherigen Filmen habe ich gar keine Musik verwendet und beim Sounddesign sehr zurückhaltend gearbeitet. Bei WORK HARD PLAY HARD habe ich mich auf der Tonebene auf stärkere Hervorhebungen eingelassen, das ist mir allerdings bis heute nicht ganz geheuer.

Wir – das heißt Henk Drees, der sowohl den Schnitt als auch die Musik für den Film komponiert hat, der Tonmischmeister Andreas Hildebrandt und der Sounddesigner Klaus Wassen-Floren und ich – haben versucht, bestimmte sphärische Charaktere der Räume zu kreieren, um gewisse Stimmungen für die jeweiligen Orte zu setzen. Wir haben uns insgesamt an Klangwelten orientiert, die dort auch vorkommen, also das Summen des Monitors, Tastaturgeklapper, Klimaanlagengeräusche oder ein diffuses Brummen von elektronischen Geräten, kurzum: alles was wir so aus Bürokomplexen kennen. Außerdem gibt es Montage-Sequenzen, z. B. das «Are you there», darin hat Henk Drees das tatsächlich originale Telefonklingeln der Gebäude-Rezeption geloopt und als verbindendes Tongestaltungsmittel eingesetzt, um eine Montage-Sequenzen zu einer Einheit zu formen. Und auch in anderen Sequenzen gab es Tonverstärkungen und Sounddesign-Elemente, um das Ganze einheitlicher zu gestalten oder um eine gewisse Sogkraft auf der Tonebene zu entfalten. Mein Versuch war es, mit diesen Klangsphären eine bestimmte Stimmung zu verstärken, sie aber nicht eindeutig in Richtung düstere Gruselstimmung zu gestalten. Auch hinsichtlich der Musikkomposition, die ja sehr ins Sounddesign eingebunden und verwoben ist, sind wir so vorgegangen. An einer Stelle des Films nimmt die Musik mit Orgelklängen meine Assoziation auf, die ich hatte, als ich die neu gebaute Firmenzentrale zum ersten Mal betrat: Der Aufstieg zum Göttlichen über eine große, sehr präsente Treppe, eine sehr gekonnte Lichtinszenierung im Inneren des Gebäudes, das alles erinnerte mich an die Baukünste gotischer Kathedralen.

Rückblickend würde ich allerdings die Musik im Film eher ganz weglassen und das Sounddesign viel spärlicher einsetzen. Ich habe den Eindruck gewonnen, dass das Originalmaterial schon genug wirkt und keine auditiven Verstärkungen braucht, in welche Richtung auch immer.

Eva: **Habe ich Dich richtig verstanden, dass Du Dich im Nachhinein fragst, ob die Tongestaltung vielleicht zu suggestiv ist, sodass bestimmte Stimmungen entstehen oder verstärkt werden?**

Carmen: Ja, wobei ich das nur in der Rückschau sagen kann – sowohl mit dem größeren Abstand mit dem ich jetzt selbst auf den Film blicken kann, als auch mit den Erfahrungen, dass das Publikum sehr wohl in der Lage ist, den Film kritisch zu lesen.

Während der Postproduktion des Films habe ich mich dagegen aus guten Gründen auf bestimmte tongestaltende Mittel in der Form eingelassen. Es war mein erster abendfüllender Dokumentarfilm und ich war mir im Unklaren darüber, inwieweit ich tatsächlich Stimmungen verdichten muss, um über diese Länge eine Spannung zu halten. Gleichzeitig haben sich Leute aus dem Team dafür stark gemacht, auch unsere Redakteurin fand das gut. Es gab also verschiedene Kräfte, die mich zu diesem Schritt bewogen haben, eine verstärkende Tongestaltung und Musikkomposition einzusetzen, um in dem Film eine bestimmte Stimmung zu betonen. Nichtsdestoweniger kann ich gut mit dem Ergebnis, das der Film darstellt, leben. Schließlich bringen die in der Art und Weise gestalteten Stimmungen meine kritische Haltung zum Ausdruck – genauso wie sich in jeder Kameraeinstellung, in jedem Schnitt, in der ganzen Komposition der Bilder meine Haltung widerspiegelt. Vielleicht spricht der Film auch gerade deshalb so viele Menschen an, weil sich die ästhetischen Mittel in der Form miteinander verbinden, wer weiß. Dennoch bleibe ich, was das Sounddesign und die Musik als filmische Gestaltungsmittel angeht, zwiegespalten. Beispielsweise merke ich bei Publikumsgesprächen, in denen die Musik und das Sounddesign kritisch befragt werden, dass ich ein bisschen in die Bredouille gerate, weil ich meine anderen Dokumentarfilme davor völlig ohne Musik gemacht habe.

Distanzierungen

Stephan: Ich wollte auch noch zwei Sachen sagen. Erstens: Ich bin ein großer Fan von dem »Are you there?", weil dieses «Are you there?» deutlich macht: Wir haben ein Konzept und brauchen jetzt einen Adressaten. «Are you there?» ruft nach dem Adressaten, der das umsetzt, der Träger dieses Konzepts im wirklichen Leben wird. Es ist eine Hörbarmachung dessen, was im Film mit «Leben generieren» beschrieben wird. Das finde ich super und diese Verbindung der Unternehmen durch den gleichen «Klingelton» sehe ich als Ausdruck davon, dass dieses Konzept in allen diesen Unternehmenswelten wirksam ist. Als Bild finde ich das sehr gelungen. Und einen zweiten Punkt will ich ansprechen zu der Distanz: Ich glaube, ein ganz wichtiger Punkt bei der Distanz ist, dass es einem nicht gelingt, sich mit irgendjemandem in diesem Film wirklich voll und ganz zu identifizieren. Das gelingt an keiner Stelle und das ist, finde ich, sehr gut so, weil dadurch ein sehr komplexes Bild entsteht von vielen Perspektiven, mit denen man sich einerseits kurzfristig arrangieren kann und soll, auch durch die Blickrichtung. Dann wird man aber sofort wieder aus der Identifikation herausgeholt und guckt aus der entgegengesetzten Richtung oder von der Seite drauf; und so entsteht ein Gewirr von Perspektiven. Dieses Gewirr von Perspektiven, von dem löst man sich, und dadurch wiederum entsteht eine Distanz. Zumindest habe ich das bei mir so festgestellt nach mehrfachem Schauen, dass ich darauf so reagiere. Weil mich das sonst überfordern würde, wenn ich jedes Mal überlegen würde: wie sieht der es, wie sieht der es? Das kann ich auf die Dauer nicht leisten und dann gehe ich zurück und habe dieses Distanzgefühl.

Carmen: Gut, dass Du das Thema Distanz noch mal aufgenommen hast, dazu möchte ich auch noch etwas sagen und komme dabei wieder auf die Inspirationsquellen anderer Filmschaffenden zurück. Durch den Blick auf Dokumentarfilme, die eben nicht einen oder mehrere Personen ins Zentrum stellen, konnte ich mit einer anderen, eher analytischen Perspektive auf solche porträtartigen Dokumentarfilme schauen und mich fragen, was es damit eigentlich auf sich hat. Im Kontext der Dokumentarfilmschaffenden kursieren ja die entsprechenden Erzählimperative dazu: Du brauchst einen starken Protagonisten, der die Erzählung trägt, mit dem man sich identifizieren und mitfühlen kann. Diese personenbezogene Identifizierung mit einer Person wird gewünscht, teilweise gefordert. Ich weiß z. B. nicht, inwieweit wir WORK HARD PLAY HARD nur gefördert und finanziert bekommen haben, weil im Treatment noch von einem Protagonisten als durchgehendem roten Faden die Rede war (ein Kompromiss, den ich gemacht habe). Ich frage mich allerdings, inwieweit diese Identifizierung mit einem einzelnen Individuum es verunmöglicht, etwas anderes zu erkennen. Ist das letztendlich nicht eine Methode, die gesellschaftliche Zusammenhänge und strukturelle Gewalten verschleiert und alle Problemlagen individualisiert? Wenn ich diese protagonisten-zentrierte Erzählweise, die als dramaturgischer Standard im dokumentarischen Arbeiten gefordert wird, genauer betrachte, tun sich recht spannende Fragen auf: Wem dient eigentlich eine solche Erzählweise?

Bei WORK HARD PLAY HARD und auch schon bei meinen kurzen Filmen davor versuche ich, diese Form des Identifizierungsangebotes nicht zu bedienen. Dementsprechend kann ich, was die Frage nach der Distanz angeht, noch anfügen: Bei WORK HARD PLAY HARD gibt es mit Absicht keine Identifikationsfiguren im klassischen Sinn. Dieser Anspruch an die Figurenkonstellation ist ja auch so ein bisschen entlehnt aus der konventionellen Hollywoodschen Spielfilmdramaturgie: Da gibt es den Helden, in den soll ich mich einfühlen, der ist meistens männlich und sympathisch. Ich habe ein anderes Verständnis davon, übrigens auch im Spielfilm. Ich finde es nicht wichtig, zu beurteilen, ob mir jemand sympathisch ist und von daher als Identifikationsfigur für mich taugt, sondern mich interessiert: Was bringen diese Personen zum Ausdruck, was erzählen sie mir über die Zusammenhänge in denen sie agieren und von denen sie durchdrungen sind? Das habe ich versucht auch in meinem eigenen Film umzusetzen und deshalb entsteht vielleicht der Eindruck einer distanzierten Erzählhaltung, weil ich mich keinem dieser Menschen annähere und ihn persönlich in den Blick nehme, sondern jede Person nur in der jeweiligen Situation als Teil des Ganzen beobachte.

Die Montage und der Change

Eva: **Gibt es noch etwas, das Du zur Montage oder zum fertigen Film sagen kannst?**
Carmen: Für mich war es eine sehr eindrückliche Erfahrung, dass mit der dem Film eigenen Kunstform der Montage etwas zu Tage tritt, das vorher nicht zu sehen oder zu erkennen war. Erst während der Montage dieses Dokumentarfilms hat sich nämlich so langsam die Brisanz des Themas herausgeschält. Sowohl während der Dreharbeiten als auch im Schnitt konnte ich das noch nicht richtig greifen. Nach einem ganzen Drehtag hatten wir zwar jede Menge Material, aber ich habe mich oft gefragt, wie daraus ein Film werden soll. Der Cutter und ich saßen dann vor Bergen an gedrehtem Material und haben erst mal Schneisen geschlagen, indem wir uns zunächst mit einzelnen Episoden befassten und versucht haben einzelne Drehtage zu kürzeren Sequenzen zu verdichten. Allerdings wirken die einzelnen Episoden harmlos im Vergleich zu der verdichteten Erfahrung, die sich aus der Zusammenschau und im Kontext der anderen Episoden ergibt. Erst als wir irgendwann gegen Ende des langwierigen und schwierigen Montageprozess anfingen, die einzelnen Episoden und Sequenzen zu einem Film zu montieren, tat sich ein Gesamtzusammenhang auf und ich habe gemerkt, dass sich da etwas im wahrsten Sinne des Wortes «zusammenbraut»: In der Gesamtmontage beginnen die Episoden sich zu ergänzen, sich gegenseitig zu kommentieren, geraten miteinander in Verbindung, sodass ich im Gesamtblick auf die Episoden, die ein bisschen verschränkt geschnitten sind, plötzlich etwas anderes, einen größeren Zusammenhang erkennen kann, der beim Betrachten der einzelnen Episoden nicht zu sehen war. Sie bilden in ihrer Verkürzung und Verdichtung nicht eins-zu-eins die Realität ab und lassen doch etwas von einer Wirklichkeit spüren, die sonst versteckt hinter den jeweiligen Arbeitsrealitäten verborgen liegt. Verdichtet und verkürzt sage ich deshalb so ausdrücklich, weil jede dargestellte Situation in der Realität viel länger dauert und davon vielleicht jeweils eine Viertelstunde im Film zu sehen ist.

Gleichzeitig hatte ich, als der Film fertig war, keinerlei Distanz mehr dazu, ich kannte die Materialberge in- und auswendig, alle Management-Programme und auch die Sprache waren längst Teil meines Alltages geworden, ich selbst fand mich in der Dramaturgie des Films zurecht, aber ich konnte ganz und gar nicht einschätzen, wie der Film auf andere Menschen wirken wird und ob irgendjemand etwas damit anfangen kann. Nach der Fertigstellung des Films hatte ich einfach keinen Blick mehr dafür, ob das für andere Leute irgendwie interessant ist und wurde insgesamt von der Resonanz, die der Film bekommen hat, sehr überrascht.

Eva: **Ich komme nochmal auf die Montage zurück: Du hast ja an manchen Stellen die Schnitte mit einem Klick, also mithilfe des Sounddesigns deutlich gemacht. Wieso hast Du Dich dazu entschieden?**
Carmen: Dieses Stilmittel haben wir bei der ersten Szene des Films und später bei einer Montagesequenz verwendet, um von Anfang deutlich darauf hinzuweisen: Wir schneiden und wir wollen zeigen, dass das ein subjektiv gemachtes Ding ist. Alle Bilder sind bewusst montiert, und der Cutter und ich wollten die filmischen Mittel offen legen und durch diese Klicks verstärkend darauf hinweisen. Damit klar wird, der Cutter und ich sitzen außerhalb des Materials am Schneidetisch und machen klick, klick, klick im Sinne von: cut, cut, cut – das heißt, wir entscheiden,

was reinkommt und was nicht. Aufgenommen haben wir dieses Stilmittel wieder in der Sequenz, in der es um die Change Management Prozesse geht. Darin reden verschiedene Unternehmen davon, dass sie ihre Kultur verändern müssen aus den und den Gründen. Die einzelnen Bilder sind sehr verschränkt geschnitten und dann wird es zunehmend stakkatohafter, die beteiligten Personen dürfen nur noch einzelne Sätze sagen. Und die Schnitte haben wir mit Klicks markiert, um transparent zu machen: Achtung, hier wird viel geschnitten, das ist jetzt sehr verkürzt und verdichtet, das ist eine montierte Zuspitzung.

Eva: **Das passt bei dem Change-Management sehr schön, weil dadurch die Dynamik dieses Change noch mal unterstrichen wird.**

Stephan: Das Spannende ist für mich im Laufe des Films eine Veränderung des Verhältnisses von Raum und Zeit. Der Film fängt an mit einer starken Raumorientierung, mit dem Raum als Form, worin etwas generiert wird und dann werden Prozesse angestoßen. Diese Prozesse werden als «Leben» gekennzeichnet. «Leben» geschieht einfach so, den Beteiligten unbewusst: Es entfaltet sich. Mit dem Change-Management, mit diesem in den Schnitten dargestellten Change-Prozess, da überschlagen sich die Ereignisse und das kommt in so einer Atemlosigkeit von Schnitten zum Ausdruck. Das ist ja ein sehr treffendes Bild, weil man von einem ruhigen, geplant scheinenden, «generierten Leben», um es mal so zu nennen, durch die darin freigesetzten Kräfte in eine Situation kommt, in der man überrollt wird von den Ereignissen, die man vorher selber geplant hat. Man gewinnt den Eindruck, oder zumindest ich gewinne ihn, dass auch diejenigen, die geplant haben, überrollt werden. Das kommt in diesem Unternehmensberater zum Ausdruck, der sagt: «Das ist keine Kür, das ist Pflicht». Darin zeigt sich für mich in besonders krasser Weise, dass er wirklich von dem überrollt wird, was er selber plant.

Eva: **Weil er ja auch sagt: Wenn wir das nicht machen, dann wird unsere Unternehmensberatung nicht überleben.**

Stephan: Er kommt damit selbst unter den Druck der Sachen, die er selber einzuführen geholfen hat, und das kommt in der Schnittform auch sehr gut zum Ausdruck und macht dann das Äußerliche dieses Schicksals, in dem das, was er selbst gemacht hat, auf ihn zurückfällt, deutlich durch die Äußerlichkeit, in der ihr mit dem Schneiden da eingreift. Das ist – scheint mir – ein absolut supergenialer Trick.

Carmen: Diesen «supergenialen Trick», wie Du es nennst, muss ich an den Cutter Henk Drees weitergeben. Die Montagesequenz, auch die vorhin erwähnte Sequenz mit «Are you there», hat er alleine entwickelt. Er findet diese Art von Montagesequenzen sehr gut, ich dagegen würde nie auf eine solche Idee kommen. Deshalb gab es über diese Sequenz und nicht nur darüber große Auseinandersetzungen zwischen uns beiden. Mittlerweile vertragen wir uns wieder und können rückblickend sagen: Vielleicht haben wir uns ganz gut ergänzt in unseren sehr unterschiedlichen Herangehensweisen in Bezug auf die Montage.

Unabhängig von dem filmischen Ergebnis dieser Entscheidungen, gibt es eine viel individuellere Ebene, die von diesen Entscheidungen auch betroffen wird. Das kann ich vor allem nun im Rückblick sagen, jetzt wo ich darum weiß, wie groß die Resonanz auf diesen vergleichsweise kleinen Dokumentarfilm war. Bei dieser eben erwähnten Montagesequenz beispielsweise werden einzelne Sätze von Personen herausgegriffen und werden sehr prominent platziert. Ich versuche zwar dadurch eine allgemeine Systematik deutlich zu machen, die lediglich durch die Personen in ihren jeweiligen Funktionen zum Ausdruck kommt. Dennoch bringe ich einzelne Menschen dadurch möglicherweise in ihrem ganz persönlichen Leben in Schwierigkeiten, weil das Gesagte – das habe ich bei manchen Fragen in Publikumsgesprächen gemerkt – dennoch den einzelnen Personen zugeordnet wird und sie damit individualisiert betrachtet werden.

Letztendlich betrifft das ein für mich unlösbares Problem beim dokumentarischen Arbeiten: Im Versuch einen Film zu machen, der kritisch die Ideologien eines Systems befragt, belaste ich möglicherweise einzelne Menschen, die in bestimmten Zusammenhängen darin arbeiten, agieren und sichtbar werden, und aus unterschiedlichen Zufälligkeiten in den Film geraten sind. Und obwohl ich eine distanzierte Perspektive einzunehmen versuche, die keine Bewertung der individuellen Personen anstrebt, sondern sie nur in ihrer jeweiligen Funktion betrachtet, stellen sich natürlich während des Drehens und dem Kontakt davor und danach ganz individuelle Beziehungen her. Ich finde viele Leute, mit denen ich gedreht habe, ausgesprochen nett, offen, sympathisch und hilfsbereit. In jedem Fall entsteht da ein persönliches Verhältnis, wenn auch nur für ein oder zwei Tage. Im Anschluss daran verwende ich das Material, um eine Kritik zu formulieren oder eine Ideologie lesbar zu machen, die ich für diskussionswürdig halte, verwende dazu das Bildmaterial der beteiligten Personen für diese Zwecke und stelle damit am Ende die Wichtigkeit des Films über die Interessen der einzelnen Menschen. Das erinnert mich irgendwie an eine Stelle im Film, in der es heißt: Wir brauchen einfach diese Zahlen und da müsst ihr eure individuellen Interessen zurückstellen, da geht's um das übergeordnete Ziel.

Eva: Ich finde, dadurch, dass man sich mit den einzelnen Personen nicht identifizieren kann, kann man gleichzeitig auch nicht die einzelnen Personen für das, was gezeigt wird, als Einzelne verantwortlich machen. Diese Distanz, macht auch deutlich , dass man die Frage, wie diese Personen sind, überhaupt nicht beurteilen kann, weil es eben Menschen in einer ganz bestimmten Situation sind, z. B. in einem Assessment-Center. Und da trifft man die Menschen nicht so, wie sie wirklich sind, oder zumindest nur sehr beschränkt, und genauso ist es bei anderen Szenen auch. Beim Assessment-Center finde ich es ziemlich deutlich. Es gibt zwar Menschen, die, wenn sie den Film sehen, im ersten Moment so reagieren, als könnten sie nun über die Mitwirkenden urteilen, aber ich habe noch kein einziges Gespräch darüber erlebt, bei dem nicht sehr schnell klar wurde, dass man die Einzelnen nicht darauf festschreiben kann, dass sie so sind, wie sie dort auftreten. Es wird einfach sehr deutlich, dass die Situation bestimmtes Verhalten mit hervorbringt, dass es also um strukturelle Probleme geht.

Carmen: Ich habe mit verschiedenen filmischen Mittel versucht «ent-individualisierend» zu arbeiten, bis hin zu den grafischen Einblendungen: Es sind nirgends die individuellen Namen zu lesen, sondern nur die Namen der Unternehmen, um das Gesehene eben nicht an einzelnen Personen festzumachen, sondern um auf eine strukturelle Problematik hinzudeuten. Allerdings brauche ich beim dokumentarischen Arbeiten, in meinem Fall zumindest, reale Menschen, um ein nicht sichtbares System sichtbar zu machen. Und ich gerate damit in die Schwierigkeit, andere Leute mit dem Film in Schwierigkeiten gebracht zu haben.

Die Sache mit der objektiven Kritik

Stephan: Ich habe dazu eine grundsätzliche Frage: Ist diese Kritik, die der Film äußert, nicht objektiv? Unter objektiver Kritik verstehe ich eine Kritik, die nicht von einer Person, einem Subjekt geäußert wird, sondern eine Kritik, die gewissermaßen das Objekt, also die Sache selbst übt. Ich möchte mit drei Beispielen aus dem Film erläutern, was ich damit meine:

Eines der Beispiele habe ich vorhin schon kurz erwähnt. Ein Unternehmensberater sagt: «wir müssen das und das machen, sonst sind wir nach zehn Jahren weg vom Fenster», dann wendet er – meines Erachtens mit Recht – auf sich selbst an, was er nach außen auch beratend transportiert. Er sagt, wir müssen diesen «Change» jetzt vollziehen, weg von diesem Bereichsdenken. Und dass wir das Bereichsmeeting genannt haben, zeigt ja, dass wir noch lange nicht am Ende dieses Change sind, sondern wir sind im Gegenteil mitten drin. Und ich sage Euch, das ist keine Kür, das ist die Pflicht, wenn wir das in zehn Jahren nicht geschafft haben, dann wird es uns nicht mehr geben. Da macht er mit sich selbst und beim eigenen Unternehmen das, was er außerhalb des Unternehmens als Beratung anbietet. Der wichtige Punkt dabei ist, dass er nicht einen souveränen Eindruck macht und sagt: «Leute, wir machen jetzt mal einen Change!» Sondern er macht den Eindruck eines Getriebenen – auch wenn er das authentisch rüberbringt und sagt, «das ist meine persönliche Meinung», merkt man ihm in der Sprechweise an, dass er getrieben ist. Die Kraft, die den Getriebenen treibt, motiviert die Kritik.

So ähnlich wie bei der Organisatorin der Change Agents. Sie sagt, sie will diese Veränderung in die DNA der Mitarbeiter einpflanzen. Das ist – meiner Meinung nach – ein mit diesen Konzepten innerlich notwendig verknüpfter offensichtlicher Größenwahn. Denn sie kann die DNA der Menschen nicht verändern, nichts in die DNA der Mitarbeiter einpflanzen. Es ist eine Phantasie, mit der sie sich eine Macht über die Natur zuspricht, die mit den wirklichen Möglichkeiten der Veränderung durch Management-Konzepte nur sehr beschränkt zu tun hat. Aber es ist – meiner Meinung nach – kein Zufall, dass sie so spricht. Das zeigt, dass sie eine Kraft vertritt, die über die Individuen hinaus eine gesellschaftliche Tendenz zum Ausdruck bringt. Diese Haltung hat ihren Grund in der «Machbarkeit», in der sozialtechnologischen Behandlungsweise von Menschen zur Lösung betriebsorganisatorischer Probleme. Wir kennen das vom so genannten «Technikoptimismus». Auch dort wurden die Möglichkeiten der Technik bei weitem überschätzt. Ähnlich wie der technische Größenwahn seinen Grund in der Vorstellung hat, alle Probleme technisch lösen zu können, findet sich in der Umsetzung verschiedener Management-Programme die Vorstellung, dass es machbar sei, sämtliches menschliches Verhalten auf sozialtechnologischem Weg neu zu programmieren. In dieser tendenziell größenwahnsinnigen Aussage wird für mich sichtbar, dass dahinter eine Kraft steckt, die nicht nur diese Frau beseelt, sondern die weit darüber hinaus geht und diese Frau erfasst hat. Mein Eindruck ist: Nicht die Frau kontrolliert diese Kraft, sondern die Kraft hat die Frau im Griff.

Und das dritte Beispiel wäre – eine Stelle, an der oft gelacht wird in dem Film – der Mensch, der im Assessment-Center sagt, «wenn Sie jemanden suchen, der Markt, Technik und Mensch verknüpft, dann werden Sie kaum jemanden besseren finden als mich». Das ist die Antwort auf die Frage nach seinen Stärken und Schwächen. Die Antwort ist auch deshalb so gut, weil sie sowohl Stärke als auch Schwäche mit einer Antwort offenbart. Denn inhaltlich bezeichnet diese Antwort seine Stärke, aber die Formulierung zeigt eine Schwäche, die man als Selbstüberschätzung oder auch Größenwahn bezeichnen könnte, aber eben einen Größenwahn, der in der Situation angemessen ist. Diese Antwort wird ja von den Bewertenden als genau richtig bewertet. Aber genau deswegen lachen die Zuschauer bei dem selbstbewussten Mann: Er macht eigentlich eine sehr gute Figur, nur sieht man eben, dass man eine gute Figur nur machen kann, wenn man Aussagen macht, die ein Mensch, der bei sich ist, nicht machen würde. Dieser Doppelcharakter – einerseits die produktive Kraft, anderseits das Problem von dieser Kraft selbst getrieben zu werden – ist dasjenige, woraus sich die Kritik objektiv ergibt. Und man sieht im Film immer wieder, wie dieser Doppelcharakter vorkommt.

Im Film wird mir auch folgendes deutlich: Die Individuen sind in dem Film nicht das Problem, sondern sie suchen und finden im Einzelnen ihre Lösung mit den Situationen umzugehen. Der Knackpunkt ist: Selbst wenn die Lösung für die Individuen klappt, wird sie gleichzeitig sichtbar als Schwäche der Konzeption, die da umgesetzt wird. Denn die Lösung ist nur in der jeweiligen verrückten Situation akzeptabel, aber als Einschätzung seiner selbst, der eigenen Leistungsfähigkeit oder der eigenen Macht über die Natur, der eigenen Fähigkeit, im «Change» zu bestehen, zeigt sie etwas ganz anderes: sie zeigt, dass die Menschen von einer Macht getrieben sind, die sie nicht zu kontrollieren in der Lage sind, nämlich von ihrer eigenen – ihnen unbewussten – produktiven Kraft.

Eva: **In meinen Augen wird damit die Unbeherrschtheit der eigenen Produktionsverhältnisse deutlich. Damit meine ich, dass wir als Gesellschaft unsere Produktionsverhältnisse so wenig beherrschen, dass die Individuen absolut getrieben wirken, wenn sie darin agieren.**

Carmen: Dennoch und ganz unabhängig von Stephans These über die objektive Kritik, belaste ich Individuen ganz subjektiv und individuell, wenn sie z. B. den Eindruck haben, ich stelle sie und ihre Arbeit im Film in ein negatives Licht. Auch in Form von wirtschaftlichen Nachteilen, ich bekam mehrmals sinngemäß die Rückmeldung: «Wir wissen um die Richtigkeit unserer Methode und wenn Sie das in der Form abwerten oder sich darüber lustig machen, dann erleiden wir Geschäftsverluste.»

Eva: **Wobei das schon interessant ist, denn Du machst Dich ja nicht lustig.**

Carmen: Aber es wird halt gelacht im Publikum, es wird teilweise recht viel gelacht. Haben wir gelacht in den Test-Screenings?

Stephan: Nein, wir waren eher schockiert. Wenn, dann war es ein Lachen, das einem im Halse stecken blieb, so ein zynisches Lachen, aber richtig gelacht habe ich nicht. Ich war auch sehr irritiert, als ich das erste Mal im Kino war und alle gelacht haben.

Eva: **Das ging mir genauso. Beim Testscreening blieb mir das Lachen eher im Halse stecken.**

Carmen: Ich war auch sehr verwundert über das Gelächter. Ein Effekt davon ist jedenfalls, dass sich dadurch vielleicht der Eindruck verstärkt, ich würde mich als Regisseurin darüber lustig machen.

Stephan: Nein, das finde ich nicht, ich verstehe das Lachen im Kino eindeutig als Abwehr.

Carmen: Auf jeden Fall ist es ungefährlicher, darüber zu lachen und sich damit die vielgestaltigen Gefühle vom Leibe zu halten, die möglicherweise bei solchen Fragen wie: «Inwieweit fühle ich mich eigentlich selbst in der Lage, diese Anforderungen, z. B. in einer Assessment-Center-Situation zu bewältigen?» anfangen würden zu rumoren.

Über das Authentische

Eva: **Ich möchte noch etwas zum Assessment-Center fragen: Bei Gesprächen über diese Szene erlebe ich häufig, dass manche Leute sagen: Na klar, die nehmen natürlich den Ersten, der ist karriereorientiert und ehrgeizig, genau so jemanden wollen die haben. Und andere Leute wiederum, die sich besser mit solchen Sachen auskennen, sagen: Der ist tatsächlich (noch) nicht konflikt- und empathiefähig genug. Im Film kann man jedenfalls bemerken, dass dem Dritten das beste Profil bescheinigt wird, während es bei dem Ersten heißt, er habe einen Schulbuchansatz und sei nicht empathisch genug. Einerseits soll man der perfekte angepasste und karriereorientierte Kandidat sein, gleichzeitig aber doch auch emotional und authentisch erscheinen. Wie passt das zusammen?**

Carmen: In der Drehbucharbeit beim Spielfilm gibt es den Ausdruck: Das sticht durchs Fleisch. Damit ist gemeint, dass die erfundenen Figuren – die ja möglichst authentisch wirken und sich verhalten sollen – so agieren, dass der dramaturgische Unterbau, das Regelwerk des Drehbuchschreibens zu Tage tritt und die Konstruktion der Geschichte und der Figuren erkennbar wird.

Für mich ist das ein ganz gutes Bild, um zu verstehen, warum in dem Assessment Center die drei Leute für unterschiedlich souverän oder authentisch gehalten werden. Hier sticht nämlich auch was durchs Fleisch und zwar das Regelwerk einer Managementideologie, die noch nicht in das Fleisch und Blut des Menschen übergegangen ist und lebendig vorgetragen werden kann. Stattdessen wird an einem Kandidaten kritisiert, dass das von ihm Gesagte einen Lehrbuchcharakter hätte, also damit nicht für sein Eigenes gehalten werden kann und dadurch unauthentisch wirkt. Diese Bewertung nach der Frage des Authentischen fällt mir auf und sie erscheint übrigens auch noch an einer anderen Stelle im Film: Eine Person beschreibt die Bewertungskriterien und sagt, die volle Punktzahl bei einer Antwort gibt es nur, wenn das Gesagte möglichst authentisch rüberkommt.

Ich frage mich, was diese begehrte Essenz des Authentischen eigentlich soll. Das Authentische, so empfinde ich es, scheint irgendwie ein Gradmesser dafür zu sein, inwieweit ich in der Lage bin, dasjenige als einen für authentisch empfundenen Teil meiner eigenen Persönlichkeit wiederzugeben, was im Grunde das Lehrbuch und damit ein mir äußeres Denken und Handeln ist. Und warum sind diese «authentischen Persönlichkeiten» so begehrt? Vielleicht weil es in den neuen Formen der Arbeitsorganisation viel darum geht, ein Teamgefühl und insgesamt Begeisterung für die Arbeit zu erzeugen und das kann vielleicht nur Menschen gelingen, die authentisch wirken. Wie könnte ich denn Menschen mitnehmen und begeistern, wenn alle das Gefühl hätten, ich quassele alles aus dem Lehrbuch nach? Ich muss schon selbst daran glauben, sonst folgt mir kein Mensch.

Eva: Ich glaube, das Schwierige ist eben, dass man diese Management-Methoden unterschätzt, wenn man glaubt, dass sie nur hohl sind, denn die Unternehmen wollen ja tatsächlich Individuen mit ihren Stärken und Schwächen oder ihren «Entwicklungsfeldern» haben, die in der Lage sind, über ihre Fähigkeiten zu reflektieren. Nur sollen sie diese ihre Fähigkeiten in erster Linie kapitalförmig einsetzen, also den Profit des Unternehmens steigern, was natürlich eine enorme Verengung mit sich bringt. Dieser Widerspruch kommt bei der Assessment-Center-Szene sehr deutlich zum Ausdruck.

Rezeptionen und Reaktionen

Eva: Ich möchte jetzt zu Fragen der Rezeption kommen: Der Film wurde ja zum Teil so wahrgenommen, dass in ihm deutlich werde, wie furchtbar schwarz, düster und kühl unsere Arbeitswelt ist. Wolltest Du ein so eindeutiges Bild malen, wie es häufig in den Rezensionen gemalt wird, die den Film ja zum Teil als Horrorvision der Zukunft bezeichnen? Würdest Du selber sagen, dass es das ist, was Du in dem Film abbildest?

Carmen: Es war überhaupt nicht mein Anliegen, einen Horrorfilm zu machen. Was die Rezensionen und Filmkritiken anging, habe ich mich darüber gefreut, dass viele Zeitungen zum Kinostart über den Film geschrieben haben, gleichzeitig war ich bei manchen Kritiken ziemlich verwundert: Wieso beschreibt die bürgerliche Presse, die seit Jahren in ihren Wirtschaftsteilen die im Film verhandelte Managementideologie propagiert, wiederum die danach ausgerichteten Arbeitswelten in ihren Feuilletons als Horrorszenarien?

Auch insgesamt bin ich etwas überrascht, dass die im Film gezeigte Arbeitswelt von manchen als einseitig abgründig erlebt wird. Ich zeige ja nichts wirklich Neues oder Unbekanntes, das sind Situationen aus dem Berufsalltag von vielen. Die Abgründe, in die das Publikum teilweise blickt, liegen wahrscheinlich woanders begründet. Ich habe kürzlich das Buch *Die Krise des globalen Kapitalismus* von George Soros[1] gelesen. Darin spricht er vom «kapitalistischen Weltsystem», das fast unsichtbar sei und «die meisten Untertanen gar nicht merken, dass sie ihm unterworfen sind; oder, um es genauer zu sagen, sie erkennen zwar, dass sie überpersönlichen und manchmal zerstörerischen Kräften ausgesetzt sind, gleichwohl verstehen sie nicht, um welche Kräfte es sich dabei handelt.»[2] Vielleicht werden in diesem Film diese äußeren Kräfte verständlicher sichtbar. Darin wiederum nur eine Horrorvision zu sehen und darauf lediglich mit Angststarre oder Abwehr zu reagieren, halte ich für verkehrt – für mich liegt in diesem Erkennen eine hoffnungsvolle Ambivalenz: Ich sehe etwas, über das ich zwar erschrecke, gleichzeitig liegt in diesem erkennenden Moment eine wie ich finde große Chance: Ich kann diesen Moment beim Schopfe packen und mich mit meinem Leben und der wichtigen Frage auseinandersetzen: Welche unsichtbaren, mir unbewussten Kräfte beherrschen und durchdringen mich?

---

1   George Soros: *Die Krise des globalen Kapitalismus*, Frankfurt/Main 2000.
2   Ebd. S. 141.

Nichtsdestoweniger muss ich bei dieser Frage nach dem Horroresken selbstverständlich auch den Film selbst und meine Wahl der filmischen Mittel befragen. Mein Versuch war es, trotz meiner kritischen Haltung dem Ganzen gegenüber den Film in einer offenen, uneindeutigen Spannung zu halten, sodass sich das Publikum selbst damit auseinandersetzen muss. Vielleicht hätte es manche filmischen Verstärkungen nicht gebraucht.

Stephan: Ich kann vielleicht noch zwei Ergänzungen machen. Die eine Frage ist ja: Von welchem Standpunkt aus betrachtet ist das Ganze abgründig. Ich glaube, dass der Standpunkt, von dem aus diese Kritik geäußert wird, eigentlich der Standpunkt der alten Arbeitswelt ist, in der man zwischen der Individualität eines Menschen und der Arbeit, in der er tätig ist, also seiner Funktion, eindeutig unterschieden hat. Und dann sagt man: Das kommt hier durcheinander, wer weiß, was dabei herauskommt, ob das wohl gut ist...? Gute Fragestellung, aber man muss wissen, dass das eine Fragestellung ist, die von der alten Betrachtungsweise ausgeht. Es ist doch interessant, dass Du nach den Testscreenings, bei denen in erster Linie Intellektuelle anwesend waren, die Sorge hattest, WORK HARD PLAY HARD könne als ein Werbefilm für neue Managementformen verstanden werden. Diese Frage wurde dort aufgeworfen und damit ein Problem, was in Wirklichkeit so gar nicht bestand, wie die spätere Wirkung des Films zeigte. Das wurde angesprochen, weil Intellektuelle bei sich selbst diese Arbeitsformen ganz besonders toll finden. Aber mit dieser Form wurde ebenso nur eine Seite betont, die scheinbar die Gefahr mit sich führte, dass es zu einer Überbetonung des Positiven an diesen neuen Organisationsformen kommen könnte. Diese Gefahr hat nie bestanden, und sie hat sich auch bei der Vorführung des Films nie bestätigt. Einer der Anwesenden hat damals gesagt: Ich kann ja verstehen, dass Intellektuelle so arbeiten, weil die sich mit ihrer Arbeit identifizieren können und darin einen Sinn sehen, aber die «normalen Beschäftigten», wie er sich ausdrückte, die können das nicht.

Das heißt, man muss sich bei dem Abgründigen fragen: Was ist eigentlich das Kriterium, was ist der Maßstab? Und der ist nicht der, dass man das Neue als Neues betrachtet, sondern von der alten Arbeitswelt ausgehend auf das Problem stößt. Ich gerate nicht in die Situation, in der ich autonom darüber urteile, sondern halte gedanklich am alten Bild der Arbeit fest und wende das auf die neuen Methoden an, sodass ich dann in einen Abgrund schaue: Dann versteht man die neue Form der Arbeitsorganisation nicht und blickt in den Abgrund des eigenen Unverständnisses. Aber das eigene Unverständnis ist ein anderer Abgrund als der Abgrund der Sache selbst. Und die sehe ich persönlich nicht als abgründig an. In der wirklichen Situation gibt es Gefahren, aber unter Abgrund stelle ich mir etwas anderes vor als das, was in dem Film gezeigt wird.

Carmen: Das verstehe ich noch nicht genau, was meinst Du mit «man nimmt den alten Maßstab und bewertet das Neue»?

Stephan: Früher gab es eine feste Unterscheidung zwischen Arbeitswelt und privatem Leben. Diese Unterscheidung kommt selbstverständlich stark unter Druck, sowohl was Raum und Zeit betrifft, als auch was die persönlichen Beziehungen betrifft. Und anstatt jetzt darüber nachzudenken, wie es dazu kommen kann und was da los ist, stellt man fest, dass diese Unterscheidung stark unter Druck kommt und findet das abgründig. Man drückt aus, dass man das nicht möchte, ohne sich damit auseinanderzusetzen, warum es eigentlich überhaupt so ist.

Eva: **Gerade hat Stephan die Testscreenings angesprochen. Wie war dort die Situation?**

Carmen: Wir haben mehrere Testscreenings durchgeführt, also verschiedene Fassungen des Films testweise einem Publikum gezeigt, das aus befreundeten Filmschaffenden bestand. Da ging es allerdings, ohne dass mir das zu diesem Zeitpunkt bewusst war, eher um filmgestalterische Fragen und nicht wirklich um die eigentliche Frage: Bewegt euch das, was ihr seht? Und falls ja, warum?

Mir ist erst rückblickend klargeworden, dass es unter Filmschaffenden bei solchen Screenings meist um filmische Fragen geht und daher die Diskussionen sehr schnell auf abstraktere Metaebenen abgleiten. Jedenfalls stellte sich meinem Eindruck nach unter dem Testpublikum kein Bezug zum eigenen Leben her, obwohl freiberuflich Beschäftigte geradezu die Vorbilder und Prototypen für die zu verändernden Angestelltenkulturen sind und seit jeher ohne Chef sehr flexibel und oftmals sehr unbewusst über ihre Grenzen hinaus arbeiten. Die angesprochene Diskussion auf der Metaebene tat vielleicht ihr übriges, um sich eine persönliche Betroffenheit vom Hals zu halten. So kann ich vielleicht die Situation in den Testscreenings zusammenfassen. Dort bekam ich jedenfalls nicht die Rückmeldung, es handle sich um einen Horrorfilm.

Stephan: Im Gegenteil, in dem Testscreening bei dem ich dabei war, vermissten die Anwesenden die Aussage des Films. Es gebe keine klare Haltung und keine Aussage des Films. Mein Eindruck war, dass die Anwesenden große Schwierigkeiten damit hatten, sich dem Filmduktus anzunähern. Sie haben vor allem als Experten kritisch kommentiert oder angefragt, wie denn ein bestimmter Schnitt zu verstehen sei, warum die Kameraeinstellung so sei usw. Sie haben nicht den Versuch gemacht, den Film aus einer Haltung zu verstehen, in der man sich dem Film unterordnen muss. Sie waren mehr in einer Kommentatorenhaltung, sozusagen unter Fachleuten. So ergab sich eine sehr distanzierte und ans Dröge grenzende Diskussion. Man vermisste den Zusammenhang, was man jetzt, nachdem der Film im Kino ist, mit Fug und Recht als Unsinn bezeichnen kann.

Carmen: Den persönlichen Bezug zum eigenen Leben und eine viel stärkere emotionale Betroffenheit habe ich jedenfalls erst im Kontakt mit dem «normalen» Publikum erfahren. So etwas habe ich während der Testscreenings nicht erlebt und es ist schon die Frage, warum.

Eva: **Vielleicht sind viele Filmschaffende von einer anderen Ideologie erfasst, die einem Bezug auf das eigene Leben im Wege steht? Sie meinen, als selbstständig Tätige außerhalb dieser Prozesse zu stehen und insbesondere als KünstlerInnen selbst frei und selbstbestimmt zu sein, während die anderen Menschen ideologisch verbrämt sind und tagtäglich fremdbestimmt in Unternehmen für ihnen fremde Zwecke arbeiten müssen.**

Carmen: Das finde ich einen interessanten Punkt, der natürlich auch mich selbst betrifft.

Kunstschaffende als Prototypen

Eva: **Work Hard Play Hard** zeigt ja vor allem die Arbeit in großen Unternehmen und die dort herrschenden Organisationsformen und Unternehmenskulturen. Carmen, Du hast gerade von den Bezügen des Films zu Deinem eigenen Leben gesprochen. Ganz konkret in Deiner Arbeit als freiberufliche Filmschaffende, inwieweit hast Du das Gefühl, diese Formen haben auch etwas mit Dir und Deiner Arbeit zu tun?

Carmen: Ich habe das ja schon zum Teil angesprochen, aber vielleicht gehe ich nochmal einen Schritt zurück: Während meiner Recherche habe ich zunehmend realisiert, dass ich selbst als Film- oder Kunstschaffende im Zentrum meiner Fragestellung stehe. Ich arbeitete scheinbar aus inneren Motivationslagen heraus «rund um die Uhr» und machte wie von selbst meine Arbeit zu meinem Leben – ohne Steuerungsbefehle oder Anweisungen von außen – und in dem Gefühl, ein selbstbestimmtes, freies Leben als Ausdruck meiner Selbstverwirklichung zu führen.

Mir begegneten Texte, die mir vor Augen hielten, wie sehr ich als Künstlerin das Modell für die von mir untersuchte neue Form der Arbeitsorganisation bin – gerade aufgrund meiner hohen Identifikation mit meiner Arbeit, der vielgepriesenen «Freude an der Arbeit» und Leidenschaft für meine Tätigkeit, die zusammen mit dem Mythos von zwangsläufiger Unsicherheit, Ungewissheit und Scheitern, ein heroisch-überhöhtes Kompott an Selbstdisziplinierungsmechanismen ergeben, das sowohl für die Umgestaltung von Unternehmenskulturen als auch gesamtgesellschaftlicher Arbeitsformen sehr interessant ist. Schließlich gilt der freiberufliche Status von Kunst- und Kulturschaffenden als Prototyp einer idealen, zukunftsfähigen Arbeitskraft. Diese ideale Arbeitskraft soll als «Unternehmer seiner selbst» unbegrenzt Ideen entwickeln, sich «kreativ» ihren Arbeitsplatz selbst erschaffen, in die eigenen Begabungen investieren, sich selbst und ihr Produkt vermarkten. Anhand dieser Texte bekam ich den Eindruck, dass Selbstverwirklichung mittlerweile zu einer gesellschaftlich hegemonialen Ideologie geworden ist, in der ganz selbstverständlich davon ausgegangen wird, dass Selbstverwirklichung im harmonischen Verhältnis zur Selbstverwertung stehen kann.

Diese Erkenntnisse aus meiner Recherche prägten meinen Blick, mit dem ich unternehmensinterne Programme zur Mobilmachung und Umgestaltung der dortigen «Workforce» betrachtete. So erkannte ich eine untergründige Verbindung zwischen den im Film beteiligten Personen, die unter dem Leitbild «Unternehmer im Unternehmen» agierten und mir selbst – stellvertretend für alle Kunst- und Kulturschaffenden, quasi als «Lebens-Unternehmerin» par excellence in meiner Eigenheit mich unter dem Motto «Selbstverwirklichung» selbst zur Arbeit zu mobilisieren und dabei «freiwillig» ohne Ende zu arbeiten.

So wurde die Arbeit an dem Film für mich auch eine Auseinandersetzung mit dem ungeregelten Leben, das im Zuge der 68er-Generation als Ideal für Freiheit und Selbstverwirklichung galt, aber unter den heutigen Bedingungen einer eingegrenzten und deregulierten Arbeitswelt in eine raffinierte Form der (Selbst-)Disziplinierung umgeschlagen ist.

Stephan: Das Neue ist sicherlich, dass nun auch in der «normalen» Arbeit die Auseinandersetzung mit dem gesellschaftlichen Sinn und der gesellschaftlichen Bedeutung der eigenen Arbeit eine entscheidende Rolle spielt. Daher erleben wir die Übertragung von Prozessen, die im künstlerischen Schaffen schon seit langem üblich sind (nämlich seit die Kunst sich von der Kirche verabschiedet hat), in den Bereich des Alltagslebens und des Arbeitens hinein. Ich muss mich als Künstlerin oder Künstler fragen: Hat denn das, was ich hier tue, was ich hier komponiere, was ich hier als Film zeige, was ich hier als Bild hervorbringe, hat das denn irgendeinen Nutzen, der über mich hinausgeht oder ist das sozusagen bloß eine Sache, die ich bestenfalls, wenn es gut läuft, zu Hause aufhängen kann oder vielleicht auch das noch nicht mal? Das ist ja eine Frage, mit der ich mich als Künstler sehr stark auseinandersetzen muss. Das Interessante ist nun, dass diese Frage jetzt – unter bestimmten Bedingungen und modifiziert, aber trotzdem – in den Betriebsalltag hineinkommt, also: «Hat das, was ich hier tue, irgendeinen gesellschaftlichen Sinn?» Diese Frage wird dort auf organisierte Weise gestellt, aber doch so gestellt, dass man sich ihr als Individuum nur sehr schwer entziehen kann. Während ich mir aber in der Kunst die Maßstäbe der Beurteilung, ob ein Kunstwerk sinnvoll ist, selbst erarbeiten muss, ist in einem kapitalistischen Unternehmen dieser Maßstab vorgegeben: Im Kapitalismus ist nur die Arbeit sinnvoll, die dem Unternehmen Gewinne, Profite bringt – oder wo dies nicht möglich ist, Kosten spart. In dem Sinne ist die Auseinandersetzung mit dem gesellschaftlichen Sinn der eigenen Arbeit gespiegelt durch den Kapitalcharakter der Arbeit, durch die mit ihr verbundene Profitabilität. Dass dieser Maßstab der Profitabilität letztlich nicht der richtige ist, um den gesellschaftlichen Sinn meiner Arbeit zu bemessen, das wird sich meines Erachtens in der Auseinandersetzung erweisen. Die äußerst problematischen sozialen und ökologischen Folgen – darauf werden wir später sicher noch zu sprechen kommen – lassen jedenfalls vermuten, dass dieser Maßstab der Profitabilität sowohl mir selbst als auch der Menschheit im Ganzen schadet.

Über die veränderten Formen der Arbeitsorganisation

Eva: **Carmen, Du hast vorhin von Ambivalenz gesprochen. Inwieweit stehst Du den neuen Arbeitswelten ambivalent gegenüber?**
Carmen: Ich finde die Ansätze, die operativ heutzutage umgesetzt werden, in jedem Fall besser als die frühere Arbeitsorganisation, in der die Unternehmensleitung per Kommando geführt hat und ihre Arbeitenden und Angestellten wie BefehlsempfängerInnen behandelt hat. Diese alte Form der Arbeitsorganisation möchte ich in keiner Form mystifizieren oder romantisieren. Ich finde es durchaus begrüßenswert, dass sich Unternehmen um die sozialen Belange und Verhältnisse ihrer Belegschaft kümmern, dass die einzelnen Individuen in ihrer ganzen Potenzialität gesehen und anders in die gesamte Unternehmung miteinbezogen werden als vorher in einer Art stupider Befehlskette. Aber gleichzeitig kommen in diesen neuen Formen des Managements bedeutende andere Schwierigkeiten auf. Es werden Prozesse in Gang gesetzt, die mich in meiner ganzen Persönlichkeit in Betrieb nehmen und mir als einzelnes Individuum überwältigend begegnen. Mein eigener Wille wird wie von selbst von unternehmerischen Zielen besetzt. Was bedeutet das eigentlich für mein Leben? Ich möchte jedenfalls nicht mit einstimmen, in einen von den Unternehmen

verbreiteten Jubel um diese neue Formen der Führung, sondern mit dem Film einen Moment der Besinnung vorschlagen im Sinne eines: «Moment mal, über diese Entwicklungen sollten wir wirklich ernsthaft reden und uns diese Prozesse bewusst machen.»

Eva: **Du bist ja bei Deiner Recherche für WORK HARD PLAY HARD unter anderem auf die Arbeiten des Philosophen Stephan Siemens zu den Veränderungen in den neuen Arbeitsorganisationsformen gestoßen. Was genau hat Dich denn an diesen Arbeiten von Stephan interessiert? Und wie ist dann der Kontakt zustande gekommen?**

Carmen: Im Grunde genommen habe ich Antworten auf die Frage gesucht: Wie ist das Paradoxon eigentlich zu verstehen, dass Menschen, obwohl sie selber entscheiden dürfen, ob und wie und wann sie arbeiten wollen, freiwillig «ohne Ende» arbeiten? Das war die Ausgangsfrage. Ich habe dazu auf unterschiedlichen Feldern recherchiert und bin dann irgendwann über einige Ecken und Wege auf Texte zur so genannten «indirekten Steuerung» gekommen, in denen sich mehrere Leute aus dem geisteswissenschaftlichen Bereich mit dieser Frage auseinandergesetzt haben. Ich fand die Texte, die ich im Internet dazu finden konnte, spannend, weil es um die Frage ging: Wie wird der eigene Wille zu einem unternehmerischen? Das hat mich interessiert und ich hatte das Gefühl, diese Texte helfen mir darin, dieses scheinbare Paradoxon weiterdenken zu können. Ganz konkret bin ich dann an Stephan geraten, weil ich einen Text von ihm nicht herunterladen konnte, nämlich den Text «Meine Zeit ist mein Leben». Daraufhin habe ich Stephan eine E-Mail geschrieben und er lud mich in den Philosophie-Verein «Club Dialektik» ein, dort wurde gerade über die neuen Arbeitsorganisationsformen anhand dieser Texte diskutiert und philosophiert. Auch wenn ich meistens nur zugehört habe, waren diese philosophischen Diskussionen dort wichtig für mein Verständnis. Wenn ich die Texte nur einmal durchgelesen hätte, weiß ich gar nicht, ob mich das in der Form beeindruckt oder so zum Nachdenken gebracht hätte. Ich glaube, es war wichtig für mich, einen darüber hinaus führenden, intensiveren Austausch zu finden wie es im Club Dialektik möglich war. Das war letztendlich zufällig oder technisches Schicksal, weil ich an einem Download gescheitert bin.

Eva: **Stephan, Du bist ja Philosoph und beschäftigst Dich jetzt schon seit vielen Jahren mit den neuen Arbeitsorganisationsformen. Wie kommt ein Philosoph zu so einem Thema?**

Stephan: Das war ein ziemlicher Zufall. Ich war damals in einer Kooperation mit dem Philosophen Klaus Peters, der vor allem und ich in zweiter Linie einen philosophischen Verein in Köln gemacht haben, der hieß «Cogito» und in diesem Verein war auch Wilfried Glißmann, der Betriebsratsvorsitzender von IBM Düsseldorf war. Wir drei haben – gelegentlich auch gemeinsam mit dem Unternehmensberater Wolandt, mit der Biologin Eva Parusel, den Soziologen Michael Paetau und Jörg Stadlinger, der Amerikanistin Angela Schmidt und einigen anderen – über neue Arbeitsorganisationsformen diskutiert. Diese Diskussion begann im Jahr 1992/93 und zog sich bis zum Jahr 1999 hin. Wir haben uns zunächst mit Selbstorganisationstheorien auseinandergesetzt. Wilfried Glißmann hat dann sehr bald gesagt: Diese Arbeit brauchen wir für unser Unternehmen. Wir konnten das zunächst gar nicht glauben, aber er hat uns überzeugt und es hat sich als sehr richtig herausgestellt. Denn der Begriff des Selbst spielt eine große Rolle bei dieser Form der Organisation der Arbeit. Es stellte sich tatsächlich heraus, dass die theoretische Arbeit, die wir da gemeinsam gemacht haben, für die Analyse der Arbeitsorganisation nützlich war.

Eva: **Was ist da damals in Gang gekommen durch die Zusammenarbeit von Euch als Philosophen mit den Betriebsräten der IBM?**

Stephan: Wilfried Glißmann hatte sehr großes Interesse daran, die Unternehmensstrategie von IBM kennen zu lernen und zu analysieren und er hat das auch sehr gut gemacht. Er hat sowohl in Düsseldorf selbst als auch im Aufsichtsrat von IBM-Deutschland damals diese Informationen, wie IBM sich entwickeln will oder entwickeln wird, und welche Bedeutung das für die Beschäftigten hat, sehr gut darstellen können. Dazu haben wir durch unsere geisteswissenschaftliche Arbeit, ich würde nicht sagen, einen Beitrag geleistet, aber einen Hintergrund mitliefern können, den der Kollege aufnehmen konnte und sehr geschickt, kreativ und innovativ in einer Betriebsanalyse dargestellt hat. Das war wirklich beeindruckend. Dadurch hatte er in den Betriebsratsgremien der IBM Deutschland eine Diskussion zustande gebracht, in der eine erste Gegenreaktion gegen diese Sorte von Unternehmenssteuerung hervorgebracht worden ist, die auch meines Erachtens nach wie vor sehr nachdenkenswert ist. Es handelt sich um die Aktionsform «Monat der Besinnung», was ja zunächst mal nicht wie eine gewerkschaftliche Aktionsform klingt. Es hat jedoch einen gewerkschaftlichen Charakter, wenn man bedenkt, worum es geht: Ziel dieser Aktion war es, sich in gemeinsamen Diskussionen und Gesprächen die eigene Arbeitsmotivation zu erarbeiten und deren Bedingtheit durch Rahmenbedingungen, die sich von den Unternehmen steuern lassen, ins Bewusstsein zu heben. Dafür ist tatsächlich Besinnung erforderlich; und das hat dieser Vorschlag, dieser «Monat der Besinnung» in exemplarischer Weise gemacht. Im Zuge dieser Aktion hat die IG Metall das Sonderheft «Denkanstöße: Meine Zeit ist mein Leben» herausgebracht, unter anderem mit Texten von Klaus Peters, Wilfried Glißmann und mir. Insgesamt wirkte dieser «Monat der Besinnung» sehr erhellend und aktivierend. Leider waren wir damals nicht genügend in der Lage, daraus tragfähige sich weiterentwickelnde Aktionen abzuleiten. Aber das ist jetzt nicht der Hauptpunkt. Der Hauptpunkt ist, dass es gelungen ist, diese indirekte Steuerung bewusst zu machen und die Beschäftigten dafür zu elektrisieren und zu interessieren, wie die Unternehmensleitung ihren Willen zu steuern versucht. Das ist uns gelungen und das war die große Leistung dieser Zusammenarbeit. Das ging bis zum Jahr 1999 ungefähr.

Eva: **Inwiefern ist denn Carmens Film für Dich von Interesse? Was ist für Dich an dem Film spannend?**

Stephan: Es hat auch eine biografische Seite, wenn man so will. Als Carmen bei uns im Club Dialektik auftauchte, führten wir ja gerade Diskussionen über die neuen Arbeitsorganisationsformen, auf vornehmlich philosophisch-theoretischer Ebene. Dabei haben Carmen und ich auch die Frage erörtert, wie lassen sich diese Zusammenhänge dokumentarisch in filmischen Bildern erkennen? Und da kamen wir, glaube ich, sehr schnell an die Grenzen der Philosophie, die wenig an Visualisierungsideen liefern konnte. Ich war von da an sehr gespannt auf das Ergebnis, das heißt, wie die filmische Umsetzung von diesen theoretischen Fragen aussehen würde. Vom ersten Sehen des Films an war ich total begeistert, wie gut das gelungen ist. Da ist der Ausdruck Interesse viel zu neutral.

Eva: **Bei Gesprächen über das Problem der Visualisierung der heutigen Formen zu Arbeiten bringe ich immer den Vergleich zu «Moderne Zeiten» von Charlie Chaplin, auch wenn das gar kein Dokumentarfilm ist. Ich finde nämlich sehr spannend, dass dieses Problem heute überhaupt so sehr auftritt. Bei Charlie Chaplin liegen mindestens rückblickend die Bilder für seinen Film quasi auf der Hand, weil diese Art zu arbeiten damals durch die Fließbandarbeit und die Maschinenvorgaben fast selbst schon ein Bild sind, da die arbeitenden Mensch bei dieser Arbeit scheinbar zum bloßen Anhängsel der Maschine werden. Das hat Chaplin dann filmerisch auf die Spitze getrieben. Dagegen musstest Du, Carmen, etwas, das scheinbar «unsichtbar» ist, überhaupt erst sichtbar machen. Ich finde, es sagt sehr viel über die Art, wie wir heute arbeiten, aus, dass es heute so schwierig ist, unsere Arbeit in Bildern zu erfassen.**

Carmen: Ja, diese Bilder der industriellen Arbeit, die liegen auf der Hand und sind filmisch ja auch so ansprechend. Da guckt man ja gerne hin, die dampfenden Maschinen, da passiert was Sehenswertes, es raucht, rattert, dampft, usw. Vielleicht gab es unter anderem deshalb eine Art Hemmschwelle sich dokumentarisch mit diesen neuen Formen der Arbeit auseinanderzusetzen, weil die Bilder dafür viel schwieriger zu finden sind. Für mich war es ja auch ein sehr zäher und langwieriger Prozess, diesen Transfer zu leisten, im Sinne von: Wo wird das sichtbar, wo finden die Situationen des Verhandelns oder der Übertragung statt, wo kann ich etwas sehen von den Beziehungen und den erst mal unsichtbaren Dynamiken, die die neuen Formen des Arbeitens ausmachen?

Und wenn ich die dann gefunden hatte, wenn ich das Gefühl hatte, ja, da könnte sich etwas zeigen, dann gab es immer noch die nächste Hürde, und zwar dafür eine Drehgenehmigung zu erhalten und manchmal hat das auch nicht geklappt. Beispielsweise wollte ich eigentlich auch den Aspekt von Zielvereinbarungen und das ganze «Management by Objectives» (Führen durch Ziele) stärker thematisieren, aber es war nicht möglich eine Drehgenehmigung dafür zu bekommen. Ich wollte eigentlich ein Zielvereinbarungsgespräch oder ein Training über Zielvereinbarungsgespräche drehen, aber es hat sich kein Unternehmen oder keine passende Situation gefunden. Eigentlich würde in einer solchen Gesprächssituation etwas verhandelt und zur Sprache kommen – und wäre damit mit dem dokumentarischen Blick zu erfassen. Wenn Unternehmen dann aber sagen: Nein, das ist zu intern, das möchten sie nicht zeigen, dann gibt es zwar potenziell Situationen, die ich beobachten könnte, aber sie entziehen sich aufgrund des Drehverbots doch einer Sichtbarkeit.

Eva: **Stephan, Du beschäftigst Dich ja jetzt schon lange mit den neuen Arbeitsorganisationsformen, was würdest Du denn sagen, zeichnet sie aus oder inwiefern sind sie überhaupt neu?**

Stephan: Das Hauptsächliche, was neu ist, ist das Verhältnis der Menschen, die arbeiten, zu ihrer Arbeitstätigkeit. Es ist sicherlich vereinfacht ausgedrückt, aber vom Prinzip her kann man sagen, in den Zeiten bis in die sechziger Jahre hinein waren die meisten Arbeitstätigkeiten so: Man geht zur Arbeit, macht da seinen Job und abends geht man nach Hause und dann lebt man, dann ist man Mensch, da baut man ein Haus, geht in die Kirche, in die Partei, macht sich Gedanken über den Sinn des Lebens. Das ist jedenfalls etwas völlig anderes als bei der Arbeit. Bei der Arbeit macht man seinen Job.

Das hat sich grundlegend geändert. Heute wollen wir in der Arbeit einen Sinn sehen. Das war bis in die sechziger Jahre absolut nicht nötig, da hat man von der Arbeit gelebt, war in einem Zusammenhang, der offensichtlich fremdbestimmt war, der durch Maschinen charakterisiert war und durch Anweisungen, mit denen man als Individuum nichts zu tun hatte. Heute fordern wir, dass unsere Arbeit sinnvoll ist, dass wir damit in Beziehungen sind, die menschlich sind, das wollen wir. Was immer dann damit gemacht wird, das ist wieder was anderes. Das ist das erste, was sich geändert hat.

Und das zweite, dementsprechende, ist, dass die Unternehmen sich an diese Veränderungen unserer Fähigkeiten und unserer damit verbundenen Erwartungen anpassen durch neue Steuerungsformen, wie sie im Film auch sehr gut gezeigt werden.

Neue Steuerungsformen

Eva: **Carmen hat ja eben schon erwähnt, dass sie bei ihren Recherchearbeiten auf den Begriff «indirekte Steuerung» gestoßen ist, Du hast jetzt gerade auch von «neuen Steuerungsformen» gesprochen – was genau ist denn damit gemeint?**
Stephan: Die neuen Steuerungsformen, die so genannte «indirekte Steuerung», sind eine Reaktion – das habe ich ja eben schon versucht auszudrücken – der Unternehmen auf die gewachsenen Ansprüche von Beschäftigten bei der Arbeit. Wenn man es vereinfacht sagen will, ist es so: Wir erleben eine neue Kraftentfaltung der produktiven Beschäftigten, eine neue produktive Kraft. Und diese neue produktive Kraft besteht darin, dass man sich mit dem gesellschaftlichen Sinn, mit der gesellschaftlichen Bedeutung in der Arbeit, nicht anderswo, in der Partei, in der Kirche oder sonst wo, sondern in der Arbeit auseinandersetzen will und muss, um auf dem gegenwärtigen Niveau produktiv zu sein. Und wenn die Unternehmen sich an diese gewachsenen Ansprüche anpassen wollen, dann müssen sie dieses Bedürfnis aufnehmen und füllen – um für Beschäftigte attraktiv zu bleiben und vor allem um an diese Produktivität, die damit verknüpft ist, heranzukommen. Das erreichen sie, indem sie indirekt steuern, d. h. nicht mehr sagen «tu dies, tu jenes», was eine direkte Steuerung wäre, die sich an das Bewusstsein der Menschen richtet, dass die Beschäftigen hören, was ihnen gesagt wird und dann tun, was von ihnen verlangt wird. Sondern es ist eine indirekte Steuerung, das heißt, ein Schaffen einer Umgebung, einer Umwelt, einer Dynamik, eines Feldes, in dem die Beschäftigten selber machen wollen, was für das Unternehmen das Richtige ist. Das ist natürlich die Aufgabe des Unternehmens oder der Unternehmensleitung, so eine Situation zu schaffen, in der die Beschäftigten selber gemeinschaftlich das machen wollen, was den Unternehmenszweck umsetzt. Und weil sich diese Steuerung nicht direkt an die Menschen wendet, und vor allem auch nicht an ihr Bewusstsein, sondern indirekt wirkt durch die Beeinflussung des Bewusstseins und der Zielsetzungen durch die so genannte «Gestaltung» der Umgebung, deswegen nennt man sie «indirekte Steuerung».
Eva: **Und wie schafft man so was?**
Stephan: Das ist eine gute Frage. Die wichtigsten Mittel sind, glaube ich, relativ einfach zu benennen. Man braucht eine Orientierung der Organisation am Markt

nicht nur nach außen hin, sondern man bildet sie auch nach innen hin ab. Das heißt, die Unternehmen brauchen Formen, in denen die Beschäftigten sich durch die Art und Weise, wie sie im Unternehmen, im unternehmensinternen Markt, in unternehmensinternen Kooperationsformen (Teams, Profitcenters, Business Units etc.) zusammenarbeiten, behaupten können oder sollen. Es geht darum, eine Situation zu schaffen, in der sie im Markt außerhalb des Unternehmens tatsächlich fähig sind, sich zu «bewähren». So wie die Prozesse außerhalb des Unternehmens die Fähigkeiten der Beschäftigten herausfordern, so werden auch Prozesse organisiert, die innerhalb des Unternehmens für die Beschäftigten eine Herausforderung darstellen. Solche Herausforderungen werden den dort arbeitenden Individuen, Gemeinschaften, Teams, Profit-Centers, Unternehmenseinheiten deutlich gemacht. Dadurch, dass diese unternehmerischen Anforderungen sichtbar werden und beantwortet werden müssen, beginnen die Individuen, Antworten entwickeln zu wollen. Und dieser Prozess macht die Beschäftigten so produktiv, dass die Unternehmen auf diese Kraft heute nicht mehr verzichten können und wollen. Denn die damit verbundene Profitabilität sichert die so genannte «Wettbewerbsfähigkeit» und «Überlebensfähigkeit» der Unternehmen.

Eva: Du sagst, der Markt wird abgebildet im Unternehmen. Wie genau funktioniert das?

Stephan: In WORK HARD PLAY HARD sehe ich mehrere Hinweise, wie das funktioniert. Ein wichtiger Punkt ist zum Beispiel die Entwicklung von Kennzahlen, die die Beschäftigten orientieren, was der Markt von ihnen «fordert». In einem morgendlich stattfindenden «Performance Dialog» werden im Team die Kennzahlen des gestrigen Tages besprochen und dadurch transparent gemacht, ob das Team und jede/r Einzelne die unternehmerischen Ziele erreicht hat oder nicht. Ein weiterer Hinweis aus dem Film ist der Kollege, der das Assessment-Center anleitet und in dessen Unternehmen auch die Assessment-Szene stattfindet, der sagt: «Das ist eigentlich weniger das Unternehmen, das diese Anforderungen stellt. Der Markt verlangt das; unsere Mitarbeiter wissen schon sehr genau, was da gefordert ist.» Und während des Assessment-Centers wird ja von der Interviewerin die dementsprechende Frage aufgeworfen: «Was konnten Sie denn tun, um als Unternehmer im Unternehmen wirksam zu werden? Zunächst mal verbrauchen Sie ja ein Budget.» Das ist ja eine Frage, die relativ eindeutig auf eine Rechtfertigung der eigenen Arbeit in Bezug auf die Profitabilität am Markt zielt.

Das sind Formen, wie die Abbildung des Marktes innerhalb von Unternehmen im Film selber vorkommt. Man könnte das noch erweitern, indem man sagt: Man schafft Strukturen, die marktförmig sind, auch im Unternehmen selber, dass man die Konkurrenz zwischen Beschäftigten, zwischen Standorten, zwischen nationalen Abteilungen des Unternehmens erzeugt, die einen Markt abbilden, der innerhalb des Unternehmens stattfinden soll, der aber eben auch ein Abbild des Marktes außerhalb des Unternehmens ist. Dieser Markt innerhalb des Unternehmens, für den wäre etwa die Firma Metro ein Beispiel: Zur Metro AG gehören Saturn und Media Markt, die somit Unternehmen in derselben Holding sind, sich aber gegenseitig bis aufs Messer bekämpfen. Mit solchen Simulationen von Märkten – denn es handelt sich ja um organisierte, strukturierte und bewusst benutzte Formen der Zusammenarbeit in einem Unternehmen, es sind ja nicht Märkte, die im Sinne des so genannten «freien Marktes» Märkte sind – mit solchen Simulationen von Märkten kann man also Formen des Marktgeschehens im eigenen Unternehmen abbilden, um Beschäftigte zu motivieren und zu «sensibilisieren» für die Anforderungen des äußeren Marktes.

Eva: **Und gleichzeitig unter Druck setzen?**

Stephan: Ja, um die Beschäftigten in einen Kampf gegeneinander zu schicken. Viele Beschäftigte sehen auch nicht die Seite, dass es sich gar nicht um eine Konkurrenz im eigentlichen Sinne handelt, sondern aus der Sicht des Unternehmens um eine Kooperationsform, die nur deswegen, weil sie so organisiert wird, wie sie organisiert wird und unmittelbar von den Beschäftigten gelebt wird, nicht als Kooperationsform sichtbar wird, sondern eben nur als Konkurrenz erscheint. Das ist schade. Für die Auseinandersetzung damit ist das ein großer Nachteil.

Eva: **Carmen, wie ging Dir das: Ist Dir das, was Dich an Stephans Interpretation der neuen Arbeitsorganisationsformen interessiert hat im Filmmaterial begegnet?**

Carmen: Ich habe Stephan ja bereits während meiner Recherche getroffen und hatte mich zunächst theoretisch mit diesen Fragen beschäftigt. Beim Drehen und dem daraus entstandenen Filmmaterial sind mir die neuen Steuerungsformen in unterschiedlichen Momenten und Formen wieder begegnet. Beispielsweise sagt ein Architekt: «In einem Gebäude soll man gar nicht mehr daran erinnert werden, zu arbeiten.» Dieser Satz verdeutlicht für mich sehr direkt, dass es dabei um die Ansprache an das Unbewusste geht, damit eine produktive Dynamik in Gang kommt. Wenn ich gar nicht daran erinnert werde, dass ich arbeite, dann brauche ich ja auch gar keine Pause, keinen Feierabend, um mich zu erholen. An einer anderen Stelle ist von dem «Flow» die Rede, in diesem Zustand soll der Mensch am leistungsfähigsten sein. Das sind ja alles Ausdrücke für eine Unbewusstheit, die bewusst hergestellt wird.

Gefühle generieren

Eva: **Die Architekten sprechen in der Eingangsszene davon, dass Gefühlswelten generiert werden sollen und überhaupt spielen Gefühle eine große Rolle in dem Film, oder werden immer wieder thematisiert. Auch dieses Generiert-Werden: Leben soll generiert werden, Gefühle sollen generiert werden. Die Beschäftigten sollen nicht das Gefühl haben, zu arbeiten, sie sollen sich wie zu Hause fühlen, fast wie im eigenen Wohnzimmer. Würdet ihr sagen, dass dieser Zugriff auf die Gefühle auch etwas mit der indirekten Steuerung zu tun hat?**

Carmen: Ich habe den Eindruck, in dem Moment, in dem ich als Unternehmensleitung nicht mehr der Chef sein kann, der sagt: «Du machst das jetzt, keine Widerrede», sondern indem ich eine andere Belegschaft vor mir habe, die ganz anders erzogen, ausgebildet und auch deshalb anders geführt werden möchte, die aus innerer Überzeugung bei etwas mitarbeiten und Sinn in der Arbeit finden möchte, in dem Moment kommen quasi automatisch Gefühle ins Spiel. Ich höre ganz oft das Stichwort Motivation, wie kann ich Leute richtig motivieren, dass sie bei einer Unternehmung mitmachen wollen, wenn ich sie nicht mehr wie im alten System der Arbeitsorganisation einfach dazu zwingen kann, sondern ich sie überzeugen muss, es von selbst zu wollen. Dazu, das ist zumindest mein Eindruck, muss ich auf die Gefühlsebene gehen. Ich kann an dieser Stelle nur wiedergeben, was mir während der Arbeit an dem Film begegnet ist, die weiterführende Interpretation gebe ich auch gerne an das Publikum weiter. Mir sind zumindest während dieser Arbeit viele Worte und Ausdrücke begegnet, die sich um Gefühle drehen: Motivation, Teamspirit, eine Person überzeugen, eine Person mitnehmen, sich in die Schuhe des anderen stellen. In der Architektur soll ich mich hier wohlfühlen, an zu Hause erinnert werden, aber mit diesen Orangetönen eben wiederum anders aktiviert, also es geht ja ständig darum, wie ich mich fühle.

Und genau diesen Zugriff und die damit verbundene Gefühlsgenerierung möchte ich auch problematisieren. Ich bekomme bei Diskussionen mit dem Publikum immer wieder Beschwerden darüber mit, dass die Unternehmensführungen es nicht hinbekommen, ihre Belegschaft angemessen und mit den richtigen Methoden zu motivieren. Hätte man die richtige Führungskultur und würden angemessene Methoden eingesetzt, würde die Motivation der Mitarbeitenden gelingen und alles wäre gut.

Im Zuge dieser Diskussionen begegnet mir öfters ein Zitat, es lautet: «Wenn Du ein Schiff bauen willst, dann trommle nicht Männer zusammen um Holz zu beschaffen, Aufgaben zu vergeben und die Arbeit einzuteilen, sondern lehre die Männer die Sehnsucht nach dem weiten, endlosen Meer.»[3] Das finde ich ein sehr interessantes Zitat, weil es die Unterscheidung zwischen alter und neuer Führungskultur deutlich macht. Unter der alten Führung wurde die Belegschaft mit Anweisungen geführt, der Sinn und Zweck der Unternehmung war eindeutig nicht ihr eigener. Die neue Führung ist da viel raffinierter: Sie wendet sich direkt an die Sehnsüchte, also an die Gefühle der Belegschaft, und der Sinn und Zweck der Unternehmung ist somit nicht mehr als ein fremder zu spüren, sondern wird zum eigenen. Die Belegschaft will damit ‹wie von selbst› das Schiff bauen und muss nicht mit Anweisungen dazu gebracht werden. Was bedeutet das aber für meine Sehnsucht und meine damit verbundenen Motivation, wenn ich weiß: Es gibt jemand im Hintergrund, der mich vielleicht diese Sehnsucht erst gelehrt hat und mich dadurch vielleicht ohne Kommandos steuerbar macht? Um in diesem Bild zu bleiben: Ist es wirklich das Problem, dass die Lehre von der Sehnsucht nach dem Meer lediglich methodisch noch nicht gut umgesetzt ist? Und was heißt das wiederum, wenn es perfekt und reibungslos gelingt, diese Sehnsucht in den Arbeitenden zu wecken und sie dadurch zu Höchstleistungen zu motivieren? Bei der Sehnsucht nach dem Meer mag das ja noch romantisch sein, aber in kapitalistischen Wirtschaftssystemen heißt das übersetzt: die Sehnsucht nach profitablem Wachstum.

Stephan: Ich würde gerne noch zwei Sachen ergänzen, die mir sehr wichtig sind. Das Erste ist, wenn ich mich nicht an die Bewusstheit der Menschen wenden kann, um sie produktiv zu machen, dann muss ich ihnen auf andere Weise vermitteln, was das Richtige ist zu tun. Und da ist eben die Vision, diese Zielsetzung, die Sehnsucht nach dem Meer das orientierende Mittel, mit dem die Beschäftigten sich so identifizieren sollen, dass sie selbst alles aus sich herausholen, um diese Vision, diese Sehnsucht nach dem Meer zu befriedigen. Das erreichen die Unternehmensführungen

---

3   Dieses Zitat stammt von Antoine de Saint-Exupéry (1900–1944), einem französischen Schriftsteller und Piloten.

dadurch, dass Einheiten gebildet werden, Profit-Center, Teams, wo die Menschen gemeinsam zusammen wirken, um bestimmte Ziele zu erreichen. Dieses Zusammenwirken, das geschieht von selbst, das heißt, es wird den Menschen bewusst in den Gefühlen, die sie haben, bei der Arbeit, positiven wie negativen Gefühlen. Selbstverständlich sind positive Gefühle besser als negative; das kann man sich gut vorstellen. Diese positiven Gefühle untereinander, die werden motiviert, aber da reichen positive nicht aus, es muss auch ein gewisses Angstpotenzial, oder wie es im Film heißt, eine «Burning Platform», im Zweifel sogar Leidensdruck eingeführt werden, damit diese Gefühlswelt so erfasst wird, dass der ganze Mensch angesprochen wird, dass er alle seine Kräfte mobilisiert, um Antworten auf die vorgestellte oder wirkliche Marktsituation zu entwickeln – dieses Szenario eines externen oder internen Marktszenarios habe ich ja bereits beschrieben. Die Gefühle sind also mit anderen Worten Ausdruck von Instrumenten, mit denen die Unternehmensleitung mitteilt, welche Anforderungen sie an die organisierten Formen von Beschäftigten hat. Gefühle sind Bewältigungsformen von Teams, von Profit-Centern, von kleinen Unternehmenseinheiten, in denen die Kolleginnen und Kollegen miteinander mit solchen Anforderungen zurechtkommen müssen. Die Beziehungen der Beschäftigten untereinander drücken sich in unserem Kopf aus als Gefühle, weil wir nicht gedanklich erfassen können, wie wir zu anderen Menschen stehen, sondern wir nehmen Beziehungen in Gefühlen wahr. Das kann auch verheerende Konsequenzen haben, wie z. B. Burnout. Dazu kommen wir vielleicht später noch.

Eva: **Habe ich Dich richtig verstanden: Du sagst, weil die Unternehmen nicht mehr direkt, sondern indirekt steuern wollen und das nicht bewusst sein darf, denn sonst wäre es keine indirekte Steuerung mehr, werden die Gefühle mit einbezogen? Damit wird dann auf einer unbewussten Ebene trotzdem transportiert, was zu tun ist. Die Steuerung läuft also über die Gefühle statt über das Bewusstmachen, denn wenn sie bewusst wäre, würde sie nicht mehr funktionieren?**

Stephan: Genau! Darüber gibt es auch große Theorien, z. B. transformationelle Führung, charismatische Führung usw., die sich damit beschäftigt, wie man solche Gefühlswelten erzeugt, und wenn man die verknüpft mit der Umwelt-Idee – Unternehmen brauchen eine Umwelt, worin die entsprechenden Bedrohungsszenarien enthalten sind, in denen Teams, Profit-Centers oder so was, ihre Bedrohung erleben – dann ergibt das eine sehr elektrifizierende, sehr aktivierende Mischung. Und diese Mischung richtig zu handhaben, das ist sozusagen der Job einer heutigen Führungskraft.

Der Punkt dabei ist: Die Unternehmensleitungen verzichten nicht auf Steuerung. Die Steuerung des Verhaltens der Beschäftigten bleibt erhalten. Das ist ja der eigentliche Sinn. Eigentlich wollen die Unternehmen bestimmte Verhaltensweisen hervorbringen, und sie können diese Verhaltensweisen, weil sie mit der neuen Sorte von Produktivität verknüpft sind, nicht mehr hervorbringen, wenn sie Anweisungen geben. Also müssen sie sich anpassen an diese neue Produktivität und machen das, indem sie andere Wege suchen; Wege, die diese Sinnsuche in der Arbeit aufgreifen und die Steuerung nun im Verhältnis der Beschäftigten untereinander und ihres Verhältnisses zum Unternehmen umsetzen.

Eva: **Sind die Aufgaben nicht auch so komplex geworden, dass sie gar nicht mehr per Anweisung gemacht werden können? So dass die Führungskräfte gar keine Anwei-**

sungen machen könnten, weil sie wissen, dass niemand so gut weiß, was zu tun ist wie die Beschäftigten selbst?

Stephan: Ja, in hochqualifizierten Bereichen ist das so. Aber die Produktivität ist nicht darauf beschränkt. Sie wird auch in den Unternehmen genutzt, in denen relativ durchschnittliche Tätigkeiten ausgeführt werden, die diesen hochkomplexen Charakter nicht aufweisen. Trotzdem werden die veränderten Steuerungsformen genutzt, weil die Beschäftigten auch in diesem Falle produktiver werden als sie vorher waren. Und zwar erheblich produktiver, sodass es nicht möglich ist, wettbewerbsfähig zu bleiben, wenn man auf der alten Schiene weitermacht.

Meiner Meinung nach ist diese neue produktive Kraft in der hochkomplexen Arbeit entdeckt worden, bei so genannten «Hochqualifizierten». In diesen Bereichen war es nämlich nicht mehr möglich, nach dem alten Steuerungsmodell zu führen. Nehmen wir ein Beispiel: In Silicon Valley wurde Computertechnologie und Software entwickelt. Dafür brauchte man Kapital, man brauchte Investoren und Unternehmer, die diese Arbeit finanzierten. Gleichzeitig konnten die Unternehmensleitungen den Beschäftigten keine Anweisungen geben, weil sie selbst nicht wussten, was zu tun ist. Gerade dies, was zu tun ist, musste erst herausgefunden und entwickelt werden. Da mussten die Unternehmen auf Anweisungen verzichten. Es dauerte 15 Jahre – von 1955 bis 1970 – bis die Beschäftigten nebenbei Formen der Zusammenarbeit entwickelt haben, die zwar profitabel für andere waren, mithin geeignet für Arbeiten in kapitalistischen Unternehmen, aber dennoch ohne Anweisungen auskamen. So hat sich diese produktive Kraft in der Zusammenarbeit der Beschäftigten in den Unternehmen von selbst entwickelt.

Die Unternehmen in den entsprechenden Branchen haben mit der Zeit gelernt, diese neue Produktivität der Beschäftigten in einer organisierten Zusammenarbeit auch ohne Anweisungen zu nutzen. Dazu war eine konsequente Konfrontation der Beschäftigten selbst mit den Verbesserungsmöglichkeiten ihrer Arbeit in den Unternehmen und durch die Unternehmen notwendig. Sonst wäre man an die dort erforderlichen produktiven Potenziale nicht herangekommen. Diese dort entwickelte neue Produktivität – die nur dadurch zustande kam, dass die Beschäftigten eben nicht den Anweisungen ‹von oben› folgen konnten, sondern sich selbst organisierten – war nicht auf die IT-Branche beschränkt.

Tatsächlich ist die Fähigkeit der Unternehmen, diese neue produktive Kraft zu nutzen, allgemein durch Unternehmensberater – die ja auch im Film eine prominente Rolle spielen – verbreitet und damit auch auf Unternehmen übertragen worden, die mit nicht so komplexen Dienstleistungen zu tun haben, z. B. Bäckerei-Ketten, einige Callcenter etc. Dort könnte man ja durchaus Anweisungen geben, nur ist es eben nicht so produktiv, im Sinne von nicht so profitabel, wie es sein kann, wenn man die neuen Formen einführt und die Beschäftigen sich damit wie von selbst und weitestgehend ohne Anweisungen führen lassen. Ich wollte damit nur sagen: Das eine ist der Weg der Entdeckung im Bereich der hochqualifizierten Beschäftigen, das andere ist die anschließende Umsetzung in der Breite der produktiven Tätigkeiten; und da ist nur ein Teil so komplex, dass sie nicht mehr auf Anweisungen ausgeführt werden könnten.

Burnout

Eva: **Du beschäftigst Dich ja auch schon seit einigen Jahren mit Burnout, Stephan, oder mit dem Thema psychische Belastung in der Arbeit. Gibt es Deiner Meinung nach einen Zusammenhang zwischen Burnout und diesen neuen Arbeitsorganisationsformen? Da wir gerade über die Rolle der Gefühle für die indirekte Steuerung sprechen, wäre das doch naheliegend.**

Stephan: Ja, meines Erachtens ist der Zusammenhang sehr eng, denn Burnout ist die diesen Unternehmensorganisationen entsprechende Krankheit. Wenn man in einer bestimmten Weise lebt – und diese Form der Arbeit ist mit einer bestimmten Lebensweise verknüpft – dann ist es schon immer in der Geschichte so gewesen, dass Lebensweisen entsprechende Krankheiten nach sich gezogen haben. Die dieser Organisationsform der Arbeit entsprechende Krankheit ist Burnout, weil die Gefühle der Menschen benutzt werden, um sie produktiv zu machen, und dabei die Beziehungen der Menschen untereinander eine große Rolle spielen. Das kann man in dem Film auch sehen: Da gibt es diese Rede von dem Geschäftsführer in dem Arbeitspalast, ganz am Anfang, der auf so einer Brücke steht und sich an seine Beschäftigten wendet, und diese Brücke wird schon vorher von einem Architekten eingeführt als eine Verbindung zwischen Teams und Arbeitsgruppen. Auf einer dieser Verbindungen steht er bildlich betrachtet drauf und wendet sich an die Beschäftigten. Das ist ein sehr schönes, sehr treffendes und sehr nachhaltiges Bild für das, was tatsächlich stattfindet: Die Unternehmensleitung setzt sich auf die Beziehungen zwischen diesen Einheiten und versucht, die mitarbeitenden Kolleginnen und Kollegen durch diese Beziehungen unter Druck zu setzen. Das äußert sich in emotionaler Belastung, das äußert sich in emotionaler Erschöpfung, und das führt dazu, dass viele Mitarbeiter an die Grenze der emotionalen Erschöpfung bis hin zum Burnout geraten. Selbstverständlich führt nicht diese eine Rede zum Burnout, sondern das, wofür der Standort des Redners ein Bild ist. Die Unternehmen belasten die Beziehungen der Beschäftigten und auch der im Unternehmen organisierten Beschäftigten (die Teams, die Profitcenter, die Business-Units) mit dem unternehmerischen Zweck, Gewinne zu machen.

Carmen: Kannst Du da noch mal konkret sagen, was Du damit meinst: Der Arbeitgeber oder die Unternehmensleitung setzt sich auf die Beziehungen zwischen den jeweiligen Teams oder den jeweiligen Beschäftigten.

Stephan: Da gäbe es mehrere konkrete Beispiele, ich nehme mal zwei, die sich auch im Film widerspiegeln: Zum einen versuchen Unternehmen, in den Teams ein Wir-Gefühl zu erzeugen, also einen Team-Geist, einen «spirit». Dieser spirit ist Gradmesser – so heißt das in der Arbeits- und Organisationspsychologie – der Macht der Gruppe über die Individuen, die dieser Gruppe angehören. Mit anderen Worten, man sagt, wir gemeinsam, das Team, haben unsere Leute je einzeln im Griff. Dieses Wir-Gefühl, das versuchen Unternehmen, auch in dem Film, sehr eindrücklich zu besetzen, und auch auszunutzen gegen die einzelnen Beschäftigten. Und das Zugehörigkeitsgefühl, dass man zu diesem Team gehören will, hat dann halt bestimmte Bedingungen, die für die Beschäftigten ebenfalls sehr belastend sein können. Das spiegelt sich auch in der Entwicklung der Arbeits- und Organisationspsychologie ungefähr wider: Früher, in den 1940er Jahren, hat man in der Arbeits- und Organisationspsychologie den Gedanken verfolgt, dass sich das Team von selbst organisiert. In den 1970er Jahren ging man dazu über zu sagen, das Team organisiert sich anhand seiner Aufgabe. Und seit etwa Mitte der 1990er Jahre sagen eine Reihe von Arbeits- und Organisationspsychologen, die Einheit des Teams, die sich im «Wir-Gefühl» ausdrückt, wird vor allem durch Druck von außen hervorgebracht. Und auch das kommt ja im Film durch diese «Burning Platform» und die Erzeugung von Leidensdruck sehr gut heraus. Das ist das erste Beispiel.

Zum anderen hat man Situationen, in denen Individuen in eine Grenzsituation gebracht werden, solche Grenzsituationen kommen in dem Film auch vor: In dem berühmten Arbeitspalast zu Beginn des Films gibt es eine Kollegin, die sagt: «Ich weiß ja nicht, wo immer ich morgen bin.» Da ist eine Haltung zum eigenen Leben, die offenbar mit großer Unsicherheit verknüpft ist, sonst wüsste sie ja, wo sie morgen ist. Eine Unsicherheit und eine Anpassungsanforderung, die eine Auslegung des eigenen Lebens total im Unternehmenskontext beinhaltet. Das kommt auch in anderen Szenen im Film vor, nur an der Stelle ist es besonders offensichtlich. Ich gebe die eigene Individualität quasi auf und gebe sie hin für das Unternehmen. Dadurch spalte ich mich, meine Individualität, von mir selbst ab. Diese Abspaltung aber – das zeigt die Assessment-Center-Szene – soll nach außen hin nicht sichtbar werden. Sie soll hinter der Professionalität verschwinden. Das muss meiner Auffassung nach zu emotionaler Erschöpfung führen.

Beiden Beispielen ist gemeinsam, dass man Erkenntnisse aus der Psychologie und speziell der Gruppendynamik für die indirekte Steuerung der Beschäftigten im Unternehmen nutzt – in diesem Sinne setzt man sich also als Unternehmensleitung auf die Beziehungen der Beschäftigten und verlässt sich auf gruppendynamische Prozesse.

Blicke ins Paradies: Über die Bilder der Natur

Eva: **Carmen, mir ist nach mehrmaligem Sehen aufgefallen, dass die Natur eine merkwürdig abwesend-anwesende Rolle spielt in dem Film. War die Frage, wie wir uns in der Arbeit zur Natur verhalten beim Filmen für Dich mit im Fokus oder war das mehr Zufall?**
Carmen: Das war kein Zufall. An meinem Bildschirm-Schoner ist mir das zuerst aufgefallen: ich nenne es gerne die techno-imaginäre, hyperreale Natur. Dieser Bildschirmschoner war automatisch eingestellt auf die Bilderserie namens «Nature». Plötzlich sehe ich unberührte Natur, grünleuchtenden Wald, einen glänzenden Wassertropfen, Lichtreflexe der Sonne, usw. Langsam wird in die einzelnen Bilder gezoomt, ähnlich diesen Zooms, die wir auch im Film verwendet haben, eine Sogwirkung entfaltet sich, immer dichter schwebt das Bild vors Auge, ein Blick ins Paradies! Gleichzeitig schaue ich in ein technisches Gerät, sitze vor einem Bildschirm, wahrscheinlich in irgendeinem Büro und bekomme als Pausenbilder dieses Paradies eingeblendet. Wie steht das eigentlich in Zusammenhang mit meiner realen Arbeitssituation – die Bilder von unberührter Natur? Diese Frage hat mich auch während der Dreharbeiten interessiert und ich habe diese technoimaginäre Natur immer wieder entdeckt in den Beobachtungen einer Arbeitswelt, die eigentlich von

Nicht-Natürlichem, von Technologie durchdrungen ist. Die Bilder von Natur suggerieren Entspannung, Ruhe, Seele-baumeln-lassen, Kontemplation – und sind gleichzeitig eingebunden in einen Kontext des Gegenteils. Ich habe keine abschließende Diagnose dazu, ich habe es nur bemerkt und fand es spannend, es als kleinen roten Faden mitlaufen zu lassen.

Stephan: Ich hätte auch noch einen Punkt dazu zu nennen. Zunächst mal ist ja Arbeit die Auseinandersetzung der Menschen insgesamt mit der Natur, der sie ihre Lebensmittel im weitesten Sinne abgewinnen. Die Natur ist der Zusammenhang, in dem wir leben, als Ganzes betrachtet, und in diesem Zusammenhang können wir nur leben, wenn wir im gesellschaftlichen Maßstab in der Natur durch Arbeit die Mittel hervorbringen, die wir zum Leben brauchen. Das würde normalerweise nahe legen, dass die Arbeit sich im Rahmen der Natur abspielt, sich an der Natur orientiert.

Im Film hingegen erscheint es umgekehrt: Hier dient die Natur praktisch nur als Kulisse oder aber als Bild für etwas anderes, für die technische Seite der Arbeit der Menschen. Sie ist gewissermaßen eine technologisierte Natur, d. h. eine Natur als Bestandteil der Technik. Sie dient als ein Raum, in dem sich die Technik darstellt. So kehrt sich das Verhältnis zwischen Technik und Natur gegenüber dem wirklichen Verhältnis um.

Ich möchte kurz erläutern, was ich damit meine: Die Technik setzt die Natur, sowohl was das Material wie was die Mittel betrifft, voraus oder anders formuliert: ohne Natur gäbe es keine Technik. Vor allem aber gehören auch die Menschen, die die Technik durch ihre Arbeit hervorbringen, zur Natur. Insofern wird die Technik von der Natur umgriffen. Die Technik ist ein Teil des Künstlichen, und die Natur – eben weil sie die Technik umfasst – ist die Einheit ihrer selbst und ihres Gegenteils, des Künstlichen, von Menschenhand Erschaffenem.

Wenn dieser Zusammenhang auf technische Weise gedacht wird, ist die Natur der Raum, in dem sich die Technik darstellt. Der natürliche Zusammenhang wird dadurch auf den Kopf gestellt: Die Natur erscheint als Produkt von Technologie, so ist es ja auch im Film zu sehen.

In Wirklichkeit ist aber die Technik der Natur untergeordnet. Das zeigt sich daran, dass technische Apparaturen notwendig kaputtgehen, dass sie natürliche Wirkungen haben, die selbst nicht in der Technik gewollt sind, und dass sich diese natürlichen Wirkungen zu einer Existenzbedrohung der Menschheit in der ökologischen Krise entwickeln können. In all diesen Fällen zeigt sich, dass die Technik in Wirklichkeit der Natur subsumiert ist. Aus der Sicht der Technik – und das gilt auch für Sozialtechnologien – erscheint das umgekehrt. Auf diese Verkehrung weist uns der Film hin.

Zweitens wird in den «Natur-Bildern», die im Film zu sehen sind, nicht über die Natur als der Zusammenhang, in dem wir leben, nachgedacht, sondern es werden einzelne Bilder unberührter Natur beschworen, in denen solche Dinge wie Arbeitsdruck, Überlastung, etc. gar nicht existieren, stattdessen sieht alles sehr friedlich aus. Die Möwe fliegt vor sich hin, die hat niemanden, der sie antreibt, die fliegt einfach locker, und das wirkt wie Freiheit aufgrund dieser Unmittelbarkeit.

Was ich dabei sagen will: In diesen Filmausschnitten gibt es also nicht die Natur, sondern es gibt nur handhabbare Ausschnitte aus der Natur, die als Teile, als Momente, einfließen in einen technischen Zusammenhang, in dem suggeriert wird, dass wir die Natur und das, was wir selber tun, beherrschen. Das ist aus meiner Sicht der Dinge die Hauptfunktion der Naturbilder, dass man das Gefühl bekommt: Das kann alles gut gehen. Was außerhalb dieses Gebäudes stattfindet, darüber muss ich mir keine Gedanken machen, das ist beherrschbar, das ist okay. Das Verhältnis von Natur und Technik wird umgekehrt, sodass Beherrschbarkeit signalisiert wird. Das trägt zur Beruhigung bei und erstickt das Nachdenken über diese Form der gesellschaftlichen Produktion, die eine große Bedrohung für die natürlichen Verhältnisse ist, von denen wir existenziell abhängen.

Eva: Ja, obwohl die Flügel der Möwe durch unsere Art zu Arbeiten mit Öl verklebt sind, blenden wir das in unserer Arbeit einfach mal aus...

Die Sache mit der Sprache

Eva: Stephan, Du zeigst ja den Film häufig in Deinen Schulungen für Betriebsräte, Gewerkschaften und Vertrauensleute zum Thema «Burnout», «Indirekte Steuerung» usw... Wie sind da bei den Teilnehmenden die Reaktionen auf den Film? Erkennen sich «Normalbeschäftigte» überhaupt in dem Film wieder oder haben sie eher das Gefühl: Das ist die Welt von Großkonzernen und Unternehmensberaterinnen und Unternehmensberatern, das hat mit meiner normalen Arbeit als Beschäftigte überhaupt nichts zu tun?

Stephan: Also das unterliegt einer Entwicklung. Im Regelfall geht es so los, dass die Zuschauerinnen und Zuschauer solche Sätze sagen wie: «Das ist alles Management-Deutsch», «Das ist Englisch, das kann kein Mensch verstehen», «Das ist absolut unverständlicher Unsinn». Dann beginnt ein Arbeitsprozess, in dem sich die Zuschauer gemeinsam klarmachen, dass das, was in ihrem Unternehmen passiert, doch letztendlich sehr nah ist an dem, was da geschildert wird. Die Kolleginnen und Kollegen erleben das allerdings aus der Perspektive der Mitarbeiter, die sie mitunter auch vermissen in dem Film. Manche meinen, dass die Mitarbeiter nicht ausreichend zur Sprache kommen. Es kommt ja nur in einer Szene eine Team-Besprechung vor, ein «Performance-Dialog». Diese Szene interpretieren sie dann wiederum sehr sensibel. Sie erfassen und formulieren, wie da Druck gemacht wird, zum Beispiel durch die Frage: Sind wir zu wenige? Das greifen sie sehr deutlich auf und arbeiten sich dann zu der Auffassung durch: Ja, es gibt diese Mechanismen bei uns und sie wirken auch auf uns. Aber das ist ein Prozess der gemeinsamen Arbeit, das geht nicht sofort und von selbst vor sich. Zuerst hat man die Aufgabe, Ruhe und Zeit zu organisieren. Denn zunächst kommen diejenigen zu Wort, die die Abwehr formulieren. Die ist am leichtesten zu formulieren, und muss auch zuerst bearbeitet werden. Im Anschluss daran beginnt ein gemeinsamer Prozess der Zuwendung zu dem Inhalt des Films. Die Zuschauer arbeiten gemeinsam den Inhalt des Films heraus. Das ist eine tolle Erfahrung.

Eva: Stephan, Du hast jetzt gerade schon die Sprache in WORK HARD PLAY HARD angesprochen. Die Sprache ist ja sehr auffällig, es wimmelt nur so von Anglizismen. Würdet ihr sagen, das ist alles nur so eine große Sprechblase, Unternehmensberater fabrizieren da Gehirnwäsche mit irgendwelchen Floskeln, oder steckt tatsächlich etwas dahinter?

Carmen: Aus meinen Erfahrungen mit dem Publikum und mancherlei Begegnung mit der Reaktion: «Das ist ja alles nur blah-blah, da steckt nichts dahinter» kann ich dazu folgendes sagen: Es war nicht mein Ansinnen mittels des Films oder der Montage, diese Art von Arbeit als hohles Gerede darzustellen und ich werte das auch nicht so. Im Gegenteil: Ich bin davon überzeugt, dass beispielsweise hinter einem Change Management Programm sehr wohl ernsthafte Absichten der Unternehmen stehen. Während der Dreharbeiten habe ich es nicht gezielt auf die Sprache und die vielen Anglizismen abgesehen, sondern so haben die Leute eben darüber gesprochen. Es handelt sich eigentlich um Jargons. Wenn ich über die Filmbranche einen Film machen würde, käme dabei auch ein bestimmter Jargon zum Vorschein, und das «normale» Publikum würde vielleicht genauso sagen: das ist ja alles Phrasendrescherei. Dennoch steckt hinter einem Jargon eine Handlungsabsicht. Wenn ich z. B. sage: «ich werde Leute freisetzen», dann heißt es trotzdem, dass es faktisch zu Entlassungen kommt. Das Wort «freisetzen» könnte man als Worthülse oder Phrase bezeichnen, aber durchaus mit einem realen Effekt. Mir ist jedenfalls aufgefallen, dass die Sprache, die im Film gesprochen wird, eher ein Mittel ist – teilweise durch englische, teilweise durch organisch-natürlich klingende Worte – um etwas zu verschleiern oder zumindest abgemilderter, irgendwie weicher zu formulieren, was möglicherweise mit einem spröden oder härteren deutschen Wort ganz schön fies klingen würde. Mein «Lieblingsausdruck», den ich bei den Dreharbeiten aufgeschnappt habe, der aber nicht im Film gelandet ist, lautet: «Da müssen wir mal die Business-Units gegeneinander atmen lassen.» Wenn ich sage, ich muss die mal gegeneinander atmen lassen, dann klingt das irgendwie organisch, dient dem Organismus des Unternehmens dazu gesund und lebendig zu bleiben. Und für die Belegschaft ist es sicherlich schwieriger klar zu erkennen: «Moment mal, wir atmen nicht nur, wir werden hierbei unternehmensintern in Konkurrenz gesetzt!» – Hier ist die Sprache also eine Taktik, Kritik oder Widerstand vonseiten der Beschäftigten zu umgehen.

Stephan: Erstens finde ich das sehr richtig, dass man die Sprache nicht für das Hauptproblem hält. Das ist mir ganz wichtig, denn die Sprache steht für unsere die Welt umspannende produktive Kraft. Das kommt in dem Film auch sehr schön vor: Da gibt es einen Unternehmensberater, der möchte seine Vorschläge «challengen» lassen. Und dieser Mensch sagt wenige Sätze später: «An der Sprache merkt man schon, dass hier nicht das gute alte deutsche Familienunternehmen vorherrscht, sondern da ist der Wind des globalen Weltmarkts durchgegangen. Da kommt ein bisschen Dynamik aus dem internationalen Umfeld rein.»

Das ist, glaube ich, auch der Kern der Sache mit der Sprache. Es handelt sich um einen Ausdruck davon, dass wir auf globalem Niveau produzieren und arbeiten. Diese neue produktive Kraft ist nicht auf lokale oder nationale Ebenen beschränkt, sondern sie wirkt, jedenfalls der Möglichkeit nach, weltweit. Sie macht deswegen auch eine weltweite Auseinandersetzung mit der eigenen Arbeit erforderlich. Und dies kommt in dieser Sprache und in den Anglizismen meines Erachtens zum Ausdruck. Ich bin deswegen dagegen, zu sagen: Weil es Englisch ist, deswegen ist es Unsinn. Dieser globale Anspruch unserer produktiven Fähigkeiten als Individuen ist ein historischer Fortschritt ohne Wenn und Aber. Da gibt es kein Vertun.

Man liegt mit der Interpretation, dass es sich um eine bloße Sprechblase handelt, meiner Meinung nach daneben, weil man damit verkennen würde, welcher historische Fortschritt dieser neuen Form der Unternehmensleitung zugrunde liegt. Ich will nicht sagen, sie selber ist der Fortschritt, sondern sie ist nur Ausdruck der Anpassung der Unternehmen an diesen Fortschritt. Aber dass sich die Unternehmen anpassen müssen, das ist ein großer historischer Fortschritt. Denn sie müssen sich anpassen an die Auseinandersetzung mit dem Sinn der eigenen Arbeitsfähigkeit. Diesen Fortschritt kann man nicht hoch genug bewerten. Auch wenn er jetzt durch die neuen Arbeitsorganisationsformen gegen uns – damit meine ich die Gesamtheit der Beschäftigen – gewendet wird durch die Unternehmen, in denen wir arbeiten, ist dieser Fortschritt von nicht zu unterschätzender Bedeutung.

Über den gesellschaftlichen Sinn der Arbeit

Stephan: Vielleicht muss ich etwas weiter ausholen, um zu erklären, was ich damit meine: Wenn ich arbeite, dann tue ich ja etwas, womit ich einen Beitrag auch zur Fortexistenz der Menschheit in der Auseinandersetzung mit der Natur leiste. Wir Menschen leben – darin unterschieden wir uns von den Tieren – nicht einfach von den Dingen, die wir in der Natur finden, sondern wir arbeiten, um uns am Leben zu erhalten. Wir betreiben Landwirtschaft, bauen Häuser und Wohnungen, produzieren Kleidung, Werkzeuge, Arbeitsmittel, Maschinen, Verkehrsmittel, Kommunikationsmittel usw. usf. Wir Menschen müssen der Natur notwendig durch Arbeit unsere Lebensmittel im weitesten Sinne des Wortes abringen.

Und wir Menschen machen das nicht als vereinzelte Individuen, als Robinsons auf einsamen Inseln, sondern in einem gesellschaftlichen Zusammenhang. Dieser Zusammenhang kommt in den kapitalistischen Gesellschaften durch den Markt kapitalistischer Unternehmen zum Ausdruck. Wenn ich in einem solchen Unternehmen beschäftigt bin, dann leiste ich einen Beitrag nicht unmittelbar zum Marktzusammenhang, sondern mittelbar durch das Unternehmen, in dem ich tätig bin – ich gehe also nicht selbst auf den Markt und biete meine produzierten Waren an, sondern das erledigt das Unternehmen für mich.

Wenn ich mir die gegenwärtigen Formen der Arbeit in unserer Gesellschaft insgesamt ansehe, dann arbeiten wir – damit meine ich die Gesamtheit der Beschäftigten – in Unternehmen zusammen, um einen so genannten Kunden zu befriedigen, also für den so genannten «Markt». Wir arbeiten «für andere», nicht nur für den eigenen Bedarf. Die Arbeit ist in diesem Sinne gesellschaftlich, in dem ich für unbestimmte Andere arbeite. Andererseits arbeite ich in einem Unternehmen mit anderen zusammen. Wir sind eine Gesamtheit von Individuen, die an ein und demselben Produkt – oder doch zumindest in einem und demselben Unternehmen – arbeiten. Auch in diesem Sinne arbeite ich gesellschaftlich, d. h. ich arbeite in der Gesellschaft anderer und wir sind zusammen organisiert in einem Unternehmen. Und nur wir gemeinsam können das Produkt hervorbringen oder das Unternehmen erhalten. Dies ist eine zweite Bedeutung des Ausdrucks, dass wir gesellschaftlich arbeiten. Während wir im ersten Sinne gesellschaftlich arbeiten und dabei der gesellschaftliche Zusammenhang sich «von selbst» und unbeherrscht einstellt, ist er in dem zweiten Sinne unser bewusstes Tun: Wir organisieren die Arbeit in einem Unternehmen und dadurch wird sie gesellschaftliche Arbeit.

Soweit, so gut. Der entscheidende Grund, warum die neuen Steuerungsformen der Unternehmen einen historischen Fortschritt darstellen, liegt nun in folgendem Unterschied: Unter der früheren Form der Unternehmenssteuerung ging es mich als Beschäftigter nichts an, ob ich mit meiner Tätigkeit für das Unternehmen auch einen Beitrag zur Arbeitstätigkeit der Gesellschaft insgesamt geleistet habe. Das Unternehmen hat meine Arbeitskraft gekauft und damit war die Sache für mich erledigt. Ich hatte zu tun was mir gesagt wurde – und Punkt. Das Unternehmen war dafür zuständig, ob ich mit meiner Arbeit einen Beitrag zur Arbeitstätigkeit der Gesamtgesellschaft geleistet habe. Es kümmerte sich für mich um den gesellschaftlichen Charakter meiner Arbeit, indem es die von mir und meinen Kolleginnen und Kollegen hergestellten Waren auf dem Markt zum Verkauf anbot, um die gesellschaftlichen Bedürfnisse zu befriedigen – ob diese Waren dort nachgefragt und gekauft wurden oder nicht, von dieser Frage war ich als einzelner Beschäftigter unberührt und damit auch von der Frage an mich, ob meine Arbeitstätigkeit und die daraus resultierenden Waren oder Dienstleistungen irgendeinen sinnvollen Beitrag zur Erhaltung unserer Gesellschaft leistet.

Die neuen Steuerungsformen und die daraus resultierende produktive Kraft bringt nun mit sich, dass ich mich genau mit dieser Frage beschäftigen muss: Ist das, was ich in meiner Arbeitstätigkeit tue, ein Beitrag zu unserer gemeinsamen Arbeitstätigkeit, zu unserer gemeinsamen Auseinandersetzung mit der Natur, um ihr die Lebensmittel abzugewinnen? Und inwiefern ist es ein Beitrag? Wie groß ist der Beitrag? Könnte er größer sein? Könnte ich das besser machen? Durch die neue Form der Auseinandersetzung mit meiner Arbeitstätigkeit bin ich mit diesen Fragen konfrontiert und zwar nicht im Verhältnis zu kleinen Details, sondern durch den globalen Charakter der Arbeitstätigkeiten heute im Verhältnis zur Arbeitstätigkeit der Menschheit insgesamt und als solcher. Ich werde befragt nach dem Beitrag, den ich zur Erhaltung der Menschheit leisten kann und will. Und das ist meiner Meinung nach eine großartige Veränderung.

Umgekehrt könnte man sich fragen: Ist das nicht eher eine furchtbare Veränderung? Denn durch diese neue Form der Produktivität und die damit verbundene größere Ausbeutung natürlicher Ressourcen entsteht die Gefahr, dass wir Menschen uns selbst als Menschheit zerstören. Was soll daran großartig sein? In der Tat zeigt diese unsere Fähigkeit, die Menschheit zu zerstören, eine Seite unserer produktiven Kraft, wenn auch eine unerfreuliche.

Diese Seite zwingt uns Menschen dazu, uns unsere neue produktive Kraft bewusst zu machen und bewusst damit umzugehen und sie somit für uns beherrschbar zu machen. Denn wir können nicht zurück: Wir können die Lösung unserer Probleme nicht erreichen, wenn wir unsere Fähigkeiten verleugnen, weil sie mit Problemen behaftet sind. Nicht nur lässt sich das Rad der Geschichte nicht zurückdrehen, die Vergangenheit ist ja umgekehrt der «Zustand», aus dem die Gegenwart hervorgegangen ist. Wir würden also – wenn auch auf einem Umweg – wieder da landen, wo wir jetzt sind. Es bleibt also nichts anderes übrig, als sich der eben bezeichneten großartigen Veränderung mit ihren Problemen zu stellen.

Das erste Problem dabei ist, dass dieser mein Beitrag zur Arbeitstätigkeit der Menschheit insgesamt in kapitalistischen Unternehmen an der Profitabilität gemessen wird, und das zweite – dem ersten zugrundeliegende – Problem ist, dass das alles unbewusst funktioniert. Und weil es unbewusst funktioniert, deswegen kann diese produktive Kraft zur Erhöhung der Profitabilität instrumentalisiert werden. Deswegen ist es bisher nicht möglich, die darin wirksamen Tendenzen bewusst zu verwirklichen: nämlich die Bewusstheit und die Beherrschung der eigenen Arbeitstätigkeit und die Einordnung der eigenen Arbeitstätigkeit in den gesellschaftlichen Gesamtzusammenhang. Denn es ist uns nicht klar, dass das der eigentliche Inhalt der Entwicklung ist, weil die verquere ökonomische Form hinein kommt und uns daran hindert, das zu erkennen. Dieser historische Fortschritt, so meine ich, findet in den Anglizismen seinen Ausdruck; und deswegen ist es schade, wenn man sich die Erkenntnis dieses Fortschritts dadurch versperrt, dass man meint, es mit Sprechblasen zu tun haben.

Ausblicke

Eva: Damit leitest Du sehr schön über zu meiner letzten Frage: Könnt ihr Tendenzen ausmachen, in welche Richtung sich die Arbeitswelt weiter entwickeln wird?
Carmen: Ich bekomme im Zuge des Films manchmal solche Fragen gestellt: «Wie sehen Sie die Zukunft der Arbeitswelt?» Aber ich bin Dokumentaristin und damit Beobachterin der Gegenwart, und kann über die Zukunft keine Aussagen treffen.
Stephan: Die Tendenzen kann ich natürlich auch nicht vorhersehen, sondern man kann nur sagen: Es sieht so aus als ob. Für mich sieht es so aus, als ob sich hier diejenige Form entwickelt, in der wir zwei Probleme in eins zusammenfassen können, die für uns einen sehr bedrohlichen Charakter haben: Nämlich einerseits das Problem, dass wir unsere eigenen Auswirkungen in der Natur, die Auswirkungen unserer produktiven Kraft in der Natur nicht beherrschen, wie sich an der ökologischen Krise deutlich zeigt. Wir beherrschen unsere Arbeitstätigkeit so wenig, dass wir nicht in der Lage sind zu bestimmen, wie unsere Wirkung auf die Natur sein soll, die Voraussetzung für uns ist, damit wir uns am Leben erhalten können. Andererseits sind wir nicht in der Lage, frei über unsere Art zu arbeiten zu entscheiden.

Diese beiden Probleme kommen zusammen und finden an sich, sozusagen dem reinen Gedanken nach, ihre Lösung in dieser neuen produktiven Kraft: Die Beschäftigten verbinden sich in ihrer Arbeit mit der Gesamtarbeit der Menschheit. Und sie müssen das tun, weil das von ihnen bei der Arbeit verlangt wird. Sie müssen über ihre Arbeit und deren Zusammenhang mit der Gesamtarbeit der Menschheit nachdenken, diesen Zusammenhang bearbeiten. Und sie tun das nicht nur als Individuen, sondern in organisierten Einheiten, in Business Units, Teams, Profitcentern und Unternehmenseinheiten, in denen sie organisiert mit anderen zusammenarbeiten. Sie tun das unmittelbar auf Teamebene und auf der Ebene der Unternehmenseinheiten, aber mittelbar auch schon auf der Ebene der Unternehmen selbst und also des Weltmarkts.

Die Frage ist nun: Ist es möglich, diesen Lernprozess möglichst schnell bewusst zu machen? Je schneller uns das bewusst wird, desto schneller werden wir in der Lage sein, diese Fähigkeiten nicht nur zur Profitsteigerung kapitalistischer Unternehmen – auf Kosten der Beschäftigten, die diese produktive Kraft entwickeln – ausnutzen zu lassen, sondern um die beiden oben genannten Probleme zu lösen:

die Unbeherrschtheit unserer Gesamtäußerung als Menschheit in Bezug auf die Natur, also die ökologischen Probleme. Aber auch die Unbeherrschtheit in Bezug auf die sozialen Auswirkungen unserer Arbeit in der Gesellschaft, z. B. die Ausgrenzung von Menschen aus der Arbeitstätigkeit, für die es überhaupt keinen Grund gibt, außer dass mit diesen Menschen nicht «ausreichend» Profit zu machen ist. Diese gewachsene produktive Fähigkeit könnte ja auch zur Arbeitszeitverkürzung dienen. Stattdessen wird sie genutzt, um Menschen aus dem Produktionsprozess hinauszuschmeißen, weil die Profitabilität nur für bestimmten Menschen gefordert wird, deren Arbeitszeit verlängert wird, anstatt sie zu verkürzen.

Mit anderen Worten: Sowohl die natürliche Seite der Arbeit wie die soziale Seite der Arbeit könnten schneller beherrscht werden durch die Beschäftigten selbst, durch diejenigen, die die Arbeit machen, vorausgesetzt die Beschäftigten würden verstehen, dass sie diese Kraft gemeinsam entwickeln und darum ringen, sie beherrschen zu lernen.

Das ist es, was mich optimistisch stimmt: Die gewachsene Produktivität der Arbeit, auf die die kapitalistischen Unternehmen wegen der mit ihr verbundenen Profitabilität nicht verzichten können, ist verbunden mit der Auseinandersetzung mit dem gesellschaftlichen Sinn und der gesellschaftlichen Bedeutung der Arbeit in der Arbeit: Ich muss mich in meiner Arbeitstätigkeit mit dem gesellschaftlichen Sinn, mit der gesellschaftlichen Bedeutung meiner Arbeit auseinandersetzen – zwar ausgedrückt in der schlechten ökonomischen Form der Profitabilität meiner Arbeit für die Arbeitgeber, aber dennoch!

Ich möchte noch folgendes zur Frage anfügen, warum die Form der Profitabilität meiner Auffassung nach schlecht ist: Zum ersten weil sie die Bewusstheit der eigenen produktiven Kraft behindert. Denn die produktiven Fähigkeiten der Beschäftigten erscheinen – auch den Beschäftigten selbst, die diese Fähigkeiten ja nur in der Zusammenarbeit mit anderen in den Unternehmen verwirklichen können – als Fähigkeiten oder Eigenschaften der Unternehmen. Und zum zweiten, weil diese ökonomische Form die Unternehmen dazu zwingt, möglichst hohe Profite zu machen, und damit verunmöglicht, dass die Beteiligten das was sie tun zu beherrschen in der Lage wären. Denn das, was die Menschen tun, hat seinen Zweck nicht in sich selbst, sondern darin, Profit zu machen.

Aber durch diese schlechte Form wird jedes Individuum in seiner Arbeitstätigkeit damit konfrontiert, dass es sich mit der gesamtgesellschaftlichen Arbeitskraft vermitteln muss. Wir arbeiten in globalen Unternehmen zusammen – oder arbeiten ihnen zu. Wir arbeiten in organisierten globalen Zusammenhängen. Wir müssen uns mit der Gewinnträchtigkeit unserer Arbeitstätigkeit in globalen Zusammenhängen, die von den Unternehmen – den «Markt» nachahmend – organisiert sind, behaupten und unsere Arbeitstätigkeit auf diese Weise mit der gesamten Arbeitstätigkeit der Menschheit vermitteln. Und wir müssen das nicht nur, wir tun es auch. Wir müssen dies nur erkennen, begreifen und bewusst zu tun lernen. Wir würden dann das, was das Profitprinzip hinter unserem Rücken unbewusst und durch Krisen «regelt», mehr und mehr bewusst organisieren und in der Arbeit eines jeden einzelnen und einer jeden einzelnen Beschäftigten bearbeiten. Wir würden uns unsere gemeinsame produktive Tätigkeit aneignen und sie zu beherrschen lernen. Wir würden uns befreien in dem Sinne, dass wir mehr und mehr wissen, was wir tun, mit den Konsequenzen in der Natur zu überleben und frei leben zu können.

Eva: **Liegt darin nicht letztendlich die Möglichkeit, den Kapitalismus zu überwinden?**

Stephan: Diese Perspektive eröffnet sich dadurch zweifelsohne. In den Diskussionen, die wir geführt haben über den Film, wurde auch diese Perspektive immer wieder gedacht, und oft auch bejaht.

Eva: **Eine letzte Frage: Carmen, Du willst, wenn ich das richtig verstanden habe, jetzt einen Film drehen über die Finanzwirtschaft?**

Carmen: Eigentlich über das Geldsystem.

Eva: **Ist das gewissermaßen eine «Fortsetzung» von Work Hard Play Hard?**

Carmen: Es steht insofern in Zusammenhang, weil ich der Frage nachgegangen bin: Wieso müssen Unternehmen, zumindest im kapitalistischen Wirtschaftsgefüge, ständig ein profitables Wachstum vorweisen. Das scheint mir ein quasi-natürlicher, innerer Zwang zu sein und ist ja letztendlich die Antriebsfeder unter oder hinter allem, auch in Bezug auf das gesamte Human-Resource-Management. Dieser Frage bin ich nachgegangen und bei unserem Geldsystem gelandet. Dazu recherchiere ich momentan, aber ich weiß nicht genau, ob daraus ein Film werden kann. Aus unterschiedlichsten Gründen: Prinzipiell habe ich wieder das Problem, dass ich einen Film über ein System machen will, das sich einer Sichtbarkeit entzieht. Und wenn etwas sichtbar wird, ist es sehr schwer eine Drehgenehmigung zu bekommen. Und es findet seinen konkreten Ausdruck nur über einzelne Menschen, die damit möglicherweise individuell belastet werden. Wie gehe ich das nächste Mal damit um? Also insgesamt eine sehr schwierige Gemengelage. Obendrein gibt es auch noch andere, schönere und wichtigere Dinge im Leben als Filmemachen.

Eva: **Dann danke ich Euch ganz herzlich für dieses Interview.**

RESONANZEN

von MITWIRKENDEN PRESSE PUBLIKUM

Resonanzen von Mitwirkenden

In Publikumsgesprächen wurde oftmals die Frage laut, was die im Film beteiligten Personen und Unternehmen zu WORK HARD PLAY HARD sagen. Daraus entstand die Idee, die Mitwirkenden einzuladen im Rahmen des Buchs ihre Sicht auf den Film oder den in ihm aufgeworfenen Themen zum Ausdruck zu bringen – selbstverständlich inklusive der Möglichkeit, sich sehr kritisch oder distanzierend zu äußern. Sowohl Inhalt und Form, als auch die Frage ob mit oder ohne Namensnennung war den jeweiligen AutorInnen selbst überlassen.

Es ist der Versuch, sowohl die Rückmeldungen vonseiten der Mitwirkenden transparent zu machen, als auch eine möglichst große, durchaus kontroverse Meinungsvielfalt abzubilden.

Kommentare zu WORK HARD PLAY HARD
von Alexander Steinmetz, Gründer von people's edge
ehem. Director Human Resources bei SCHOTT Solar AG

Ich habe mir den Film gespannt in einem Programmkino in Frankfurt angesehen. Inhaltlich empfand ich die Darstellung der Themen neutral vorgestellt. Durch die Verwendung von unkommentierten Originalaufnahmen und Zitaten wurde objektiv berichtet. Die Szenenauswahl, Kameraperspektive und Musik setzen allerdings eine klar triste und graue Grundnote, was logischerweise nicht objektiv sein kann. Die Verarbeitung von Botschaften findet beim Menschen maßgeblich anhand von Körpersprache, Stimme bzw. Stimmung und weniger über den Inhalt statt. Leider war dies auch beim Publikum zu beobachten. Sicher kann man sich über moderne Methoden der Personalentwicklung wunderbar streiten, aber selbst positive Aspekte kamen meiner Wahrnehmung zufolge, bedrückend oder sogar beängstigend rüber. Ein Beispiel ist für mich das Unilever Gebäude in Hamburg. Dort wird mit viel Licht, gemütlichen Ecken, Offenheit und Farben versucht, ein angenehmes Ambiente zu schaffen. Durch die Musik im Hintergrund wirkte das dann eher bedrohlich und steril. Mein Sitznachbar hat diese Szene wie folgt kommentiert: ‹Die wollen ja doch nur, dass man mehr arbeitet. Moderne Arbeitslager.› Da fehlt mir dann jedes Verständnis. Ist dies der Wunsch nach tristen, fensterlosen Arbeitsstätten, die mir in jeder Minute bewusst machen, wie fürchterlich Arbeit ist? Unter der Annahme, dass Arbeit Spaß machen kann oder sogar sollte, wünsche ich mir genau solche Gebäude, in denen ich mich wohlfühlen kann und nicht frustriert abends rausflüchte. Für mich wäre es spannend zu sehen, wie die Reaktionen ausfallen würden, wenn diese Szene mit leichter Musik untermalt wäre.

Zum Inhalt: Zum Thema Einfordern von Leistung schlagen bei mir zwei Herzen in der Brust. Zum ‹ob man das muss›, sage ich ganz klar JA! Über das ‹wie› und ‹wie viel› möchte ich mich auch äußern. Wir befinden uns wirtschaftlich in einer viel stärkeren Konkurrenzsituation. Arbeitskräfte in Deutschland sind im internationalen Vergleich in der Regel teurer. Wir müssen uns auch von der Arroganz verabschieden, dass wir die Qualifiziertesten sind, die alles besser können. Speziell Asien schläft hier nicht. Dies kann man ignorieren und schön reden, aber es ist meiner Meinung nach Fakt. Ich habe selbst vier Jahre in Asien gelebt und gesehen, welcher Ehrgeiz und welche Kompetenz in dieser Region vorliegen. Für uns bedeutet dies, dass wir bei höheren Kosten, effizienter und innovativer sein müssen. Ich denke, die Zeiten des Stundenzählens sind vorbei. Es kommt auf Arbeitsergebnisse und Leistung an, um nicht überholt zu werden. Ja, Leistungsbereitschaft, hoher Einsatz und erfolgreiche Arbeit unserer Mitarbeiter/innen sind essenziell wichtig, um in Deutschland weiterhin erfolgreich zu sein. Die spannende Frage ist, wie ich Leistung von den Mitarbeiter/innen bekomme oder besser, was ist hier ein ethischer, transparenter und ehrlicher Weg? Außerdem stellt sich die Frage, wo liegt die quantitative Grenze, bis der Bogen überspannt ist? Was und wie viel können Menschen schultern?

Es gibt die Möglichkeit, Menschen über positive Anreize zu Leistung zu motivieren. Dabei handelt es sich um das Arbeiten mit echten Motivatoren, die übrigens recht individuell sind. Wenn ich mit diesen Motiven arbeiten will, muss ich meine Mitarbeiter/innen erst mal verstehen, was individualisierte Führung bedeutet. Darüber hinaus gibt es allgemeingültige Anreize, die vielen Menschen wichtig sind. Dazu gehören Arbeitsumfeld (Ambiente), Respekt vor Menschen (Werteorientierung), soziale Geborgenheit, Loyalität, Fehlertoleranz und vieles mehr, was alles in den Bereich Unternehmenskultur fällt. Hier wehre ich mich auch gegen den Vorwurf der ‹Verführung› zu Leistung, was Scheinheiligkeit unterstellt. Wenn mir etwas Spaß macht und mich motiviert, brauche ich viel weniger Energie dafür und es geht mir selbst bei hohem Pensum gut. Dies ist doch in Ordnung. Menschen erleben ihre Arbeit und ihren Arbeitsplatz positiv und Unternehmen bekommen im

Gegenzug gute Leistungen. Dies mag berechnend klingen, aber es ist ein ethisch korrekter Weg, unternehmerisch zu handeln. Man muss es nur offen sagen und die Tatsache, dass Wirtschaftsunternehmen primär nicht karitativ unterwegs sind, ist auch kein Geheimnis. Gute Bedingungen und Wertschätzung gegen gute Leistungen. Ja, ein helles, freundliches Gebäude ist leistungsfördernd. Das ist doch prima und schadet keinem. An meinen Sitznachbar im Kino: ‹Ja, die wollen, dass die Leute mehr Leistung erbringen (das ist ein Wirtschaftsunternehmen), aber nicht durch üble Methoden, sondern mit einem positiven Ansatz.›

Der andere Weg ist über Leistungsdruck, so genannte ‹extrinsische Motivation›, die genau genommen nicht funktioniert oder Menschen eher verheizt. Es geht um das Prinzip ‹Zuckerbrot und Peitsche›. Ich tue etwas, um eine kurzfristige Belohnung zu erhalten oder um Strafe zu verhindern. Einige altbackene Systeme arbeiten damit und hoffen über Druck langfristig Leistung zu erzielen. Ich möchte die ganzen Beispiele hier gar nicht aufführen und lieber auf die echten Motivatoren und die Werteorientierung zurückkommen. Ich denke hier gibt es bereits ein erzwungenes Regulativ, nämlich den Arbeitsmarkt. Viel diskutiert ist der Fach- und Führungskräftemangel. Erfolgreiche Firmen werden langfristig nur die Schlacht über eine hohe Werteorientierung und Respekt vor dem Menschen gewinnen. Welche Firmen schaffen es Leistungsträger anzuziehen und zu binden, wenn der Markt eng ist? Wo wollen Menschen arbeiten und sich loyal verhalten, wenn sie die Auswahl haben? Ich erwarte eine Renaissance der Werteorientierung, eine Orientierung am Menschen und Personalstrategien, die sich an Kultur und Respekt vor dem Menschen ausrichten werden. Firmen, die es schaffen, qualifizierte und motivierte Mitarbeiter/innen zu binden, werden langfristig auch wirtschaftlich erfolgreich sein. Menschenorientierung und Leistungsorientierung sind kein Widerspruch sondern eine Bedingung.

Ich finde, dass der Film unterschiedliche Wege und Ansätze der Arbeitswelten aufzeigt. Dazu kann sich jeder seine eigene Meinung bilden. Es ist auch schön zu sehen, wie die handelnden Personen innerhalb dieser Ansätze agieren und wirken. Ich wünsche mir, dass sich jeder – über Kameraperspektive und Hintergrundmusik hinaus – sein eigenes Bild zur Sinnhaftigkeit dieser Methoden macht. Ich habe dies getan und finde den Film daher einen interessanten ‹Trigger›, sich mit dem Thema Arbeitswelten auseinanderzusetzen.

Kommentar zu dem Film WORK HARD PLAY HARD
von Swantje Oldörp, 3. März 2013

Liebe Frau Losmann,

ich freue mich, dass Ihr Film WORK HARD PLAY HARD ein Erfolg geworden ist und Sie das Thema moderne Arbeitswelten nun in einem Buch vertiefen werden.

Wie der Film entstanden und vermarktet worden ist, hat einige Mitwirkende erstaunt und im Falle meiner Kollegen sogar sehr wütend gemacht. Da der Film für mich persönlich allerdings insbesondere dazu dient, die Themen Menschenführung und Berufswahl zu reflektieren, möchte ich nur kurz darauf eingehen, warum die Machart des Filmes nicht im Einklang mit den Aussagen des Filmes steht. Vor allem möchte ich in den folgenden Zeilen berichten, wie der Film mir in den vergangenen drei Jahren geholfen hat, meine Führungsqualitäten zu verbessern und mich darin bestätigt hat, wie viel Spaß ein anspruchsvoller Job machen kann. Zum Schluss möchte ich einige Vorschläge machen, wie ein Folgeprojekt zu modernen Arbeitswelten thematisch erweitert werden könnte und auch gestalterisch anders angegangen werden könnte.

Für mich und meine Kollegen war Ihr Film die erste Begegnung mit der professionellen ‹Filmwelt›. Ihre Aussage, dass der Film als Dokumentation in einer Abendsendung bei 3Sat oder arte im Fernsehen ausgestrahlt werden würde sowie das Auftreten des Filmteams ließen uns schnell den Vertrag unterschreiben. Sie hatten uns glaubhaft vermittelt, dass der Film ‹best practice› moderner Personalarbeit darstellen wollte und wir auch im Anschluss an die Aufnahme über den weiteren Gang der Veröffentlichung auf dem Laufenden gehalten werden würden. Dementsprechend haben wir darauf verzichtet, uns die diversen kleingedruckten Sätze des Vertrages zwischen Tür und Angel durchzulesen. Umso bedauerlicher war es, dass wir über mehr als ein Jahr nichts von Ihnen hörten und ich während einer Asienreise von meinen Kollegen und Freunden hörte, dass ich nun im Kino in Deutschland zu sehen sei. Wo liegt nun der Unterschied zwischen Ihrer Dokumentation, die offensichtlich darauf angelegt ist, den nicht immer menschlich richtigen Umgang mit ‹Human Capital› darzustellen, und Ihrer Vorgehensweise?

Ihr Film hat zweifelsohne sehr gut eingefangen, wie heute Human Resources möglichst professionell gemanaged oder entwickelt werden sollen. Die Atmosphäre, die der Film ausstrahlt, ist über lange Strecken sehr bedrückend. Das ist insofern richtig, als Personalarbeit heute stark manipulativ und bedrückend sein kein. Auch wenn die physischen Arbeitsbedingungen heute sicher um vieles besser sind als noch vor einigen Jahrzehnten, ist der psychologische Druck auf Mitarbeiter stärker geworden. Ein immer schneller werdendes Marktumfeld erfordert stets Bestleistungen der Mitarbeiter. Daher werden auch immer häufiger Effizienzmaßnahmen im Personalbereich entweder unter Eigenregie oder unter der Mitarbeit von Personalberatungsfirmen durchgeführt. Diese Programme gehen oft nur vermeintlich auf das persönliche Profil des Mitarbeiters ein. Am Ende stehen schwache Mitarbeiter noch schwächer da und starke Mitarbeiter genießen Weiterentwicklungsprogramme. Ich glaube nicht, dass beispielsweise ein Mitarbeiter mit wenig Selbstdarstellungsdrang oder Mut sich wohlfühlt in unterirdischen lichtundurchlässigen Tunneln Teambuildingmaßnahmen mitzumachen. Jede Führungskraft mit einem Ansatz von Menschenverständnis hätte diese Angstübung einfach unterlassen.

Ich habe das große Glück gehabt, in Folge des Kienbaum Assessments ein persönliches Management Coaching Programm durchlaufen zu können. Dieses Management Training war basiert auf dem Prinzip des situativen Führens, das heißt einem Managementkonzept, das wirklich auf die Nutzung der menschlichen Persönlichkeit sowie die speziellen Mitarbeiterfähigkeiten abzielt. Ich bin froh, dass in meiner damaligen Firma Menschlichkeit viel bedeutet hat.

Firmenkulturen sind sehr unterschiedlich. Wenn man in einer Firma arbeitet, in der man dem Kollegenkreis vertrauen kann, in der man bei der Arbeit lachen kann, und dabei Leistung Wert geschätzt wird, kann man in einem wirtschaftlichen

Umfeld als wertvolles Humankapital mit voller Überzeugung arbeiten. Ihr Film malt in dieser Hinsicht leider teilweise stark schwarz-weiß. Kaum einer der Darsteller zeigt Freude bei der Arbeit oder lacht. Davon werden sie jedoch viele auch im wirtschaftlichen Umfeld finden.

Für einen nächsten Film oder eine weitere Diskussion würde es mich freuen, wenn Sie auch andere Arbeitsumfelder als nur große Firmen darstellen. In vielen kreativen Berufen werden Menschen beispielsweise schlichtweg dafür ausgebeutet, dass sie ihrer Leidenschaft für Musik oder Gestaltung nachgehen. Dort sind sie neben dem Wettbewerbsdruck schlechter Bezahlung ausgesetzt, erhalten keinerlei vom Arbeitgeber bezahlte Weiterbildung und haben im seltensten Fall eine Arbeitsplatzsicherheit, wie es viele große Arbeitgeber in Deutschland bieten.

Ebenso würde ein Folgeprojekt davon profitieren, wenn Sie mit Kommentaren arbeiten. Menschen, die nicht im Wirtschaftsumfeld arbeiten, können Ihren Film nicht in der Tiefe verstehen, wie es jemand kann, der die Personalarbeit und das politische Umfeld einer großen Firma kennengelernt hat. Ebenso könnten Sie überlegen, ob sie die Kameraführung verändern. Insbesondere in den Filmabschnitten, in den Interviews oder Diskussionen geführt werden, kommen Fragen teilweise aus dem Abseits und sind akustisch nicht gut zu verstehen.

Weg mit dem Grauschleier – Unternehmen müssen sich engagierte Mitarbeiter verdienen
von Marcus Minten und Christian Brück, Towers Watson

WORK HARD PLAY HARD zeichnet ein trist-graues Bild der heutigen Arbeitswelt in den sterilen Großraumbüros deutscher Unternehmen. Es gibt wenig Persönliches, gar Menschliches in dieser Arbeitswelt zu erleben. Menschen werden – so scheint es – ausschließlich zum Funktionieren in der Organisation ausgewählt und ausgebildet; ihre Leistung («Performance») steht kontinuierlich im Mittelpunkt.

Die dargestellten Mitarbeiter scheinen von ihrer Arbeit entfremdet, eine Sinnhaftigkeit ihrer Anwesenheit im Unternehmen ist nicht ersichtlich. Fleißige Projektmanager verbreiten eine Aura der Machbarkeit von Führung, Performance und Change-Management. Ihre Sprache entspringt der modernen Management-Literatur; sie scheint aus leeren Worthülsen zu bestehen.

Sieht so wirklich die gesamte Arbeitswelt aus? Und welcher Voraussetzungen bedarf es, damit Mitarbeiter einen Sinn in ihrer Arbeit finden sowie ein Unternehmen, für das sie sich gerne engagieren? Wie muss das Arbeitsumfeld aussehen, in dem Mitarbeiter innovativ, effizient und erfolgreich arbeiten können?

Arbeitswelt vielfältiger als im Film gezeigt
Tatsächlich zeigt sich die Arbeitswelt vielfältiger als aus dem Film ersichtlich. Es gelingt Unternehmen durchaus, ein interessantes und Mitarbeiter engagierendes Arbeitsumfeld zu schaffen. Das zeigt sich auch in den von Towers Watson regelmäßig durchgeführten Studien[1]. Mitarbeiter werden dann als «engagiert» bezeichnet, wenn sie:

---

1   z. B. die Global Workforce Study 2012

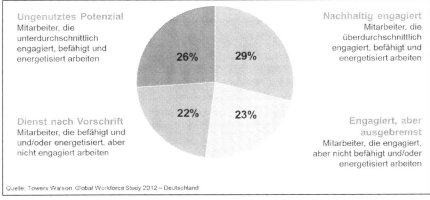

1 Mitarbeiterengagement in Deutschland

- die Ziele und Werte des Unternehmens verstehen und unterstützen, d. h. rational hinter dem Unternehmen stehen
- sich emotional mit dem Unternehmen verbunden fühlen und
- motiviert sind, entsprechend zu handeln. Das schließt die Bereitschaft ein, sich wenn notwendig auch über das durchschnittliche Maß hinaus für den Unternehmenserfolg einzusetzen.

Schließlich benötigen Mitarbeiter auch die richtigen Rahmenbedingungen für ihre Arbeit – etwa ein Arbeitsumfeld, das sie in ihrer Leistung fördert, zum Beispiel dadurch, dass ihnen die notwendige technische Ausstattung zur Verfügung gestellt und eine gute Zusammenarbeit im Team gefördert wird. Erst wenn alle diese Faktoren erfüllt sind, können Mitarbeiter dauerhaft engagiert arbeiten.

In Deutschland trifft dies auf knapp ein Drittel der Mitarbeiter zu. Ein knappes Viertel ist zwar bereit, viel zu leisten, wird aber durch das Arbeitsumfeld nicht ausreichend unterstützt. Fast die Hälfte der Mitarbeiter arbeitet hingegen gar nicht engagiert (siehe Abb. 1).

Was Mitarbeiter engagiert
Die wichtigsten Einflussfaktoren für nachhaltiges Engagement sind stark dadurch geprägt, wie Mitarbeiter ihr Unternehmen, die Unternehmensleitung, seine Ziele, Strategie und sein Image wahrnehmen. Im direkten Arbeitsumfeld spielt der direkte Vorgesetzte eine starke Rolle sowie die Möglichkeit, Stress zu bewältigen. Stimmen die genannten Faktoren, arbeiten Mitarbeiter in der Regel langfristig und nachhaltig engagiert – und das schlägt sich auch im wirtschaftlichen Erfolg des Unternehmens nieder. So zeigte eine Stichprobenuntersuchung, dass Unternehmen, deren Mitarbeiter ein hohes nachhaltiges Engagement aufweisen, etwa dreimal erfolgreicher (gemessen an ihrer Umsatzrendite) sind als Unternehmen mit einem niedrigen Mitarbeiter-Engagement.

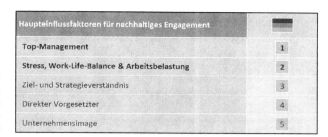

Haupteinflussfaktoren für nachhaltiges Engagement	
Top-Management	1
Stress, Work-Life-Balance & Arbeitsbelastung	2
Ziel- und Strategieverständnis	3
Direkter Vorgesetzter	4
Unternehmensimage	5

2 Top-Treiber für nachhaltiges Engagement (Quelle: Towers Watson Global Workforce Study 2012)

Was Unternehmen für ihre Mitarbeiter tun können

Erfolgreiche Unternehmen wissen, was ihre Mitarbeiter bewegt. Durch regelmäßige Mitarbeiterbefragungen verstehen sie, wie ihre Mitarbeiter das Unternehmen wahrnehmen, und sie leiten daraus Maßnahmen ab (z. B. Einführung neuer Führungsgrundsätze, Einrichtung einer Plattform zum Wissensaustausch und zur besseren Kooperation). In der Beratungspraxis von Towers Watson erleben wir, dass die Mitarbeiter unserer Kunden dies positiv bewerten und dass als Reaktion auf effektive Maßnahmen das Mitarbeiter-Engagement tatsächlich wächst. Allerdings gilt das auch umgekehrt: Vernachlässigen Unternehmen die Faktoren, auf die es für das Mitarbeiter-Engagement ankommt, lässt das Engagement schnell nach. Das gilt besonders dann, wenn den Mitarbeitern die Unternehmensstrategie nicht klar ist oder das Unternehmensimage beschädigt ist. Denn nicht nur Mitarbeiter werden von ihren Unternehmen bewertet, sondern sie bewerten umgekehrt auch ihr Unternehmen. Das beeinflusst die Unternehmens-Performance (siehe Abb. 2).

Erwartungen an Mitarbeiter und Unternehmen klar definieren

Unternehmen, deren Mitarbeiter nachhaltig engagiert arbeiten, zeichnen sich oft auch dadurch aus, dass die gegenseitigen Erwartungen von Unternehmen und Mitarbeiter aneinander (implizit oder explizit) klar sind. Genau wie ein Produkt durch eine starke Marke mit als einzigartig wahrgenommenen Merkmalen (im Englischen: Unique Selling Proposition = USP) langfristig das Vertrauen der Konsumenten und damit Marktanteile gewinnt, so können Unternehmen mit einem klaren und tatsächlich gelebten Profil Mitarbeiter gewinnen, im Unternehmen behalten und engagieren. Eine solche Darstellung (im Englischen: «Employee Value Proposition» – EVP) macht klar, wofür das Unternehmen als Arbeitgeber steht und was der ausschlaggebende Vorteil dafür ist, bei diesem Unternehmen zu arbeiten. Zum Beispiel sind manche Arbeitgeber bekannt als hervorragende Ausbilder für Hoch-

	Paternalistisch	Transaktional	Wertebasiert
Beschäftigungs-philosophie	„Wir sorgen für dich"	„Wir helfen dir, deine Karriere zu gestalten"	„Gemeinsam erreichen wir Grossartiges"
Fokus des „Deals"	• Disziplin • Kontrolle der Arbeit, nicht der Ergebnisse • Übergangsriten (Geburtstage, Beförderungen, Pensionierung) • ...	• Recruiting und Talent Management • Individuelle Ergebnisse und leistungsbasierte Vergütung • Wettbewerb (Gewinner und Verlierer) • ...	• Mitarbeitereinbindung und Empowerment • Anreize für Teamarbeit • Team Events • ...

3 Geben und Nehmen zwischen Unternehmen und Mitarbeiter

schulabsolventen. Wer in einem solchen Unternehmen arbeitet, weiß, dass sich nach einigen Jahren auch andere Arbeitgeber für ihn und seine Fähigkeiten interessieren. Mitarbeiter sind daher bei einem solchen Unternehmen meist sehr daran interessiert, sich in unterschiedliche Projekte engagiert einzubringen, um viel zu lernen. Im besten Fall sind alle Personalprogramme (Vergütung, Karriereentwicklung, Arbeitszeitregelungen usw.) auf die Umsetzung und Wahrnehmung dieser Positionierung ausgerichtet.

Welche Personalprogramme helfen nun, eine attraktive Positionierung des Unternehmens zu unterstützen und letztendlich das Mitarbeiter-Engagement zu steigern? Zuallererst kommt es auf die Unternehmensleitung an. Erleben Mitarbeiter, dass sowohl die oberste Führungsspitze als auch ihre direkten Vorgesetzten die Unternehmenswerte glaubwürdig vorleben und sich konsequent für die Umsetzung der Unternehmensziele einsetzen, prägt diese Einstellung das gesamte Unternehmen.

Wichtig ist auch, dass die Unternehmensstrategie klar vermittelt wird und die Mitarbeiter in deren Umsetzung eingebunden werden. Nur wer eine klare Vorstellung von den strategischen Zielen und seiner eigenen Rolle bei ihrer Umsetzung hat, kann auch einen wesentlichen Beitrag dazu leisten. Daher sollten klare Ziele auch für kleinere Einheiten und Aufgabengebiete formuliert werden. Mitarbeiter müssen wissen, was genau als Erfolg verbucht werden wird und wie dieser erreicht werden kann. Angesichts einer komplexen Arbeitsumwelt, in der Lösungswege nicht immer gleich auf der Hand liegen, sind Kreativität und Miteinander notwendig. Daher ist es sinnvoller den gewünschten Erfolg zu definieren und den Weg dahin gemeinsam zu gestalten. So könnten Mitarbeiter beispielsweise Vorschläge dafür entwickeln, wie sich die Fertigungszeiten in unterschiedlichen Abteilungen verkürzen oder die Kundenzufriedenheit steigern lassen. Werden übergreifende Ziele statt kleinteiliger Maßnahmen definiert, fördert das die Motivation. Insbesondere Leistungsträger und Nachwuchstalente lassen sich (das zeigt die Global Workforce Study 2012) durch herausfordernde Arbeit und die Chance, eigenständig zu arbeiten, engagieren. Wichtig: Werden Ziele übergreifend definiert, muss auch die Leistung am Maßstab des Gesamterfolgs und nicht an kleinteiligen Einzelschritten gemessen werden. Abgerundet wird ein engagierendes Arbeitsumfeld dadurch, dass Erfolge gefeiert und honoriert werden. Für diese Honorierung bestehen viele Möglichkeiten. Idealerweise sollten gute Mitarbeiter aber mindestens erleben, dass

- ihr Beitrag zum Unternehmenserfolg informell/immateriell anerkannt und gewürdigt wird
- ihnen persönliche Entwicklungsmöglichkeiten eröffnet werden – sei es durch interessante Projekte, neue Aufgaben oder klassische Karrierewege und Fortbildungsmöglichkeiten
- sie Freiräume erhalten, z. B. durch Möglichkeiten zu einer reduzierten Wochenarbeitszeit oder Sabbaticals
- sich Engagement auch materiell in Form einer steigenden Vergütung auszahlt.

Dabei lassen sich nicht alle Mitarbeiter über einen Kamm scheren. Welche Würdigung am besten ankommt, kann je nach Mitarbeiter unterschiedlich sein. Unternehmen müssen hier die Präferenzen ihrer Mitarbeiter verstehen.

Kurz zusammengefasst: Das Ziel, dass Mitarbeiter mit Herz und Verstand bei der Sache sind und ihre Tätigkeit in einer kreativen und produktiven Arbeitswelt als sinnvoll und erfüllend erleben, ist durchaus erreichbar. Doch wer ernten will, muss zuvor säen. Klare gegenseitige Erwartungen und ein motivierendes Arbeitsumfeld sowie glaubwürdige Führungskräfte sind dabei die Schlüsselfaktoren. Das ist nicht wenig – aber Erfolg kommt nicht von allein!

Die glücklichen Sklaven sind die erbittertsten Feinde der Freiheit – Marie von Ebner-Eschenbach
ohne Namensnennung

Nachdem ich mir dem Film WORK HARD PLAY HARD angeschaut habe, mache ich mir intensiv Gedanken über die Arbeitswelt. Ich habe mit einigen aus meinem Bekanntenkreis über ihre aktuelle Situation im Beruf gesprochen. Aus meiner Sicht erschreckend ist, dass sich viele mental und körperlich am Ende befinden. Ein Beispiel dafür ist ein Gespräch mit einem alten Kollegen, den ich über ein Jahr nicht mehr gesehen habe: «Als ich für drei Monate meinen Burnout hatte... habe ich nun ein Angebot bei dem ich doppelt so viel verdiene... ich muss ins Ausland... auf dem Land... ich spreche die Sprache nicht... aber das Geld...». Wie selbstverständlich ein Burnout geworden ist. Und wie selbstverständlich es ist, in die gleiche Falle noch einmal hineinzulaufen. Ich hoffe sehr für ihn, dass er dauerhaft einen oder zwei Gänge zurückschalten kann.

Über einen Headhunter habe ich vor kurzem eine Anfrage bekommen. Es geht um eine Position, die für meine Karriere und mein Gehalt ein Sprung nach vorn wäre. Nach einem Telefongespräch habe ich das folgende Stellenprofil (Auszug) zugesendet bekommen:

- Ist aktiv, hat einen hohen Selbstantrieb: «gibt Gas und schiebt an»
- Hat Biss
- Stehvermögen
- Überwindet Hürden auch gegen Widerstände
- Emotionale Intelligenz
- Großes Einfühlungsvermögen (beherrscht die Klaviatur der Diplomatie, kann sich in Leute hineindenken und kommt mit ihnen gut zurecht)

Ich habe mir die Anforderungen angeschaut und bin für mich zum Schluss gekommen, dass die gesuchte Fähigkeiten «sich gegen Widerstände durchzuboxen» und «Diplomatie» sich gegenseitig ausschließen. Ich habe mich gefragt, was mit dem Vorgänger passiert ist. Vielleicht ist auch er in diesem Spannungsfeld an Burnout erkrankt. Mich jedenfalls würde es nicht überraschen. Ich bin abhängig Beschäftigter. Das bedeutet, dass ich für meine Arbeit Geld bekomme. Manchmal auch Status, Macht, Erfolg oder Zugehörigkeit. Dafür erbringe ich eine Leistung und begebe mich in eine Abhängigkeit. Ich nenne das moderne Prostitution. Vor allem wenn ich Karriere machen will, bedeutet das, die Spielregeln des Arbeitgebers zu akzeptieren. Es ist ganz einfach. Wenn ich die Regeln akzeptiere, komme ich ganz nach oben. Häufig ist kein Privatleben mehr vorhanden. Ich kenne da viele Beispiele. Top Manager. Kein Freundeskreis. Und eine Einzimmerwohnung in einem sozialen Brennpunkt. Auch das ist kein Zufall: Viele erfolgreiche Menschen sind chronisch Single.

Durch den Film ist mir bewusst geworden, welcher Preis diese Abhängigkeit bedeutet. Gezielt werden Menschen für die entsprechende Unternehmenskultur ausgewählt und geformt. Die Methode dazu ist genial einfach. Belohnung und Bestrafung. Funktioniert übrigens auch bei Hunden gut. Dazu muss die Belohnung noch nicht einmal greifbar sein. Das Prinzip lautet «Wenn Sie xxx erfolgreich umsetzen, können wir uns vorstellen dass...». Und der gute Arbeitnehmer rennt los und läuft. Und läuft und läuft. Dass es in den letzten Jahren immer mehr Burnout-Fälle gibt wundert mich nicht. Man braucht den leistungsmotivierten Mitarbeitern nur eine Karotte hinhalten und er rennt automatisch los. In die Richtung die man vorgibt.

Es ist erschreckend zu beobachten, was Menschen tun, um Anerkennung zu bekommen. Ein Kollege – eine leitende Führungskraft – hat sehr viel Einsatz in seinem Projekt gezeigt und durfte dem Vorstand stolz seine Ergebnisse präsentieren. Er kam aus einer Sitzung mit den Worten: «Der Vorstandsvorsitzende hat mir gesagt, er würde mir einen Orden verleihen, wenn er könnte.» Er ergänzte: «Ich bin total begeistert. Das ist so toll. Einen Orden bekommen! Leider kann er mir keinen geben!» Ich habe ihm nie gesagt, dass ich glaube, dass ein Vorstandsvorsitzender Orden verleihen kann – wenn er denn will. Jedenfalls hätte ich ihm gleich in der Sitzung noch eine Anerkennungsurkunde mit persönlicher Widmung erstellt, persönlich unterzeichnet und vor der Mannschaft überreicht. Erschreckend ist auch, dass manche Vorgesetzte keine Anerkennung geben können. Dazu ein Beispiel: Ich habe in meinem Büro die Ergebnisse von einem Projekt aufgehängt, um sie zu diskutieren. Ich war sehr zufrieden mit dem Ergebnis. Zum ersten Mal ein klarer und umfassender Überblick. Mein Chef kam rein, schaute und fand sofort etwas zu kritisieren. Er schaute auf meinen Schreibtisch, sah einen Schokoriegel und sagte «Ich habe Hunger». Ich sagte zu ihm: «Wenn Sie anerkennen können, dass das Ergebnis gar nicht so schlecht ist, schenke ich Ihnen den Riegel». Ich konnte sehen wie es ihn innerlich zerreißt. Nach einer gefühlten Minute sagte er: «Ok. Ist schon gar nicht so schlecht». Er nimmt den Schokoriegel und sagt: «Aber Sie müssen das und das noch machen.» Ich habe überlegt, ihm den Riegel wieder wegzunehmen.

Ein großes Marktforschungsunternehmen führt Mitarbeiterbefragungen durch. Die Beratung hat ein eigenes Modell entwickelt, um das Commitment der Mitarbeiter zum Unternehmen zu messen. Außerdem werden die Mitarbeiter eingeteilt in verschiedene Kategorien. Zum Beispiel die Erfolgsgaranten: zufrieden und leistungsmotiviert. Oder auch die distanzierten Leistungsträger: top motiviert, aber nicht zufrieden. Meine Lieblingskategorie – als Beobachter – ist die des Unternehmensbewohners: Er ist zufrieden mit seiner Arbeit, aber er bringt keine Leistung. Was macht man mit denen? Von selbst geht der nicht. Wie soll man ihn motivieren?

Es gibt dazu ausgefeilte Methoden wie man Vorgesetzten erklären kann, ihre Mitarbeiter zu motivieren. Da gibt es zum Beispiel ein Persönlichkeitsprofil mit 16 persönlichen Motivatoren. Da kommen dann Sätze wie «Mir war nicht bewusst, dass Anerkennung Sie motiviert.» Oder «Ach Sie sind ein introvertierter Mensch und Sie brauchen nur wenig Menschenkontakt. Schade, dass wir Sie gerade in ein Großraumbüro gesteckt haben.» Beides ist sicherlich für einige Vorgesetzte schwer zu verstehen. Nicht damit das falsch rüberkommt, ich halte sehr viel davon, diese Methoden einzusetzen und seine Mitarbeiter zu motivieren und begeistern. Leider sind nur sehr viele mit genau diesem überfordert. Ein persönliches Beispiel: Ich war für zehn ähnliche Projekte gleichzeitig verantwortlich. Realistisch hätte ich drei geschafft. Melden macht frei. Ich habe meinen Vorgesetzten informiert, dass es nicht geht und gefragt, was unbedingt geschafft sein muss. Erst waren es acht, nach Nachfragen sechs und zum Schluss vier. Natürlich habe ich dann sichergestellt, dass die vier wichtigen Projekte umgesetzt werden. Die anderen habe ich – ging auch nicht anders – nebenher mitgemacht. Es kam was kommen musste. Eines (!) der sechs anderen Projekte ging in die Hose. Ich informiere über das Projektergebnis. Am gleichen Tag bekomme ich eine Email von einem Vorstandsmitglied an mich mit Kopie an das halbe Unternehmen, in dem er zu dem Projektergebnis Stellung nimmt. Er schreibt in der Schrittgröße 40 Punkt: «Ich bin entsetzt». Als Dankeschön durfte ich an dem Tag eine zweiseitige Stellungnahme abgeben, wie es zu diesem Misserfolg kommen konnte.

Wenn man einen Mitarbeiter nicht motivieren kann und er unliebsam wird, will man sich von ihm trennen. In der Regel per Aufhebungsvertrag. Wenn der Unternehmensbewohner den aber partout nicht unterschreiben will, hat das Unternehmen ein Problem. Ich kenne ein paar Kollegen, denen hat man Büros im nirgendwo und ohne Menschenkontakt gegeben, damit die von alleine gehen. Machen dann auch einige. Menschliche Isolation ist meines Wissens nach sogar als Foltermethode anerkannt. Am liebsten aber würden viele Arbeitgeber leistungsbedingte Kündigungen aussprechen. Leider, leider sind diese in Deutschland nicht möglich. Dass das trotzdem viele Arbeitgeber versuchen, kann man am Arbeitsgericht erleben. Wer einen Tag lang mal zugehört hat, ist für das Leben bereichert, wie das abläuft. In einem Fall wurde eine fristlose (!) Kündigung wegen Diebstahl ausgesprochen. Ein großer Vorwurf. Immerhin ein Straftatbestand mit strafrechtlichen Konsequenzen. Daher sei das Vertrauensverhältnis nachhaltig beschädigt. Und man müsse sich trennen. Dass man nicht mal beweisen konnte, ob überhaupt etwas fehlt und der Diebstahl überhaupt stattgefunden hat, war dem Arbeitgeber nicht so wichtig. Aber es gibt ein Happy End: Die Mitarbeiterin wurde degradiert und wieder eingestellt. Ein anderer Fall war der Versuch der krankheitsbedingten Kündigung. «Der Arbeitnehmer war im ersten Jahr sieben Tage krank. Im zweiten vierzehn Tage. Im dritten fünfundzwanzig Tage. Wir haben das mal hochgerechnet. Im nächsten Jahr sind das fünfzig und im übernächsten Jahr hundert Tage. Daher müssen wir krankheitsbedingt kündigen.» Ich hätte fast laut gelacht als ich das gehört hatte. «Nein eine Abfindung kommt in diesem Fall auch nicht in Frage. Das ist ein Präzedenzfall.» Ich habe mit einem befreundeten Geschäftsführer aus der Bauindustrie die Möglichkeiten, sich von einem unliebsamen Mitarbeiter zu trennen, diskutiert. Mein persönliches Highlight aus diesem Gespräch ist die folgende – und ich hoffe ausschließlich theoretische – Möglichkeit. Der Arbeitgeber spricht mit einem Mitbewerber und regelt mit ihm, dass er den Mitarbeiter übernimmt, und diesem ein Angebot macht, das der andere nicht ausschlagen kann. Der Mitarbeiter kündigt und geht zum neuen Arbeitgeber. Und wundert sich, dass er in der Probezeit entlassen wird...

Ich polarisiere mit meinen Beschreibungen bewusst etwas. Es gibt sicherlich auch positive Beispiele. Aber ich bin auch überzeugt, dass die Darstellungen in dem Film nur die Spitze des Eisberges sind. Mal ehrlich. Wie viele Leser dieses Buches sind Erfolgsgaranten, die Leistung bringen wollen und mit der Arbeit zufrieden? Bei uns im Unternehmen wurde es gemessen und es waren unter 10%. Und wir reden bei dieser Befragung über qualifizierte Arbeitskräfte und nicht über die armen Schlucker die zum Teil für weniger als 7,50 EUR die Stunde in der Kälte belegte Brötchen und Pizza verkaufen oder in der Kälte Pakete austeilen müssen. Wir reden über das Rückgrat der deutschen Unternehmen. Damit dieses Rückgrat stark ist, trete ich für ein motivierendes Umfeld ein, in dem die Mitarbeiter motiviert sind Leistung zu erbringen.

An den Arbeitgeber: Überlege was Deine Mitarbeiter motiviert oder was sie demotivieren kann. Und schaffe dann ein motivierendes Umfeld. Was ich damit meine ist der berühmte Satz von Antoine de Saint-Exupéry: «Wenn Du ein Schiff bauen willst, dann trommle nicht Männer zusammen um Holz zu beschaffen, Aufgaben zu vergeben und die Arbeit einzuteilen, sondern lehre die Männer die Sehnsucht nach dem weiten, endlosen Meer.»

An die Mitarbeiter: Manchmal ist ein Motivierendes Umfeld nicht da. Dann kann ich kann nur jeden ermutigen, sich selbst dieses Umfeld entweder selbst zu schaffen oder woanders zu suchen.

An die Leistungsträger: Auf den Körper hören und Privatleben nicht vergessen ;-)

Nachtrag: Ich frage mich gerade, ob irgendeiner aus der Mannschaft von Christoph Columbus ein Burn Out Syndrom hatte.

Kommentar von Edmund Mastiaux
Geschäftsführer von zfm – Zentrum für Management- und Personalberatung Edmund Mastiaux & Partner

Der Film WORK HARD PLAY HARD beschäftigt sich mit einem wichtigen Thema der heutigen Zeit: Er liefert Einblicke in die moderne Arbeitswelt und die Zukunft des Human Resource Managements.

In WORK HARD PLAY HARD bin ich zusammen mit meiner Kollegin am Anfang und Ende des Films in der Interviewszene zu sehen und zu hören. Aus meiner Sicht als Personalberater wird die Realität der Arbeitswelten von Heute wirklichkeitsgetreu dargestellt. – Wieso sollte diese ausgeblendet oder negiert werden?

Gesprochener Kommentar und aufwändige Hintergrundmusik sind überflüssig. Carmen Losmann beobachtet genau und fängt mit ruhigen Szenenbildern geschickt Details ein.

Ein gelungener und eindrucksvoller Dokumentarfilm!

Resonanzen aus der Presse

Im Zuge des Kinostarts am 12. April 2012 hat WORK HARD PLAY HARD in der Presse einige Aufmerksamkeit bekommen. Wir haben hier eine Auswahl an Pressestimmen zusammengestellt, um einen Eindruck zu vermitteln, wie der Film vonseiten der Filmkritik rezensiert wurde. Es handelt sich bei dieser Zusammenstellung um Zitate und Auszüge der jeweiligen Artikel, sie stellt keine vollständige Presseschau dar. Daher ist es durchaus möglich, dass darin einige interessante Reaktionen aus der Presse nicht berücksichtigt sind.

Die Zeit – «Alles geben für Pfanni und Domestos»
12.04.2012
von Wolfgang Uchatius

«(...) Die ständige wachsende Zahl an Produkten ist die öffentliche Seite des Kapitalismus. Der Film WORK HARD PLAY HARD aber schaut hinter die Regale, er erzählt, was in den Unternehmen passiert, die alle den Überfluss herstellen, die gezwungen sind, immer neue, vermeintlich noch nie da gewesene Dinge auf den Markt zu bringen. Er beschreibt, wie sie ersuchen, den einzigen Rohstoff zu optimieren, der ihnen Ideen für neue Produkte liefern und zur Mega-Wachstumsmentalität verhelfen kann: den Menschen.

(...)

Man sieht diesen Film, diese Szenen und beginnt zu begreifen, dass sich die Marktwirtschaft in den vergangenen Jahrzehnten nicht nur nach außen hin ausgedehnt hat, sondern auch nach innen, in die Köpfe und Seelen der modernen Büroarbeiter, zum Beispiel bis zu jener Stelle, an der früher die Erkenntnis angesiedelt war, dass jeder Mensch Stärken und Schwächen hat. Heute gibt es keine Schwächen mehr. Sie haben sich verwandelt in Entwicklungsfelder.

(...)

Es wäre einfach, Angestellte, die sich solchen Prüfungen unterziehen müssen, als bemitleidenswerte Kreaturen darzustellen. Es wäre ein Leichtes, aus den Bildern, die die Regisseurin Losmann gesammelt hat, ein filmischen Pamphlet des Antikapitalismus zusammenzustellen. WORK HARD PLAY HARD verzichtet darauf. Dieser Film beobachtet nur, er stellt die Welt der Assessment-Center, Change-Agendas und Growth-Initiatives lediglich so dar, wie sie ist. Man kann sie sich anschauen in diesem Film, 90 Minuten lang, und dann selbst entscheiden, ob sie einem gefällt.»

Süddeutsche Zeitung – «Für immer im Flow»
13.04.2012
von Martina Knoben

«(...) Seit einigen Jahren beschäftigt sich der Dokumentarfilm zunehmend mit abstrakt scheinenden, dem Medium vermeintlich unzugänglichen Themen wie der Globalisierung oder der industriellen Nahrungsmittelproduktion. WORK HARD PLAY HARD, das Langfilmdebüt der bis dato unbekannten deutschen Regisseurin Carmen Losmann, Jahrgang 1978, zählt zu diesen ambitionierten Projekten, und seine Thematik ist zwingend: Es geht um die Zukunft der Arbeit in der postindustriellen Wissens- und Dienstleistungsgesellschaft, in der der Mensch zum wettbewerbsentscheidenden Faktor geworden ist. Lichtdurchflutet, nett und ökologisch sauber sieht diese schöne neue Arbeitswelt aus – und zum Fürchten. Losmann und ihr Kameramann Dirk Lütter sind bereit, sich auf Augenhöhe mit ihrem Gegenstand zu messen. Sie haben im Breitwandformat gedreht, beklemmende Totalen leerer Büroräume, Eingangshallen und grauer Fluren. Dazu aufwändige, elegante Fahrten, wie man sie im Dokumentarfilm nicht oft sieht, weil dann jede, auch die nur scheinbare Spontanität vor der Kamera verloren geht. Aber einen solchen Eindruck will der Film erst gar nicht wecken, er will künstlich aussehen und den Zuschauer auf Distanz halten, damit er besser denken kann. Einen gesprochenen Kommentar gibt es nicht – die Ästhetik der Macht wird von Losmann und Lütter vor allem mit ästhetischen Mitteln analysiert, das gelingt nicht vielen Dokumentarfilmen, die meisten versuchen es gar nicht erst.

(...)

Die Arbeitswelt von gestern, Staublunge und kaputte Rücken, wünscht sich niemand zurück. WORK HARD PLAY HARD aber lässt keinen Zweifel daran, dass der grundsätzliche Interessensunterschied – ein Konflikt muss es nicht notwendig sein – zwischen Arbeitnehmern und Arbeitgebern nicht aufgehoben sein wird, auch wenn die Firmen viel dafür tun, das zu verschleiern. Klar wird in den Gesprächen mit den Managern und Controlling-Experten, wie sie Arbeitnehmer sehen: als *human capital*, als menschliche Ressource. Die Taktiken der Ausbeutung sind subtiler geworden, um den Preis des Verschwindens der Privatsphäre. Wer das weiß, arbeitet vielleicht nicht ganz so ehrgeizig an seiner Selbstoptimierung.»

Zitty
8/2012 (05-18.April)
von Stefan Tillmann

«Es hätte eine ganz fiese Geschichte werden können. Über Firmen, die die Ressource Mensch verheizen, über Banker mit 100-STunden-Woche, die nachts in ihre leere Wohnung kommen. Mit WORK HARD PLAY HARD wollte Carmen Losmann einen ‹zutiefst beunruhigenden Film über moderne Arbeitswelten› machen. Losmann reiste durchs Land und versuchte offenzulegen, unter welchem Druck der moderne Mitarbeiter heutzutage steht.

Leider gelingt ihr das zu keinem Zeitpunkt. Der Film zeigt unkommentiert jede Menge Angestellte, aber nicht bei der alltäglichen Arbeit, sondern in Mitarbeitergesprächen, Schulungen und Teamtrainings. Die dargestellten, angeblich zweifelhaften Methoden nutze jede zweite Kreissparkasse schon Mitte der 1990er-Jahre. Während sich tatsächlich immer mehr Arbeitnehmer wegen psychischer Probleme krankschreiben lassen, stilisiert der Film Zustände als unzumutbar, über die jeder Fabrikarbeiter nur lächeln kann. Als Persiflage über Anglizismen im Unternehmerjargon hätte das funktionieren können, als Dokumentation ist das Gezeigte zu bekannt und banal.»

Personalmagazin 08/12 – «Eine Lehrstunde für HR»
von Nicole Schrehardt

«Carmen Losmann nimmt uns in ihrem Debütfilm WORK HARD PLAY HARD mit auf einen abenteuerlichen, zugleich auch ernüchternden Streifzug durch die ‹schöne, neue Arbeitswelt›, wo Human Resource Management und Architektur Hand in Hand gehen. Eine vielversprechende Symbiose mit dem Ziel, den Menschen zu Höchstleistungen anzutreiben, ihm im Idealfall gar zu einem grenzenlosen ‹Flow› zu verhelfen. Denn nur so kann er sein Optimum erreichen.

Das ist ein Bild von HR, das Dieter Kern, Head of HR Transformation, Organizational Development & Change Management bei Mercer, nicht unkommentiert stehen lassen kann – greift es seiner Meinung nach doch viel zu kurz.

(...)

Es möge ja sein, dass Losmann keine explizite Meinung in Form eines Kommentars formuliere, doch spräche gerade die Auswahl und Inszenierung der Szenen eine gänzlich andere Sprache, wirft Kern der Regisseurin vor. Am meisten stört ihn, wie der Mitarbeiter im Film abgebildet wird. So wird er seiner Meinung nach ‹viel zu verkürzt dargestellt› – und zwar in zweierlei Hinsicht: ‹Zum einen werden überwiegend Mitarbeiter in Verwaltungsfunktionen gezeigt. Man sieht beispielsweise keine Arbeiter am Band von BMW oder in der Produktion von BASF.› Ebenso sehe man auch keine Vorstände, die mit dem Betriebsrat diskutierten. Zweitens würden die Mitarbeiter Kern zufolge vorrangig in speziellen Situationen gezeigt, die neben der Arbeit passieren, sei es zum Beispiel bei einem Outdoor-Training oder in einem Assessmentcenter. ‹Man sieht kaum, was sie eigentlich tun, wenn sie arbeiten. Und man hört und sieht sie nicht über ihre Arbeit reflektieren und reden›, so Kern.

(...)

[Es] entstehe das Bild des ‹armen Mitarbeiters, der unterschwellig, zum Teil auch bewusst, wenn nicht sogar gegen seinen Willen vom Unternehmen beeinflusst werden soll›, gibt Kern zu bedenken. Dabei werde übersehen, dass es sich dabei um gebildete Personen handele, die genau wüssten, wo sie da mitmachen. ‹Dank der Fülle an Bewerbungs- und Selbstmarketing-Bücher wissen gerade die jüngeren Mitarbeiter genau, was von ihnen zum Beispiel in einem Assessmentcenter erwartet wird.› (...)»

Die Welt – «Optimierung der menschlichen Laborratte»[2]
April 2012
von Hanns-Georg Rodek

«Eiskalt dokumentiert der Film WORK HARD PLAY HARD die Verformung unserer Arbeitswelt, in der der Mensch bald nur noch als Ressource gesehen wird, in dessen DNA die Lust an der Tätigkeit eingeschrieben werden muss. Am besten wird man WORK HARD PLAY HARD wohl als Horrorfilm bezeichnen. Nun spielt er fast ausschließlich in lichtdurchfluteten Räumen, die handelnden Personen gehen ausnehmend höflich miteinander um und treffen sich an Coffee Points, um bei einem Latte über Wetter und Fußball zu plaudern. Trotzdem, und obwohl sich Carmen Losmanns Film als Dokumentation begreift, bestehe ich darauf: Dies ist ein Gruselfilm.
(...)
Mit vielen Worten erzählen die Firmenvertreter von der Hinwendung zum Menschen, und ohne jegliche Worte macht der Film gleichzeitig klar, dass es sich in Wirklichkeit um eine Abwendung vom Menschlichen handelt. Er ist das nüchterne Protokoll einer heimlichen, unheimlichen Verformung, die uns angetan wird.
(...)
Der Horror in WORK HARD PLAY HARD ist nichts anderes als der Schrecken, der einen beschleicht, wenn man Zeuge einer Gehirnwäsche wird. So stellt man sich Scientology-Seminare vor. Zunächst scheint der Prediger völligen Humbug zu reden, aber irgendwann beginnen die Gepredigten, seine Phrasen aufzugreifen und sie, unbeholfen noch, selbst zu verwenden – ob aus fortgeschrittener Gehirnerweichung oder aus kalkuliertem Opportunismus, sei dahin gestellt. (...)»

Der Freitag – «Geschichten ohne Ich»
11.04.2012
von Matthias Dell

«Schon diese Sprache. ‹Potenzialanalyse›, ‹Performance-Entwicklung›, ‹weg vom Firefighting, hin zum Coaching›: Es wäre ein Leichtes, sich darüber lustig zu machen. Carmen Losmanns Film WORK HARD PLAY HARD tut das nicht. Er schaut hin, hört zu. Die Bilder sind von aseptischer Klarheit, halten Abstand, malen Tableaus, der Schnitt bewegt sich wie auf Strümpfen. Nichts ist hektisch oder laut.
Es liegt eine große Ruhe auf dem Gesicht dieser Welt.
(...)
Die Distanz, die Losmann zu ihrem Gegenstand hält, der Umstand, dass sie sich nicht auf persönliche Geschichten kapriziert, sondern Situationen mit austauschbaren Protagonisten zeigt, ermöglicht einen nüchternen, vorurteilsfreien Blick. Man kann in WORK HARD PLAY HARD den Punkt ausmachen, an dem eine grundsätzlich

---

2   Vgl. http://hd.welt.de/ausgabe-a/kultur/article106173036/Optimierung-der-menschlichen-Laborratte.html. Es gibt noch eine überarbeitete Fassung dieses Beitrags unter dem Tite «Die Ressource Mensch muss optimiert werden»

positive Anstrengung, die zu anderen Zeiten, in anderen Kontexten als Weiterbildung oder Verbesserung gutgeheißen worden wäre, umschlägt in den Horror einer totalen Optimierung, in eine endlose Therapie, in deren ‹driver seat› kein Mensch mehr sitzt.

(...)

Die runterreduzierte, sedierte Sprache, die in WORK HARD PLAY HARD gesprochen wird, ist bereinigt von negativen Gefühlen: ‹Thema› meint Problem, ‹Entwicklung› steht für Schwächen, ‹Prozess› für Veränderungsdruck. Dem Probanden aber, der dieses Spiel der Temperamentsentleerung zu perfekt beherrscht, wird am Ende bescheinigt, alles Negative zu vermeiden. Die Frau, die bekennt, das Arbeitsleben als Spiel zu betrachten und danach lacht, kriegt unser Mitleid und strenge Blicke der Prüfer – das ist die einzige Stelle im Film, an der die gewaltigen Anstrengungen des Apparats auffliegen könnten. Carmen Losmann ist ein großer Film gelungen – eine Beschreibung einer Gegenwart, die sich dieser Beschreibung eigentlich entzieht.»

Frankfurter Allgemeine Zeitung – «Führen durch Weichspülen»
12.04.2012
von Rüdiger Suchsland

«(...) Zu den spannendsten Passagen dieses hochinteressanten Films gehört der Besuch bei einem Musterbetrieb dieser futurologischen Arbeitswelten: ‹Ich wünsche Ihnen viel Spaß›, sagt die Pförtnerin, die nicht mehr so heißen darf, denn klarerweise soll möglichst wenig daran erinnern, dass hier überhaupt Arbeit stattfindet. Hier versucht man, möglichst perfekt Büros ohne Bürocharakter zu bauen, Erholungszonen und ‹Meeting Points› zu schaffen, die ‹eher einem Wohnraum› gleichen, in denen sich dann die Arbeitskollegen im Idealfall ‹wie Nachbarn› begegnen. Die Gratwanderung ist klar: Man soll sich wohl fühlen, ohne faul zu werden, konzentriert und effektiv arbeiten, aber dabei einen ‹Flow› bekommen, weil man sich in diesem Zustand am besten selbst ausbeutet. Die Farbe Orange ist dafür offenbar besonders geeignet, dagegen verwendet man ‹bewusst keine Braunfarbtöne, die zu sehr an zu Hause erinnern›.

Carmen Losmanns besondere Sensibilität gilt dem, was dies unserer Sprache antut: Der mit Anglizismen durchtränkte Jargon, dem alles ‹challenge› ist, hat zum einen einen Weichspüleffekt, der über Unangenehmes hinwegtäuschen soll. Zugleich ist ihre Funktion ideologisch: Neue Worte helfen bei der Gleichschaltung. Und nicht umsonst erinnert die Managersprache an George Orwells ‹newspeak›. Tatsächlich haben moderne Unternehmen mit Sekten und politischen Religionen mindestens eines gemeinsam: Die Disziplinierung geschieht nicht durch Zwang, sondern durch verinnerlichte Werte, salopp gesagt: Gehirnwäsche.

Mit seinem ruhigen, zurückhaltenden Stil, der erkennbar durch die Arbeiten Harun Farockis beeinflusst ist, gelingt dem Film eine beunruhigende Bestandsaufnahme des ‹Kapitalismus als Religion›, wie Walter Benjamin das einst nannte.»

Financial Times Deutschland – «Burnout für alle»
12.04.2012
von Willy Theobald

«(...) Sämtliche Fakten klingen – durch ihre zielgerichtete Auswahl – enorm bedrohlich. Damit erinnert die Machart des Films ein bisschen an die Montagetechnik des Agitprop-Spezialisten Michael Moore. Aber Losmann legt den Finger auf Fehlentwicklungen, die nicht zu ignorieren sind. Wenn in einem Trainingscamp der Satz ‹Was kommt, ist gut, egal, was es ist› von Jungmanagern mantraähnlich wiederholt werden muss und ‹in die Unternehmen getragen› werden soll, ist auch dem Letzten klar, dass hier Huxleys *Schöne neue Welt* nicht mehr als abschreckendes Beispiel gilt. Individuen sind unerwünscht: Menschen existieren nur noch als ein um Meetingpoints zirkulierendes, unaufhörlich kommunizierendes und kaffeetrinkendes Humankapital.

Bei den Zuschauern macht sich schnell Betroffenheit breit. Die Forderung, Angestellte auch in ihrer Freizeit an ihre Arbeit zu fesseln, wird zwar im Film nie ausgesprochen – schwingt aber immer mit. Das ist der eigentliche Wert dieses geschickt montierten Streifens, der auf schwerwiegende Schieflagen in der Arbeitswelt hinweist. Er darf aber nicht darüber hinwegtäuschen, dass die Flexibilisierung von Arbeitszeit und -plätzen auch Chancen beinhaltet. Davon jedoch ist in diesem ansonsten äußerst sehenswerten Film wenig zu spüren.»

epd film – WORK HARD PLAY HARD
04.2012
von Silvia Hallersleben

«Der mehrfach preisgekrönte Dokumentarfilm (...) gehört zu den aktuell wichtigsten gesellschaftspolitischen Filmen. (...)

2004 war Humankapital das – umstrittene – Unwort des Jahres. Jetzt kommt zur Antiprämie noch ein böser Film dazu. Ein gelungener auch: Carmen Losmann legt ihren Zug durch die Untiefen aktueller Personalmanagementstrategien und Beraterwelten als inhaltlich und formal (...) gründlich durchdachte und konzipierte Reise an. (...) Nur manchmal vielleicht schießt das horroraffine Sounddesign ein wenig über das Ziel hinaus.»

die tageszeitung – «Arbeit 2.0»
12.04.2012
von Bert Rebhandl

«Auf jeden Fall geht es darum, aus dem Personal das Optimum herauszuholen – es soll so gut wie möglich ‹performen› und auch bereit sein, sich ‹ein bisschen zu challengen›. Denn schließlich bleibt im modernen Wirtschaftsleben nichts je so, wie es gerade ist, sondern es ändert sich alles.

Der US-amerikanische Präsident hat die Parole vom Wandel für einen Moment in den Zusammenhang demokratischer Entwicklung gestellt, doch längst gehört sie wieder dem Neusprech der Manager: ‹change› ist so essenziell, dass große Unternehmen eigene ‹change agents› beschäftigen, die dabei helfen, dass alles ‹leaner› wird, also ‹schlanker›.

Carmen Losmann ist weit davon entfernt, diese Parolen zu denunzieren. Sie behauptet mit ihrem Film noch nicht einmal implizit, dass sie die dahinterliegenden Werte und Ziele in den Blick bekommt, wenngleich Effizienz hier durchaus eine anschauliche Form in verschiedenerlei Gestalt bekommt (Architektur, Habitus, Jargon).

Die einzige Ironie, die aus WORK HARD PLAY HARD ersichtlich wird, ist die, dass ausgerechnet die Rituale der Optimierung, die hier zu sehen sind, selbst häufig den Eindruck des Redundanten machen. Triviale Diagramme auf Flipcharts scheinen einen wichtigen Teil aller Unternehmens(berater)kulturen auszumachen: Engagement wird da bedeutungsschwer in ‹rational›, ‹emotional› und ‹motivational› aufgefächert (dass der Begriff auch noch eine ganz andere Semantik hat, muss dabei verdrängt werden).

In großen deutschen Firmen hat Carmen Losmann gefilmt, sie hat mit diskreter Kamera an Meetings teilgenommen, bei Assessment-Gesprächen mitgehört und hat das Material dann ohne Polemik montiert.

Die Wirtschaft, der nicht nur Deutschland einen beträchtlichen (wenngleich einseitig verteilten) Reichtum verdankt, die aber auch beträchtliche Folgekosten auf die Allgemeinheit umlegt, diese Wirtschaft wird in WORK HARD PLAY HARD nicht systemisch gesehen, sondern als Benutzeroberfläche, auf der Experimente am offenen Menschen vorgenommen werden. Was für die Kundschaft schon lange gilt (sie ist gläsern geworden), gilt auch schon seit einer Weile für die Belegschaft: sie wird durchschaut auf Vitalitätsaspekte hin. (...)»

Der Tagesspiegel – «Wohlfühlarbeit bis zum Umfallen»
12.04.2012
von David Ensikat

«(...) Ein Dokumentarfilm mit bunten, aufgeräumten Bildern, mit motivierten Menschen, die alles immer besser machen. Ein Film in großen Totalen – und ein Film über einen ökonomischen Totalitarismus, gegen den die politischen Totalitarismen des vergangenen Jahrhunderts lächerlich und vergeblich wirken. Es geht darum, die Seelen zu erreichen, Menschen gefügig zu machen, sie in ein System zu zwingen. Je weniger sie das als Zwang erleben, desto zwingender wirkt die Sache. Was ist denn Zwang? Bunte Büros? Gute Gehälter? Mobile Computer? Gleitzeiten? Motivationstrainings im Klettergarten?

Carmen Losmanns Langzeitdoku über den Alltag in großen deutschen Unternehmen kommt ohne Kommentar aus, scheinbar. Doch suggestiver kann ein Film kaum sein. Er zeigt überwiegend willige, lächelnde Menschen in schlimmen Situationen. Ein junger Mann sagt nach dem Klettertraining stolz: ‹Ich werde demnächst noch mehr kommunizieren – was dann heißt: Mehr Umsatz!› Die Mitarbeiterin eines Solarunternehmens sitzt den Personalberatern gegenüber und lacht vor Anspannung ganz hysterisch. Ein anderer gibt sich derart streberhaft, dass einem speiübel werden will.

Anders als in den untergegangenen Zwangssystemen geht es nicht um ‹Volk› und ‹Frieden›. Heute sind die Phrasen englisch, und Firmenchefs rufen: ‹Wir sind Unilever! Go for it!›, und an den Wänden leuchten riesige Werbetafeln: ‹Drink positive›. (...)»

Film des Monats April 2012: WORK HARD PLAY HARD
von der Jury der Evangelischen Filmarbeit

«Konzepte, Strategien und Selbstbilder der modernen Angestelltenwelt sind Thema von Carmen Losmanns Dokumentarfilm WORK HARD PLAY HARD. Architekten entwerfen den Büroraum der Gegenwart im Design moderner Wohnzimmer oder Cafés. Arbeit und Lifestyle sollen miteinander verschmelzen. Die global vernetzten, hoch mobilen Beschäftigten kennen keine festen Arbeitszeiten mehr; Sie arbeiten, geleitet von innerer Motivation, an der ständigen Verbesserung ihrer Leistungsfähigkeit. Kreativität wird systematisch gefördert, um Wettbewerbsvorteile für das Unternehmen zu erzielen. Der Mensch als sich selbst optimierende Ressource im Interesse des wirtschaftlichen Erfolgs und der Gewinnmaximierung steht im Zentrum der Bemühungen von Unternehmensberatungen und Assessmentcentern. Der Job soll zur Berufung werden, die lebenslange Lern- und Veränderungsbereitschaft und die Fähigkeit zu andauernder Selbstkritik verlangt. ‹Flache Hierarchien› und hohe Teamfähigkeit lassen Vorgesetzte überflüssig werden weil die Unternehmensziele zu einem prägenden Teil des Ichs geworden sind.

Das Beunruhigende an Carmen Losmanns Beobachtungen ist der Totalanspruch, den das heutige ‹Human Resource Management› an die Beschäftigten stellt. Stets abrufbereit und flexibel, stehen sie unter einem steigenden Erwartungsdruck seitens der Arbeitgeber. In Interviews und Gesprächen, in denen Personalmanager und Unternehmensberater in großer Offenheit Auskunft über ihre ‹Unternehmensphilosophie› geben, wird die Entgrenzung der Arbeit gegen- über allen anderen Lebensbereichen wie Familie oder Freizeit spürbar. Wie mit Fehlern und Schwächen, Erschöpfung, Mühe und Leid umgegangen wird, kommt in diesen zielorientierten Selbstverbesserungsprogrammen nicht vor. Selbstüberforderung und Opportunismus sind die Folge. Die Würde des Menschen steht auf dem Spiel, wenn die Grenzen der Arbeit gegenüber der Person und ihrem Leben nicht mehr erkennbar sind.

Publikumsreaktionen

Die Publikumsdiskussionen, die im Zusammenhang mit Kinovorstellungen von WORK HARD PLAY HARD an vielen Orten stattfanden, haben wir als sehr belebend und bewegend erlebt, weil dort eine große Vielfalt von Perspektiven und unterschiedliche Reaktionen auf den Film zum Ausdruck kamen. Wir haben uns deshalb entschieden, auch in diesem Buch einigen ZuschauerInnen die Möglichkeit zu geben, zu schildern, wie der Film auf sie gewirkt hat. Wir haben dabei keine bestimmte Auswahl getroffen, sondern in der Zusammenstellung so weit wie möglich versucht, möglichst unterschiedliche Leute mit verschiedenen Hintergründen und Meinungen über den Film anzufragen, um die Bandbreite der Sichtweisen abzubilden.

Auch hier konnten die AutorInnen selbst entscheiden, ob sie mit Namen genannt werden oder anonym bleiben möchten, und ob ihre Texte mit oder ohne Angabe ihres Berufs abgedruckt werden sollen.

WORK HARD PLAY HARD – Ein Kinoerlebnis der anderen Art
Dr. Wolfgang Runge
Personalleiter Ford Werke GmbH Saarlouis und Vorsitzender der Initiative «Wege zur Selbst-GmbH»

Die Rolle des Personalleiters und Vorsitzenden der Selbst GmbH eines Netzwerks bestehend aus 500 Personalern, ist in Deutschland etwas Besonderes. Man muss Spaß daran haben, zwischen allen Stühlen zu sitzen. Die Rolle des Beraters und des Entscheiders in allen nur denkbaren Situationen fallen in dieser Funktion zusammen. Feedback in dieser Rolle zu bekommen, ist nicht immer einfach. Dann kam der Hinweis von Kollegen aus der Selbst GmbH, sich diesen Film anzuschauen. Ich verabrede mich mit einem Kollegen. Wir haben schließlich ein Programmkino gefunden und haben uns auf den Weg gemacht.

Unvorbereitet sitze ich jetzt im Kino und der Film startet. Wo ist die Musik? Wieso ist das hier so ruhig? Meine Wahrnehmungsgewohnheiten werden nicht bedient. Was ist hier los? Mein nachrichtenverarbeitendes System ist und bleibt verstört. Normalerweise ist Kino laut, schnell und actionreich. Die schnelle Bildfolge und der Wechsel der Perspektiven lassen den Puls steigen. Das alles bietet dieser Film nicht und trotzdem wirkt er auf mich mit einer unheimlichen Intensität. Die Bilder haben irgendwie ein großes Gewicht und drücken mich in den Sitz. Ich fühle mich wie ein Pilot eines Kampfjets, der durch die G-Kräfte in den Sitz gepresst wird. Als Personaler und Manager habe ich das Gefühl, als ob ich in den Spiegel schaue. Verhalte ich mich auch so, wie beobachtet? Rede ich wie die Protagonisten? Benutze ich dasselbe Kauderwelsch? Ich möchte mich vom Druck befreien. Ich möchte mit meinem Begleiter reden und ziehe mir sofort den Ärger eines Besuchers zu. Jetzt auch noch Redeverbot! Aushalten ist angesagt.

Die wechselnden Themen von der Bürohausplanung über das Outdoor Camp, das Assessment Center und den Change Prozess verbinden sich mit meinen beruflichen Erfahrungen. Es fällt kein Satz, kein Wort, keine Geste durch das Netz der eigenen Erfahrungen. Der innere Druck steigt weiter. Das Redeverbot wird aus der Reihe hinter mir immer noch scharf überwacht.

Lassen Sie mich zwei Szenen rausgreifen, die mich bewegt haben und immer noch bewegen. Es geht zum einen um die Bürohausplanung einer Unternehmenszentrale, die ich bereits kenne und mehrfach besucht habe. Alle meine Erfahrungen über die Gestaltung von Arbeitsplätzen laufen permanent als Hintergrund in meinem Kopf ab, als die Architekten ihr Konzept erklären. Dem architektonischen Reiz dieses Gebäudes bin ich bereits vorher erlegen. Die Frage, wie sich das Arbeiten in diesem Gebäude anfühlen mag, wird mir im Film deutlich. Die Ansprache des «Chefs» beantwortet meine offene Frage, ob ich dort arbeiten möchte. Sie lautet: Nein. Wirklich? Ist es nur der verlorene Chef auf einer Brücke zwischen zwei Gebäudeabschnitten? Ich werde noch etwas nachdenken müssen.

Die zweite Szene ist die des Assessment Centers. Hier wird deutlich, wie sich Kandidaten mehr schlecht als recht hinter einer Fassade von Schlagwörtern verbergen und glauben, die gewünschten Antworten zu geben. Sie werden aber durch ihr Verhalten immer weiter enttarnt. Aus Schablonen werden wieder Menschen, wenn man die Gestik, die Mimik und die Art und Weise, wie Dinge gesagt werden beobachtet. Die Nachrichten sind nonverbal, verdeckt aber trotzdem erkennbar. Einerseits beruhigend, aber andererseits komisch. Welche Modelle vom Menschen haben wir? Welche Modelle vom Menschen habe ich? Trotz Assessment Center, Beobachtungsstandards und Ratingskalen spielen die kaum erfassbaren Faktoren scheinbar die entscheidende Rolle. Hier werde ich als Personaler weiterdenken müssen. Was sind die geeigneten Methoden im Rahmen der Personalentscheidungen? Immer mehr Fragen und keine Antworten, außer denen, die ich mir selber gebe.

Der Film ist fast am Ende. Immer noch halte ich es kaum im Sitz aus. Dieser Film hat mich bewegt wie kaum ein anderer. So ein Feedback auf Personalthemen habe ich in dieser Form noch nie bekommen. Es wird noch etwas dauern, bis ich das verarbeitet habe. Ich gestehe, dass ich als Zuschauer dann noch das Glück hatte, mit der Autorin auf einem Podium in einer Veranstaltung der Selbst GmbH zu diskutieren. Frau Losmann hat auch in diesem Kontext nicht aufgegeben, uns die Fragen zurückzuspielen, die wir von Ihr beantwortet haben wollten.

Betriebsrat und ver.di-Mitglied

Die im ersten Teil des Films ausgeführten Arbeitsplatzkonzepte zielen auf die Schaffung einer möglich privat anmutenden modernen (Arbeits)-Atmosphäre. Für mich sind diese Konzeptionen mit hellen offenen Büros sowie Meeting-Points usw. nicht neu. Dies kann ich aus meiner Arbeitserfahrung auch grundsätzlich begrüßen. Jedoch bleibt der Arbeitsplatz das, was er ist, ein Bereich in dem die berufliche Tätigkeit zu verrichten ist. Dass Arbeitsplatzkonzeptionen darauf abzielen, Beruf (einschließlich der Arbeitszeit) und Freizeit möglichst zu vermischen, ist aus unternehmerischer Sicht sicherlich nachvollziehbar und ein Baustein im «Kampf um die besten Köpfe». Ja, auch ich will mich als Beschäftigter wohlfühlen an meinem Arbeitsplatz! Jedoch zeigt der Film die nächste Stufe der vermeintlich modernen

Arbeitsplatzgestaltung. Danach soll jeder einzelne Mitarbeiter offenbar jederzeit an jedem Arbeitsplatz eingesetzt werden können. Von individueller Gestaltung «meines Arbeitsplatzes» kann da keine Rede mehr sein. Dies macht den Menschen ausschließlich zum Erfüllungsgehilfen des Unternehmens, der jederzeit austauschbar ist und reduziert ihn so, trotz anders lautender Bekundungen, ausschließlich auf seine Arbeitskraft!

Auch die in diesem Film durch die dort auftretenden Führungskräfte immer wieder geäußerten Anglizismen wirkten auf mich wie ein «Schutzmantra» des mittleren Managements. Offenbar soll so das wahre Ziel der Personalführung der Unternehmen verschleiert werden, nämlich eine möglichst tiefgreifende Einflussnahme auf den Beschäftigten (Stichwort: Kulturwandel) zu erreichen. Es wurde zwar immer wieder davon gesprochen, durch abgespeckte und schlanke Managementstrukturen den Mitarbeiter zur eignen Entscheidungsfindung befähigen zu wollen, ihn zu fördern und weiter zu entwickeln. Dabei geht es aber offenbar hauptsächlich darum, dass ein Beschäftigter auch ohne leitende Position sich nicht mehr als das wahrnimmt, was er ist (ein abhängig Beschäftigter), sondern sich als ein Entscheider oder Unternehmer im Unternehmen fühlen soll. Der im Ergebnis dennoch nichts zu entscheiden hat, denn die Team- und Unternehmensziele werden bekanntlich zentral vorgegeben und sind eins zu eins umzusetzen. Es bleibt daher bei der Betrachtung des Films der Eindruck zurück, dass ein stromliniengeschulter Manager, der sich selbst möglichst zu jeder Zeit im «Workflow» befindet, nicht eher ruht, bis all seine Mitarbeiter ihm nicht minder nacheifern. Privates, Persönliches ja schlicht Menschliches soll und kann zwar thematisiert werden, aber auch dies findet, so mein Eindruck vom Film, nicht um des Menschen willen statt, sondern um auch so den Beitrag zum Unternehmenserfolg zu steigern (nach dem Motto: Fühlt sich der Beschäftige wertgeschätzt, steigert dies den Umsatz des Unternehmens)! Dieser Ansatz ist mir nicht neu, jedoch zeigt der Film deutlich wie perfektioniert, bei Anwendung derselben (Management/HR) Systeme, die unterschiedlichen Unternehmen dabei vorgehen! Dies lässt einen mit Sorge in die Zukunft unserer ach so modernen Arbeitswelt blicken!

Insgesamt finde ich, legt der Film sehr geschickt den Finger in die Wunde der (modernen) Arbeitsformen des 21. Jahrhunderts. Er dient für mich als wichtige Markierung und zeigt deutliche «Haltepunkte» in unserer «Web 2.0 Arbeitswelt» auf. Diese Haltepunkte gilt es auch für sich selbst im beruflichen Alltag zu erkennen. Insbesondere wenn wir uns parallel das Thema der massiven Zunahme der psychischen Erkrankungen in der heutigen Arbeitswelt vergegenwärtigen. Denn hier sehe ich durchaus einen kausalen Zusammenhang, zu den im Film aufgezeigten Personalführungsmethoden! Eine Frage, die sich mir unmittelbar nach Ende des Films gestellt hat, lautete daher auch: Arbeiten wir, um zu leben, oder sollen wir leben, um ausschließlich effizient zu arbeiten?! Auf jeden Fall wird dem arbeitenden Menschen, bei Umsetzung dieser Managementansätze seine Individualität Zug um Zug genommen.

Mich hat der Film WORK HARD PLAY HARD sehr berührt: Er verdeutlicht für mich, mit welchen Chancen, aber auch mit welchen Gefahren das Human Resource Management in der heutigen Arbeitswelt verbunden ist. Es klingt durchaus attraktiv, als Mensch mit Potenzialen betrachtet zu werden, der förderungswürdig und entwicklungsfähig ist. Allerdings lassen einige Szenen im Film für mich auch die Kehrseite deutlich werden. Beispielsweise wirkten die Interviewten der Potenzialanalyse auf mich so, als ständen sie in ihrer vermeintlichen Chance sich weiterzuentwickeln unter extremen Leistungsdruck.

So wird der/die einzelne Mitarbeiter/in zwar einerseits als Individuum mit eben ganz individuellen Fähigkeiten, Ressourcen und Entwicklungsmöglichkeiten angesehen. Gleichzeitig wird in dieser Szene für mich erkennbar, dass die Richtung der Entwicklung, des individuellen Wachstums durch Unternehmensziele bestimmt wird. Die Entwicklung des Einzelnen wirkt demnach gemäß den Interessen des Unternehmens gesteuert. Der Einzelne ist ein Leistungsbringer, es geht mehr um Anpassung als den Einbezug der eigenen Bedürfnisse und er verliert die Freiheit über seine persönliche Entwicklung individuell zu entscheiden. Dabei ist es durchaus möglich, dass sich – zumindest an manchen Stellen – die Bedürfnisse und die Interessen des Einzelnen mit den Zielen des Unternehmens überschneiden. Darüber hinaus ist nicht auszuschließen, dass der Einzelne diesem äußeren Einfluss sehr wohl gewahr ist und sich autonom und in vollem Bewusstsein dafür entscheidet, ohne sich in anderen Entwicklungsbereichen einzuschränken.

Diese Entscheidungsmöglichkeit hängt – so vermute ich – von der Ich-Stärke des Einzelnen ab. Eine eher ich-geschwächte Person ist gerade unter den Bedingungen des heutigen Human-Resource-Managements stark gefährdet, sich in ihrer Entwicklung an die äußeren Anforderungen anzupassen. Beispielsweise könnte ein bislang ungestilltes Bedürfnis nach Anerkennung und Zugehörigkeit der Hauptantrieb darin sein. In einer eher beiläufig beobachteten Szene des Films kommt diese potenzielle Ich-Gefährdung für mich gut zum Ausdruck: Ein Arbeitsgespräch zweier jungen Frauen, zwei Meter entfernt putzt die Reinigungsfrau die Kaffeemaschine, sie sitzen beide in den gemütlichen Sesseln des neuen Interieurs und wirken dennoch sehr unter Druck: Sie zeigen sich kreativ, im «Flow», in vollster Konzentration, als wären es 100% sie, die aus eigenem Interesse genau nun diese nächsten Schritte planen wollen. Andere Themen, vielleicht private Sorgen oder auch kritische Bezüge zu ihrer momentanen Situation, die in einer Kaffeepause durchaus angebracht wären, rücken in den Hintergrund, dürfen womöglich nicht wahrgenommen, selbst nicht gespürt werden. Dies kann für den Moment ok und auch angebracht sein, fraglich ist für mich allerdings in welcher Intensität und Quantität dieser Modus das einzelne Leben bestimmt. Schließlich ist der Versuch der Entgrenzung, z.B. des Zusammenfließens der Freizeit mit der Arbeitszeit auch ein Ziel des Human Resource Managements.

Womöglich entfernt sich der einzelne Mensch im Rahmen dieses von unternehmerischen Zielen abgesteckten Entwicklungsfeldes zunehmend von seiner individuellen Entwicklung und den damit verbundenen Chancen, denen er unter anderen Umständen nachgehen würde. Verliert eine Person, die sich im Rahmen der Ziele des Unternehmens zu einer professionell und souverän agierenden Person entwickelt hat, ihre Arbeitsstelle, gehen potenzielle Stützfaktoren wie Zugehörigkeit und Anerkennung verloren. Sie verbleibt in einer zielgerichtet und damit einseitig entwickelten Identität, die nicht ihre ganze Person umfasst und ist ohne das Unternehmen instabil. Diese damit verbundene große Verunsicherung führt wiederum – in dem Versuch diese verunsichernden Gefühle zu vermeiden – zu einer noch größeren Abhängigkeit von Sicherheit und Anerkennung bietenden Unternehmensstrukturen. So gesehen betreiben die Methoden des Human Resource Managements eine Form der Persönlichkeitsentwicklung, die darauf ausgerichtet ist, die Seelen der menschlichen Ressourcen für immer an das Unternehmen zu binden.

Partner einer IT-Unternehmensberatung

Der Film zeigt in beeindruckender Art und Weise die Veränderung der Arbeitswelt, die in vielen Unternehmen bereits angekommen scheint. Als Mitglied dieser Arbeitswelt fällt mir diese, zum Teil schleichende Veränderung, nicht wirklich auf, sondern wird von mir vielmehr als Normalität wahrgenommen. In vielen Szenen konnte ich mein für mich normales Arbeitsumfeld mit einem Schmunzeln wiedererkennen. Bei ausverkauftem Haus hat mich allerdings die Reaktion des Publikums sehr verblüfft. Was mir als normal erscheint, hat durchaus sehr starke Reaktionen im Publikum ausgelöst, sowie im Anschluss der Vorstellung zu kontroversen Diskussionen geführt. Das für mich und meine Branche als Normalität wahrgenommene Arbeitsumfeld scheint also doch nicht so normal zu sein wie es scheint...

Der Film zeigt den starken Wandel und den veränderten Umgang mit der Ressource Mensch – allerdings nur in einem kleinen Ausschnitt. Die Realität ist vermutlich noch viel dramatischer – darüber sprechen aber weder Unternehmen noch Mitarbeiter.

Der Film kommt beeindruckend nahe an Personen, Unternehmen und Prozesse, obwohl diese Dokumentation bei genauerer Betrachtung den handelnden Personen und Unternehmen nicht immer zum Vorteil reicht. Trotz dieser Nähe zeigt der Film aber doch nur kleine Ausschnitte und damit nur die «Spitze des Eisbergs». Aufgrund der – verständlichen – Verschlossenheit der Unternehmen erscheint es allerdings nur schwer möglich, hier noch tiefer ins Detail einzusteigen.

WORK HARD PLAY HARD – Meine Gedanken zum Film
Sandra Weigel, Köln

Als ich den Film sah, machte sich schnell ein sehr beklemmendes Gefühl in mir breit: Dieses so genannte Arbeitsleben, was dort gezeigt wird, ist in gewisser Weise mein Arbeitsalltag. Moderne Arbeitswelten, Change Management, Potenzialanalysen ... das klingt alles sehr vertraut. So auf den Punkt gebracht, in bunten Bildern über den Fernseher in meinem Wohnzimmer flimmernd, fühlte es sich jedoch alles andere als gut, richtig und erstrebenswert an. Magendrücken – Oh je! Ich frage mich: Was lässt die Urgh-Gefühl in mir entstehen?

Habe ich doch selbst in dem großen Automobilzulieferkonzern, für den ich u. a. als Change Manager arbeite, vor zwei Jahren die Möglichkeit erhalten, für 120 Mitarbeiter auch eine «neue Arbeitswelt» zu schaffen. Mir ging es dabei vor allem jedoch darum, es wieder viel mehr «menscheln» zu lassen in unserer Firma und unter den Kollegen, unsere Kommunikation untereinander anzuregen, den Teamgeist zu fördern oder gar überhaupt erst entstehen zu lassen und so etwas wie Commitment, die Zusage jedes Einzelnen, um das gemeinsame Ziel besser erreichen zu können, zu leben.

Dazu habe ich mir mit Hilfe von Experten wie Architekten oder Firmen, die sich über den «neuen Bürocode» Gedanken machen, beraten und inspirieren lassen. Team- und Projekträume sind so entstanden, die agile Arbeitsmethoden fördern, Kommunikations- und Lounge Ecken mit gemütlichen Sitzmöbeln gibt es nun, kostenlosen köstlichen Kaffee, ergonomisch-rückenfreundliche Arbeitsmöbel für alle Kollegen, Pflanzen in jedem Raum, einen Tischfußball-Kicker für die Pausen etc..

Das Allerwichtigste ist jedoch, dass all das soeben Aufgezählte dazu führt, dass wir wieder mehr miteinander reden, uns austauschen, besser kennenlernen. Denn es wird auch immer öfter mal ein privates Wort gewechselt, um dann natürlich auch wieder zum Geschäftlichen zu kommen. Ich finde, genau das ist es doch, was uns letztendlich gemeinsam einen guten Job machen lässt. Uns produktiv und verantwortungsbewusst sein lässt. Und somit profitabel für unser Unternehmen. Zufriedenheit und ja, auch einmal Freude, über das Geleistete, kommt auf.

Die Kollegen haben sich in einer Umfrage sehr positiv über die Veränderungen geäußert, vor allem auch, weil sie durch die neu geschaffene Atmosphäre, in der sie sich wohlfühlen, auch besser und effizienter arbeiten können. Und wozu das führt, ist klar. Der Arbeitstag ist schneller geschafft. Es bleibt häufig mehr Zeit fürs Privatleben.

Im Film jedoch menschelt es gar nicht. Es ist sehr beängstigend, wie der Mensch und die Arbeitswelt so clean, rein und emotionsfrei – nur auf Profit und Leistung aus – dargestellt werden. Höher, schneller, weiter. Das ist sicherlich auch Arbeits-Realität! Und zu einem unglaublich hohen Preis! Mir gruselt es. Arbeitspaläste, in denen man hochproduktiv sein soll und nichts daran erinnern soll, dass man hier arbeitet, werden vorgestellt. Assessment Center Situationen werden gezeigt, in denen ich beim Zuschauen selbst schon feuchte Hände bekomme, ob der Anspannung in der jeweiligen Situation. Fragwürdig, ob der Mensch unter solch einem Druck zeigen kann, was er im Job tatsächlich leisten kann und was ihn auszeichnet.

Mir macht der Film sehr klar, dass ich selbst, als Change Manager, Agile Coach und Wirtschaftsmediatorin tätig seiend mit dem Ziel, «Change» in Unternehmen zu initiieren, vor allem auf der Hut davor sein muss, als «Spielball» von Konzernen eingesetzt zu werden, um damit dann automatisch die Verantwortung für noch mehr Profitabilität des Unternehmens auf mich zu nehmen. Ich hoffe, ich werde niemals so zwischen die Mühlen gelangen, wie eine der gezeigten Managerinnen, die den Wunsch äußerte, etwas in die DNA der ihr anvertrauten Mitarbeiter zu pflanzen, um damit den gewünschten «Change» zu erreichen.

Der Film hat mich dazu gebracht, mir ganz eindringlich Gedanken darüber zu machen, was mir in der Arbeitswelt wichtig und richtig erscheint, aber vor allem auch, was nicht! Danke dafür!

ohne Namensnennung

Dem Film WORK HARD PLAY HARD gelingt es, den Finger auf eine gesellschaftlich weitgehend unwidersprochene Maxime zu richten, ohne anzuklagen. Dabei wird beides plastisch: der verführerisch glänzende Schein, die Parolen, verhüllt in Menschenfreundlichkeit, die unter dem Deckmantel von Freundlichkeit und Glanz wie ein Naturgesetz daherkommen, das Erstarren des Individuums, das sich diesen Gesetzen fügt (ich denke an den jungen Assessmentteilnehmer, der hinter seinen parolenhaften Antworten als Individuum verschwand), einerseits, und andererseits die beängstigende schwer zu durchschauende Destruktivität der Ideologie maximaler Effizienz, die sich eher im Gefühl der Zuschauer als im ausdrücklich Gezeigten wiederfand.

Der Film hat für mich mit seinen Mitteln – insbesondere dem unkommentierten Aneinanderreihen von alltäglichen Szenarien aus der Arbeitswelt – Zusammenhänge sinnlich fassbar gemacht, die mir in ihrer Komplexität und in ihren Auswirkungen auf unser Leben bis dahin zwar bekannt, aber nicht plastisch waren. Diese Auswirkungen am eigenen Leib zu spüren macht sensibel für das, was wir in unserer Alltagsroutine erleben, und rüttelt auf. Dass es uns allen im Publikum mehr oder weniger so ging, macht Mut, und den brauchen wir, um unseren «Kompass» zu überprüfen und über die Kritik hinaus kreativ nach Lösungen zu suchen.

Quo vadis?
M. Kraemer

Als ich mir am 23.03.2012 die Preview des Filmes WORK HARD PLAY HARD mit anschließendem Publikumsgespräch mit der Regisseurin Carmen Losmann, einer Gewerkschaftsfrau des Bereiches Arbeits- und Gesundheitsschutzes und Stephan Siemens als Burnout-Experte im Kino Odeon in Köln angeschaut habe, ging ich sehr ambivalent und aufgewühlt diskutierend nach Hause. Was folgt für mich aus dem Film?

Der Film hat mir sehr zugesetzt – schon deshalb war er gut. In seiner unausweichlichen, klaren Aufschlüsselung moderner Arbeitsstrukturen zeigt er die perfide Macht über den Arbeitnehmer auf, alles unter dem Deckmäntelchen von grenzenlos möglicher Selbstverwirklichung. So entstand im Laufe des Films bei mir ein starkes Unbehagen, das sich in der anschließenden Podiumsdiskussion und im daran anschließenden Publikumsgespräch noch potenzierte. Im Publikum waren viele Gewerkschaftsangehörige versammelt, sodass sich die entstandene Diskussion bald zwangsläufig auf die Arbeit der Gewerkschaften fokussierte, was bei mir starke Widerstände und Unbehagen über die Begrenztheit und Gefahr dieser Diskussion auslösten.

Um meine Ambivalenz und meine innere Auflehnung klarer zu veranschaulichen, möchte ich den Blick zunächst noch einmal auf den Film selbst und seine Wirkung wenden. Der Film hat mir zunächst in seiner sorgfältigen Recherche, im Schnitt, mit der Vielfalt an Beispielen, Ebenen und Perspektiven moderner Arbeitsstrukturen und -zielen sehr gut gefallen. Ich habe die Dokumentation in ihrer ästhetischen Klarheit, ihrem Aufbau und ihrer Struktur ruhig, intensiv und absolut bedrückend empfunden, trotz blendender Fassaden und hochmotiviert visionärer Menschen mit (scheinbar) motivierten Teams. Der Film schlägt einen bunten, gleichfalls erschreckenden Bogen, beginnend mit der Architektur und den damit verbundenen Manipulationsmöglichkeiten. Schon nach den ersten Minuten wird dem Zuschauer erschreckend klar, wie geschickt und gezielt diese Strukturen durch Arbeitsatmosphäre baulich gelenkt werden – «Gefühlswelten» durch Architektur generiert werden, die von dahinterstehenden, kaltberechnenden, gewinnorientierten Interessen und ihren Wirkungen auf den Menschen ablenken. In den Interviewbeispielen können wir dann Anteil nehmen, wie Arbeitnehmer und deren Arbeitskraft im Visier von Assessmentverfahren stehen, die einen Mitarbeiter scannen, aufpumpen oder outsourcen, hin zu Gruppensurvivaltrainings, wo jedem einzelnen Teilnehmer das Gefühl vermittelt wird, Teil des Ganzen zu sein: «Was nimmst du mit, wenn du nach Hause in deine Firma gehst?», bis hin zum Change-Process-Management eines Unternehmens, mit wichtigtuerischen, aufgeblasenen Meetings, gefüllt mit Schlagwörtern, die jede mögliche Frage ersticken.

Am Ende bleibt dem Zuschauer die Frage im Hals stecken: «was tun – wohin gehen?»

Die Lage scheint unabwendbar vorherbestimmt. Jeder ist in dieser Welt seines Glückes eigener Schmied. Mit Visionen und Willenskraft kann jeder alles erreichen und erfolgreich sein. Dies scheint in dieser fast künstlich wirkenden, modernen Welt aber kein Glück zu bedeuten. Stattdessen wird uns die Gefahr einer zunehmenden Entsolidarisierung bewusst.

Jetzt fühlen sich die Gewerkschaften aufgefordert und melden sich zu Wort. Dies kann konsequenterweise eine Chance, aber auch eine Gefahr bergen, die ich hier erkenne und auf die ich hinweisen möchte. Sind es wirklich die großen Strukturen, die uns weiterbringen und stark machen?

Ich sehe genau hier die Gefahr des Filmes und seiner Interpretationsmöglichkeit. Die scheinbar unausweichlichen perfektionierten, modernen Arbeitsstrukturen, schaffen eine Welt von erfolgsstrebenden Egozentrikern, unruhigen Eiferern, gehirngewaschenen Ideologen, aber auch erlernte und erlebte Hilflosigkeit in der zunehmenden Vereinzelung und Kälte. Bei der in den Beispielen aufgezeigten subtilen Manipulation handelt es sich nicht um eine wirkliche motivationsfördernde, menschenfreundliche, demokratische Partizipation der Arbeitnehmer. Es wird deutlich: alles wird gesteuert. Doch die Arbeitnehmer spüren diese Farce – zum Teil unbewusst – und suchen nach Wegen, beispielsweise in einer Distanzierung durch innere Emigration in ein paar Szenen des Films. Ich hätte mir Beispiele und Interviews gewünscht mit Betroffenen, die aufzeigen wie diese ihre Situation erleben und wo sie Lösungsmöglichkeiten für sich erkennen oder auch empfundene Ausweglosigkeit ausdrücken können.

Beim Ruf der Gewerkschaften nach Organisation in Gewerkschaftsstrukturen wird mir flau. Für mich birgt dieser Weg ein Risiko: Schon die im Film aufgezeigten Arbeitsorganisationsformen sind kontraproduktiv zum Empowerment von Individuen bzw. Arbeitnehmern. Die scheinbare Unausweichlichkeit fördert eine passive Opfermentalität, die durch eine Verantwortungsübernahme von anderen großen Strukturen, wie die der Gewerkschaften, nicht wirklich verändert werden würde. Ich aber glaube an Empowerment – die Philosophie der Menschenstärken. «Die Fähigkeiten des Individuums, in eigener Kraft ein mehr an Autonomie, Selbstverwirklichung und Lebenssouveränität zu erstreiten» (Herriger 2002). Eine Vernetzung ist dabei natürlich sinnvoll und auch notwendig, zum gegebenen Zeitpunkt auch in gewerkschaftlichen Strukturen. Ein Absolutheitsanspruch der Gewerkschaften jedoch ist für mich kontraproduktiv und fördert, dass sich Menschen in großen Organisationen verstecken und sich den Veränderungen und Anforderungen nicht stellen.

Ich sehe eine große Chance in der Resilienzförderung, die sowohl im Erwachsenenbereich, als auch präventiv in der pädagogischen Arbeit mit Kindern etabliert werden sollte, um Schutzfaktoren der Individuen auszubauen und sie handlungsfähig zu machen. Ich hätte mir für den Film noch mutige Gegenbeispiele gewünscht, von Unternehmen, die andere Wege einschlagen, weg von perfekter Generierung moderner Arbeitsorganisationsformen zur Extraktion maximaler Arbeitskraft, hin zu menschlicher Zusammenarbeit mit Spielräumen und wirklicher Teilhabe an Entscheidungsprozessen mit einhergehender Eigenverantwortung. Oder Beispiele, wo Arbeitnehmer diese Strukturen bewusst verlassen, um Mensch und gesund zu bleiben. Gefehlt hat mir auch die Auswirkung dieser Entwicklungen auf das soziale Umfeld. Was passiert mit diesen Menschen, die sich scannen und puschen lassen und im Erfolgstaumel nicht mehr die Schwächen und dunklen Seiten des Lebens sehen, weil sie denken, dass es möglich ist, das Leben im Griff zu haben? Denn hier werden Abgründe auftreten. Hier wird sich zeigen, ob der zielstrebige Galopp zum Erfolg, das «Zuhause, die Firma» mit sozialen Konsequenzen zu rechnen hat. Der Film ist ein gelungener Ausschnitt, ein Einblick, ästhetisch gestaltet.

Virales HR-Management – Assoziationen zum Film Work Hard Play Hard

Stephan Schmitz
Dipl.-Theol. Dipl.-Kfm. (FH)

Empörung

12. April 2012, Filmstart von WORK HARD PLAY HARD im Kölner Odeon Kino. Ein mittelgroßer Kinosaal ist bis auf den letzten Platz besetzt. Nach Ende der Vorführung wird zur Diskussion eingeladen. Fast alle bleiben. Die Stimmung ist lebhaft bis aufgeheizt. Auf der Bühne u. a. die Autorin, ein Philosoph und eine Gewerkschaftsvertreterin. Das Mikrofon wird im Publikum herumgereicht: Einige äußern heftige Kritik an der Art, wie Unternehmen mit ihren Mitarbeitern umgehen. Nicht wenige empören sich. Jemand vermisst einen Unternehmensberater auf dem Podium.

Berater

In Work Hard Play Hard gibt es kaum eine Szene ohne Berater. Personalberater führen Assessment-Interviews durch. Personaltrainer verschaffen Teams Erlebnisse im Hochseilgarten. Strategische Berater konzipieren und begleiten Veränderungsprozesse (›Change‹). Andere stellen Personalleitern Software für das ‹Talent Management›.

Berater sind auch selbst als Mitarbeiter zu sehen. Ihr Arbeitsplatz ist überall, aber immer wieder auch im zentralen ‹Campus›, wo sie für einige Stunden einen Arbeitsplatz buchen. Die Mitarbeiterin am Empfang wünscht «Viel Spaß!», bevor der Berater den Arbeitsbereich betritt. Hier herrscht konzentrierte Stille wie in einer Bibliothek. Tastaturen klackern leise. Für Telefonate und Besprechungen gibt es eigene Räume. Die variable Arbeitsumgebung entspricht dem Arbeitsstil der Berater: Auf das Wesentliche konzentriert, immer in Bewegung, schnell und effizient, selten im Backoffice, stets auf der Suche nach intelligenten Lösungen, selbstständig und innovativ. Berater sind Unternehmer im eigenen Unternehmen. Sie leben vor, was sie ihren Kunden empfehlen: Jeder Mitarbeiter sollte so agieren wie sie! Jede Arbeitsumgebung sollte sein wie in diesen Beratungsfirmen! «Lasst uns Menschen machen als unser Abbild, uns ähnlich!» (Genesis 1, 26)

Menschen

Die Berater wissen, wie Menschen ‹ticken›: Menschen bringen Talente und «Kompetenzen» mit, aber auch Schwächen. Menschen lernen, sie können sich auf neue Situationen einstellen und Fähigkeiten entwickeln. Sie können selbstständig Probleme lösen und Verantwortung übernehmen. Sie können loyal sein, aber auch Widerstand leisten. Menschen steuern sich selbst, sind autonom. Sie wollen zu nichts gezwungen werden. Aber man kann sie für sich gewinnen.

So werden mit Beraterhilfe Arbeitsumgebungen für autonome Wesen geschaffen. Hier soll Arbeit nicht als fremder Zwang erlebt werden, sondern als freies Spiel. Hier ist Raum für die informelle Kommunikation, in der, wissenschaftlich belegt, Innovationen wie zufällig ihren Anfang nehmen.

Im Assessment, durchgeführt durch Berater und Personalmanager gemeinsam, werden Menschen eingeschätzt und um ihre Selbsteinschätzung gebeten. Das Wichtigste dabei ist das Feedback: Menschen erhalten Informationen, wie ihre Stärken und Schwächen eingeschätzt werden. Keiner macht ihnen Vorschriften, wie sie sein und was genau sie tun sollen. Ihnen wird lediglich ein Spiegel vorgehalten: Schau, das sind deine Stärken und Schwächen, deine Kompetenzen und Entwicklungspotenziale. Die über sich Informierten dürfen selbst herausfinden, was zu erwarten ist. Sie dürfen frei und von sich aus Wege suchen, wie sie ihrer Verantwortung am Arbeitsplatz am besten gerecht werden können. Sie sollen in eigener Initiative ihren Lern- und Entwicklungsweg gestalten. Und im Herzen soll eine Botschaft leben, die lautet: Für deinen Erfolg bist alleine du verantwortlich. Dein Erfolg ist unser Erfolg. Unser Erfolg deiner.

Umgebungen

Befehle und Anweisungen sind passé. Wie lenkt man das Selbstmanagement von Mitarbeitern? – Durch Umgebungen. Direkte Führung wird ersetzt durch indirekte, durch Rahmenbedingungen. Zum Beispiel mit Kennzahlen. In Echtzeit erfahren Mitarbeiter_innen, wie viel Prozent ihres täglichen Soll sie heute schon erreicht haben. Im Großraumbüro hängen Monitore über den Köpfen der Mitarbeiter_innen, auf denen der aktuelle Bearbeitungsstatus des ganzen Teams sichtbar ist. In der morgendlichen Besprechung werden die Mitarbeiter_innen über das Teamergebnis vom Vortag informiert. Gegen Informationen kann man eigentlich nichts haben. Den Rest erledigen Mitarbeiter_innen selbst. Wenn einzelne es nicht begreifen, wird das Team schon Druck machen. Am Ende zählt das gemeinsame Ergebnis.

Moral

Menschen können selbst zwischen gut und böse unterscheiden. Das macht sie zu moralischen Subjekten. In den Unternehmen ist das Zeitalter des moralischen Subjekts angebrochen: Mitarbeiter_innen übernehmen Verantwortung. Sie handeln in Freiheit. Sie verinnerlichen Normen, bilden ihr Gewissen, arbeiten verantwortungsbewusst und gewissenhaft im Team und im Unternehmen. Nicht unter Zwang, sondern in Freiheit. So funktioniert das heute.

Ihre besten moralischen Fähigkeiten, die der Einfühlung, der Verantwortungsbereitschaft und der Solidarität, werden zur wertvollen Ressource: Einfühlung in die Ziele und Absichten des Unternehmens, dem man zugehört; Bereitschaft, Verantwortung zu übernehmen und sich unternehmerisch zu verhalten in einem Unternehmen, das einem selbst nicht gehört; Solidarität mit dem Team.

Wertschätzung ist die Kardinaltugend modernen Human Resources Managements, denn sie weckt das Gute. Berater und Vorgesetzte verhalten sich wertschätzend. Der Ton ist pastoral. Wer gewürdigt wird, am Assessment teilzunehmen, darf sich geschmeichelt fühlen. In Teamtrainings wird der Wille zum Guten geweckt: Teilnehmer_innen fassen öffentlich neue Vorsätze: Ich will mich ab sofort noch mehr und besser für euch, mein Team einsetzen.

Modernes Human Resources Management weiß, wie Menschen sich steuern. WORK HARD PLAY HARD zeigt, wie Menschen durch so etwas Harmloses und Neutrales wie Arbeitsräume, Informationen und wertschätzendes Feedback bewogen werden, sich die Ansprüche ihrer Arbeitgeber zu eigen zu machen und diese dann aus eigenem Antrieb zu erfüllen. Menschliche Autonomie, Verantwortungsbereitschaft, Selbststeuerungs- und Lernfähigkeit werden zum Instrument in der Hand des HR-Managements. Wie ein Virus lenkt Human Resources Management den Menschen von innen. Das ist schlimmer als der Zwang, auf den man – nur für alle Fälle – auch weiterhin nicht verzichten möchte.

Tina Neumann
freischaffende Künstlerin

Beim Betrachten des Films WORK HARD PLAY HARD kommt mir das Buch «Connectedness» in den Sinn, das ich gerade lese und zugleich ein dringender Gedanke: Wir brauchen einen Change! Im Buch wird aufgezeigt, dass mit der Quantenphysik in den Naturwissenschaften des zwanzigsten Jahrhunderts der Glaube an eine mechanisch funktionierende Welt widerlegt wurde. Dagegen zeigt der Film, dass in der herrschenden Ökonomie dieses Weltbild unwidersprochen vollzogen und der einzelne Mensch darin als abgetrenntes, unabhängiges und egoistisches Subjekt verhandelt wird, das sich – ganz im Sinne des unternehmerischen Denkens und Handelns – berechnend zu sich selbst und den anderen verhält («Wie muss ich mich selbst führen, um den größtmöglichen Output für das Unternehmen zu generieren?»). Einfühlung in das Gegenüber wird zur schlichten Voraussetzung der kosteneffizienten Menschenführung. Ich sehe Softskill-Maschinen und keine Menschen!

Die Größe der Quantentheorie bestand darin, mit der Vorstellung, wir als Lebewesen seien «genetische Überlebensmaschinen», die von einem «egoistischen Gen» gesteuert werden, aufgeräumt zu haben. Stattdessen führt sie zu dem revolutionären Gedanken, das Individuum als einen sich ständig bewegenden Prozess von Abhängigkeiten und Verbindungen zu anderen Lebewesen zu sehen und damit eine allumfassende Verbundenheit zu einer lebendigen Struktur, die die Welt im Innersten zusammenhält, aufzuzeigen. Selbstredend widerspricht sie damit fundamental der Vorstellung einer abgeschlossenen Ich-Identität, die sich im Zuge einer ökonomisch pervertierten Persönlichkeitsentwicklung professionell, also profitabel, zu verhalten weiß.

Dieser Sinneswandel – dieser Change – steht unserer herrschenden Ökonomie und damit uns allen noch bevor und ist dringend notwendig, unserer eigenen Lebendigkeit willen. Der Film WORK HARD PLAY HARD erinnert uns daran.

SZENEN
BESCHREIBUNGEN INTERPRETATIONEN EXKURSE

WORK HARD PLAY HARD ist ein Film, dessen zumeist ruhige Bilder man auf sich wirken lassen muss, um ihm einen Sinn abzugewinnen. Wie bei jedem Kunstwerk ist es auch bei diesem Film so, dass man immer genauer versteht, warum bestimmte Bilder eine bestimmte Wirkung haben, warum sie überhaupt in den Film aufgenommen wurden und wie sie sich in den Gesamtkontext einfügen, je häufiger man den Film anschaut. Der Film scheint anfangs völlig unkommentiert Ausschnitte aus der Arbeitswelt zu zeigen. Bei genauerer Betrachtung zeigt sich jedoch die Filmsprache der Regisseurin – ihr Eingreifen durch die Kadrage, die Auswahl des Materials, die Montage von Bildern und Tönen, das Setzen bestimmter Klangsphären, bis hin zu den piepsenden Markierungen einzelner Schnitte – die deutlich macht: Dieser Film ist wie jeder Film etwas «Gemachtes» und keine unmittelbare Abbildung der Realität, auch wenn er als etwas Gemachtes versucht, Bilder zu finden, die uns unsere Gegenwart begreiflich machen.

Um deutlich zu machen, was es alles in den einzelnen Szenen zu entdecken gibt, und um Wege aufzuzeigen, das Gesehene in Worte zu fassen – was, wie sich bei den Publikumsdiskussionen gezeigt hat, keineswegs einfach ist –, geben wir hier zu einigen Passagen des Films Szenenbeschreibungen/-interpretationen wieder. Als Szenenbeschreibungen bemühen sie sich darum, möglichst genau und dicht am Film zu schildern, was in der jeweiligen Szene zu sehen ist. Andererseits handelt es sich notwendigerweise nicht um bloße Beschreibungen, sondern zugleich um Interpretationen einzelner AutorInnen, die in diesen Texten ihre je persönlichen Seherfahrungen und die Gefühle, die der Film in ihnen weckt, reflektieren. Sie geben insofern auch nicht die Meinung der HerausgeberInnen wieder, sondern stehen für sich. Bei der Auswahl der AutorInnen haben wir ganz bewusst nicht in erster Linie FilmexpertInnen gebeten, einen Beitrag einzureichen, um auch in den Szenenbeschreibungen und -interpretationen einzufangen, wie der Film auf Menschen wirkt, die ihn ohne besondere Kenntnis bestimmter Filmtechniken sehen und versuchen, seine Wirkung in Worte zu fassen. In den Szenenbeschreibungen/-interpretationen haben wir die Nennung von Personen und Unternehmen, die im Film mitwirken, unterlassen – zum einen, weil wir von manchen Mitwirkenden darum gebeten wurden, was wir respektieren wollten, zum anderen, weil wir damit deutlich machen möchten, dass die mitwirkenden Personen und Unternehmen letztlich nur RepräsentantInnen für die heutigen Management- und Arbeitsorganisationsformen darstellen, die sich mehr oder weniger überall durchgesetzt haben oder unserer Überzeugung nach noch durchsetzen werden.

Bei Publikumsgesprächen ist uns aufgefallen, dass gerade die Szene zum Assessment-Center viele berührt – entweder, weil sie selbst BeraterInnen sind und anhand der Szene über ihre eigene Tätigkeit nachdenken, oder aber weil sie TeilnehmerInnen eines Assessment-Centers waren und beim Betrachten des Films in ihnen Erinnerungen daran wach werden. Wir lassen hier deshalb auch beide Seiten in einem Exkurs zu Wort kommen. Selbstverständlich sind aber auch diese Exkurse subjektive Erlebnisberichte und haben nicht den Anspruch, das Thema «Assessment-Center» erschöpfend zu diskutieren.

Dabei blieb es den jeweiligen AutorInnen selbst überlassen, über welche Szene, welchen Abschnitt oder welches Thema des Films sie schreiben wollen. Dementsprechend besprechen diese hier folgenden Texte den Film nicht umfassend, sondern vielmehr auszugsweise.

Passion to perform[1]
von Friederike Kuster

Am Ende kommt der Film wieder auf den Anfang zurück. Die letzte Sequenz knüpft an die Eingangsszene an, führt sie zu Ende und gibt dem Film damit eine Rahmung. Es handelt sich um eine Interviewszene. Gleichsam in den Film hineingeworfen ist man frontal mit einer weiblichen Fragestellerin in Großaufnahme konfrontiert – man sieht ihr Gesicht, einen Ansatz von professioneller Kleidung und einen akkuraten Haarschnitt – und hört eine männliche Stimme, die antwortet. Dieses Setting eröffnet den Film, geht dem Vorspann voran und wird den Film beschließen. Die Antworten, die in diesem Interview gegeben werden, notiert die Frau auf einem Bogen, ein skalierter Bogen, so kann man vermuten. Wie und was hier skaliert wird in einem Spektrum von «eher ja» bis «eher nein» oder von «voll befriedigend» bis «unzureichend» oder möglicherweise noch anders, das erfährt man zunächst nicht. «Ok – kann ich starten?» fragt die Frau und beginnt dann mit der ersten Frage: «Herr B..., was bedeutet die Arbeit für Sie?» «Arbeit bedeutet Freude für mich, ich arbeite gerne, und ich habe gerne Erfolg.» Nach der Erwiderung der ersten Frage werden die folgenden Antworten zunehmend durch Tonschnitte verknappt bis nur noch der Fragenkatalog für sich steht, der in rascher Folge Befindlichkeiten des Arbeitslebens beleuchtet.

Gegen Ende des Films, nachdem das Auditorium über 90 Minuten die kühle Schönheit und den latenten Schrecken der neuen Arbeitswelt kennen gelernt hat, hat man die kurze Eingangsszene bereits vergessen. Doch die Regisseurin landet zum Schluss noch einen Überraschungscoup. Wir sehen die Frau mit der korrekten Frisur in der gleichen Einstellung wieder, werden aber gleichzeitig von einem Rollenwechsel überrumpelt. Mit plötzlich aufscheinender Autorität lässt sich die männliche Stimme aus dem Off vernehmen. Die männliche Stimme hat die Definitionsmacht der Situation übernommen, obwohl es zu Beginn andersherum erschien. «Ja, Frau B.... machen wir jetzt den Schnitt, gehen Sie aus der Situation heraus.» Und mit ihr gehen wir zurück auf die erste Frage, denn nun befinden wir uns in der Feed-back-Runde. Wie war das noch? «Was erwarten Sie von Ihrer Arbeit?» Genau, die Zuschauerin erinnert sich: «Freude und Erfolg» hatte er gesagt, und sie denkt: ja, sapperlot, besser hätte man es nicht sagen können! «Freude und Erfolg» – in der Tat, darin ist alles kurz und prägnant eingefangen, was einem selbst so an Antwort durch den Sinn gegangen war. Denn was soll man mehr sagen und mehr wünschen als Freude und Erfolg? Drei, zwei Worte nur und doch eine erschöpfende, umfassende Antwort auf das, was wir uns alle vom Arbeitsleben erwarten und erhoffen.

Die Fragerin ist jetzt die Befragte, die männliche Stimme hakt nach: Wie sie den Wert der Antwort eingestuft hätte? Als «mittel» lautet die Antwort. «Und warum als mittel?» Eher als eine Feed-back-Situation ist es eine Prüfung: Sie habe die Ant-

---

1   «Passion to perform» ist der Leitsatz der Deutschen Bank und wird übersetzt mit «Leistung aus Leidenschaft».
Das Wort «Performance» bedient in der Sprache des neuen Managements zwei Ebenen: die Arbeits- bzw. Leistungsebene und die Selbstdarstellungsebene. Dementsprechend kann «Passion to perform» auch «Leidenschaft zur Selbstdarstellung» bedeuten.

wort als «zu kurz» befunden. Die Erklärung wird nicht weiter kommentiert, die Skalierung, die sie vorgenommen hat, wird nicht bewertet – die Szene endet offen. Die Frau bleibt wie schon andere Protagonist_innen des Films alleine zurück und greift reflexhaft zum Handy. Verlassen, geradezu verloren sitzt sie eingerahmt von der kalten Ästhetik eines kalkweißen Sitzensembles vor einer grauen Wand, die die endlosen scheinenden Sequenzen des digitalen binären Codes zeigt. Die Frau scheint sich an ihr Mobiltelefon zu klammern.

Den Zuschauer_innen dreht es sich endgültig im Kopf – wer sind in diesen bitter ernsten Spielen der Arbeitswelt eigentlich die Prüfenden und wer die Geprüften? Sind die, die hier jeweils messen und werten, die erfassen und quantifizieren letztlich auch nur Gemessene und Beurteilte? Und wo ist schließlich das Ende des Messen und Wägens, des Taxierens, Kontrollierens und Urteilens erreicht, oder sind wir in einem unendlichen Kreislauf von Kontrolleur_innen geraten? Beherrschen wir als Menschen eigentlich noch das, was wir tun?

Eine schwindelerregende Verdoppelung liegt in dieser Interviewsituation. Hier werden nicht nur Antworten auf einer Skala bewertet, sondern die Einschätzungen selbst unterliegen der Kritik, hier wird das Urteil, bzw. das Urteilen und Beurteilen geprüft. Hat die Interviewerin nun eigentlich richtig gelegen, als sie die vorderhand so treffliche Antwort des Befragten, er erwarte «Erfolg und Freude» von seiner Arbeit, als «zu kurz» taxierte. Das, wie gesagt, erfahren wir ebenso wenig wie sie selbst.

Wir erfahren aber ziemlich genau, was sie bewogen hat, diese Antwort als eher mittelmäßig, als suboptimal, einzuordnen. Sie hat sich nämlich an «belegte Standards» mitsamt deren Begrifflichkeiten gehalten. Offensichtlich existierte eine Richtschnur für die Beurteilung der Antworten und es sind Worte und Begriffe fixiert, die in den Auskünften möglichst fallen sollten. «Freude und Erfolg»: Dass es eine hohe Kunst sein kann, auf die Schnelle eine prägnante Definition zu liefern und den spontanen Antwortwust knapp zu bündeln, scheint in den Standards allerdings nicht angelegt zu sein. Eine Meisterschaft, welche vor allem die Philosophen pflegen, indem sie auf so grundsätzliche Fragen wie «was ist eigentlich ...das Glück ... der Mensch? ... das Gute?» im Gegensatz zum Alltagsverstand, der sich in Aufzählungen, Beispielen und Ansichten ergeht, eine Definition setzen, an der man sich im weiteren abarbeiten kann. Augenscheinlich sind die Erwartungen, die in der aktuellen Arbeitswelt eine optimale Beantwortung der Frage «Was erwarten Sie von Ihrer Arbeit?» erfüllen soll, von anderer Art. Der Befragte hat sachlich erschöpfend geantwortet. Er hat treffsicher geantwortet, er hat die Sache sogar derart pointiert auf den Begriff gebracht, dass seine Antwort einen generellen Charakter hat: denn, wie gesagt, das könnten grundsätzlich wir alle unterschreiben: Erfolg und Freude als die erhofften Resultate unserer Arbeit. Hinter der lapidaren Allgemeinheit seiner Antwort ist der Befragte als genau diese konkrete Person allerdings verschwunden.

Ganz offensichtlich ging die auf Standards gestützte Erwartung der Interviewerin in eine andere Richtung, nämlich in die entgegengesetzte. Der eigentliche Appell in der Frage zielte viel eher darauf, dass der Befragte sich selbst als arbeitendes Individuum mit seinen Wünschen, Vorstellungen und Erwartungen plastisch in Szene setzt. Er hat jedoch offenkundig diese Aufforderung zur Selbstdarbietung nicht verstanden, und damit die Chance sich wirkungsvoll zu präsentieren verpasst. Deshalb war er «zu kurz», und darum wurde die Antwort als nur mittelmäßig beurteilt. Oder anders gesagt: sein Antwortverhalten wurde gemessen an den vorformulierten Richtlinien als nur leidlich, als so lala, eingestuft.

In den vergangenen 20 Jahren ist viel über die neuen postindustriellen, postfordistisch genannten Arbeitsverhältnissen geschrieben worden. Ebenso wie über die neue Figur des Arbeitskraftunternehmers, des unternehmerischen Selbst, das ganz auf sich gestellt ist, auf seine kommunikativen Fertigkeiten, auf sein Wissen und nicht zuletzt seine Kreativität.[2] Diese postfordistischen Arbeitnehmer_innen sind Individuen, deren Arbeitsanforderung darin besteht, in erster Linie und fast ausschließlich zu kommunizieren. Sie stellen nicht länger manuell etwas her, sondern ihre Produktion besteht im Reden und Schreiben. Dementsprechend sind es auch der Begriff und die Praxis der Kommunikation, die das neue Unternehmen charakterisieren. Die Architekten im Film konstruieren, wie man im Film sehen kann, mit dem Konzerngebäude im Hamburger Hafenviertel ein «hochkommunikatives» Gebäude, denn schließlich geht man heutzutage «nur noch ins Büro, um zu kommunizieren.» Der Gigant Hewlett Packard etwa präsentiert sich folgendermaßen: «HP ist ein Unternehmen, durch das der Geist der Kommunikation weht, der Geist der Verknüpfung, ein Unternehmen, in dem die Menschen miteinander kommunizieren und auf andere zugehen. Es ist eine affektive Beziehung.»[3]

Hier lässt sich sehen, wie das «eigentliche Leben», der Teil des Lebens, der ehemals außerhalb der Arbeitswelt lag und sich in privaten «affektiven Beziehungen», im Miteinander-Sprechen und Aufeinander-Zugehen abspielte, nun zu einem Kernelement der Arbeitswelt geworden ist. Arbeit und Leben fallen gleichsam in eins. Unter diesen Bedingungen von affektiver Arbeit und ihrem immateriellen Charakter, dem «wehenden Geist der Kommunikation», ergeht an jeden Mitarbeitenden die Aufforderung, sich mit seiner gesamten Persönlichkeit in den Produktionsprozess einzubringen. Es ist eine Binsenweisheit und hat nicht zuletzt Kohorten von Trainer_innen und Coaches ins Brot gesetzt, dass kommunikative Kompetenzen, schriftliche und mündliche Präsentationstechniken und die Fähigkeit zur Kooperation mittlerweile die Hauptfaktoren für den beruflichen Erfolg abgeben. «Ich werde demnächst noch mehr und besser kommunizieren» sagt im Film ein junger Arbeitnehmer bei der Vertrauensübung im Outdoor-Training, und es klingt wie ein Bekenntnis.

In Kompetenzen und Fähigkeiten, Fertigkeiten und Techniken, in allen diesen Vermögen, die in den Arbeitsprozessen aktiviert und abgerufen werden, geht es immer um die «ganze Person». Berufliche Leistung und professionelle Kompetenz werden als der unvermittelte Ausdruck gleichsam als eine Abspiegelung des echten und wahren Selbst der Arbeitnehmer_innen begriffen. Dafür bedarf es der entsprechenden Performance, in welcher sich das Individuum mit seinem ganz eigenen, spezifischen und kreativen Potenzial darstellt. Der Arbeitskraftunternehmer spielt eine Rolle, deren Skript er unablässig selbst schreibt und genau darin beweist er und erschafft er sich als Kreativsubjekt. In der Performance erbringen wir den Nachweis, dass wir ein wirkliches Selbst haben, dass wir uns von anderen unterscheiden und

2   Hans J. Pongratz./ G. Günter Voß: *Arbeitskraftunternehmer – Erwerbsorientierungen in entgrenzten Arbeitsformen*, Berlin, 2003; Ulrich Bröckling, *Das unternehmerische Selbst*, Frankfurt a. M., 2007.
3   Zitiert nach Eva Illouz, *Gefühle in Zeiten des Kapitalismus*, Frankfurt/Main 2006, S. 39.

unvertretbar und einmalig sind. Auch dies geschah ehemals in den privaten Kontexten von Liebe und Freundschaft, beruflicherseits war der Einzelne weitestgehend vom Druck der Einzigartigkeit entlastet. Heute ist er weit davon entfernt als ein ersetzbarer Weisungsempfänger oder ein rein ausführendes Organ zu agieren. Im Gegenteil: Persönlichkeit bedeutet Performance und Performance verbürgt Persönlichkeit. Nicht zuletzt ist Kommunikation zu der Fähigkeit geworden, mit deren Hilfe man sich in einer von Ungewissheit und von immer neuen auch widersprüchlichen Anrufungen geprägten Arbeitsumwelt zurechtfinden kann. Gerade auch unter den Bedingungen des von der Harvard Business School empfohlenen Permanent Change gerät alles ständig auf den Prüfstand. In dauerhaft verflüssigten Strukturen muss individuelle Leistung unablässig performt werden, um in ihrem situativ-kreativen Potenzial sichtbar zu sein. Leistung muss «theatralisiert» werden, um als solche wahrgenommen zu werden. Christoph Bartmann schreibt in seinem Buch «Leben im Büro» passenderweise auch von Performance als «Leistungsdarstellung und Darstellungsleistung», zwischen denen «ein Unterschied kaum noch auszumachen ist.»[4] Die Darstellung der Leistung ist auch schon, oder ist eben erst die Leistung. Am Ende wird die eloquente Darstellung der Arbeit wichtiger als die Erledigung der Aufgabenstellung selber, im Grenzfall, und der ist allenthalben schleichende Normalität, erschöpft sich die Tätigkeit gänzlich in der Selbstdarstellung. Der Unterschied zwischen Leistung und ihrer Prätention verschwindet. Es reicht nicht nur gut zu sein, man muss sich auch oder vorrangig gut verkaufen können.

Sieht man auf unsere Ausgangsszene, auf die nur mäßige, weil zu kurz geratene Antwort, so liegt ihr Mangel genau in einem Zuwenig an Performance. Man könnte sagen, der Interviewte hat auf eine unzeitgemäße, hausbackene Art und Weise geantwortet. Er hat sich nämlich um eine knappe, sachliche, gute, kurz: um eine optimale Antwort bemüht. Und in gewisser Weise hat er sich damit beiläufig, quasi *en passant*, auch selbst zu erkennen gegeben, sozusagen als sachbezogen und nüchtern, als ein Mann ohne viele Worte. Das allerdings kennzeichnet nicht den Part des Performers. Er hat freilich nichts Falsches gesagt, denn eine Antwort auf die Frage «Was erwarten Sie von Ihrer Arbeit» kann weder als richtig oder falsch beurteilt werden, vielmehr ist er der unausgesprochenen Rollenanforderung nicht gerecht geworden ist.

Und genauso hört es sich auch an, als die Prüferin auf dem Prüfstand schließlich die «Begrifflichkeiten» der «belegten Standards» erläutert. Die besagte Frage 1 entpuppt sich nun als eine Sondierung von Leistungsmotivation. «Was bedeutet die Arbeit für Sie»: hier sind Antworten in 5 Stufen vorgesehen: Von «bloß ein Job» (1), über «Existenzgrundlage» (2) und «Lebensaufgabe» (3), «voll umfassend engagierende Lebensaufgabe» (4), zu «das Höchste im Leben» (5). Auf der letzten Stufe sollten über Stufe 4 hinaus Begriffe fallen wie «volle Entfaltung der Person» und «lebenslange persönliche Weiterentwicklung» – vor allem aber muss auf Stufe 5 der Proband die vollständige Identifikation mit seiner Arbeit auch in einer überzeugenden authentischen Weise darstellen, also performen können.

Was in dieser kurzen aber komplexen Interviewszene aufscheint, einer Szene, die nach allem, was der Film zuvor gezeigt hat, vermutlich alles andere als harmlos

---

4   Christoph Bartmann: *Leben im Büro. Die schöne neue Welt der Angestellten*, München 2012, S. 213.

ist, könnte schließlich für Jede_n gelten. Denn agieren nicht die Meisten in ihrem Arbeitsleben so gesehen unzeitgemäß, noch einem angestammten – möglicherweise protestantisch-deutschem – Tugendkatalog folgend? Den Leitlinien von leidenschaftsloser Sachbezogenheit und gewissenhafter Pflichterfüllung gehorchend und bemüßigt, die persönlichen kleinen Laster von Eitelkeit und Geschwätzigkeit zu zügeln – so wie es sich ehemals «gehörte»? Mag sein, dass sich hier ein Generationenproblem auftut, aber auch die Jüngeren haben sich auf einen neuen professionellen Habitus einzustellen. Doch: Rahmenbedingungen und Strukturen lassen sich wohl ändern, Einstellungen und Haltungen indes, so ein Personalentwickler und Berater im Film, sind nur schwer zu modifizieren. Das Schwierigste zu verändern sind also die Menschen? Das lässt immerhin hoffen.

Der Abspann läuft. «Freude und Erfolg»: Wenn wir im postfordistisch beschleunigten Arbeitsalltag bislang nicht dazu gekommen sind, uns selbst die Frage zu stellen, was wir eigentlich von unserer Arbeit, von dem, was einen überwältigend großen, vielleicht sogar den größten Anteil unserer Lebenszeit ausmacht, erwarten, dann tun wir es spätestens nach diesem Film.

«Es sollte auf keinen Fall ein Ort sein, in dem ich erinnert werde zu arbeiten»
Gedanken zu einer Sequenz des Films WORK HARD PLAY HARD
von Hermann Büren

Erste Besprechung des Auslobungstextes für ein neues Bürogebäude: Die Architekten, die dieses Gebäude planen und bauen sollten, hatten von einem Unternehmen,
das eine neue Konzernzentrale errichten lässt, eine Reihe von Hinweisen bekommen,
die beim Bau des Gebäudes zu berücksichtigen sind: Mit den Mitteln der Architektur und Bautechnik solle das Gebäude Modernität und Dynamik des Auftragge-
bers, also des den Auftrag gebenden Konzerns, zum Ausdruck bringen. Vermittelt
werden solle auch der Teamgedanke des Unternehmens. Zudem wünschten sich
die Auftraggeber ein Gebäude, das Spaß am Arbeiten vermittelt und Gefühlswelten
entstehen lässt, die ein Arbeiten «ohne Zwang» ermöglichen. Entstehen solle ein
Bürogebäude, wo nichts darauf hinweist, dass hier Menschen arbeiten. bzw. «ein
Ort, wo ich nicht daran erinnert werde zu arbeiten.» (Originalton Architekt)

Ein Blick auf das Haus im Modellstadium zeigt, dass Planer und Architekten
diese Hinweise ihrer Auftraggeber beherzigt haben. Die typischen Erkennungs-
zeichen eines Unternehmens – die Pförtnerloge oder der Zaun um das Firmenge-
lände – fehlen hier. Auch ein Firmenlogo über dem Haupteingang oder an der Front-
fassade existiert hier nicht.

Die Beschäftigten, die am frühen Morgen diesen Ort durch den Haupteingang
betreten, steigen die Treppe hoch und befinden sich im Atrium. Hier im Inneren
verstärkt sich der Eindruck, sich in einem Ort der Nichtarbeit zu befinden. Dieses
Atrium ist glasüberdacht und das Zentrum des Gebäudes. Rund um dieses Atrium
befinden sich Büros, verteilt auf sechs Ebenen. Brücken und Laufstege schaffen
Verbindungen zwischen den Büros. Ohne Eile loggen sich die Beschäftigten in das
Arbeitszeiterfassungssystem ein und suchen ihren Arbeitsplatz auf. Es ist der erste
Arbeitstag in 2010. Danach wird es im Atrium so still, dass beim Betrachter die
Frage auftauchen kann, ob er sich wirklich im Hauptquartier eines Weltkonzerns
befindet oder sich in der Tür geirrt hat. Denn das, was man/frau mit Arbeit verbindet – also Aktivität, Geräusche von Maschinen und Geräten, sichtbare Kooperation
von Menschen – all das lässt sich allerhöchstens erahnen.

Eine Belebung tritt erst ein, als ein Musikjingle ertönt, der im ganzen Haus zu
hören ist. Der Marktplatz findet statt – ein firmeneigenes, regelmäßiges Ritual,
organisiert von der firmeninternen Entertainmentabteilung.[5] Jetzt strömen die
Beschäftigten aus ihren Büros, versammeln sich auf Brücken, Treppen und Freiflä-
chen des Hauses. Die Situation ähnelt einem Theater kurz vor Vorstellungsbeginn,
wenn die Zuschauer die oberen Ränge und Logen einnehmen. Aber was nun folgt,
ist kein Theaterstück, sondern eine kurze Ansprache ihres Arbeitgebers mit einer
deutlichen Botschaft, die da lautet: Im Jahr 2009 haben wir unserer Ziele erreicht,
dafür danke ich Euch! Aber das ist Schnee von gestern. Jetzt ist 2010 und ihr müsst

---

5   Dass der so genannte «Marktplatz» dieses Konzerns von einer firmeneigenen Entertainmentab-
    teilung organisiert wird, schreibt Katja Kullmann in ihrem sehr lesenswerten Artikel: Sei ganz Du und
    immer für uns da. Neue Bilder vom arbeitenden Menschen, in *ak*, Nr. 578, 14. Dezember 2012, S.29.

Euch richtig anstrengen, damit ihr Eure eigene Ziele, die Eures Teams und die Eures Arbeitgebers erreichen wollt!

Freundlich verpackt wird diese Forderung nach Mehrleistung durch Glückwünsche zum Jahresbeginn, durch ein ständiges «Wir» in der Anrede und den Schlusssatz: «Wir gemeinsam sind *Name des Unternehmens*. Go for it!», der Aufbruchsstimmung und Emotionen erzeugen soll.

Ähnliche Rituale finden in vielen Firmen statt.[6] Gertraude Krell hat Rituale wie dieses im Film zu sehende als Ausdruck einer vergemeinschaftenden Personalpolitik bezeichnet.[7] Der Begriff «Vergemeinschaftung» bezieht sich auf Formen sozialer Beziehungen in Unternehmen, in denen die Einstellung des Handelns von Beteiligten auf subjektiv gefühlte Zusammengehörigkeit beruht. Hergestellt werden sollen eine emotionale Bindung und ein Zusammengehörigkeitsgefühl zwischen den Beschäftigten. Es wird bewusst versucht, gemeinschaftliche Elemente zur Durchsetzung der unternehmerischen Interessen zu nutzen, um darüber die Einstellungen, Gefühle und Werte der Beschäftigten in die gewünschte Richtung zu lenken. Begriffe wie «Vision», Kultur», «Ziele» werden zu normgebenden Kategorien, nach denen Beschäftigte nicht einfach nur Beschäftigte, sondern Angehörige eines «Teams» sind. Von den Beschäftigten des im Film gezeigten Konzerns wird zudem eine «Megawachstumsmentalität» gefordert. Als Element einer vergemeinschaftenden Personalpolitik gilt eine charismatische Führung,[8] die, wie in der Ansprache zu sehen, die Emotionen der Beschäftigten anzusprechen versucht. Zur Verstärkung der Einbindung der Beschäftigten entwickeln Unternehmen eigene Sprachfiguren und Symbole. Bei diesem Unternehmen ist es das «Go for it». Dieser Slogan beendet die Ansprache und hängt als Großplakat im Atrium. Anschließend wird es wieder still im Atrium. Die Arbeit der Beschäftigten bekommen wir erst zu Gesicht, wenn die Kamera ihr in den Winkel und Ecken, in den verschiedenen Etagen des Hauses nachspürt. Wir sehen einzelne Beschäftigte, die an einer Glaswand auf einem Barhocker sitzen und sich konzentriert in Arbeitsunterlagen vertiefen (und dabei der Vorbeifahrt eines Schiffes, das mit seiner Bugwelle große Eisschollen vor sich hertreibt, keine Aufmerksamkeit schenken!), andere haben sich eine Sofaecke in einem Winkel des Haus gesucht, oder einen Tisch für ihre Arbeit organisiert. Und ein anderer Teil der Beschäftigten arbeitet in den zahlreichen Großraumbüros oder Gruppenbüros, die auf den verschiedenen Ebenen des Hauses verteilt sind. Was uns die Kamera zeigt, ist die Realisierung einer Arbeitswelt, die Büroplaner und Architekten als «New Work» bezeichnen. Verstanden wird darunter nicht eine Abkehr vom Großraumbüro, sondern vor allem eine Abkehr von der Auffassung, jegliche Büroarbeit eines Unternehmens sei unter einem Konzept zu fassen. Vielmehr betont «New Work» die Gleichberechtigung unterschiedlicher Büroformen und setzt auf eine Vielfalt bei entsprechenden Raumlösungen.

---

6   Auch der Lebensmittelkonzern Wal-Mart pflegt solche Rituale. Vgl. hierzu Heiner Köhnen: *Das System Wal-Mart*, Hans Böckler Stiftung, Arbeitspapier 20, Mai 2000.

7   Gertraude Krell: *Vergemeinschaftende Personalpolitik: Normative Personallehren, Werksgemeinschaft, NS-Betriebsgemeinschaft, Betriebliche Partnerschaft, Japan, Unternehmenskultur*. München 1994.

8   Ebd.

Viele Beobachter beschreiben die Veränderungen der Arbeitswelt als eine Zunahme von Flexibilisierung und Entgrenzung. In zeitlicher Dimension beziehen sich beide Begriffe auf die Arbeitszeit und die Arbeitsverhältnisse, die flexibilisiert und entgrenzt werden. Kurz- und Langzeitkonten ermöglichen die Verschiebung der täglichen Arbeitszeit. Stehen wichtige Projekttermine an, wird auch zu Hause gearbeitet und auf diese Weise die Grenze zum Privatleben aufgehoben. «New Work» verdeutlicht eine weitere Dimension der Flexibilisierung. Es ist eine Flexibilisierung in räumlicher Dimension. Raumstrukturen lösen sich auf, es bedarf keines Arbeitsplatzes mehr für die Arbeit oder eines Schreibtisches als gewohnten Arbeitsort. «Die Aufgabe bestimmt, wo ich mich aufhalte – und nicht andersrum»,[9] sagt Dirk Barnard, Personalchef des Mobilfunkunternehmens Vodafone, dessen Deutschlandzentrale ein ähnliches Bürokonzept zu Grunde liegt. Die üblichen Dinge, die einem Arbeitsplatz ausmachen wie Tisch, Stuhl, Telefon und Computer, finden sich nicht überall. Eine «Rund um Versorgung» streben die neuen Bürokonzepte nicht an. Der Arbeitsplatz kann täglich neu zugeteilt werden und er kann dort sein, wo der Beschäftigte sich hinsetzt oder aufhält und Arbeit stattfindet. Man arbeitet heute hier und morgen ganz wo anders.

Dieses «Wo anders» ist völlig unbestimmt: Am Ende der Sequenz zeigt uns die Kamera ein Team bestehend aus vier Beschäftigten, die uns den Rücken zukehren. Sie sitzen alle der Länge nach auf bunten Barhockern an einem schmalen Tisch mit Blick in das weite Atrium des Gebäudes. Ihre Arbeitsbesprechung geht zu Ende und auf die Frage der Teammitglieder an ihre Vorgesetzte, wohin sie ihre Arbeitsergebnisse zur Weiterbearbeitung schicken sollen, antwortet ihre Vorgesetzte: «Ihr könnt sie mir schicken, wo immer ich auch morgen bin.» Ihre Stimme klingt dabei ratlos. Ihr Rücken unterstreicht diese Ratlosigkeit mit einem Schulterzucken.

---

9   Varinia Bernau: *Heute hier, morgen dort.* In: Süddeutsche Zeitung vom 22./23.12 2012, S. 29.

«Are you there?»
von Nina Selig

Geräusche einer Eingangshalle sind zu hören, quietschende Schuhe, entferntes Ver-kehrsrauschen, eine Lüftung. Doch auf der Bildebene sind keine Bewegungen zu erkennen, eine dreidimensionale Simulation eines Gebäudeentwurfs für ein Büro-gebäude ist zu sehen. Das irritiert mich. Ich höre: Menschen füllen die Räume und ich sehe: sie wirken in der Bewegung erstarrt. Durch diesen Gegensatz wirken sie auf mich wie Geister, die sich in einer künstlichen Welt nicht bewegen können. Das abgebildete Foyer wirkt lichtdurchflutet, die Büros holen sich etwas von dem Licht durch die Glasfassaden, die sie zum Gang hin auf eine durchsichtige Weise trennen. Unter die Geräusche mischt sich ein für mich bedrohlich wirkendes Fiepen.

Verunsichernde Widersprüche
Schnitt. Ich sehe auf einem Tisch ein Architekturmodell. Ein zweiter Teil dieses Modells wird von der Seite ins Bild geschoben. Nach der digitalen Simulation der ersten Szene spricht jetzt das Material des Modells. Der Entwurf sieht im wahrsten Sinne des Wortes greifbar aus, nimmt Gestalt an. Die Modellteile knacken und rau-schen hörbar über den Tisch. Karton wird über Holz geschoben. Die Szene wechselt: Ich sehe drei Männer, die sich an einen runden Holztisch setzen. Einer der Männer hebt das Papier an, das er vor sich hingelegt hat, und beginnt den Ausschreibungs-text vorzulesen. Die Kamera holt den Vorleser heran. Der Text formuliert die Ziel-setzung des Bürogebäudes: Es soll modern und dynamisch sein, wie die Hafencity, in der es stehen wird, und architektonisch und innenarchitektonisch entsprechend gestaltet werden. Die Einheit von Wort und Bild wird durch einen Schnitt unterbro-chen. Hörbar wird ein dritter Teil des Modells an die beiden anderen heran gescho-ben. Die Materialität des Modells konterkariert geradezu die gehörte Aneinander-reihung von Begriffen, die im Rahmen der Auslobung fallen. Modernität, Dynamik, Aufbruch, Zukunft klingen aus dem Off. Das Gebäude soll ein architektonisches Highlight für die Marke des Unternehmens setzen, indem es die «vitality company» und den Teamgedanken des Unternehmens verkörpert.
   Die Kamera zoomt in das Modell hinein. Weiße Modellbaufiguren scheinen eine aus Pappe gebaute Treppe zu besteigen. Eine Wand, die mit schwarzweißen Pos-tern beklebt ist, bildet den Hintergrund dazu. Im Gegensatz zur Unbeweglichkeit des Modells höre ich ein dumpfes Gemurmel und ein leises Klappern. Stege mit transparenten Geländern durchziehen das Innere des Modells – sie scheinen durch Modellbaufiguren beschritten zu werden. Die Materialität des Modells ist auffällig: Klebereste quellen an den Seiten der Miniaturgeländer hervor, die teilweise schief angeklebt sind. Im Gegensatz zu dieser handwerklichen Materialität steht die Begriffswelt der Auslobung: vitalisierende und funktionale Anmutung soll Spaß am Arbeiten vermitteln. Material des Modells und Begrifflichkeit der Auslobung bilden für mich einen merkwürdigen Kontrast.
   Ein Schnitt bringt uns zurück an den Tisch. Der Vorlesende spricht mit seinen Kollegen. Er versucht, das Wesentliche der Auslobung hervorzuheben. Flexibilität sei das eine, das andere aber sei die Arbeitsatmosphäre. Es werde eine Gefühlswelt beschrieben, die die Auftraggeber hier generiert sehen wollen. Das habe man selten

in einem Ausschreibungstext, dass darin ein Abschnitt über Arbeitsatmosphäre enthalten sei. Ein Schnitt lässt mich auf einen Kollegen blicken, der das neue Gebäude als eine neue Programmierung interpretiert, durch die sich auch die Betriebsstrukturen veränderten. Alles komme auf den Prüfstand. Hochkommunikativ und flexibel verändere sich die ganze Firmenstruktur. Während akustisch das Gespräch weiterläuft, führt uns ein Schnitt noch einmal das Modell vor, das nun gedreht wird. Wieder bricht sich das Gespräch an der Materialität des Modells. Pappe schiebt sich über Holz, während über die Offenheit des Gebäudes gesprochen wird. Welche Auswirkungen wird es haben, wenn alles in einem Gebäude zusammengelegt wird? «Es ist, glaube ich, wichtig, dass das Gebäude den Eindruck vermittelt, dass Arbeiten keinen Zwang darstellen muss. Es sollte auf keinen Fall ein Ort sein, in dem ich erinnert werde, zu arbeiten.» Immer wieder steht die Textebene im Gegensatz zur Bildebene, auf der fertige Handarbeit zu sehen ist. Der Prozess des Modellbaus wird ausgespart. Lediglich das Ergebnis wird geräuschvoll über den Tisch geschoben.

Ein Schnitt macht mich zur Zeugin einer anderen Gesprächssituation. Eine architektonische Zeichnung des eben besprochenen Gebäudes wird an eine unverputzte Wand geheftet. Der Raum, in dem das geschieht, steht in einem starken Kontrast zu dem Modell, dem hellbraunen Anzug des Mannes, der die Erläuterungen zu der Zeichnung vornimmt und dem Vokabular, das zur Erläuterung verwendet wird. Der Mann spricht zu jemandem, der neben der Kamera zu stehen scheint. Es sei darum gegangen, eine völlig neue Art der Kommunikation zu entwickeln. Denn während man früher wegen der Technik, der Unterlagen und der Kommunikation ins Büro gegangen sei, könne man heute Unterlagen und Technik mit sich herumtragen. Daher gehe man nur noch ins Büro um zu kommunizieren, also weil man dort Menschen treffe. Für innovative Unternehmen sei das von besonderer Bedeutung, weil – wie das MIT herausgefunden habe – Kommunikation die Quelle von Innovation sei. Die ist nicht unmittelbar erfolgreich, sondern funktioniert mittelbar durch den Austausch von Informationen, von denen ich Bruchteile für mich verwenden kann. Den Austausch dieser Fragmente zu ermöglichen, ist die Aufgabe der Organisation der Kommunikation. Dabei wandert ein Stift – geführt von der Hand des Sprechers – immer wieder zwischen dem Sprecher und seinem nicht sichtbaren Gegenüber hin und her, so als sollte er die Kommunikation versinnbildlichen.

Ein Schnitt bringt zwei Männer in schwarzen Anzügen dazu. Sie wenden sich den Plänen an der Wand zu. Einer der beiden Männer ist mir bekannt als derjenige, der die Auslobung vorgelesen hat. Der andere ist neu und fragt, was an den drei pro Etage geplanten Meeting-Points stattfinden solle. Sei da geplant, dass Gespräche, wie sie an der Kaffeemaschine üblich seien, geführt würden? Der Architekt, der die Auslobung vorgelesen hatte, antwortet: Das sei das Besondere an dem Gebäude. Hier kommuniziere die Abteilung übergeordnet über Brücken und über schöne Treppen mit den anderen Abteilungen. «Das ist eigentlich ein Bereich, den man gar nicht richtig programmieren kann, sondern da wird Leben generiert werden. (...) Dort wird eine Kommunikation entstehen, die einen Wandel in der Art des miteinander Arbeitens forcieren kann.» Dem solle auch die Möblierung Rechnung tragen, die hier bewusst keinen Bürocharakter trage, sondern an der Küche und am Wohnbereich orientiert sein solle. Wo die Postfächer seien, finde sich auch die Teeküche. «Also hier passiert das, was sich auch in der Nachbarschaft unten vor der

Haustür abspielt. Im Idealfall.» In diesem Nachsatz schwingt in der Stimme ein mir bemerkbarer Zweifel mit. Das Anliegen, Menschen zu programmieren und Leben zu generieren, wird von der Umwelt konterkariert, in der das Treffen stattfindet. Denn sie suggeriert mir weder, dass hier gerade erfolgreiche Kommunikation stattfindet, noch bemerke ich die Dynamik und Modernität, die programmiert wurde.

Hinein gesogen werden

Durch einen Schnitt erhalte ich einen Blick auf eine Simulation des geplanten Gebäudes. Ich sehe die Glasfassade, die grünen Flächen auf dem Dach, und ich sehe Menschen, die in das Gebäude hinein zu strömen scheinen. Die Kamera zoomt auf das Gebäude zu, ich werde als Zuschauerin in das Gebäude hinein gesogen, begleitet von einer indifferenten Geräuschkulisse, die an die Geisterhaftigkeit des ersten dreidimensionalen Computermodells erinnert. Ein Schnitt führt nun zum wirklichen Gebäude. Eine Treppe füllt das Bild aus. Zwei Männer und eine Frau betreten sie. Geräusche von automatischen Türen sind zu hören. Ein langer orgelartiger Ton erweckt in mir das Gefühl, in einer großen Kathedrale zu sein. Das Gebäude wirkt auf mich ähnlich beeindruckend, aber auch bedrohlich: Es ist ein überwältigender Eindruck, aber ich fühle mich klein. Der Orgelton begleitet die zu hörenden Schritte der Menschen. Durch diesen Ton bekommt die Alltäglichkeit der Beobachtung – Menschen kommen zur Arbeit – eine sakral-bedrohliche Wirkung.

Die Kamera zoomt auf zwei Einlasstüren zu, die mit dem Firmen-Logo versehen sind und die mit einer Chipkarte geöffnet werden. Eine Hand mit der Chipkarte ist in Nahaufnahme zu sehen. Die Geräusche der Tür betonen das Technische des Betretens, eine Grenze, eine Schranke, die nur mit einem Ausweis geöffnet werden kann, muss übertreten werden. Der Rhythmus der Geräusche ist regelmäßig, erinnert an mechanische Abläufe einer Fabrik.

Durch einen Schnitt gelange ich als Zuschauerin auf eine Brücke, auf der ich eine Frau von hinten hinauflaufen sehe. Der Innenhof der Firmenzentrale erscheint dahinter: Brücken, Stege, runde Lampenkränze, mit grünen Kringeln bemalte Wände, Glasfassaden und Treppen. Die Orgelmusik begleitet die Schritte der Frau. Ein großer Monitor bringt Werbung für eines der Firmenprodukte. Die Orgelmusik wird ergänzt durch das Geräusch der Eingangstüren, das sich wie ein scharfes kurzes Zischen anhört beim Weggleiten. Lampenkreise von oben werden in einem Kameraschwenk abgelöst durch Brücken, Stege, Treppen und Aufzüge. Weitere Lampen werden sichtbar. Plötzlich höre ich allgemeine Geräusche des Innenhofs: Ferne Gespräche, Geschirrklappern, Schritte. Menschen gehen über die Brücke im Vordergrund, begleitet von dem immer noch hörbaren Orgelton. Ein Sog entsteht, der durch die runden Lampen verstärkt wird.

Der Orgelton reißt ab. Er wird durch eine Rückkopplung ersetzt. Jemand macht einen Mikrofoncheck. Musik aus Lautsprechern setzt ein. Menschen strömen aus den Glastüren im Hintergrund und bewegen sich auf ihren Etagen zu den Geländern zum Innenhof. Viele Menschen stehen am Geländer und blicken in den Innenhof. Rechts im Bild spielt ein Mann Luftgitarre zu der Musik, die anderen applaudieren. Nicht alle wenden sich dem Sprecher in der Hofmitte zu, einige sprechen untereinander, andere stehen mit dem Rücken zum Hof. Es wird eher untereinander kommuniziert und dabei viel gelacht.

«Guten Morgen. Herzlich Willkommen zu diesem besonderen Marktplatz», schallt es aus den Lautsprechern, im Bild drehen sich weitere Menschen nach hinten weg und scheinen mit jemandem im Hintergrund zu kommunizieren. Ein Mann in einem dunkelblauen Anzug und einem weißen Hemd, dessen oberster Knopf geöffnet ist, spricht in ein Mikro. Dabei dreht er sich leicht und blickt nach oben. Er wünscht allen ein sehr erfolgreiches Jahr 2010. Menschen sehen in den Innenhof auf ihn herab. Im Hintergrund hat eine Gruppe dem Hof den Rücken zugekehrt und wendet den Blick während der Ansprache auf einen Monitor, auf dem jedoch nicht die Ansprache zu sehen ist. Das Jahr 2009 sei sehr erfolgreich gewesen. «Aber jetzt sind wir bei 2010 angekommen und wir haben im Dezember darüber gesprochen, was das bedeuten soll», kommt es aus den Lautsprechern. Wir haben eine Vision, ein Ziel und einen Kompass, wissen also den Weg. Und man kenne auch die Mittel, wie das zu erreichen sei: «Mit einer Kultur, einem Spirit und einer mega Wachstumsmentalität.» Das Geschäft sei auf globaler Ebene zu verdoppeln.

Die Ansprache ist mit Bildern von den Mitarbeiterinnen und Mitarbeitern untermalt. Im Hintergrund steht Hafencity an der Wand, im Vordergrund rundet sich einer der Lampenkreise. Menschen lehnen sich an ein Geländer und gucken in eine Richtung mit dem Rücken zur Kamera. Sie wirken distanziert – nicht als großes Team und nicht alle gleichermaßen dem Sprechenden zugewandt. Die architektonischen Elemente des Gebäudes teilen das Bild diagonal. Die Verbindungen zwischen den Abteilungen schaffen zusätzliche Distanz zwischen den Beschäftigten auf den verschiedenen Etagen. Die Rede wird fortgesetzt: «Gemeinsam, jeder von uns in seinem Workplan, jeder von uns in seinem Team und wir gemeinsam, wir sind das Unternehmen. Go for it.» Applaus ertönt, der Film zeigt die Totale des Innenhofs. Etagen sind gefüllt mit Menschen; in der Mitte des Hofs auf einer der Brücken steht der Sprechende. Er legt das Mikrofon auf einen Tisch, jemand kommt von rechts auf ihn zu. Die Beschäftigten gehen durch die Glastüren zurück in ihre Büros. Stimmengewirr ist zu hören. Die Bilder saugen mich als Zuschauerin in das Gebäude hinein. Die Rede zeigt das Hineinziehen als eine Aktion, als Ziel einer Ansprache.

Verloren sein

Die Szene wechselt zu einem Holztisch, an dem eine Frau und ein Mann über Unterlagen gebeugt sitzen. Im Bild sind auch die anderen Etagen zu sehen, wodurch die beiden verloren wirken. Die Kamera zoomt die Mitte des Bildes heran. Verstärkt wird dieses Gefühl durch das zu hörende Stimmengewirr. Das Stimmengewirr leitet über zur nächsten Einstellung: Weiße und orange Wände umgeben Menschen, die in roten Sesseln sitzen. Zwei Frauen nebeneinander, ins Gespräch vertieft. Vier Personen an einem anderen Tisch direkt am Geländer, der mit Unterlagen gefüllt ist. Arbeitsabläufe werden besprochen. Eine Frau sagt zu den anderen: «Wir können morgen dann ja auch gucken, wo immer ich dann auch bin.» Sie sitzen in Reihe. Das wirkt nicht besonders kommunikativ: Der außen sitzende Mann scheint nicht alles mitzubekommen, was die anderen sagen.

Die nächste Einstellung bringt mich in Kontakt mit einer Frau, die zwei Kaffeemaschinen und die Schränke, auf denen sie stehen, putzt. Sie hat eine Uniform an, die aus einem gelben Pulli und einem blauen T-Shirt besteht. Ihr Putzwagen ist mit gelben Müllsäcken ausgestattet. Das erste Mal ist physische Arbeit zu sehen. Sie steht im starken Kontrast zu den Bildern davor. Die Uniform klassifiziert die Frau, separiert sie von den anderen Mitarbeitern und Mitarbeiterinnen. Arbeitet sie bei einer Fremdfirma? Sie blickt kurz direkt in die Kamera und verlässt den Bildausschnitt nach links, die Kamera folgt ihr nach einer kurzen Pause. Die Frau schiebt ihren Putzwagen in den Aufzug, der nicht verglast ist, sondern normale Metalltüren hat. Sie verschwindet im undurchsichtigen Material. Sie wird von den beiden Frauen, die auf den Sesseln neben dem Fahrstuhl sitzen und zu denen die Kamera schwenkt, nicht beachtet. Eine Frau sitzt an einem der Tische direkt am Geländer. Sie ist von hinten am rechten Bildrand zu sehen. Neben ihr steht ein leerer orangefarbener Stuhl, der mit der weinroten Oberfläche des Tisches korrespondiert. Im Hintergrund erkenne ich durch eine Fensterfront Wasser, auf dem Eisbrocken schwimmen. Ein Schiff schiebt sich von links ins Bild, vom dem allerdings nur ein schmaler Streifen des Rumpfes zu sehen ist. Es schiebt die Eisbrocken auf den Wellen zur Seite. Motorengeräusche sind gedämpft zu hören. Die Bewegung des Wassers und die metallene, rostige Textur des Schiffes stehen im Kontrast zu dem, was im Gebäude passiert. Hier im Inneren herrscht Stillstand, keine Bewegungen sind zu sehen, draußen wird das Eis gebrochen, Güter werden transportiert, Arbeit, die Rost entstehen lässt und die nicht mit sauberen, weißen Oberflächen zu gestalten ist. Wie anfangs die Materialität der Sprache, so wird jetzt die materielle Arbeit, das Putzen und der Transport der Güter, kontrastiert mit den Gesprächen, die in der Firmenzentrale geführt werden.

Ich sehe mit der Kamera von oben auf zwei Etagen, auf denen sich Menschen bewegen: Auf der unteren Etage ist eine Informationstheke zu sehen. Die Kamera zoomt auf einen einzelnen Mann mit Aktenkoffer. Er wirkt auf mich verloren in der Menschenmenge. Das ist überhaupt in der Betrachtungsweise des Films ein Merkmal dieser Firmenzentrale: Die Menschen wirken verloren, sie werden durch Vertikale und hohe Sessellehnen getrennt. Ein Schnitt: Die Kamera fährt die Informationstheke oder Rezeption horizontal ab, begleitet vom Geräusch der Eingangstüren und vom Klicken der Computertastaturen. Die Menschen, deren Köpfe nur ganz knapp über der Rezeption erscheinen blicken auf Monitore; eine grauhaarige Frau sieht auf und begrüßt jemanden. Ein Telefonklingeln ertönt und eine Computerstimme fragt mehrmals blechern: «Are you there?» Eine der Mitarbeiterinnen steht auf und wendet sich an die vordere Front des Bildes. Sie hebt den Telefonhörer ab. Doch das Klingeln und die Stimme, die ich höre, brechen nicht ab. Offenbar war sie nicht oder nicht nur sie gemeint. Ein Schnitt bringt uns in eine andere Firma, das Telefonklingeln und die Stimme werden lauter: «Are you there?» – eine Frage, die in der Wiederholung zu einer Aufforderung, fast zu einem Vorwurf wird: Warum ist keiner da, hebt den Hörer ab und beendet das Klingeln, beantwortet die Frage.

Eine weitere Firma mit einer weiteren Informationstheke zeigt sich vor einer breiten Fensterfront, in der sich Lampen spiegeln. Das Geräusch einer Bodenreinigungsmaschine mischt sich mit dem Telefonklingeln und der Stimme. Ein Mann, der die Maschine bedient schiebt sie von rechts in das Bild. Erneut ist physische Arbeit zu sehen, die einzig mögliche in diesen Gebäuden, so scheint es – Putzen, Oberflächen sauber halten. Obwohl der Mann da ist, kann er das Telefonklingeln nicht beenden, denn er ist der Falsche, soll sich nicht angesprochen fühlen von der Frage «Are you there?». Die nächste Firma wird sichtbar. Unter das Telefonklingeln und die automatische Stimme mischt sich nun das Geräusch einer Computertastatur. Eine Frau, von der nur ein Teil des Kopfes zu sehen ist, sitzt hinter einer weiteren Rezeption. Sie tippt. Eine weitere Empfangstheke wird von hinten gefilmt. Draußen vor der Fensterfront fährt ein Auto vorbei. Eine Frau hebt stehend den Telefonhörer ans Ohr. Das Klingeln und die Computerstimme brechen ab. Ich bin erleichtert: Endlich ist jemand da.

Es fällt mir auf, dass es vor allem Frauen sind, die da sind. Der Eindruck bleibt auch über diese Stelle des Films hinaus bestehen. Frauen stehen hinter den Empfangstheken, nehmen das Telefon ab, sind eingefroren oder stumm auf Fotos und in Werbeclips zu sehen, sitzen in Besprechungen und sind über Unterlagen gebeugt. Ihre männlichen Kollegen sind in ähnlichen Posen zu sehen, sind aber noch dazu auch die Interviewpartner in diesen Szenen. Sie erläutern die Konzepte, bestimmen das Vokabular, halten Motivationsansprachen und entwerfen die Gebäude.

Eine Frau mit orangefarbenem Halstuch erklärt einem Mann, der vor der Theke steht, nach links oben zeigend zu den Aufzügen, den Weg. Sie wünscht viel Spaß und erläutert, dass die Karte, die sie um ihren Hals hängen hat, und die offenbar vergleichbar ist, mit einer Karte, die sie zuvor dem Mann gegeben hat, als Schlüssel zum Öffnen der Türen dient, wenn sie vor ein Lesegerät gehalten wird.

Schnitt. Eine Weltkugel erscheint auf einem Monitor. Eine weiße Linie schiebt sich quer über die Mitte des Bildes und scheint die Kugel in zwei Hälften zu teilen. Eine Schrift verheißt: «Das ist unser Büro.» Eine Männerstimme aus dem Off beschreibt seine Firma: Sie stehe für «Technologie, Teamgeist und Geschwindigkeit». Im Gegensatz dazu, erscheint auf dem Monitor nach einem kurzen Blackout eine Frau, die stumm lächelt vor einer kaltblauen Glaswand. Ein Schnitt bringt mir den sprechenden Mann zu Gesicht, der hinter einem Schreibtisch sitzt und sein Konzept erklärt. Ich sehe vor ihm einen Laptop links, ein Telefon rechts, im Hintergrund durch eine Glasfassade einen Innenhof mit weiteren verglasten Bürogebäuden. Auf seinem fast leeren Schreibtisch liegen zwei Handys, ein Glas Wasser steht auf einem Untersetzer, Unterlagen und ein Stift liegen zur Verfügung. Unterlagen und Bürotechnik sind in wenigen Geräten transportabel und immer dabei.

«Nonterritoriale Arbeitsplatzkonzepte» habe das Unternehmen entwickelt und hier am Ort erstmals «implementieren können» erklärt der Firmenvertreter weiter. Jetzt beginne die nächste Phase. In Großaufnahme gezeigt, erläutert der Mann das Konzept: Das bessere Wort dafür sei «Hotelling». Man muss sich einen Arbeitsplatz buchen, je nachdem was man tun will, kann man dabei zwischen einem einfachen «touch down» und einem «enclosed office» wählen. Das Vokabular scheint mir fremd, das Unternehmen versucht, Begriffe für neue Strukturen zu finden und zu prägen, Strukturen, für die ein einfacher Schreibtisch zu profan zu sein scheint. Durch das «Hotelling» wird das Verloren-Sein – so scheint es mir – als Struktur umgesetzt.

Die Kamera schildert die so entstandene Bürolandschaft: Eine holzvertäfelte Wand mit drei Lichtinstallationen erscheint in der Mitte. Drei Rahmen, von hinten weiß beleuchtet, zeigen Schattenfiguren, im Vordergrund sind angeschnittene Kreise und Linien zu sehen. Am unteren Bildrand steht ein Tisch, auf dem zwei Laptops, flankiert von zwei Telefonen stehen. Über den Lehnen zweier Stühle hängt jeweils ein schwarzes Jackett. Der Tisch wirkt, als stünde er in einem Durchgangszimmer, vielleicht ein Flur oder am Rande eines großen Saals. Ein Mann in Anzughose und Hemd kommt von links ins Bild und setzt sich an den rechten Stuhl, ein zweiter kommt dazu und setzt sich daneben. Die Vertikalen, die durch die Holzvertäfelung und die Bilder entstehen, teilen das Bild ein. Es sind weniger als beim Interviewpartner, ein weniger komplexes Bild entsteht.

Interaktion? Kommunikation?

Ein Tischrondell wird gezeigt, an dessen Innenseite im rechten Bildvordergrund ein Mann, im Hintergrund in der Bildmitte eine Frau arbeiten. Niemand interagiert mit jemand anderem, alle blicken auf ihre Monitore. Ein weiteres Tischrondell erscheint, an dem ein Mann angestrengt in seinen Monitor sieht. Die Erläuterung im Off setzt sich fort, untermalt von gedämpften Bürogeräuschen: Der Mitarbeiter und die Mitarbeiterin haben keine persönlichen Dinge mehr am Arbeitsplatz, und dadurch entsteht ein Problem: Wie kann man sich unter diesen Bedingungen mit der Firma und dem Team identifizieren, für die und mit dem man arbeitet. Zunächst habe man das mit Coffee Points zu erreichen versucht, durch soziale Räume also, in denen man auch über nicht professionelle Themen sprechen könne. Mit dem neuesten Konzept sei das Unternehmen noch einen Schritt weiter gegangen.

Ein Schnitt auf ein Close Up von wolkenartigen Lampen und Ästen, die von der Decke hängen, zeigt, wohin man gegangen ist. Die gesamte «Net 'n' Nest-Etage» erinnere eher an einen Wohnraum. Eine Kamerafahrt von rechts nach links beginnt mit dem einem Mann, der sich über Unterlagen beugt. Sie fährt eine mit weißem Stoff bespannte Trennwand entlang, hinter der sich Büroräume erstrecken. Aus dem Off wird das Konzept der Etage erläutert. Atmosphärisch könnte dies auch ein Zuhause in einem sehr professionellen Arbeitsumfeld sein. Auf der Bildebene ist allerdings zu erkennen, dass auf dieser besonderen Etage auch nur ein weiteres Großraumbürokonzept umgesetzt wurde, das sich von anderen lediglich durch die Verwendung von mehr Polstermöbeln und von der Decke hängenden organisch anmutenden Gebilden unterscheidet. Auch hier sitzen Mitarbeiter/innen alleine an ihren Schreibtischen und interagieren nicht. «Damit versuchen wir natürlich auch die mentalen Befindlichkeiten von Menschen aufzunehmen und zu sagen, wir schaffen dir ein Stück Nest, Heimat und auch ein Stück Wärme – aber im Rahmen eines Business-Umfeldes. Deswegen auch bewusst keine braunen Farbtöne, die viel zu sehr an ein Zuhause erinnern würden.» Die Kamera fährt an Schreibtischen vorbei. Sie zeigt im Hintergrund Sofas, Flipcharts und niedrige Schränke. Die Kamerafahrt macht nicht nur die Größe der Etage deutlich, sondern zeigt auch, dass sich in das Konzept auch profane Bürogegenstände eingeschlichen haben, die nicht an Zuhause erinnern: Flipcharts und vollgeklebte Moderationswände stehen zwischen Sofas und gedimmten Papierlampen. Arbeit bleibt doch sichtbar.

Nun zeigt die Kamera einen Coffee Point. Vom Aktenschrank schwenkt sie auf eine Kaffeemaschine ein, vor der zwei Männer stehen, die sich einen Kaffee holen. Die Maschine ist ungewöhnlich laut zu hören und kontrastiert somit die ansonsten gedämpfte Atmosphäre. Ein helles Geräusch erklingt, als einer der Männer seine Tasse auf einen Glastisch stellt. Das Ganze wirkt auf mich nicht wie ein Ort, an dem Kommunikation entsteht. Eher lädt der Coffee Point dazu ein, schnell den Kaffee hinunterzustürzen. Dabei kommt durch die Offenheit des Raumes der Eindruck hinzu, alle anderen im Großraumbüro können belauschen, was gesagt wird, beobachten, was getan wird. Die Kamera schwenkt weiter an einem Display vorbei. Aktenschrank und Display rahmen den Coffee Point ein.

Eine weitere Kamerafahrt durch das Büro beginnt bei einem Mann im Vordergrund, hinter dem eine Reihe weiterer Personen an Schreibtischen sitzen. In regelmäßigen Abständen hängen Lampen von der glänzenden Decke. Ich höre Tastaturgeräusche und eine Lüftung. Ein Telefon klingelt, jemand spricht leise im Hintergrund. Unter die Geräusche mischt sich ein atmosphärischer Klang, der der Szene eine bedrohliche Note verleiht. Die Erläuterung aus dem Off setzt sich fort: «Transparenz hat einen sehr positiven Effekt». Man sehe sofort, wer da sei, mit dem man sprechen wolle. Man könne einfach hingehen, brauche keinen Termin mehr. Die Unternehmenskultur unterstütze dies, sodass eine hohe Lösungsgeschwindigkeit entstehe, «die wir natürlich haben wollen». Diese Aussage wird durch die Bildebene kontrastiert. Denn in ihr sehe ich niemanden, der mit anderen interagiert. Im Gegenteil sitzen alle vor ihren Monitoren und schweigen konzentriert.

Im Hintergrund kommt ein Foto ins Bild, das großflächig an der Rückwand des Raumes hängt. Das Bild zeigt den Golfer Tiger Woods, daneben der Slogan «Häufig bringt ein neuer Blickwinkel die Lösung. Ein ganz normaler Arbeitstag für Tiger» und das Firmenlogo. Die Kamera fährt die Schreibtische im Raum ab, an denen Männer sitzen und auf ihre Laptops gucken. «Zeiterfassung ist in diesem Sinne Schnee von gestern», kommt es aus dem Off. Das Arbeiten im Vertrauen sei wichtig, das task-orientierte Arbeiten. Nun fährt die Kamera entlang einer Glasfassade, hinter einem durchsichtigen weißen Vorhang sitzt jemand an einem Monitor, daneben eine offene Bürotür, beschriebene Zettel an der Wand. Die Kamera bleibt vor einem holzvertäfelten Raum stehen, der mit «phonebooth» gekennzeichnet ist. Drinnen ein Mann, der – von hinten zu sehen – an einem Tisch sitzt. Der Raum wirkt eng und ist fensterlos. Es scheint, dass Isolation erforderlich ist, will man mit jemandem außerhalb des Büros kommunizieren.

Die Kamera kehrt zu dem Mann zurück, der das Konzept erläutert hat. Er sieht in die Zukunftsforschung, wie man dort das Thema Arbeit 2020 sehe. Die Büros würden dann nicht mehr nach den Bedürfnissen der Unternehmen gebaut, sondern nach den Bedürfnissen der Mitarbeiter, die «wir» haben wollen. Wenn man sich am «skill set» orientiere, welche Mitarbeiterinnen und Mitarbeiter man haben wolle, dann könnten diese natürlich auch «ein Stück weit» sagen, was sie eigentlich wollten. Da werde sich eine ganz andere Arbeitskultur entwickeln, wovon dies nur der erste Schritt sei. Es sei zu einfach, das mit dem Bild «Arbeiten bei Starbucks» zu identifizieren. Ökologisch orientierte Mitarbeiterinnen und Mitarbeiter arbeiteten lieber in der Natur, andere bräuchten eine feste Bürostruktur, «menschlich, charakterlich, mental.» Diese Unterschiede könne man in einem Bürogebäude kaum abbilden. «Und deswegen glaube ich daran, dass die Entwicklung, die wir gemacht haben nur die erste Stufe ist von dem, was man in den nächsten zwei Dekaden eigentlich erreichen wird.» Mit diesem letzten Statement macht der Interviewte deutlich, dass die «andere Art der Sozialisierung», die er prophezeit, diejenigen ausschließen wird, die feste Bürostrukturen brauchen, sie seien in einem Gebäude nicht abbildbar. Menschlichkeit, Charaktereigenschaften und Mentalität werden als Gründe angeführt, warum jemand nicht für eine bestimmte Art der Arbeit geeignet sei. Berufliche Qualifikationen werden im direkten und zwingenden Zusammenhang mit persönlichen Eigenschaften gestellt.

Durch einen Schnitt werde ich in einen Wald versetzt. Die Sonne bricht durch die Äste, Vögel zwitschern. Eine Waldlichtung wird sichtbar, von unten betrachtet durch die Baumkronen. Blätter rascheln, Vögel zwitschern, endlich ist keine Lüftung mehr zu hören, die alles monoton begleitet. Doch diese Erholung währt nur kurze Zeit, denn ein Schnitt bringt zwar ein bewaldetes Seeufer ins Bild, auch hier fliegen Vögel von rechts ins Bild. Aber die Lüftungsgeräusche sind wieder da. Die Kamera folgt den Vögeln und kippt nach links. Musik setzt in sphärischen Klängen ein. Ich sehe einen Piloten von hinten in einem sehr kleinen Flugzeug, der eine Bergkette überfliegt. Die Kamera entfernt sich langsam von dem Bild, das offenbar von einem dreigeteilten Bildschirm präsentiert wird. Das Bild auf dem Bildschirm beginnt sich zu drehen. Die Kamera distanziert sich weiter. Links im Bild wird ein weißer Stuhl sichtbar. Alle Bilder erzeugen einen Sog, aber ihre Grenzen werden klar: Monitorwände, unterteilt und eingerahmt von weißen Bürowänden. Der Versuch, Naturatmosphäre in den Büroräumen zu kreieren scheitert an der Künstlichkeit der Bilder. Sie sind durchkomponiert und wirken dadurch unecht. Als Nächstes erscheint eine in mehrere Rechtecke unterteilte Monitorwand, auf der ein Canyon abgebildet ist. Davor steht ein Mann an einem Stehtisch, an seinem Laptop. Rechts im Bild ist ein Teil eines Logos zu sehen. Wählgeräusche eines Telefons piepsen: Sie kontrastieren die Naturbilder. Das Bild auf der Monitorwand wechselt zu einer Eislandschaft mit Bergen im Hintergrund. Wieder erklingen Lüftungsgeräusche. Der Mann hebt sein Handy an sein Ohr. Schnitt, eine Empfangstheke, im Hintergrund ein Monitor an der Wand, eine Frau, die auf einen Monitor blickt und tippt. Und tatsächlich: Rechts im Bild erscheinen Blätter einer echten Pflanze, die einzige echte, die nicht über einen Monitor flackert.

Training für den «Driverseat»

von Daniel Göcht

Der Schauplatz dieser Szene ist zum ersten (und einzigen) Mal im Film kein Gebäude; zum ersten Mal sehen wir Natur nicht nur auf Monitoren oder als Raumdekoration. Wir sehen eine lange Einstellung eines Waldes, wir hören Vogelgezwitscher und den Wind in den Bäumen, wodurch der Anfang der Szene einen beinahe meditativen Charakter bekommt. Es geht in dieser Szene aber nicht um den Wald als solchen; auch nicht um Natur als Ort der Erholung und Entspannung. Denn es handelt sich hier um einen Hochseilgarten und der Wald dient hier als Raum für Team- und Führungstrainings. Insofern ist der Schauplatz nicht einfach ein Wald, sondern vielmehr ein bestimmtes Arrangement, künstlich angelegt für einen bestimmten Zweck. Unterstrichen wird die Künstlichkeit durch den flächigen, tableauartigen Charakter des Eingangsbildes, der vor allem durch eine geringe Tiefenschärfe erreicht wird. Zusätzlich markiert ein hörbares Mausklicken den Schnitt mit dem die Szene eingeleitet wird, wodurch der Film selber sich als etwas Gemachtes ausweist.

In der Szene werden Beschäftigte bei einem Teamtraining gezeigt. Diese hören wir zunächst nur aus dem Off, während sie sich mit einem «Spruch des Tages» auf ihre Aufgaben einstimmen. Die nun folgenden Bilder zeigen den Wald in einer anderen Weise. Zunächst ist ein waagerecht aufgehängter Baumstamm zu sehen, der das Bild in der Mitte teilt und der gemeinsam mit den senkrechten Stämmen der Bäume rechte Winkel bildet, was dem Bild einen statischen Charakter verleiht. Dadurch entsteht der Eindruck einer Art Rahmen, der die Menschen, die hier agieren, einfasst. Auch das Arrangierte des Ortes wird hierdurch noch einmal unterstrichen. Die strengen und klaren Linien, die die Bäume zeichnen, erinnern an die im Film gezeigte Büroarchitektur, die ebenfalls mit einer klaren Formsprache arbeitet. Kurz erscheint in diesem Bild ein Teilnehmer des Trainings, während er sich abseilt. Ansonsten hören wir im Hintergrund Selbstverpflichtungen der Teammitglieder. Während wir diese Losungen hören, sehen wir weitere beinahe unbewegte Bilder des Waldes, diesmal aber deutlich erkennbar als Teile eines Hochseilgartens. Die Selbstverpflichtungen – mehr und besser zu arbeiten, die Kommunikation im Team zu verbessern, die Kollegen mehr zu fordern – wirken dadurch, dass wir sie nur hören ohne die Sprecher zu sehen, wie abgelöst von den Menschen, von denen sie ausgesprochen werden. Sie scheinen ein Eigenleben jenseits der Menschen zu führen. Dieser Eindruck wird verstärkt durch die Bilder, die dabei zu sehen sind. So werden sie als allgemeine Anforderungen an die Beschäftigten deutlich gemacht, auch wenn es sich um die Selbstverpflichtungen bestimmter Menschen handelt. Erst bei der vierten Losung ist auch der dazugehörige Sprecher zu sehen. Dieser steht in einigen Metern Höhe auf einem Baumstamm, vor sich einen hochhängenden roten Ball, den er im Sprung mit der Hand treffen soll. Vor dem Sprung wird eine Selbstverpflichtung als Ziel formuliert, wodurch sie sich bei dieser Übung mit dem Ball verbindet. Dieser wird zuvor aus der Froschperspektive gefilmt und so als schwer erreichbar gekennzeichnet. Der Springer ist durch ein Seil gesichert, das von seinen Kollegen gehalten wird. Bei dieser Übung soll offenbar das Gefühl hergestellt werden, beim Erreichen hoher Ziele voneinander abhängig zu sein und der gegenseitigen Unterstützung zu bedürfen, gleichzeitig aber auch das der Verlässlichkeit der Kollegen im Team. Entsprechend äußert sich der Teilnehmer, als er aufgefordert wird, seine Eindrücke mitzuteilen: «Es ist ein wahnsinniges Gefühl, sich einfach in die Arme meiner [...] Kollegen fallen zu lassen.» Diese Äußerung mag der besonderen Situation geschuldet sein, in der sie ausgesprochen wird. Es werden bestimmte Erwartungen an den Sprecher gerichtet, er weiß schließlich, dass es um die Herausbildung eines «Teamgeistes» geht. Diese Erwartungshaltung wird optisch dadurch unterstrichen, dass das «Bekenntnis» aus einigen Metern Höhe gefilmt wird. Trotzdem wirkt weder diese Äußerung noch die emotionale Beteiligung der Kollegen aufgesetzt. Allerdings ist trotz dieser Beteiligung und dem Spaß, den die Kollegen haben, bei ihnen eine gewisse Skepsis und Unsicherheit bemerkbar, was sich vor allem an den Gesichtsausdrücken und der Neigung zu Scherzen zeigt.

Hinter dem spielerisch und etwas befremdlich wirkenden Outdoortraining stehen bestimmte Zielvorstellungen, die in der nächsten Einstellung verdeutlicht werden. Hier liest einer der Trainer ein Beispiel für einen Teamkodex vor. Dieser Kodex beinhaltet die Anforderungen an die Beschäftigten, die in den vorangegangenen und nachfolgenden Szenen gezeigt werden. Diese Anforderungen laufen insgesamt darauf hinaus, als Team die Unternehmerfunktion zu übernehmen. Verlangt wird neben der Übernahme von Verantwortung, Direktheit, Disziplin und der Bereitschaft der permanenten Verbesserung auch die Souveränität der Beschäftigten – sie sollen sich nicht wie bloße Befehlsempfänger verhalten. Dazu gehört auch ein verändertes Verhalten der Führungskräfte, das gerade autonomes Handeln der Beschäftigten fördern soll. Dieses zunächst paradox anmutende Konzept wird hier als «unterstützendes Führen» bezeichnet. Erreicht werden soll dadurch die Identifikation der Beschäftigten mit ihrer Arbeit, die sich in deren Bereitschaft äußert, freiwillig ihre gesamte Energie in diese Arbeit zu investieren. Dazu soll auch das Outdoortraining beitragen. Die Absorbiertheit durch die eigene Tätigkeit wird hier als «Flow» bezeichnet: «Ein Mensch, der im Flow ist, geht voll in seiner Tätigkeit auf», heißt es. Dabei handelt es sich nicht bloß um eine modische Redeweise. Tatsächlich sehen wir auch im Film an vielen Stellen Menschen, die sich mit ihrer Arbeit identifizieren, im Flow sind. Allerdings werden in dieser Sequenz auch die mittel- bis langfristigen Folgen für die einzelnen Beschäftigten deutlich. Gleich zu Beginn seines Vortrags unterläuft dem Trainer eine Art ‹Freudscher Versprecher›. Statt «Jeder übernimmt für sich und andere die Verantwortung» liest er «Jeder übernimmt sich». Dies ist einer der Augenblicke im Film, wo ausgesprochen wird, was ansonsten untergründig, als Gefühl, von den ZuschauerInnen wahrgenommen wird und unartikuliert bleibt. Der Trainer bemerkt seinen Lapsus sofort, kommentiert den Versprecher durch ein Heben der Augenbraue und liest weiter den richtigen Text vor. Der Kontrast zwischen der souveränen Managementsprache und dem Versprecher, der sich inhaltlich kaum mit der Überzeugung des Sprechers decken kann, bewirkt natürlich an dieser Stelle eine gewisse Komik. Trotzdem entsteht keine lächerliche Wirkung, auch wenn diese Stelle zum Lachen reizt. Die Komik basiert nicht darauf, dass jemand bloßgestellt wird oder sich durch einen Fehler selbst bloßstellt, nicht auf Schadenfreude. Die Komik besteht vielmehr darin, dass unbeabsichtigt etwas ausgesprochen wird, was eigentlich in der Logik der Sache selbst liegt. Die ZuschauerInnen kennen die Konsequenzen des bisher Gezeigten für die Beschäftigen – Überlastung, Arbeiten ohne Ende etc. – aus ihrem Alltag, ebenso wie es sich aus dem Gezeigten selbst ergibt. An dieser Stelle wird es ausgesprochen, wodurch der Versprecher wie ein kommentarloser Kommentar wirkt, da er in der Sache selbst begründet ist.

Der zweite Teil der Szene beginnt mit einer Erläuterung der psychologisch-physiologischen Grundlagen des Outdoortrainigs. Auf einem Computermonitor wird ein Modell des menschlichen Gehirns gezeigt, bei dem das so genannte limbische System hervorgehoben ist. Das limbische System wird vor allem als Sitz der Emotionen betrachtet und ist deswegen von großer Bedeutung für das Outdoortraining. Das Besondere am Outdoortraining soll nämlich darin bestehen, dass hierbei emotionale und kognitive Leistungen miteinander verknüpft werden. Die Verknüpfung von Emotionen mit bestimmten Inhalten soll dazu dienen, diese Inhalte möglichst dauerhaft zu verarbeiten und in den Unternehmensalltag einzubringen. Etwas soll «abstrakt gelernt» und gleichzeitig «emotional tief verankert» werden. Auch hier wird, wie an vielen weiteren Stellen des Films, die Rolle von Emotionen für das Funktionieren aktueller Formen der Arbeitsorganisation deutlich. Spaß an der Arbeit, Identifikation mit der eigenen Tätigkeit und mit den Kollegen im Team sollen die Arbeit effektiver und produktiver machen. So sind auch die Unternehmen an den Emotionen ihrer Beschäftigten interessiert, da sie diese für den Unternehmenszweck nutzbar machen können. Insofern sind die Emotionen nicht bloß Träger eines von ihnen unterschiedenen Inhalts, sondern sind selber Teil des Inhalts.

Die nun folgende Sequenz zeigt eine weitere Einheit des Outdoortrainings. Der enge Zusammenhang mit der vorhergehenden Sequenz wird dadurch verdeutlicht, dass auf ein Bild des Modells des menschlichen Gehirns unmittelbar, ohne weitere Überleitung eine Nahaufnahme des Gesichts von einem der Teammitglieder folgt. Die Beziehung wird noch deutlicher dadurch, dass beide geschlossene bzw. verbundene Augen haben. Die folgende Aufgabe ist nämlich von den Teammitgliedern blind, mit Masken vor den Augen zu lösen. Sie sollen in einem unterirdischen Labyrinth Hindernisse überwinden und können dazu Hilfsmittel nutzen, die sie erst suchen müssen; nur ein Stock steht ihnen von vornherein zur Verfügung. Es kommt hier vor allem auf die Kooperation des Teams an. Auf die Blindheit wird bei dieser Übung besonderer Wert gelegt, die Teammitglieder sollen ihre Masken «in jeder Situation aufbehalten», und auch im Bild wird das Blindsein besonders hervorgehoben. Dass die Teilnehmer nichts sehen, soll ihre Zusammenarbeit bei der Lösung einer Aufgabe mit wenigen Mitteln (ein Trainer spricht von «beschränkten Ressourcen») stärken. Die Situation, die von den Teams in der Wirklichkeit, auf dem «Markt», vorgefunden wird, wird hier als Labyrinth abgebildet, in dem ständig Hindernisse, «Challenges», auf sie warten, denen sie blind begegnen und die dem planenden Zugriff entzogen sind. Nun handelt es sich aber bei dem Labyrinth um einen künstlich geschaffenen Raum, dessen Abgeschlossenheit und Künstlichkeit dadurch unterstrichen wird, dass die Teilnehmer des Trainings durch die Trainer erst von außen hineingeführt werden müssen. Am Ende wird der Deckel im Boden zugeklappt und die Teilnehmer des Trainings sind «zuhause» (wie ein Trainer das ausdrückt), wobei der geschlossene Deckel noch einige Sekunden im Bild bleibt und dabei eher wie ein Gruftdeckel als ein Zuhause wirkt. Die Formulierung «zuhause im Unternehmen» fällt noch einmal in der Abschlussrunde, mit der die gesamte Szene endet. Der Unterschied des Trainings zur Wirklichkeit besteht vor allem darin, dass der Trainingsraum den Trainern en detail bekannt ist. In der Wirklichkeit sind auch die «Arbeitgeber» mit immer neuen Situationen konfrontiert, mit Veränderungen des «Marktes», auch wenn dieser «Markt» erst das Resultat der Handlungen aller an ihm beteiligten Unternehmen ist. Die Blindheit steht auch für die Unbewusstheit, mit der die Handelnden dem Geschehen begegnen, die Prozesse spielen sich blind hinter dem Rücken der Beteiligten ab. Gemeinsam ist beiden Situationen, dass den Beschäftigten bestimmte Rahmenbedingungen vorgegeben werden, wobei diese zum Teil auch in der Wirklichkeit bewusst modifiziert werden. Solche Modifikationen (etwa um einen «Change» einzuleiten) werden an einigen Stellen des Films angesprochen, zum Beispiel die Herstellung von Krisensituationen («burning platform»), die Erzeugung von «Leidensdruck», um bestimmte Ergebnisse zu erzielen. Auch der «Markt», mit dem die Beschäftigten konfrontiert sind, ist nicht der «Markt» unmittelbar, sondern ist selber bereits bewusst modifiziert. Dazu dienen die künstliche Verknappung der Ressourcen im Unternehmen und die Herstellung von Konkurrenz der Beschäftigten desselben Unternehmens untereinander.

Die Teammitglieder sehen wir in dieser Sequenz von nun an nur noch über vier Monitore im Kontrollraum und hören sie über Lautsprecher. Die Kamera ist in der Regel auf die Monitore gerichtet und zwar so, dass sich die Trainer selber außerhalb des sichtbaren Bereichs befinden. Wir sehen nur gelegentlich ihre Hände, wenn sie auf die Monitore zeigen, sodass wir die Perspektive der Trainer einnehmen. Nur bei Gesprächen der Trainer untereinander wechselt die Perspektive, sodass wir sie von außen betrachten. Die Künstlichkeit der Situation wird hier noch deutlicher ins Bild gesetzt als bei der Sequenz im Wald. Auch hier spielt die «Einrahmung» der Menschen, hier durch die quadratische Einfassung der Monitore, die entscheidende Rolle. Gleichzeitig entsteht in Verbindung mit dem Bild des geschlossenen Deckels ein Gefühl der Enge; die Szene gewinnt auf diese Weise eine beklemmende Atmosphäre. Obwohl den Teilnehmern das Training im Labyrinth offensichtlich Spaß macht – man hört sie lachen und scherzen – wird die Beklemmung in der Szene nicht gemindert. Sie resultiert aus der gefühlten Enge, der Blindheit der Beteiligten und nicht zuletzt aus der Trainerperspektive, als Beobachter im Kontrollraum. Man gewinnt leicht den Eindruck, dass man es hier mit einem Laborversuch zu tun hat, wobei aber der Unterschied zu einem solchen Versuch darin besteht, dass die Trainingsteilnehmer hier für die Wirklichkeit erforderliche Fähigkeiten lernen oder entwickeln sollen. Im Hintergrund hören wir die Kommentare der Trainer, die bewerten, wie die «Jungs» ihre Aufgabe lösen, die vor allem darin besteht, diese Aufgabe erst einmal zu suchen – «die Situation muss man selber gestalten.» Allerdings wird dies von den Beteiligten nicht zur Zufriedenheit der Trainer umgesetzt, da zu wenig eigene Initiative gezeigt werde. Vielmehr sehe man etwas Typisches, die Teilnehmer warteten auf Anweisungen, was aber nicht den wirklichen Anforderungen entspreche. Die Trainer geben zwar hin und wieder Anweisungen per Mikrophon, es handelt sich dabei aber aus der Sicht der Trainer offenbar um eine Störung dessen, worauf es wirklich ankommt. Einer der Trainer drückt das so aus: «Wenn man halt wartet, bis andere einem was vorgeben, dann ist man nicht im Driverseat». Es ist dies die zentrale Forderung an die Beschäftigten, die auch im Teamkodex bestimmend war, sie sollen die Initiative ergreifen, sich souverän verhalten. Die Beschäftigten sollen aufgrund der Analyse der gegebenen Situation selber herausfinden, was zu tun ist.

So stellt sich das Labyrinth als Modell der «indirekten Steuerung» der Beschäftigten in den Unternehmen dar. Den Beschäftigten wird dabei nicht mehr detailliert vorgeben, welche Arbeitsschritte sie im Einzelnen auszuführen haben, sondern es wird ein Ziel formuliert, das sie mit den ihnen zur Verfügung stehenden Ressourcen erreichen sollen. Die Steuerung erfolgt nicht mehr über das Kommando der Vorgesetzten, sondern über die Einrichtung der Rahmenbedingungen der Arbeit. Der Anspruch souverän zu handeln steht aber im Widerspruch zur Künstlichkeit der Situation im Outdoortraining. Die Möglichkeit, die Situation «selbst» zu gestalten, ist nur in einem bestimmten Rahmen gegeben, der sich selbst der Gestaltung entzieht und auch selber nicht zur Disposition steht. Das spiegelt einen realen Widerspruch wider, den zwischen der Autonomie der Beschäftigten und der Nichtverfügbarkeit des Zweckes ihres Handelns, dem sie untergeordnet sind bzw. dem sie sich auch freiwillig unterordnen. Die Teilnehmer des Outdoortrainings entziehen sich diesem Widerspruch, indem sie der Situation nicht mit dem Ernst begegnen, den die Trainer erwarten. Das ist in der Wirklichkeit nicht möglich, denn hier machen sich die objektiven Anforderungen auch gegen die Interessen der Einzelnen geltend. Der Widerspruch wird sehr deutlich an dem von dem Trainer benutzten Bild des «Driverseats»: Die Handelnden sind blind und sollen gleichzeitig auf dem Fahrersessel sitzen. Offensichtlich verlangt diese Position aber eine nicht beschränkte Einsicht, weil es sonst zwangsläufig zu Unfällen kommt. Blindheit bzw. Unbewusstheit und Steuerung lassen sich offenbar nicht dauerhaft vereinigen. Aber schließlich ist auch das Fahren lernen – um im Bild zu bleiben – nicht sofort mit Überblick und Selbstständigkeit verbunden, die sich allerdings mit wachsender Gewohnheit immer mehr entwickeln.

Das Ende der Szene bildet eine Abschlussrunde, bei der die Teilnehmer mit geschlossenen Augen in einer Runde sitzen, während einer der Trainer den Tag resümiert. Die Teilnehmer sollen sich eine Erkenntnis aussuchen, die sie als ihre Erkenntnis des Tages «zuhause im Unternehmen» einführen möchten. Allerdings wird uns die Äußerung dieser Erkenntnisse nicht gezeigt. Möglicherweise kommt es in erster Linie auf das an, was im Outdoortraining in den Beschäftigten emotional «tief» verankert werden soll. Gerade die unbewusst bleibenden Prozesse führt uns die Szene vor Augen. Dadurch wird es möglich, sie bewusst wahrzunehmen und zu reflektieren.

Das bewertende Gespräch
von Stephan Siemens

Eine Szene taucht im Film WORK HARD PLAY HARD immer wieder auf, die Sequenzen sind zwischen die anderen Szenen geschnitten. Es ist ein Assessment Center, eine Situation, in der drei Personen gemeinsam jeweils eine Person über ihre Tätigkeit im Unternehmen befragen, dies bewerten und ihr spiegeln, was sie «gesehen und wahrgenommen» haben. Drei verschiedene Personen unterschiedlichen Alters werden befragt. Als Zuschauer komme ich in eine merkwürdige Rolle. Denn ich bewerte und beurteile nicht nur die in der Szene bewerteten Personen, sondern auch die Interviewer, die Bewertenden, und schließlich bewerte ich die ganze Gesprächssituation. Der Film ermöglicht mir diesen Blickwechsel durch eine Reihe von Mitteln, die mich immer aufs Neue aufmerksam machen und aufhorchen lassen. Schließlich zeigt er mir auch die Grenzen dessen auf, was im Film gezeigt wird, die aber im Gespräch selbst nicht eingehalten werden.

Einleitung
Zu Beginn, in der Einführung zu dieser Szene sehe ich zwei Personen im Vorhof eines Bürohauses mit Handys telefonieren. Sie wirken namenlos, ohne Individualität und diese Gleichheit der Menschen wird in dieser Szene noch öfters eine Rolle spielen. Diese zwei betreten einen Raum, dessen weiße Wände mit dem Weiß der Resopaltische korrespondieren. Farben – wenn sie vorkommen – sind auffällig, spielen aber eine untergeordnete Rolle. Die Kleidung der Personen wirkt in der Farbgebung gedämpft, sodass insgesamt ein kühler Eindruck entsteht. Die Stühle, deren Anordnung ich als erstes sehe, stehen zwei zu eins. Später kommt an der Seite ein gegenüber liegender dritter Stuhl zu den ersten zweien. Die Anordnung zeigt: Die drei bewertenden Personen sind im Verhältnis zum befragten Beschäftigten klar in der überlegenen Position.

Ich sehe im Film zunächst nur die Körper der eintretenden Menschen, ihre Köpfe bleiben außerhalb des Bildes. Erneut verstehe ich das als ein Bild dafür, dass es auf ihre Individualität nicht ankommt. Sie sind in einer Funktion hier. Dieser Eindruck wird verstärkt durch die spätere Verwendung des Wortes «wunderbar» zur Charakterisierung der Gesprächsbedingungen. Diese Szenerie ist – so scheint mir – «wunderbar», weil diese Beschreibung die Professionalität der Begegnung unterstreicht.

Ein junger Mann tritt ein und begrüßt die Anwesenden. Man setzt sich. Einer der Unternehmensvertreter ergreift das Wort und eröffnet das Assessment Center. Er wirft die Frage auf, warum «wir», das Unternehmen, solche Sitzungen veranstalten. Man habe zwei Gründe, die als «Themen» dargestellt werden, einmal das «Thema» Organisationsentwicklung, und einmal das «Thema» persönliche Entwicklung, denn die bewerteten Personen erhielten unmittelbar ein Feedback, d. h. «Sie nehmen unmittelbar etwas mit». Die Unternehmensberaterin werde sich gleich selbst vorstellen, wenn sie den «Prozess» erkläre. Ich erhalte als Zuschauer eine Erklärung des Prozesses, weil die Unternehmensberaterin dem jungen Mann den Prozess erklärt. Sie hat dreizehn Jahre Berufserfahrung und ist «Senior Manager» ihres Unternehmens. Sie wirkt souverän, gelassen und aufmerksam, jederzeit präsent. Der «Prozess» bestehe aus einem zweistündigen Interview, dessen Nachfragen dazu dienten «ein vollständiges Bild» zu erlangen, damit «wir» – damit sind nun die bewertenden Personen gemeint – nicht über Theoretisches oder Allgemeinplätze reden. Damit ergibt sich für mich ein Kriterium zur Bewertung des Gesprächs, an dem ich als Zuschauer die Gesprächssituation messe. Dass das Gespräch auf ein «vollständiges Bild» zielt, wird auch durch die veränderte Kameraführung nahegelegt. Sie springt von Menschen mit abgeschnittenen Köpfen fast unvermittelt auf Nahaufnahmen und Großaufnahmen der Gesichter. Als Zuschauer werde ich Beobachter einer Szene, die einerseits Teil des Unternehmensprozesses ist, andererseits durch diese Aufnahmetechnik sehr intim wirkt. Ich komme als Zuschauer in die Rolle eines Voyeurs, weil ich Dinge sehe, die ich im Alltagsleben in dieser Intensität nicht wahrnehmen könnte. Die intime Atmosphäre, deren Zeuge ich werde, wird durch die Anordnung der Möbel, die Farbgebung des Raumes und durch das anschließende Gespräch zu einer professionellen Intimität modifiziert, einer Intimität, die zu ihrem Preis – wie sich noch zeigen wird – den Ausschluss der Individualität der Beteiligten hat.

Auf die Möglichkeit, nachzufragen, verzichtet der junge Mann. Er ist – wie ich als Zuschauer – gespannt auf den «Prozess». Aber ich muss mich gedulden. Denn nun bricht die Szene zunächst ab. Das Outdoor-Training beherrscht eine ganze Zeit lang den Film. Offenbar war dieses erste Aufnehmen der Szene eine Art Einleitung.

Hauptteil

Als der Film auf die Szene zurückkommt, scheint er wieder an die Stelle zu springen, an der er die Szene verlassen hatte. Das eigentliche Bewertungsgespräch beginnt. Der junge Mann stellt sich als Berufsanfänger heraus, er wirkt auf mich ehrgeizig und leistungsorientiert. Nach seinen Stärken und Schwächen befragt, beginnt er mit seinen Stärken. Die Unternehmensberaterin unterstützt ihn darin. Sie wird dieses Verhalten später als das «Herstellen des Gefühls der Ähnlichkeit» beschreiben. «Auf jeden Fall!», ermuntert sie den jungen Mann. Er halte sich «durchaus für integrationsfähig». – Die Unternehmensberaterin fällt ihm ins Wort und hakt nach: «Das ist ein großes Wort! Was meinen Sie damit?» Der junge Mann erläutert seine Selbsteinschätzung, aber die mit dem Einwurf verbundene Verunsicherung zeigt Wirkung. Ähnlichkeit herstellen, und dann Verunsichern, Irritieren, das gehört zur professionellen Durchführung eines Assessment Centers, und das macht die Unternehmensberaterin vorbildlich. Nach der Erläuterung seines «großen Wortes» schätzt er sich als «durchaus teamfähig» ein. Auf die professionelle Art der Unternehmensberaterin antwortet der junge Mann meiner Wahrnehmung nach mit einem selbstironischen Lächeln. Ich frage mich: will er sich dadurch selbstkritisch zeigen? Wie würde ich wohl an seiner Stelle reagieren?

Nach «Entwicklungsfeldern» oder «Schwächen» gefragt, zeigt sich die andere Seite seiner Integrations- und Teamfähigkeit. Er möchte – so sagt er – durchsetzungsfähiger werden, weniger «verbissen» wirken und dennoch nicht als «Konfliktvermeider» dastehen. Er suche immer den Ausgleich. Er wolle lockerer und nicht so verkrampft wirken bei der Durchsetzung der Ziele. (Dabei fällt es ihm in dieser Situation natürlich schwer, nicht verkrampft zu sein. Mir würde es, so denke ich, ebenso gehen!) Die Unternehmensberaterin und der junge Mann einigen sich daraufhin auf die Interpretation, dass es sich um «mangelnde Flexibilität» handele, eine Fähigkeit, die der junge Mann weiter entwickeln möchte.

Als die Unternehmensberaterin nachfragt, und wissen will: Wenn es zu Konflikten kommt, «wie gehen Sie damit um?» werde ich als Zuschauer überrascht. Plötzlich antwortet eine Frau, die inzwischen auf dem Stuhl der zu bewertenden Person Platz genommen hat. Der Film ist ganz unvermittelt in ein anderes Gespräch gewechselt. An der Frage war das nicht zu bemerken. Die Schnitttechnik spielt hier mit unserer Wahrnehmung. Ich verstehe das so: Die Individualität der zu bewertenden Person spielt für die Fragen, die innerhalb des Interviews gestellt werden – und selbst für die Nachfragen – keine Rolle. Das professionelle Gespräch spinnt sein Netz gleichermaßen über die Individualitäten aller Beteiligten.

Als die Frau antwortet, dass im Konfliktfalle wenig Möglichkeiten zur Verfügung stünden, versucht die Unternehmensberaterin auch die Frau zu verunsichern und wirft ironisch ein: «Laut schreien!» Die Frau lacht und sagt: «Nein!» Meine außenstehende Rolle als Zuschauer ermöglicht mir einen Vergleich: Das Lachen der Frau ist kein selbstironisches Lachen, wie in der Szene zuvor bei dem jungen Mann. Es ist in meinen Augen ein distanzierendes Lachen, mit dem sich die Frau gegen die Situation der Bewertung zu wehren scheint. Sie bringt sich und ihre Individualität – so habe ich den Eindruck – durch das Lachen in Sicherheit vor der anstehenden Bewertung. Die Unternehmensberaterin bemerkt diese Distanzierung und reagiert darauf, indem sie sich Notizen macht.

Das Gespräch wechselt nun wieder zu dem jungen Mann. Nachdem der Film zeigt, dass man in diesen professionellen Gesprächsszenarien von Gespräch zu Gespräch wechseln kann, ohne dass sich an den Fragen etwas ändert, neige ich dazu, hier im Text von der Individualität der befragten Personen ebenso zu abstrahieren – sowie der Film zeigt, dass es die professionelle Gesprächsführung tut. Ich kann daher jetzt den jungen Mann A und die Frau B nennen. Nach kurzer Zeit kommt unvermittelt eine dritte zu bewertende Person ins Spiel, ein selbstbewusst wirkender berufserfahrener Produktmanager, der folgende «Themen» betreut: «Kostenreduktion und Zertifizierung neuer Materialien» und «daneben» das «Thema» Produktmarketing. «Themen» hatten bisher nur die Vertreter des Unternehmens und die Unternehmensberaterin. Dieser selbstbewusst wirkende Mann, ich nenne ihn C, hat ebenfalls «Themen». Er hat sich dem Sprachgebrauch angeschlossen und schneidet gut ab. Ihm gegenüber erlauben sich die Interviewer solche verunsichernden Bemerkungen nicht, wie gegenüber A und B.

Die Unternehmensberaterin zeigt in der nächsten Gesprächssituation, dass Verunsicherung der zu bewertenden Person ein wichtiges Mittel zur Herstellung bewertbarer Sachverhalte darstellt. Sie fragt A, wie er bislang als Unternehmer im Unternehmen habe handeln können und spricht – als A antworten will – weiter: «Zunächst verbrauchen Sie ja Budget – wenn ich das so sagen darf.» In Antwort auf diese Verunsicherung beruft A sich auf die Messbarkeit der Besuche auf der Homepage und der auf ihr hinterlegten Inhalte. Da nimmt sich die Antwort von C ganz anders aus: Die Wertschätzung des Unternehmens ist größer geworden durch seine Arbeit.

Nach ihrer Kreativität befragt, schildert B eine – auch die Vertreter der Unternehmensleitung – beeindruckende Idee: Ihr sei am Flughafen eine Kooperationsidee mit einem internationalen Konzern aufgefallen, die sich unmittelbar als realistisch erwiesen habe. Nach seinen Stärken und Schwächen befragt, sagt C: Wenn Sie jemand suchen, der Markt, Technik und Mensch verbindet, «werden Sie kaum jemanden finden, der besser ist als ich...» Der Unternehmensvertreter reagiert – so mein Eindruck – auf diese Selbstpositionierung von C sehr zufrieden. Auch die Unternehmensberaterin kann hier kein «großes Wort» erkennen, nach dessen Bedeutung zu fragen wäre. Als Zuschauer habe ich trotzdem den Eindruck, dass diese Antwort Stärke und Schwäche in einem beschreibt. Dennoch bleibt in diesem Setting des bewertenden Gesprächs nur die Stärke sichtbar. Im Kino zeigt ein Lachen der Zuschauer, dass beide Seiten der Antwort gesehen werden. Denn die Stärke, zu der sich C bekennt, wird durch die Art, in der er das tut, zur Schwäche der Selbstüberhebung. C vergleicht sich mit einer unbestimmten und ihm unbekannten Menge von Menschen und räumt sich in diesem Vergleich einen indirekten Superlativ ein. Aber diese Schwäche fällt in dem Setting des Assessment Centers nicht auf. Im Gegenteil: Dort scheint gerade diese Schwäche eines gewissen Größenwahns gefordert zu sein.

Immer wieder gibt es Szenen- und Gesprächswechsel: B würde sich 8 bis 9 von 10 möglichen Punkten in Sachen Risikobereitschaft geben, und ihr fallen auch täglich Beispiele für diese Risikobereitschaft ein. Sie lacht erneut. Entscheidungsfreudigkeit ist auch das Thema der nächsten Frage, die sich auf A bezieht. Gefragt wird jedoch auf einmal nach privaten Entscheidungen. Privat? fragt A überrascht, beantwortet dennoch die Frage.

Gerade durch dieses scheinbare Durcheinander von ineinander geschnittenen Gesprächsszenen erkenne ich, was mit «Prozess» gemeint ist: Es ist ein bestimmtes Ablaufschema von Fragen und Nachfragen, die ohne Ansehen der Individualität der zu bewertenden Personen gestellt werden. Es dient nicht einem vollständigen Bild von einem Individuum, sondern offenbart mir als Zuschauer, wie gut es den bewerteten Individuen gelingt, ihre jeweilige Individualität hinter ihrer Professionalität zum Verschwinden zu bringen. Dazu bedarf es verlockender Einladungen, die Professionalität zu verlassen und sich einer Intimität zu öffnen, die den zu bewertenden Personen zu Leibe rückt und sie negativ beurteilt, sobald sich tatsächlich Seiten ihrer Individualität zeigen, die von der professionellen Rolle abweichen (wie z. B. das Lachen von B, das «große Wort» von A.) Das Assessment Center dient dazu, den Individuen die Anforderungen der Professionalität im Gespräch sichtbar zu machen.

Als einer der Unternehmensvertreter eine Frage stellt, wird das daran deutlich, dass sich A instinktiv verteidigt. Gefragt, wo bei ihm der Spaß aufhört, stellt A fest: «Punkte, wo es zur absoluten Eskalation kommt, gibt es nicht.» Der Unternehmensvertreter fühlt sich missverstanden. «Ich meine jetzt auch nicht den Amoklauf...» An dieser Stelle entlädt sich die Verkrampftheit der Situation in einem entklemmenden, halb schon gebrüllten Lachen, das A in einem Schluck Wasser zu ertränken versucht. Die Antwort, die A darauf gibt, erfahre ich als Zuschauer nicht. Aber ich muss vermuten, dass der Unternehmensvertreter eine Antwort bekommt. Der Film hält eine Grenze ein. Er zeigt, wie das Assessment Center der Person A zu Leibe rückt. Indem der Film mir die Antwort verweigert, hält er selbst eine Grenze ein und erweist der Individualität von A Respekt. Das Assessment Center als Methode hält sich an diese Grenze – so scheint es mir – nicht. Im Gegenteil erlaubt der so genannte «Prozess», geradezu versessen nach Anzeichen der Individualität zu suchen, die sich nicht der Professionalität unterordnen lassen, um sie zu verurteilen, um dem Individuum «Entwicklungsfelder» zu zeigen.

Diesem Bild des professionellen Selbstbewusstseins entspricht C. Er sagt: «Wenn ich alle Menschen wertschätzen könnte, dann wäre ich so etwas wie der Dalai Lama, das möchte ich nicht werden.» Ich überlege mir, was mit diesem Satz gemeint sein könnte: Der Vergleich mit dem Dalai Lama nimmt die Bewertungssituation selbst auf und stellt fest, dass es doch wohl absurd sei, sich am Superlativ eines Dalai Lama zu messen. Der Dalai Lama ist – als religiöser Führer – außerhalb der Anforderungen des Alltags von Professionellen. Ich bemerke, wie C mit seiner Antwort die Frage nach den Maßstäben der Bewertung stellt. Indem die Unternehmensberaterin und der Unternehmensvertreter darüber lachen, akzeptieren sie – wie mir scheint, ungewollt – die darin enthaltene Kritik an der Bewertungssituation. C sagt, er versuche sich selbst zu hinterfragen. Durch den Vergleich mit dem Dalai Lama wird die äußerliche Bewertung abgelehnt, weil die Kriterien undurchsichtig bleiben. An die Stelle dieser äußerlichen Bewertung durch die Bewertenden tritt die selbstkritische Hinterfragung von C. Auf diese selbstkritische Haltung sollen sich die bewertenden Agenten des Assessment Centers aus seiner Sicht verlassen. Durch ihr Lachen akzeptieren sie – womöglich ungewollt – diese Wendung. Die Situation ist entschärft.

Als Letzte kommt B noch einmal zu Wort. Sie sieht das Berufsleben – auch wenn sie es ernst nimmt, so versichert sie – als ein Spiel. Durch diese Charakterisierung distanziert sie sich von ihrer Rolle, und bringt damit ihre Individualität, die als solche in dem Spiel nicht vorkommt, weil es eben ein Spiel ist und sie darin – so verstehe ich sie – ihre professionelle Rolle spielt, in Sicherheit. Es erleichtert B sehr, so berichtet sie, wenn sie über sich selbst lachen kann. Aber ein solches Lachen, mit dem sie sich als Individuum von der professionellen Rolle, dem Spiel, distanziert, ist – das bemerke ich als Zuschauer – nicht die angemessene Form, mit der Professionalität umzugehen, denn die Unternehmensvertreter sehen B daraufhin ernst an. Ich stehe außerhalb des Prozesses und habe Zeit mir weitere Gedanken dazu zu machen: B interpretiert durch diese Äußerung ihr Lachen selbst. Sie beschreibt es als ihre individuelle Form, mit dem Berufsleben, mit der darin geforderten Professionalität zu Recht zu kommen. Damit entzieht sie sich meiner Wahrnehmung nach der Bewertungssituation des Assessment Centers, weil sie nicht der Professionalität im Verhältnis zu ihrer Individualität den Vorrang einräumt, sondern umgekehrt. Aber zu dieser Umkehrung ist sie nur in einer Form in der Lage, die es ihr nicht erlaubt, den professionellen Maßstäben zu genügen. Sie kann ihre Professionalität in ihre Individualität nicht integrieren. Die Professionalität ist nur im Spiel da, nicht im Ernst. Das erleichtert B das Auskommen als Individuum mit der professionellen Rolle. Das Assessment Center hilft ihr dabei nicht. Denn es hat einen anderen Zweck. Es strebt die umgekehrte Unterordnung an.

Die Unternehmensberaterin bedankt sich für das Gespräch und erläutert, dass die bewertenden Personen Zeit zur Auswertung brauchen. Die jeweils bewertete Person sitzt alleine im Vorhof und beschäftigt sich mit ihrem Handy, nach unten gebeugt, ein Bild, das mir zu zeigen scheint, dass A, B und C an einem gemeinsamen Maßstab gemessen werden: Sie verhalten sich gleich – sie beschäftigen sich mit ihrem Handy. Für sie ist das Gespräch zu Ende, sie warten auf die Auswertung. In einem daran anschließenden Interview mit der Filmemacherin sagt uns der Unternehmensvertreter, dass es nicht so sehr das Unternehmen, sondern vielmehr der Markt sei, der die Anforderungen stelle, die das Assessment Center an die Mitarbeiter formuliere. Das Unternehmen übernehme mehr die Rolle des «Moderators». Mir scheint, er versteckt sich – wie er sich im Gespräch hinter der Unternehmensberaterin versteckt hat – so jetzt hinter dem «Markt». Ich verstehe es so: Das Assessment Center greift die Anforderungen des Marktes an die Professionalität der Beschäftigten auf und wendet sie als Maßstab gegen die Individualität der Individuen, die als Beschäftigte bewertet werden.

Die Unternehmensberaterin wird da deutlicher: Trotz faktisch richtiger Entscheidungen (Reorganisation, Umstrukturierung und entsprechenden Maßnahmen), laufe das Geschäft vieler ihrer Kunden «gar nicht», weil die Mitarbeiter nicht tun, was «schön» wäre. Sie fügt auch den Grund hinzu: sie würden dies deshalb tun, weil sie sorgenvoll durch das Leben gingen. Ich verstehe das vor dem Hintergrund der Management-Studien, in denen solche Mitarbeiter «Survivors» genannt werden: Damit sind Beschäftigte gemeint, die Umstrukturierungen und Reorganisationen «überlebt» haben. Ihre Sorgen – auch das ist ein Dauerthema der Managementliteratur – führen zur Lähmung, dazu, dass sie nicht tun, was «schön» wäre, wie die Unternehmensberaterin das ausdrückt. Was heißt eigentlich «schön»? In diesem Zusammenhang kann nur «gewinnträchtig «gemeint sein. Durch die Berufung auf die «Schönheit» erhält aber diese Gewinnträchtigkeit eine ästhetische Weihe. Sie wird als ein allgemeinmenschlicher Wert dargestellt, nicht etwa als schnödes Gewinninteresse eines Unternehmens. Wie der Unternehmensvertreter sich hinter dem Markt versteckt, so erscheint der Unternehmensberaterin die Berufung auf die allgemeinmenschliche Bedeutung, das «Schöne» der Tätigkeit, der entscheidende Punkt zu sein. Zunächst liegt es nahe, das als eine bloße Schönrednerei zu verstehen. Aber es geht um mehr: Es geht um das Wahrnehmen des gesellschaftlichen Sinns, der gesellschaftlichen Bedeutung der eigenen professionellen Tätigkeit. «Schön» ist eine allgemein-menschliche Qualifizierung, die die professionelle Tätigkeit – jedenfalls mittelbar – an ihrem gesellschaftlichen Sinn misst. Das wird sich am Schluss meiner Betrachtung noch näher zeigen.

Der Film unterbricht die Szene und lässt mich mit der Frage zurück, wie denn die Bewertung nun ausfällt. Der Hauptteil ist gezeigt, es fehlt nur noch der Schluss: Einleitung, Hauptteil – Schluss. Ich muss als Zuschauer warten. Ich merke, dass ich selbst – durch die Perspektiven des Films verleitet – Bewertungen vorgenommen habe. Es interessiert mich plötzlich, ob meine Bewertungen mit denen übereinstimmen, die die bewertenden Personen im Assessment Center abgeben werden. Diese Spannung wird erst kurz vor Schluss aufgelöst.

Schluss

Die Unternehmensberaterin und die Unternehmensvertreter gehen ihre Aufzeichnungen durch, schreiben Bemerkungen oder machen Kreuzchen. Die Unternehmensberaterin erläutert das Verfahren. Jeder der drei nimmt für sich Bewertungen vor: Zu jeder Kompetenz gibt es Schlüsselverhaltensweisen, die sich wiederum in Subkompetenzen darstellt. Erst jetzt, nachdem sie – unbeeinflusst voneinander –

ihre Bewertungen vorgenommen haben, kommen sie ins Gespräch. Die Unternehmensberaterin ergreift auch hier die Initiative und fragt nach dem ersten Eindruck. Der erste Unternehmensvertreter äußert sich zu A: Die vielen sich wiederholenden Aussagen wirkten auf ihn «antrainiert». Immer wieder sei «das Messen» erwähnt worden, an der Uni habe man nicht messen müssen, hier im Unternehmen müsse man jetzt messen (und vergisst dabei, dass das «Messen» erst wichtig wurde, als A durch die Bemerkung: «Zunächst einmal verbrauchen sie ja Budget...» verunsichert wurde). Ein «noch» berücksichtigt, dass es sich bei A um einen Berufseinsteiger handelt. Die Unternehmensberaterin konzentriert sich auf die mangelnde Konfliktfähigkeit. A «eskaliert zügig nach oben» – Negatives auch nur in den Mund zu nehmen, falle ihm schwer.

A wird hereingerufen. Die Unternehmensberaterin fasst ihm gegenüber den ersten Eindruck zusammen. Sie schildert den Eindruck eines engagierten, gewissenhaften, handlungsmotivierten, ehrgeizigen Mannes. Was noch fehle sei die Beziehungsorientierung und der Perspektivwechsel. Hier lauere die Gefahr eines «Derailers», einer Abweichung zu einem unkontrollierten Perfektionismus, wenn z. B. die Aufgaben nicht mehr kleinschrittig nachzuvollziehen sind, mithin wachsen. Ich kannte das Wort «Derailer» nicht, aber A scheint zu wissen, wie diese Bezeichnung gemeint ist.

Der Bewertete A hat nun die Möglichkeit, zu der Bewertung etwas zu sagen: A sagt, er akzeptiert sie und erklärt seine Bereitschaft, sich auf dem Felde der Empathiefähigkeit weiter zu entwickeln. Die Bewertung scheint also gelungen zu sein. Allerdings beziehen die bewertenden Personen ihr eigenes Verhalten nach meinem Eindruck nicht in die Bewertung ein. Sie reflektieren sich selbst nicht angemessen, vor allem, wenn man die Maßstäbe anlegt, deren sie sich selbst bei der Bewertung bedienen. Die Antworten auf die Verunsicherungen werden unabhängig von der Situation betrachtet und als solche bewertet. Die selbst hergestellte Verunsicherung wird «vergessen» oder als selbstverständlich vorausgesetzt.

Um zu den Bewertungen zu kommen, die allgemeinen Charakter tragen und sich auf die Professionalität beziehen, ist diese Verunsicherung selbst ein wirkungsvolles Mittel. Denn der professionelle Mitarbeiter lässt sich nicht verunsichern und reagiert in allen Situationen angemessen. Daher wäre es falsch, ihn nicht auf Fehlgleise zu locken, um zu sehen, ob er es schafft, die Professionalität zu wahren.

Die Bewertung in der Szene aber ist gelungen: Es ist A verständlich geworden, dass er sich unter professionellem Gesichtspunkt «weiterentwickeln» muss. Er ist noch kein ausreichend professioneller Manager, er ist eben Junior Manager.

Das Feedback für B sieht von Anfang an kritischer aus als bei A. Die Unternehmensberaterin erwähnt zunächst das «Thema» Auftreten/Wirkung, worüber B nachdenken könne. Ihr Lachen, so meint sie, wirke einerseits auflockernd, andererseits irritierend. Ich habe den Eindruck, dass die Distanzierung in der Bewertung des Lachens keine Rolle gespielt hat, obwohl B ausdrücklich diese Distanzierung als den Schlüssel zum Verständnis des Lachens formuliert hatte. B nimmt ihre Bewertung durch die Unternehmensberaterin meiner Wahrnehmung nach kritisch zur Kenntnis. Nicht immer – so fährt die Unternehmensberaterin fort – sei B so reflektiert. Sie zweifle bei Misserfolgen nicht an sich. Das kann sich B nicht mehr ruhig anhören. «Das stimmt nicht ganz», wirft sie spontan ein und lacht.

B fällt aus der professionellen Rolle derjenigen, die ein Feedback entgegennimmt. Die Unternehmensberaterin bringt ihre Bewertung zu Ende, aber man hat nicht den Eindruck, dass B die Bewertung anzunehmen in der Lage ist. Als Zuschauer komme ich in eine merkwürdige Situation: Einerseits ist B nicht in der Lage, sich das sie betreffende Feedback in Ruhe anzuhören. So scheint sich zu bestätigen, dass sie nicht die Ruhe habe, über sich selbst nachzudenken. Andererseits habe ich als Zuschauer nicht den Eindruck mangelnder Selbstkritik bei B, im Gegenteil: Ich sehe sie durchaus zweifelnd, aber sie trifft diesen Zweifeln zum Trotz mutige Entscheidungen. Die damit verbundenen Probleme löst sie durch Distanzierung von der Professionalität, indem sie lacht und die These vom Berufsleben als einem Spiel vertritt. Aber diese Form, die Probleme zu lösen, passt nicht in den Rahmen der hier geforderten Professionalität. Sie zählt daher in einem Assessment Center nicht als Lösung, sondern wird selbst zu einem Problem. Denn es geht im Assessment Center nicht um ein vollständiges Bild von dem zu bewertenden Individuum, sondern darum, dass das zu bewertende Individuum nur die Seiten von sich selbst zeigt, die in das Bild der professionell tätigen Person passt. Das Ziel ist die nicht mehr sichtbare, spurlose Unterordnung der zu bewertenden Person unter ein professionelles Bild ihrer selbst. Mit dem Lachen hatte B die bewertenden Personen mit ihren Zweifeln in Bezug auf diese Unterordnung auf unprofessionelle Weise konfrontiert. In diesem Fall, so habe ich den Eindruck, scheitert die Kommunikation über die Bewertung.

Schließlich erfährt C eine Bewertung, die als rundherum positiv charakterisiert werden kann. C ist der vorbildliche professionelle Angestellte. Er kann sich Fragen stellen nach Nähe und Distanz, Konsens und Harmonieorientierung; wie dieses Gefühl der Ähnlichkeit herzustellen sei etc. Auch die Frage nach Führungsambitionen liegt offenbar nahe. Aber die bewertenden Personen bescheinigen ihm zwei Mal ein «sehr rundes Profil». Der Bewertete, C, antwortet: ok. Die Kommunikation scheint geklappt zu haben. Der Bewertete nimmt die Bewertung an. Zu den Fragen sagt er nichts. Die Situation ist ok. Er bedankt sich nicht für das Feedback, sieht aber zufrieden aus.

Zur Bewertung der Bewertung

Das ist ok! Diese Aussage schließt diese Szene ab. Aber bei mir kommt – wenn ich die Szene insgesamt betrachte – ein zwiespältiges Gefühl auf. Finde ich das Ergebnis auch «ok»? Das Unternehmen versteckt sich zunächst hinter dem Markt, dann hinter einer Unternehmensberaterin. Diese Frau formuliert die Fragen und beherrscht das Interview. Alle drei bewertenden Personen versuchen durch die Herstellung des Gefühls von Ähnlichkeit eine Atmosphäre des Vertrauens und des Verständnisses hervorzubringen. Sie sehen freundlich aus, lächeln, nicken, ermutigen. Diese Atmosphäre trügt jedoch. Immer wieder wird verunsichert. Das zeigt Wirkung. Die Frage, wie A, B oder C mit Verunsicherung umgehen, wird dann zum Kriterium des weiteren Verhaltens der bewertenden Personen. Die Reaktionen auf die Verunsicherungen werden bewertet, aber nicht in Beziehung gesetzt zu den selbst vorgenommenen Verunsicherungen. Die bewertenden Personen sind mit Kompetenzen und Subkompetenzen beschäftigt, nicht mit den Individuen, die vor ihnen sitzen – und auch nicht mit ihrem eigenen Verhalten. Die zu bewertenden Personen haben sich den Anforderungen unmittelbar ihrer Unternehmen, mittelbar aber des Marktes, professionell zu stellen. Aber um sich hinter dem «Markt» verbergen zu können, muss das Unternehmen die Beschäftigten mit den Marktanforderungen konfrontieren, mit anderen Worten, mit den Anforderungen, die gesellschaftlich an ihre Arbeit gestellt werden. Die gesellschaftlichen Anforderungen bewusst zu machen und sich damit auseinanderzusetzen, das ist – an sich – das Positive des Assessment Centers. Dass es die gesellschaftlichen Anforderungen sind, hinter denen sich die Unternehmensanforderungen verstecken müssen, kommt auch in der allgemeinmenschlichen Charakterisierung «schön» zum Ausdruck; denn die gesellschaftlichen Anforderungen haben tatsächlich etwas Allgemeinmenschliches: Sie sind auch ein Ausdruck der Anforderungen der Menschen an die Produkte und Tätigkeiten, gleichgültig, unter welchen gesellschaftlichen Bedingungen sie hervorgebracht werden. Aber diese Anforderungen werden nicht so gestellt, dass sie von dem zu bewertenden Individuum individuell beantwortet werden könnten. Es wird umgekehrt verlangt, dass die Individuen sich diesen Anforderungen so umstandslos unterordnen, dass diese Unterordnung nicht mehr sichtbar wird. Es werden nicht professionell tätige Individuen verlangt, sondern «Professionals», deren Individualität möglichst wenig zu stören hat.

Denn das Assessment Center konfrontiert die Individuen nicht mit den gesellschaftlichen Anforderungen an ihre Arbeit überhaupt, sondern mit den gesellschaftlichen Anforderungen an ihre Arbeit, soweit sich ihre Erfüllung in Gewinnen der Unternehmen niederschlagen. Die Unternehmen haben da genaue Vorstellungen, mit denen sie die Auseinandersetzung mit den eigenen Stärken und Schwächen moderieren: Und da ist es nicht das Ziel, dass die Individuen sich ihre Professionalität aneignen, sondern umgekehrt, dass ihre Individualität das Bild der Professionalität nicht stört.

Wo liegt der Unterschied? Aneignen der Professionalität bedeutet so viel wie die professionelle Tätigkeit zu einem Bestandteil der eigenen Individualität machen. Sie ist dann meinem Leben untergeordnet. Beim Assessment Center ist es umgekehrt: Meine Individualität ist nicht nur der Professionalität unterzuordnen, sondern diese Unterordnung hat auch spurlos zu erfolgen. Die Unterordnung des Individuums unter seine professionelle Funktion ist – als Beschränkung der Entfaltung des Individuums – moralisch nicht zu befürworten. Aber vor allem ist sie unproduktiv. Denn am produktivsten sind die Menschen, die sich mit ihrer Arbeit auseinandersetzen, nicht Menschen, die sich ihrer Professionalität beugen. Insofern das Assessment Center dieses Problem für die Bewerteten aufwirft, was sich wem unterzuordnen hat, ist es zu begrüßen. Meiner Meinung nach ist aber die Antwort, die es auf das Problem gibt, zwar unserer kapitalistischen Gesellschaft angemessen, aber die falsche. Das sehe ich besonders deutlich in diesem Film: Denn bei diesem Assessment Center wird alles nach den Regeln der Kunst gut gemacht, und eben deswegen zeigt sich an ihm das Problematische dieser Methode besonders deutlich.

«Sind wir gesichert? Passt das alles?» –
Natur im Film WORK HARD PLAY HARD
von Eva Bockenheimer

Mich überkommt ein merkwürdiges Gefühl als in WORK HARD PLAY HARD nach ca. zwanzig Minuten Film plötzlich der Wald gezeigt wird. Bis zu dieser Szene hat mir der Film modernste Büroarchitektur präsentiert, die mit ihren lichtdurchfluteten Hallen, ihrer klaren und strengen Formensprache eine Faszination auf mich ausübt und gleichzeitig mit ihrer Kühle und Strenge auch einen bedrohlichen Charakter hat. Während ich noch damit beschäftigt bin, darüber nachzudenken, dass es doch irgendwie ein Fortschritt ist, dass Unternehmen überlegen, wie sie ihren Mitarbeiterinnen und Mitarbeitern den Arbeitsplatz bieten können, den sie individuell brauchen, um produktiv zu sein – sei es nun in einer festen Bürostruktur, in einem Café in der Stadt, im Homeoffice oder auch irgendwo im Grünen auf dem Land – ich aber gleichzeitig schockiert bin wie sehr mein Leben von anderen geplant wird, um den Unternehmensgewinn zu steigern, gibt es einen Schnitt: Ein Wald. Grüne Tannenwipfel, Vogelgezwitscher, Waldesrauschen. Diese Szene ermöglicht mir, einmal durchzuatmen, Pause zu machen von der Erkenntnis, dass Büroarchitektur eingesetzt wird, um Leben – auch mein Leben – «zu generieren». Der Blick auf den Wald und das angenehme Hintergrundgeräusch, das nicht wie vorher im Film vor allem aus Tastaturgeklapper, Gemurmel oder Telefonklingeln besteht, haben in diesem Moment eine ähnliche Wirkung für mich wie ein Spaziergang im Wald am Wochenende nach einer langen Arbeitswoche – erholsam, befreiend. Aber dieser Erholungseffekt ist nur von kurzer Dauer, denn ich ertappe mich dabei, dass ich darüber nachdenke: Könntest du hier gut arbeiten? Schließlich war unmittelbar vorher von Menschen die Rede, die lieber im Grünen arbeiten. Außerdem bemerke ich plötzlich: Dieser Wald sieht irgendwie ähnlich aus wie die Architektur, die vorher gezeigt wurde: Ich sehe gerade Baumstämme, alle parallel zueinander. Auch bei diesem Bild des Waldes würde ich, wenn ich es wie ein Kunstwerk betrachte, von einer klaren und strengen Formsprache sprechen. Ich bin verwirrt – liegt das nun an den vorangegangenen Szenen, dass ich plötzlich im Wald wie schon in den Bürogebäuden gerade, klare Linien im Raum sehe? Oder ist dieser Wald tatsächlich ein sehr künstlich angelegter Wald? In jedem Fall frage ich mich an dieser Stelle das erste Mal: Wie verhält sich eigentlich diese Arbeitswelt, die bisher gezeigt wurde, zur Natur? Bisher kam «Natur» nur in Form von Deko-Pflanzen an der Rezeption, als Quellwasser auf einer großen Werbetafel, als Begrünung im Innenhof moderner Büropaläste, als netter Ausblick aus dem Großraumbüro vor. Alles, was ich mit Natur verbinden würde, war so unscheinbar, dass ich es fast übersehen hätte. Die lange Kameraeinstellung auf einen Wald aber drängt mir diese Frage auf. Und doch bin ich irritiert: Was soll hier dieses Waldbild, was hat das in einem Dokumentarfilm über unsere Arbeitswelt zu suchen? Ein Schnitt zeigt mir den Himmel und die Baumwipfel. Wie schon das vorangegangene Bild des Waldes, bewegt es sich leicht, indem die Kamera sehr langsam und kaum merklich in das Bild hinein zoomt. Durch einen weiteren Schnitt finde ich mich unmittelbar in einer idyllischen Seenlandschaft wieder. Während der Wald jedoch direkt gefilmt wurde, handelt es sich bei dieser Seenlandschaft – das kann ich anhand der veränderten Bildästhetik erkennen – um einen Film, der für WORK HARD PLAY HARD abgefilmt wird – einen Film im Film also. Das klare, stille Wasser des Sees strahlt Ruhe aus, ich denke an Urlaub. Möwen fliegen über das Wasser, sie werden künstlich gedoppelt, scheint mir. Wie alle großen Flugvögel sehen sie majestätisch aus, sie sind die Herrscher der Lüfte, denke ich. Ich entspanne wieder. Da höre ich im Hintergrund leise ein Geräusch – ein Motor summt. Es ist der Motor eines Flugzeugs, das mich mit auf seine Reise über verschneite Berge nimmt. Ich bin nun nicht mehr bloße Betrachterin, wie bei den fliegenden Möwen, sondern fliege gewissermaßen selbst, denn die Kameraeinstellung ist eine Vogelperspektive, die mir den Eindruck vermittelt, ich selbst sei am Steuer eines Motorflugzeugs. Ist also der Mensch der wahre Herrscher der Lüfte, Herr über diese fabelhafte Landschaft? Der Film im Film scheint diese Frage zu verneinen, denn plötzlich beginnt sich alles zu drehen, ich habe den Eindruck, abzustürzen. Aber nein: Ich bin im Gegenteil Teilnehmerin eines Kunstflugs, das Flugzeug hat gekonnt einen Loop gemacht: Wir haben alles im Griff! Durch einen Schnitt wird mir nun der Film mit dem akrobatischen Flugzeugmanöver mit etwas mehr Abstand gezeigt. Ich erkenne jetzt, dass die Naturbilder eine Videoprojektion in einem Bürogebäude sind. Vor der Videoprojektion, links im Bild, ist ein Bürostuhl mit einem Tisch zu sehen, auf dem ein Laptop und eine Computer-Mouse stehen. Das weiß und silbergrau der Büromöbel und -materialien wirkt rein, geradezu steril im Kontrast zu den Naturaufnahmen im Hintergrund, die mich gerade in einen Taumel versetzten. Nach der Flugshow kehrt wieder Ruhe ein. Mit etwas Abstand zeigt sich, dass die Videoleinwand aus mehreren Fragmenten besteht, die präsentierten Naturbilder also in Quadrate zerteilt werden. Der Kunstflug endet abrupt, es erscheint in leuchtend rot-braunen Farben ein atemberaubend schöner Canyon auf dem Bild, dessen wellenartige Gesteinsschichten ähnlich erhaben wirken wie ein aufgewühltes Meer. Aber auch dieses Bild ist zerteilt in sechs Quadrate, wodurch die Erhabenheit dieser steinernen Wellen einen menschengemachten Rahmen hat. Die Naturgewalt, die in diesem Bild eigentlich zum Ausdruck kommt, wirkt dadurch gezähmt. Außerdem sehe ich nun, dass es ebenfalls künstlerisch bearbeitet ist, indem es gespiegelt wurde. Ich höre das laute, nervenaufreibende und durchdringende Tastengeräusch eines Telefons, das es mir schwer macht, angesichts dieses Canyons in Urlaubserinnerungen zu schwelgen. Ein weiterer Schnitt rückt das Bild, das auf der Videoleinwand zu sehen ist, in den Hintergrund und auf der rechten Seite erscheint nun ein junger Mann, der in einen Laptop blickt und dort eine Nummer sieht, die er in das Telefon tippt – hier kam also das laute Tastengeräusch her. Hinter ihm geht das Bild des Canyons über in ein Bild eines ebenso traumhaft schönen Gletschersees. Die Sonne hinter dem Gletscher taucht den See in ein grelles Licht, das ich in Winterurlauben lieben gelernt habe. Das Bild des Gletschersees ist noch stärker fragmentiert als die Bilder zuvor: Es ist aufgeteilt in 16 Quadrate. Durch die künstliche Fragmentierung dieser spektakulären Naturaufnahmen bin ich plötzlich mehr mit der Technik beschäftigt, die solche atemberaubenden Bilder liefern kann als mit der präsentierten Naturlandschaft selbst. Beeindruckend, was technisch heute möglich ist! Doch der Gedanke an die Technik bringt etwas Beunruhigendes mit sich: Ich weiß, dass die Eisblöcke, die ich im Vordergrund sehe, vom Schmelzen bedroht sind, weil wir mit unserer Produktions- und Lebensweise die Klimaerwärmung hervorbringen. Ich denke wieder an die Möwen. In der

Realität haben sie häufig Öl im Gefieder und der Wald ist vom sauren Regen zerfressen – das alles geschieht durch unsere Art zu produzieren... Dieser Gedanke macht mich traurig und plötzlich wünsche ich mir, jemand im Film würde darüber sprechen, dass wir durch unsere Art zu produzieren unsere eigene Lebensgrundlage zerstören. Stattdessen sehe ich den jungen Mann ruhig den Telefonhörer halten. Die Naturbilder sind nur eine Kulisse für seine produktive Arbeit in diesem Arbeitspalast, sie präsentieren außerdem die technischen Leistungen seines Unternehmens, das es möglich macht, solche Bilder anzusehen und zu zeigen. Wenn ich mich in seine Lage versetze, so hätten diese Bilder vielleicht einen beruhigenden Charakter für mich. Ich hätte jedenfalls nichts dagegen einzuwenden, sie bei der Arbeit zu sehen. Eine vorangegangene Szene aus dem Film kommt mir in den Sinn: Eine Frau schreibt dort fleißig etwas auf, während draußen am Fenster ein großer Kahn die Elbe entlangfährt. Die Frau sitzt in einem modernen Firmengebäude an einem Tisch, der ähnlich aussieht wie eine Reling. Wüsste man nicht, dass sie sich aller Voraussicht nach mit Marketing, Controlling oder ähnlichem beschäftigt, könnte man meinen, sie sei eine Schriftstellerin auf einem Dampfer nach Amerika, die an ihrem Roman arbeitet. Ich merke, dass ich zu romantische Gedanken habe, aber dennoch scheint mir dieser Vergleich passend. Jedenfalls scheint der idyllische Ausblick ihre Kreativität zu beflügeln, und wenn ich an die Gespräche der Architekten denke, dann war das vermutlich auch bezweckt. Für die Arbeit hat also diese schöne Landschaft – sei sie bloß projiziert auf einer Videoleinwand oder aber real – eine beruhigende und zugleich inspirierende Wirkung, nehme ich an. Jedenfalls kann ich mir gut vorstellen, dass mir das so ginge.

Die Kamera verlässt diese Szene mit dem jungen Mann vor der Videoleinwand, ein Schnitt zeigt mir das Rezeptionsdesk des Unternehmens, für das auch er arbeitet. Es ist nicht kantig, mit klaren Linien, sondern hat eine wellenartige, organische Form, die mich nun an den Canyon erinnert. Das Desk war schon einmal im Bild, erinnere ich mich, aber diesmal fällt mir auf, dass links im Vordergrund ein Bildschirm steht, auf dem schwimmende Fische zu sehen sind, eine Art virtuelles Aquarium – vermutlich der Bildschirmschoner. Die Fische schwimmen über ein paar Steine, die wie in einem Zen-Garten angerichtet sind, – das verstärkt die meditative Wirkung, die wohl von so einem Aquarium ausgehen kann. Sogar das Geklapper der Computertastatur im Hintergrund passt zu diesem meditativen Bild. Dennoch kann ich darin keine Befriedigung finden, der kleine Bildschirm wirkt so verloren inmitten der weißen Rezeptionslandschaft. Ich bekomme Sehnsucht nach «echter» Natur, denke an den Wald. Die Regisseurin scheinbar ebenso, jedenfalls gibt es einen Schnitt und ich sehe wieder den Wald. Ich höre erneut das fröhliche und belebende Gezwitscher der Vögel. Trotzdem hat diese Szene nicht mehr die entspannende Wirkung wie beim ersten Mal. Noch stärker als bei der ersten Einblendung sehe ich diesmal gar nicht mehr eigentlich *Bäume*, sondern *Linien*. Aus dem Off höre ich einen Menschen – das überrascht mich nicht mehr sonderlich, dieser Wald wirkt nicht so, dass man dort keine Menschenseele vermuten würde. Eine Stimme fragt: «Was ist der Spruch des Tages?» Eine Gruppe von Menschen antwortet «Erst denken, dann handeln», aber ich kann immer noch niemanden sehen. «Erst denken, dann handeln», gut, das klingt vernünftig. Ich höre jemanden sagen «Sind wir gesichert? Passt das alles?» und unwillkürlich stelle ich mir diese Frage auch, obwohl ich gar nicht weiß, in welchem Zusammenhang sie eigentlich gestellt wird. Aber aufgrund der vorangegangenen Bilder, stelle ich sie mir wieder bezogen auf unser Verhältnis zur Natur in unserer Arbeit, und mir schaudert es. Von Sicherheit keine Spur; eher Krise, ökologische Krise. Auch «Erst denken, dann handeln» gilt in dieser Hinsicht nicht, denke ich – eher eine Art «Trial and Error», mit dem wir unsere Lebensgrundlage mehr oder weniger wissentlich zerstören. Während ich die Frage also innerlich verneine, scheinen die Menschen im Film anderer Ansicht zu sein. Die Kamera wechselt an eine andere Stelle des Waldes, die – würde man die stehenden Baumstämme und den vorgelagerten horizontal hängenden Baumstamm nachzeichnen – ein Bild von Mondrian ergäbe, nur dass das grün-braun des Waldes nicht dazu passen will. In der Mitte des Bildes hängt ein Seil herab, parallel dazu kommt ein Mann mit rotem Helm an einem weiteren Seil herabgeglitten. Die beiden Seile hängen parallel zu den schmalen, geraden Baumstämmen und verstärken die klaren Linien, die sich mir ohnehin schon aufdrängten. Ich höre nun einen jungen Mann sagen: «Ich werde demnächst noch mehr und besser, verstärkt auch kommunizieren, um Prozesse, Aufgaben schneller und zielführender erledigen zu können, was am Ende heißt: Mehr Umsatz». Ein Schnitt zeigt mir eine andere Stelle des Waldes, in der mehrere Seile wie Galgen herabhängen. Dazu höre ich den Vorsatz eines jungen Mannes, der in Zukunft noch mehr arbeiten möchte, um in schneller Zeit viel zu lernen, um sein Team besser unterstützen zu können. Zu einer weiteren Waldszene, die ebenso aus geraden Linien besteht, wie die vorhergehenden, höre ich jemanden beteuern, er wolle demnächst «die Zustände von der ganzen Gruppe einfordern, die konzentriertes Arbeiten ermöglichen», denn gemeinsam arbeiten sei besser, wenn es auch anstrengender sein kann. Das Vogelgezwitscher will nicht zu diesen drei Vorsätzen passen, die eigentlich in einem Büro einer Firmenzentrale gesprochen werden müssten. Durch einen Schnitt sehe ich nun wieder den Himmel und die Baumwipfel, aber diesmal ist der Blick nicht frei, sondern über mir schwebt in einem Netz ein großer Ball in roter Signalfarbe. Das Netz mit dem Ball wirkt bedrohlich, ich weiß aber im ersten Moment gar nicht genau, warum, denn der Ball ist nicht sonderlich groß. Als nächstes sehe ich einen jungen Mann, der sich vornimmt, demnächst mehr auf die Probleme seiner Kollegen zu hören, um sie besser mitreißen zu können. Er wird für seinen Vorsatz gelobt und bekommt die Anweisung «Go!» Der junge Mann springt los und haut in der Luft auf den Ball. Alle beklatschen und bejubeln ihn. Während er sich an seinem Seil herablässt, erscheint links im Bild nun die Auflösung, wo wir uns eigentlich gerade befinden: Es ist ein Outdoor-Training für Team- und Führungskräfte. Kein Wunder, dass mir dieser Wald von Anfang an «künstlich» erschien – er ist hier auf eine ganz bestimmte Funktion hin «zugerichtet», er ist ein professionelles Umfeld, wie ein Schulungszentrum auch. Ich denke an die verschiedenen Vorsätze, die ich zu hören bekam und weiß plötzlich, warum ich das Netz mit dem Ball beängstigend fand: Es ist ein Bild für das Team, dessen Ziel aber nicht eigentlich gute Zusammenarbeit ist, sondern «mehr Umsatz» – das hatte der erste Sprechende ja deutlich gesagt. Der junge Mann bekommt nun durch die Leitung die Aufmerksamkeit zugesichert, er steht in der Mitte des Bildes. Er strahlt und schwärmt von dem Gefühl, sich bei seinen Kollegen fallen lassen zu können; er beteuert, dass es ein großes Glück für ihn ist, tagtäglich mit seinen Kollegen zusammenarbeiten zu dürfen; die Kollegen beklatschen ihn erneut. Der Film präsentiert mir in mehreren Bildern die ganze Runde, sodass ich nun sehen kann, dass es sich um eine reine Männergruppe handelt. Männerbünde, denke ich, und mir wird unwohl. Ob ich mich hier fallen lassen könnte und aufgefangen würde? Und was, wenn ich den Ball beim Sprung nicht treffen würde, den Umsatz nicht steigern könnte? Würden die anderen mich trotzdem auffangen? Und wie würden sie dann reagieren?

Nach der Verlesung eines Teamkodexes, der höchste Anstrengungen und Leistungen von jedem Teammitglied erwartet, habe ich noch einmal kurz die Möglichkeit, bei einer Waldszene – diesmal ganz ohne darin agierende Menschen – zu entspannen. Dann verlässt die Kamera den Wald, stattdessen sehe ich aus einem Büroraum in einen kargen, grauen Innenhof, in dem zwei Menschen mit ihren Handys telefonieren. Auch hier wieder diese klaren, strengen Linien, keine Farben, ein krasser Kontrast zu den lebendigen Farben des Waldes. Ein Assessment Center beginnt und ich bin, wie der junge Mann, der daran teilnimmt, «gespannt auf den Prozess». Dennoch nehme ich meine Frage nach unserem Verhältnis zur Natur gerne wieder auf, als der Film zum Outdoor-Training zurückkehrt. Der Trainer erläutert, warum das Outdoor-Training so gute Erfolge erzielt: In ihm wird etwas abstrakt gelernt, das im Gehirn bewusst abgespeichert wird; zugleich wird dieses kognitive Wissen in den Erfahrungen mit dem limbischen System, dem Sitz der Emotionen, verknüpft und somit emotional tief verankert. Dadurch ist es in den betrieblichen Alltag nachhaltig übertragbar. «Abspeichern» – das klingt wie ein Computer. Mein Gehirn programmierbar, meine Gefühle instrumentalisiert für den Unternehmenszweck. Diese Vorstellung ist gruselig und ich sträube mich dagegen. Nun sehe ich, wie die jungen Männer, die an dem Training teilnehmen, mit verbundenen Augen, einem Lolli im Mund und einem Helm auf dem Kopf eine Treppe herunter geführt werden in ein drei Meter tiefes Kellergewölbe, das unter der Moosdecke des Waldes eingebaut ist. Als auch der Letzte im Keller angekommen ist, sagt der Leiter «Und jetzt in die Knie gehen, dann bist Du zuhause,» anschließend schließt er mit einem Holzbrett, das ihm als Deckel dient, das Kellergewölbe. Die leitenden Männer gehen, eine Ameise krabbelt über das Holzbrett. Wüsste man es nicht besser, man würde denken, man sei auf einem Friedhof. Ein Grab mein Zuhause. Romantische Todessehnsucht. Sich aufopfern, sterben für das Unternehmen. Was für merkwürdige Assoziationen habe ich da? Nun folge ich der Leitung in einen Raum, in dem sie auf mehreren Bildschirmen die Männer im Kellergewölbe überwachen können. Menschen als Ratten, auch das finde ich erschreckend. Die Kamera lässt mich an dem Versuch teilhaben, bei dem ich immerhin erkenne, dass es eine Fähigkeit ist, selbstbewusst und selbstbestimmt gemeinsam mit anderen nach möglichen Aufgaben und deren Lösungen zu suchen, statt nur formal Befehle auszuführen. Ich atme auf, Menschen sind eben doch keine Ratten. Der Inhalt dieses Outdoor-Trainings steht damit im Kontrast zu der Versuchsanordnung. Die entmündigende Form hat einen geradezu aufklärerischen Inhalt.

Die Philosophen der Aufklärung sagen, die eigentliche Natur des Menschen ist die Vernunft. Aber kann die Vernunft sich entfalten, wenn es darum geht, am Ende mehr Umsatz zu haben? Diese Frage beschäftigt mich auch in den nächsten Szenen. Ich bin wieder Zuschauerin des Assessment Centers. Bisher hatte ich vor allem über die *äußere* Natur nachgedacht, den Wald, die Seen, das Meer usw. Schon beim Outdoor-Training war für mich die Frage, wie es sich denn mit der *menschlichen*, mit unserer eigenen, der *inneren* Natur verhält. Diese Frage beschäftigt mich nun auch beim Assessment Center, denn hier scheint es gerade um sie zu gehen. Jedenfalls wird darüber gesprochen, welche individuellen Fähigkeiten man hat. Es geht darum, die eigenen Stärken zu kennen und auch die eigenen Schwächen nicht bloß negativ zu sehen, sondern als *Entwicklungs*felder zu begreifen. Eigentlich eine schöne Betrachtungsweise, denke ich: Es geht um die Entfaltung der eigenen Individualität, um die Entwicklung meiner Persönlichkeit. All das gehört doch mindestens seit der Aufklärung zur inneren Natur des Menschen. Aber auch hier frage ich mich: Ist der Unternehmenszweck, um jeden Preis Profit zu machen oder doch wenigstens Kosten einzusparen, vereinbar mit der Entfaltung meiner Individualität? Sicher möchte ich produktiv und effektiv arbeiten, selbstverständlich ist Arbeit ein wichtiger Aspekt der Entfaltung meiner Lebensenergie und meiner Persönlichkeit. Aber ist das, was für mich produktive Arbeit ist identisch mit dem, was «der Markt verlangt», wie hier gesagt wird? Ich zweifle daran.

Erst deutlich später im Film bringt mich ein kleines Detail zur *äußeren* Natur zurück: Bei einem Meeting für Führungskräfte sind auf dem weißen Konferenztisch Teller mit buntem Obst aufgetischt. Frisches Wasser aus der Eifel ist ebenso vorhanden. Die Fruchtbarkeit der Natur, sie schenkt uns ihre üppigen Gaben! An apple a day keeps the doctor away! Das sind meine Assoziationen. Es wird über Changeprozesse verhandelt, die angetrieben werden sollen, damit «die Zahlen stimmen». Hier sind plötzlich auffällig viele Frauen da, die Sitzung wird sogar von Frauen geleitet – ein *Change* scheint nur mit beiden Geschlechtern möglich zu sein. Das leuchtet mir irgendwie ein. Nach und nach wird klar, dass am Tisch darüber verhandelt wird, wie man Zusammenhalt in einem Team erzeugt, das sich noch nicht als Team fühlt und auch noch nicht genau weiß, was es zu tun hat. Auch hier kommt die innere Natur wieder vor, wenn auch in einer den Menschen äußerlichen Form. Es geht nämlich darum, dass man den Changeprozess dadurch in Gang bringen kann, dass man eine «Burning Platform» hervorbringt, die die Menschen zwingt, sich zu verändern. Ähnlich wie bei einem Reagenzglas, das man unters Feuer hält, um zu sehen, was mit der Chemikalie darin passiert, heizt man hier den Menschen im Team ein, um sie dazu zu bringen, sich zu verändern. Hier wird also nicht mein Wunsch nach Entwicklung gefördert, sondern ich werde durch schmerzhafte äußere Maßnahmen zu einer Entwicklung gezwungen, die mir viel abverlangt. Mir leuchtet ein, dass äußere Veränderung oft auch innere Veränderungen hervorrufen. Aber schöner wäre es doch, wenn ich aus vernünftiger Einsicht eine Entwicklung selbstbestimmt machen könnte, gemeinsam mit anderen. Das Argument, dass das Unternehmen am Ende nun mal bestimmte Zahlen braucht, überzeugt mich aber nicht. Nach Ansicht der beteiligten Führungskräfte scheint es in der Natur des Menschen zu liegen, dass er sich eigentlich lieber nicht verändern will. Ich habe den Eindruck, es liegt eher in der Natur der Lohnarbeit, dass es eine Differenz gibt zwischen meinen Interessen und den Interessen des Unternehmens. In jedem Fall erschrickt mich, wie hier über Teambildung und Gruppendynamik gesprochen wird: Sie wird zu einem äußeren Mittel, auf meine innere Natur Einfluss zu nehmen.

Gegen Ende des Films nehme ich den Gedanken an die äußere und innere Natur wieder auf. Es handelt sich um eine lange Kameraeinstellung. Aus einem Büro schauen wir durch die großen Glasfassaden auf ein grünes Tal mit Laubbäumen; es regnet. Die Ecke, in der die beiden Glasfassaden zusammenlaufen, teilt das, was wir draußen sehen, in zwei Hälften. Nachdem der Film mich in die Thematik des Change-Managements eingeführt hat, mit immer höherer Geschwindigkeit, mir Menschen gezeigt hat, die getrieben wirken von der Angst, ihr Unternehmen könne untergehen, kehrt durch dieses Bild wieder Ruhe ein. Die Szene hat eine ähnliche Wirkung auf mich wie die, in der das erste Mal der Wald zu sehen war, ich entspanne. Das triste Wetter hat auch etwas Gemütliches, man könnte sich einen Tee machen stundenlang den Lichtern der Autos nachsehen, die unterhalb des Waldes entlangfahren. Dieses Tal ist zwar bei weitem nicht so spektakulär, wie die hochaufgelösten Naturaufnahmen auf der Videoleinwand, die vorhin zu sehen waren. Aber es ist von einer schlichten Schönheit. Und es ist echt, keine bloße Videoprojektion. Ich höre ein Surren. Auf der linken Seite geht die elektrische Jalousie herunter. Mir bleibt nur auf der rechten Seite der Blick nach draußen gewährt. Ich kann nicht mehr das ganze Tal überblicken, die Technik enthält mir die eine Seite vor – das scheint mir sehr symbolisch für unser Verhältnis zur Natur zu sein, mit der wir uns nur in Teilen, in Fragmenten befassen wollen. In Teilen ist sie für uns beherrschbar, manipulierbar. Dass wir in Wahrheit nur ein Teil im Ganzen der Natur sind, die unsere Lebensvoraussetzung ist und dass wir also in ihr untergehen werden, wenn wir weitermachen wie bisher, das können wir gut verdrängen, solange wir uns nur mit kleinen, handhabbaren Ausschnitten der Natur beschäftigen. Auch die unangenehmen Seiten unserer eigenen Natur, wie die Notwendigkeit der reproduktiven Arbeit, können wir verdrängen, indem wir sie einfach auslagern – an die schwarze Putzfrau zum Beispiel, die in WORK HARD PLAY HARD gezeigt wird, wie sie für einen global agierenden Konzern – vermutlich zu einem Hungerlohn – die Kaffeeautomaten abwischt, damit alle anderen, sicher wesentlich besser bezahlten (wenn auch vermutlich oft immer noch unterbezahlten) Menschen sich ganz ihrer Kreativität hingeben können.

Die Atempause, die der Blick auf das Tal gewährleistete, ist vorbei, zurück zur Arbeit. Zwei Männer erscheinen im Bild. Der eine, auf der rechten Seite, ist mir bereits aus einer vorangegangenen Filmszene bekannt. Er hatte zuvor im Zusammenhang mit dem Change-Management davon gesprochen, dass wir das «Zeitalter des Analysten» gerade hinter uns gelassen hätten und nun das «Zeitalter des Menschen» begänne. Das «Zeitalter des Menschen» – Anthropozän – so nennen einige Geologen die Tatsache, dass die Menschen seit der Industrialisierung zu einem «geologischen Faktor» geworden sind, dass sie nämlich in einer Form in die Natur eingreifen, in der sie natürliche Prozesse nachhaltig verändern, indem sie zum Beispiel die Klimaerwärmung oder das Ozonloch hervorbringen. Aber das meint der Herr wohl nicht. Da ihm anschließend ein Computerprogramm zum «Human Capital Management» vorgestellt wird, meint er wohl das Zeitalter des «Human Resource Management». Der Mensch als Resource, als Kapital – schon diese Formulierung ist eine Provokation, wenn man sie auf sich selbst bezieht. Ich bin weder Ressource noch Kapital. Aber scheinbar beziehen die Menschen, die von Human Resource oder Human Capital Management sprechen, es nur auf ihre Mitarbeiterinnen und Mitarbeiter. Folgerichtig sagte der Mann vorher etwas, das mich erschaudern ließ: Er sprach nämlich davon, dass ein Unternehmen eben «die richtigen Menschen» brauche. Es gibt also auch falsche Menschen, Menschen, deren Lebensmotto nicht ist: Mehr Umsatz machen!, vermute ich. Der Film führt mir das Human Capital Management vor und zieht mein Interesse noch einmal auf andere Fragen.

Über die Natur denke ich kurz vor Schluss des Films noch einmal nach: Ich sehe Bäume im Innenhof eines Unternehmensgebäudes, symmetrisch angeordnet, zurechtgeschnitten, wie schon zuvor. Auch hier regnet es, aber während der Regen in dem grünen Tal bei mir zu einer wohlig-melancholischen Stimmung geführt hat, macht er mich hier eher traurig. Ich fühle mich sehr ohnmächtig nach all dem, was ich gesehen habe. Das Schlussbild des Films präsentiert, wie schon das Eingangsbild, eine Wand voll mit Nullen und Einsen, mit Bits und Bytes also. In der Mitte erheben sich die zweidimensionalen Zahlenreihen zu einer dreidimensional wirkenden Kugel. Aus Nullen und Einsen entsteht eine ganze Welt, die Welt der Computertechnologie, scheint mir das Kunstwerk entgegenzurufen. Alles ist hellgrau und weiß, die Kamera zoomt in diese künstliche Weltkugel und gibt mir das Gefühl, darin aufgesogen zu werden, daraus nicht mehr auftauchen zu können.

Nach dem Kinobesuch gehe ich nach Hause und schlage ein Zitat von Friedrich Engels nach, das mir während des Films in den Kopf gekommen ist:

«Schmeicheln wir uns indes nicht zu sehr mit unsern menschlichen Siegen über die Natur. Für jeden solchen Sieg rächt sie sich an uns. Jeder hat in erster Linie zwar die Folgen, auf die wir gerechnet, aber in zweiter und dritter Linie hat er ganz andre, unvorhergesehene Wirkungen, die nur zu oft jene ersten Folgen wieder aufheben. Die Leute, die in Mesopotamien, Griechenland, Kleinasien und anderswo die Wälder ausrotteten, um urbares Land zu gewinnen, träumten nicht, dass sie damit den Grund zur jetzigen Verödung jener Länder legten, indem sie ihnen mit den Wäldern die Ansammlungszentren und Behälter der Feuchtigkeit entzogen. (...) Und so werden wir bei jedem Schritt daran erinnert, dass wir keineswegs die Natur beherrschen, wie ein Eroberer ein fremdes Volk beherrscht, wie jemand, der außer der Natur steht – sondern dass wir mit Fleisch und Blut und Hirn ihr angehören und mitten in ihr stehen, und dass unsre ganze Herrschaft über sie darin besteht, im Vorzug vor allen andern Geschöpfen ihre Gesetze erkennen und richtig anwenden zu können.

Und in der Tat lernen wir mit jedem Tag ihre Gesetze richtiger Verstehen und die näheren und entfernteren Nachwirkungen unsrer Eingriffe in den herkömmlichen Gang der Natur erkennen. Namentlich seit den gewaltigen Fortschritten der Naturwissenschaft in diesem Jahrhundert werden wir mehr und mehr in den Stand gesetzt, auch die entfernteren natürlichen Nachwirkungen wenigstens unsrer gewöhnlichsten Produktionshandlungen kennen und damit beherrschen zu lernen. Je mehr dies aber geschieht, desto mehr werden sich die Menschen wieder als Eins mit der Natur nicht nur fühlen, sondern auch wissen, und je unmöglicher wird jene widersinnige und widernatürliche Vorstellung von einem Gegensatz zwischen Geist und Materie, Mensch und Natur, Seele und Leib, wie sie seit dem Verfall des klassischen Altertums in Europa aufgekommen und im Christentum ihre höchste Ausbildung erhalten hat.

Hat es aber schon die Arbeit von Jahrtausenden erfordert, bis wir einigermaßen lernten, die entfernteren *natürlichen* Wirkungen unsrer auf die Produktion gerichteten Handlungen zu berechnen, so war dies noch weit schwieriger in Bezug auf die entfernteren *gesellschaftlichen Wirkungen* dieser Handlungen. (...) Die Männer, die im siebzehnten und achtzehnten Jahrhundert an der Herstellung der Dampfmaschine arbeiteten, ahnten nicht, dass sie das Werkzeug fertigstellten, das mehr als jedes andre die Gesellschaftszustände der ganzen Welt revolutionieren und namentlich in Europa durch Konzentrierung des Reichtums auf Seite der Minderzahl, und der Besitzlosigkeit auf Seite der ungeheuren Mehrzahl, zuerst der Bourgeoisie die soziale und politische Herrschaft verschaffen, dann aber einen Klassenkampf zwischen Bourgeoisie und Proletariat erzeugen sollte, der nur mit dem Sturz der Bourgeoisie und der Abschaffung aller Klassengegensätze endigen kann. – Aber auch auf diesem Gebiet lernen wir allmählich, durch lange, oft harte Erfahrung und durch Zusammenstellung und Untersuchung des geschichtlichen Stoffs, uns über die mittelbaren, entfernteren gesellschaftlichen Wirkungen unsrer produktiven Tätigkeit Klarheit zu verschaffen, und damit wird uns die Möglichkeit gegeben, auch diese Wirkungen zu beherrschen und zu regeln.

Um diese Regelung aber durchzuführen, dazu gehört mehr als die bloße Erkenntnis. Dazu gehört eine vollständige Umwälzung unsrer bisherigen Produktionsweise und mit ihr unsrer jetzigen gesamten gesellschaftlichen Ordnung.» (MEW 20, S. 452ff.)

Exkurs 1 Die eine Seite des Assessment Centers – ein Personalberater berichtet

Assessment Center als entgrenzte Optimierung
von Matthias Barkhausen

Als Berater, der selbst Assessment Center (AC) konzipiert und durchführt, sehe ich in den entsprechenden Szenen des Films WORK HARD PLAY HARD eine zugespitzte, aber treffende Dokumentation eines professionellen Vorgehens der Personalentwicklung. Warum lösen diese Szenen dann ein beunruhigendes Unbehagen in mir aus? Ich begebe mich auf eine Spurensuche.

Zunächst sehen wir zwei Männer und eine Frau eines Unternehmens der Solarbranche, die unabhängig voneinander von einer externen Beraterin im Rahmen eines Potenzialverfahrens befragt werden. Zwei Führungskräfte des Unternehmens nehmen als Auftraggeber und Beobachter am Interview teil. Eine der Führungskräfte erläutert die doppelte Zielsetzung dieses AC: Zum einen diene es der Organisationsentwicklung, in dem die beobachtenden Führungskräfte die Kompetenzen der Vertriebsmannschaft besser kennenlernen sollen, zum anderen können diese Informationen auch als Ausgangspunkt für die persönliche Personal- und Karriereentwicklung der Mitarbeiter genutzt werden. Im Kern geht es also um Weiterentwicklung und Optimierung von Mitarbeitern und Unternehmen, von der bestenfalls beide Parteien einen Nutzen haben. Die Atmosphäre in den Gesprächen wird von den Durchführenden professionell und höflich gestaltet, während die drei Mitarbeiter je nach persönlichem Naturell von angestrengt-ambitioniert, über selbstbewusst-selbstdarstellerisch bis zu kritisch-zurückhaltend wirken. Sprachlich bedienen sich alle – ob nun als Beraterin, Führungskraft oder Teilnehmer – dem üblichen Business-Jargon (z. B. «Win-win-Situation», «am Ende des Tages», «Dinge vorantreiben»), der immer etwas benennt, während gleichzeitig Wesentliches unbenannt und im Ungefähren bleibt. In den Pausen zwischen Interview und Feedback diskutieren und bewerten die Beraterin und die Führungskräfte, während die Kandidaten im Innenhof ihre Handys eifrig checken. Dabei wirken sie nach der Anspannung der Interviews wie in einen künstlichen Leerlauf, ein bedrückendes Moratorium oder eine Zwangspause versetzt. Der leere Innenhof steigert den Eindruck von Verlorenheit und Ausgeliefertsein der Kandidaten.

So weit so normal für eine Prüfungssituation, wie es ein AC darstellt, möchte man meinen. Die Absichten des Unternehmens durch ein AC, eine Standortbestimmung des jeweiligen Mitarbeiters vorzunehmen, ihn entsprechend seiner besonderen Kompetenzen für das Unternehmen einzusetzen, individuelle Entwicklungspotenziale zu identifizieren und mögliche Karrierewege im Betrieb aufzuzeigen, sind nachvollziehbar und durchaus auch im Sinne der Mitarbeiter. Durch das im Film gezeigte Verfahren soll keine direkte Auswahl für eine interne Position vorgenommen werden. Es handelt sich vielmehr um ein Potenzial- oder Personalentwicklungsverfahren, das eine Spezialform des AC darstellt. Moderne Unternehmen mit hoher Arbeitsteilung, flachen Hierarchien, Matrixorganisationen und immer wiederkehrenden Phasen von Projektarbeiten bedienen sich solcher Personalentwicklungsverfahren, um der Auflösung von starren Aufbaustrukturen und ihrer komplexen Binnendifferenzierungen von Arbeitsaufgaben und –strukturen gerecht zu werden.

Den ausgewählten Filmszenen nach zu urteilen, scheint das Interview im Rahmen des Potenzialverfahrens professionell konzipiert, methodisch ordentlich durchgeführt (z. B. voneinander unabhängige Beobachtungen aus verschiedenen Perspektiven) und gegenüber den Teilnehmern transparent dargelegt zu sein (z. B. die Ziele und die Interviewdurchführung werden den Teilnehmern erklärt, erste Ergebnisse werden ihnen in Form eines Kurzfeedbacks offen gelegt). Leider sehen wir als Zuschauer nur das Interview, ohne den Kontext, das Davor oder Danach, zu kennen. Das erleichtert eine Kritik des Verfahrens oder ermöglicht zumindest kritische methodisch-ethische Nachfragen, z. B. wie es mit der Freiwilligkeit bzw. der direkten oder mittelbaren Pflicht zur Teilnahme am Verfahren bestellt ist? Oder ob neben dem Interview noch andere – auch simulierende (z. B. Rollenübungen, Arbeitsproben oder Fallstudien) – Methoden verwendet werden? Denn schließlich lebt ein AC davon, dass die Beobachter diejenigen Merkmale, die in der Konzeption der Potenzialanalyse als bedeutsam für die entsprechenden Positionen definiert wurden, mehrfach und unabhängig voneinander beobachten können, um hinreichend gültige Aussagen zu den Kompetenzen und Potenzialen der Teilnehmer machen zu können. Außerdem machen die Filmszenen sehr deutlich, dass – wie auch in anderen Prüfungssituationen – nicht nur bestimmte Fähigkeiten, hier z. B. unternehmerisches Verhalten, Kreativität und Konfliktmanagement getestet werden, sondern vor allem auch die Stressresistenz der Teilnehmer in Prüfungssituationen.

Doch sollten wir auf eine allzu einfache methodische Kritik an Methode und Zielsetzung des Verfahrens verzichten, die uns die Erkenntnismöglichkeiten nimmt, die der Film uns als Zuschauer prinzipiell zu bieten hat. Erkenntnismöglichkeiten, die entstehen, wenn man sich dafür öffnet, sich selbst im Film als potenziell Betroffenen in der einen oder anderen Rolle zu begegnen, sei es als Teilnehmer eines AC in der Personalauswahl oder –entwicklung, als Beobachter in der Funktion als Führungskraft, als (interner oder externer) Berater oder als Auftraggeber. Die äußerst beunruhigende und spannende Kernfrage, die dann aufscheint, lautet: Wie lässt es sich erklären, dass das im Film dargestellte Potenzialverfahren trotz des unterstellten guten Willens der Auftraggeber, der angenommenen Akzeptanz der Teilnehmenden und der vorausgesetzten Einhaltung der professionellen Standards der Durchführenden beim Zuschauer Gefühle der Beklommenheit, der Befremdung und des Unbehagens aufkommen lässt?

Work Hard Play Hard kann den Blick freimachen für eine grundlegende, widersprüchliche Problematik von AC: Einerseits verhelfen diese Formen der Personalauswahl und -entwicklung zu einer optimierten Passung von Mensch und Stelle, die durchaus im Interesse aller Beteiligten sein kann. Der Mitarbeiter ist zufriedener und produktiver, wenn er seine Kompetenzen und Potenziale auf einer für ihn passenden Position verwirklichen kann, was wiederum den Interessen des Arbeitgebers zugutekommt. Andererseits stellen AC eine Einladung zu Selbstoffenbarungen und Selbstinszenierungen dar. Die Grenze zwischen dem Privat-Persönlichem und Betrieblich-Beruflichen der Teilnehmer verwischt, auch wenn ein professionell durchgeführtes Verfahren sich formal-juristisch im Rahmen der gesetzlichen Grenzen (z. B. Persönlichkeitsrecht, Mitbestimmungsrecht des Betriebs- und Personalrats) bewegt.

Wenn man potenzielle Kandidaten, um ihr Einverständnis zur Teilnahme am AC bittet, dann erhält man häufig zur Antwort: «Ja klar, nehme ich daran teil. Denn besser werden, kann man immer.» Diese «Vertikalspannung» (Peter Sloterdijk), also unser stetes Streben, uns übend ständig weiterzuentwickeln, ist ein zentrales Teilnahme- und Durchführungsmotiv von AC als eine unter vielen Methoden in der berufsbezogenen Optimierungs- und Selbstoptimierungsbranche (z. B. Training und Coaching). Es ist eine Art anthropologische Konstante, die sowohl ein individueller als auch menschheitsgeschichtlicher Treiber zu Optimierung und Perfektionierung darstellt. AC nutzen diesen zentralen menschlichen Wunsch, übend stetig besser zu werden. Damit wird klar, dass es immer beides ist: Wir wollen uns aus innerem Antrieb übend kontinuierlich verbessern, während gleichzeitig unsere Zeit, die modernen Institutionen und Systeme dieses mit äußerem Druck erfordern.

So stellt sich beim Betrachten des Films ein Gefühl des Zuviel-des-Guten ein. Ein Zuviel an Ambitioniertheit, Selbstoffenbarung, Anpassungswillen, Selbstmarketing und methodischer Sauberkeit. Die Komplexität und ständige Weiterentwicklung moderner Arbeitsverhältnisse erfordern immer wieder neu personelle Bewertungsprozesse: Wer ist wo am richtigen (d.h. passenden) Platz? So sehen wir im Film einen jungen Mann, der nach Ausbildung und Studium nun seit zwei Jahren bei Schott Solar arbeitet. Die Beraterin bittet ihn, sich selbst einzuschätzen: Was sind seine beruflichen Stärken und Schwächen? Wie geht er mit Konfliktsituationen um? Er will zeigen, dass er ehrgeizig und zielstrebig seinen beruflichen Weg gehen will. Manchmal scheinen seine Antworten dem Prinzip der sozialen Erwünschtheit zu folgen, also geprägt davon zu sein, was er meint, dass die AC-Beobachter von ihm hören wollen. Das wirkt angestrengt und bemüht. Manchmal windet er sich – und wir als Zuschauer mit ihm – wenn die Fragen die Grenze zwischen privaten und beruflichen, zwischen intimen und öffentlichen Aspekten der Person überschreiten. Vielleicht liegt es daran, dass von dem jungen Mitarbeiter Bewertungsprozesse über Fähigkeiten, Verhaltensweisen, Kompetenzen und berufliche Entwicklungswünsche abverlangt werden, die er selber noch gar nicht vollständig reflektiert und integriert hat. Insgesamt bekommt man den Eindruck einer entgrenzten Optimierung, der vielleicht weniger den Akteuren (Teilnehmer, Beraterin, Führungskräfte und Auftraggeber) oder der Methode zuzuschreiben ist, als vielmehr unserem durch und durch verinnerlichten Wunsch nach Besserwerden in einer Arbeitswelt, in der sich die traditionellen Strukturen immer mehr auflösen.

WORK HARD PLAY HARD verzichtet konsequent auf Kommentierungen. Stattdessen dokumentiert der Film einen Teil der Wirklichkeit von AC, ohne Wege der Veränderungen und Korrekturen aufzuzeigen. Das erklärt die Verstörtheit der Zuschauer nach Ende des Films. Aber was wäre die Alternative? Soll der Film oder sollen wir uns damit auseinandersetzen, wie das Optimieren durch AC optimiert werden kann? Das klingt nicht nur absurd, sondern wäre es auch. Vielleicht wäre es zunächst eine geeignete Haltung, die ganze Widersprüchlichkeit von sinnvoller und entgrenzter Optimierung der AC auf uns wirken zu lassen. Vielleicht macht es gerade die Wirkmächtigkeit von WORK HARD PLAY HARD aus, uns diese Verhältnisse lediglich zu spiegeln. Vielleicht müssen wir diese Widersprüchlichkeit erst einmal erleben und aushalten, bevor es uns gelingen mag, neue Ideen und Handlungsansätze zu entwickeln, wie Mensch und Arbeitsaufgabe auf eine befriedigendere und sinnvollere Weise miteinander vermittelt werden können. Meine Spurensuche ist noch nicht beendet...

Exkurs 2: Die andere Seite des Assessment Centers – ein Teilnehmer berichtet

Ich funktioniere
ohne Namensnennung

5-Sterne Hotel, Düsseldorf 2009: Ich in einem 1,5-tägigem Assessment Center mit zehn anderen Teilnehmern. Es geht darum, wer von uns zum Partner, dem höchsten Karrierelevel in unserem Unternehmen befördert wird. Ich erinnere mich:

«Prima. Jetzt müssen wir nur noch hoffen, dass der Vorstand dann bereits aus der Mittagspause zurück ist.» – Nur der Vorstand lacht, alle anderen verziehen keine Miene. Oje, war mein witzig gemeinter Spruch hilfreich? Egal, passiert ist passiert. Weiter, weiter!

Ziel der Übungsrunde ist es, dass wir elf Teilnehmer des Assessment Centers einen Termin für den Vorstand organisieren. Dazu wird an jeden Teilnehmer jeweils eine Ereigniskarte mit einem Lösungshinweis verteilt. Der Termin sollte möglichst früh stattfinden und es soll herausgefunden werden, welcher Besprechungsraum verfügbar ist. Beobachtet wird unsere Interaktion im Team. Wer übernimmt eine Führungsrolle? Wer bleibt still?

Das Beobachtungsgremium besteht aus dem Bereichsvorstand, mehreren Mitgliedern seines ihm zugeordneten Leitungsgremiums und zwei Mitarbeitern aus Human Resources.

Nach 50-minütiger sehr hitziger Gruppeninteraktion verkündet ein Kollege unsere Lösung: Der Vorstandstermin findet um 15:30 Uhr in Raum Mozart statt. Jetzt will ich unbedingt noch eine Duftmarke setzen und tue dies mit meinem oben zitierten flapsigen Witz und der damit verbundenen Unterstellung, ein Vorstand verbringe grundsätzlich gerne seine Zeit bei ausgedehnten Mittagessen.

Die nächste Übung ist ein Abendessen unter Beobachtung. Wir sitzen an sechs Tischen in einer bunten Reihe – jeweils ein Beurteiler sitzt neben einem Teilnehmer usw. Die Beurteiler wechseln nach jedem Gang den Tisch, wir Teilnehmer bleiben sitzen. Es gibt drei Schichten, sodass ich während des Abendessens insgesamt neben sechs Beurteilern sitze. Von einem Kollegen weiß ich, dass er schlecht abschnitt, weil es ihm nicht gelang beim Abendessen ausreichend Akzente zu setzen. Die Vorgabe ist für mich also klar – immer schön aktiv bleiben. Ein Beurteiler bestätigt mir das dann auch im Gespräch: «Es gibt zwei Gruppen von Menschen. Die Lauten und die Stillen. Die Stillen haben hier ein Problem.» Dann war meine Bemerkung über den Vorstand vielleicht doch nicht so schlecht? Das war immerhin nicht still, arbeitet es in mir.

Das Abendessen empfinde ich als genauso anstrengend wie die vorangegangene Gruppenübung. Ich bemühe mich, ständig im Gesprächsfluss zu bleiben. Zur Not klinke ich mich auch auf aufdringliche Art in einen Dialog meiner Tischnachbarn ein. Bloß nicht still sein – keine Passivität! Ich habe zu allem was zu sagen.

Für Schmunzeln sorgt vor dem Essen der Hinweis, dass Trinkfestigkeit nicht bewertet werde. Ich habe aber das Gefühl, dass eine vollkommene Alkoholabstinenz auch unpassend ist. Das wäre eine zu große Abweichung vom Gruppenverhalten.

Ich trinke an dem Abend ein Glas Rotwein und verabschiede mich nach der Nachspeise als einer der ersten. Und wieder frage ich mich: Ist das zu früh? Ist das der richtige Zeitpunkt?

Beurteiler und Teilnehmer übernachten alle in dem gleichen Hotel. Das Frühstück am nächsten Morgen gehört nicht zum offiziellen Teil. Ich habe aber im Vorfeld den Tipp bekommen, mich nicht von den inoffiziellen Teilen trügen zu lassen. Jeder Teilnehmer stünde letztlich laufend unter Beobachtung. Jede Minute erfordert Präsenz und Aktivität. Also, welchen Tisch soll ich nun optimalerweise ansteuern? Dort, wo Beurteiler sitzen oder mische ich mich unter Teilnehmer? Ich entscheide mich für einen Frühstückstisch, an dem bereits andere Teilnehmer sitzen – die sicherere Variante, der direkten Beobachtung entzogen. Sonderpunkte durch eloquentes Parlieren mit einem Beobachter kann ich auf diese Weise natürlich auch nicht sammeln.

Es folgen weitere Übungen, wir diskutieren folgende Fragen: Wie können wir die Zukunft unseres Unternehmens gestalten? Welche Herausforderung bedeutet der Wertewandel der Generation Y? Ich bekomme allmählich ein Gefühl für die Gruppe – welche Persönlichkeiten sind die anderen Teilnehmer, meine Konkurrenten. Meine Sicherheit steigt, da mir klar wird, dass andere Teilnehmer schwächer sind. Sie sind passiv. Sie können ihren Punkt nicht überzeugend darlegen. Ich gehöre sicherlich zu den aktiven, auch wenn ich mich hin und wieder verzettle. Die gewonnene Sicherheit führt jedoch nicht dazu, dass ich entspanne. Der Druck ist enorm. Weiter, weiter. Aktiv sein. Klink Dich ein. In Situationen, in denen ich mich typischerweise zurücknehmen würde, versuche ich hier zu punkten. Punkte um des Punktens willen. Jede Minute zählt. Big Brother is watching you.

Dann kommt das Interview – sicherlich der wichtigste Baustein des Assessment Centers. Ich muss meinen Personal Case und meinen Business Case darlegen. Beim Personal Case geht es darum, als Typ zu überzeugen. Bin ich «Partner Material»? Kann ich überzeugend auftreten? Mich durchsetzen? Und gleichzeitig umgänglich und teamfähig sein? Der Business Case soll zeigen, dass der Kuchen für alle Partner größer wird, wenn ich Partner werde – mein persönliches Geschäftsmodell innerhalb des Unternehmens. Ist meine Aktivität am Markt erfolgreich? Ich werde einzeln befragt vom Vorstand, zwei Mitgliedern des Leitungsgremiums und einer Human Resources Kollegin. Ich bin sehr aufgeregt.

Durch bewusstes, ruhiges Atmen versuche ich mich, meinen Puls zu beruhigen. Ich habe mein Instrumentarium, meine Techniken, die mich stützen. Beiß- und Bissfestigkeit, hatte mir ein Kollege bereits vor längerer Zeit gesagt, brauche man, wenn man hier Karriere machen möchte. Das ist für mich Ansporn, hier Karriere zu machen. Gewinnertypen setzen sich durch und ich bin ein Gewinner. Und meine Techniken helfen mir hier zu bestehen.

Das Interview verläuft meines Erachtens ganz ordentlich. Ich habe mir bereits im Vorfeld eine Antwortstrategie zurecht gelegt. Beispielsweise zu Themen des Unternehmens gefragt: Bejahung der seitens der Unternehmensführung gewählten Ausrichtung mit einer kleinen Kritik bezüglich Nebenkriegsschauplätzen (die natürlich keinesfalls von dem anwesenden Bereichsvorstand verantwortet werden). So ist klar, dass ich voll hinter dem Unternehmen stehe und auch gleichzeitig kein bloßer Ja-Sager bin, sondern auch eigene Ideen einbringe. Zusätzlich achte ich auf

Körperhaltung, Gestik, Mimik, Augenkontakt. Als das Interview beendet ist, bin ich erleichtert. Die Gesamtanspannung legt sich nun etwas.

Nach einer weiteren Übung ist dann auch offiziell Schluss. Da sich die Beobachter zur Auswertung der Übungen zurückziehen, ist das Assessment Center nicht nur offiziell, sondern auch inoffiziell beendet. Keine Beobachtung mehr. Meine Anspannung fällt vollständig ab. Ich bin total platt. Die Ergebnisse werden uns noch am gleichen Abend mitgeteilt. Für die Wartezeit hat das Unternehmen ein Unterhaltungsprogramm vorbereitet. Es interessiert mich überhaupt nicht. Ich will jetzt keine netten Spielchen machen. Für mich zählt nur: Wie werde ich bewertet? Es hängt für mich sehr viel an dem Ergebnis. Ich will hier bestehen – für meine Frau, meine Eltern, die Arbeitskollegen in der täglichen Arbeit. Alle wissen, dass ich hier im Assessment Center bin. Für sie will ich bestehen. Ich will die Erwartungen, die in mich gesetzt werden, erfüllen. Ich will im Karrierespiel auf das nächste Level. Es geht nicht um fachliche Inhalte. Es geht nicht darum, bei Bestehen eine mir bedeutsame Tätigkeit ausüben zu können. Es geht letztlich um beißen und gebissen werden. Und dabei unter dem Strich zu gewinnen.

Jetzt bin ich an der Reihe. Mir wird mein Ergebnis mitgeteilt. Obwohl ich mich ja mindestens im Mittelfeld wähnte, bin ich wieder sehr aufgeregt. Zwei Bewerter eröffnen mir fairerweise gleich zu Beginn, dass ich weiter im Verfahren bin. Ich bin erleichtert. Dann bekomme ich noch detailliertes Feedback. Zwei Hauptschwachpunkte werden ausgemacht. Zum einen hätte man mir den Druck angemerkt. Ich hätte mir häufig auf die Unterlippe gebissen. Das war mir gar nicht aufgefallen. Diese Spiegelung ist mir unangenehm. Gewinner beißen sich nicht vor Unsicherheit auf die Lippen. Zum anderen wird meine Flapsigkeit bemängelt: «Man macht keine Witze über den Vorstand in Gegenwart des Vorstands.» Das heißt, ohne Gegenwart des Vorstands sind Witze über ihn zulässig?, denke ich. Mir wird ein Rezept an die Hand gegeben, wie ich meine Flapsigkeit zügeln solle. Nach zehn Arbeitsmeetings mit einem Mandanten, auf einem gemeinsamen Oktoberfestbesuch nach der ersten Maß, dann könnte ich den ersten Witz gegenüber diesem Mandanten wagen. Davor nicht. Diese Rückmeldung überrascht mich nicht. Ich bin mir meiner manchmal aufblitzenden Flapsigkeit bewusst. Ich weiß, dass das vorgeschlagene Rezept für mich nicht passt. Es entspricht nicht meiner Persönlichkeit.

Zum Glück ist nun erst mal Wochenende. Ich denke über die Rückmeldung nach. Fehlt es mir an Professionalität – ob meines Humors? Soll ich mich ändern? Wie kann ich mich ändern? Wie wichtig ist mir der Karriereschritt? Am Sonntagabend weiß ich, dass ich mir an diesem Punkt meine Persönlichkeit bewahren möchte. Entweder schaffe ich den nächsten Karriereschritt so oder nicht. Mein Arbeitgeber wird mich hier nicht ändern. Ein gutes Gefühl.

Nach wenigen Wochen folgt der nächste Baustein unseres Entwicklungsprogramms für diejenigen, die das Assessment Center erfolgreich bestanden haben. Ich erfahre, wer aussortiert wurde und wer eine besonders hohe Wertung erreicht hat. Das Ergebnis ist für mich nachvollziehbar. Es deckt sich mit meinen Beobachtungen. Der Auswahlprozess erscheint also wirksam.

Schließlich sind ich und ein Teil der Teilnehmer des Assessment Centers elf Monate später bei einer aufwändigen Firmenveranstaltung anlässlich unserer Beförderung. Alles ist vom Feinsten. Der Global Chairman ruft uns zu: «You are the best of the best!» Ich stehe im Kreis mit den Weggefährten. Anstatt zu feiern, werden zunächst gemeinsam die Erlebnisse auf dem Weg hierher verarbeitet. Zwei Zitate von Kollegen bleiben mir in Erinnerung: «Ein unmenschliches Verfahren.» und «Das Assessment Center war der schlimmste Tag in meiner beruflichen Laufbahn.» Dabei waren wir doch alle erfolgreich!

Als ich den Film WORK HARD PLAY HARD sehe, kommen Erinnerungen an die eigenen Erfahrungen hoch. Ich kann mich am besten mit dem jungen Mann aus dem Assessment Center identifizieren. Meine Kinobegleitung meint, er überzeuge nicht, er sei zu angepasst. Und genau dieser junge Mann bin ich. Derjenige, der gefallen will – mit perfekten Antworten. Mit Antworten, die unbedingte Einsatzbereitschaft signalisieren. Antworten, die passen. Die eigene Persönlichkeit und ihre Individualität kommen nicht durch. Der Wunsch zu gefallen ist stärker. Ich kann mich so anpassen, dass ich der Richtige für Euch bin. Der junge Mann hat mein volles Mitgefühl.

RECHERCHE
FÄHRTEN EXZERPTE NOTIZEN
von Carmen Losmann

Meine Recherchen zu dem, was später der Film WORK HARD PLAY HARD werden sollte, begannen im September 2007 und zogen sich bis in die Dreharbeiten hinein, die 2009 und 2010 stattfanden. Die Suche dazu war zunächst offen und von der Richtung her unklar – ich folgte eher intuitiv bestimmten Fragen und Fährten, ohne zu wissen, wohin sie mich führten. Dabei geriet ich auf unterschiedlichste Felder, die nicht in direkter Form im Film wiederzufinden sind. Stattdessen bilden sie für mich eine Art gedanklichen Untergrund aus welchem der Film hervorging.

Dieses Kapitel umfasst einen Teil dieses Recherche-Fundus und meine damit verbundenen Entdeckungen, Begegnungen, Fundstücke, Texte, Gespräche und Zusammenhänge – es ist eine offengelegte, uneinheitliche Materialsammlung und keine abgeschlossene und schlüssig aufgereihte Kette von Einzelteilen, die eindeutig auf den fertigen Film zeigt.

Vielmehr möchte ich meine unterschiedlichen Richtungen der Suche und meine damit verknüpften Gedanken als mögliche Einstiegspunkte darlegen, von wo aus sich eine eigene Auseinandersetzung mit den hier angerissenen Fragestellungen anschließen und weiterführen ließe.

Ausgangspunkte

In den Abbildern einer medial erzeugten Wirklichkeit begegnet mir eine bunte, aufregende, neue Arbeitswelt. In Corporate-Identity-Broschüren, Imagespots, Recruitingvideos und auf Websites, werden Unternehmenskulturen präsentiert, die von einem stattfindenden Wandel der Arbeitswelt zeugen: Die Bilder versprechen eine Welt der Herausforderungen und des Abenteuers, in der auch das ausgelassene Feiern unter fröhlichen, sorgenfreien Menschen keinesfalls zu kurz kommt. Das Credo vieler Personalabteilungen und eines neuen Führungsstils lautet: «Der Mensch steht im Mittelpunkt».

Ich werde neugierig: Was hat das zu bedeuten? Wird hier eine lang ersehnte Utopie von Arbeit ohne Unterdrückung und Zwang zur Wirklichkeit? In aktuellen Publikationen zum «Human Resource Management» lese ich genaueres zu den sich verändernden Formen der Arbeitsorganisation: Arbeitszeiterfassung und Anwesenheitspflicht sind Schnee von gestern, alle arbeiten im Vertrauen und gemeinsam an einem Ziel. Streng hierarchische Kommandostrukturen sind nicht mehr ‹en vogue›, die Arbeit wird im Team unter Teamplayern organisiert. Auch der einstige Interessenskonflikt und die damit verbundenen Kämpfe zwischen «Arbeitgeber» und «Arbeitnehmer» sind beigelegt – alle Beschäftigten werden als gleichberechtigte Partner gesehen, die sich selbst zur Arbeit motivieren und sich darin mit ihrer individuellen Persönlichkeit und Kreativität verwirklichen können.

Gleichzeitig wird mein Bild einer nach menschlichen Bedürfnissen umgestalteten Arbeitswelt von Störungen und Symptomen irritiert, die von einer anderen Wirklichkeit berichten: «Schwarze Serie im Technocentre» – so die Kopfzeile eines Zeitungsartikels des Berliner Tagesspiegels vom 09.03.2007. Drei Führungskräfte des Forschungs- und Entwicklungszentrums des Automobilherstellers Renault haben sich scheinbar aus heiterem Himmel das Leben genommen. «Ich bin nicht mehr fähig, diese Arbeit zu machen», sie sei «zu schwer auszuhalten», schrieb einer der Selbstmörder in seinem Abschiedsbrief an seine Familie. Laut Zeitungsbericht konnte jeder der drei nicht mehr aufhören zu arbeiten, sondern war Tag und Nacht mit der Erfüllung seiner Ziele beschäftigt.

Dabei gelten die Arbeitsbedingungen des Technocentres als vorbildlich: Die Beschäftigten können kommen und gehen wann sie wollen, das Gebäude ist rund um die Uhr geöffnet, jeder kann sich seine Zeit selbst und frei einteilen. Alle Arbeitsplatze im Gebäude sind so funktionalisiert, dass jeder mit seinem Laptop überall dort arbeiten kann, wo gerade ein Platz frei ist – oder auch von zu Hause aus. Jeder organisiert und motiviert sich selbst und arbeitet für die Dauer eines Projekts mit Teamkollegen zusammen. Alle Arbeitsprozesse werden von einem Informations-Management-System verrechnet und visualisiert, sodass sich jeder auf dem Laufenden über den aktuellen Stand seiner Zeit- und Zielerfüllung halten kann.

Warum wollen drei Mitarbeiter des Technocentres nicht länger teilnehmen an dieser Utopie einer neuen, freien Arbeitswelt sondern steigen aus, wählen den Freitod? Ein Paradoxon beginnt sich abzuzeichnen: Wieso führen neue Managementformen und das damit verknüpfte Angebot «Arbeite wann und wo Du willst» zur zeitlich und räumlich uneingeschränkten Entgrenzung von Arbeit – zu einem «Arbeiten ohne Ende»? Wie kann das sein?

1 Obsession and passion for the business

Mit diesen skizzierten Ausgangspunkten und den damit verbundenen Fragestellungen beginnt meine Recherche zu WORK HARD PLAY HARD. Bislang beruhen meine Kenntnisse nur auf medial vermittelnden Informationen, daher nehme ich Kontakt zu Menschen auf, die unter den Bedingungen neuer Managementformen arbeiten und als so genannte «High Performer» gelten. Sie bezeichnen sich als:

- Sales Manager einer Softwarefirma, zuständig für EMEA (Europe, Middle East, Asia)
- Global Key Account Managerin bei einem transnationalen Marktforschungsunternehmen
- Trainee im Bereich Human Resources eines führenden Automobilkonzerns
- Senior Manager bei einer auf Technologie und Outsourcing spezialisierten Beratungsfirma
- Projektmanagerin in einer Werbeagentur
- IT-Specialist bei einem internationalen IT- und Beratungsunternehmen
- Vertriebsleiter einer Maschinenbaufirma, zuständig für den deutschen Markt
- Consultant bei einer weltweit tätigen Unternehmensberatung

Sie erzählen mir von ihrem Berufsalltag und von sich. Auszüge aus diesen Gesprächen habe ich in verschiedene Themenblöcke zusammengefasst:

To Do

«Ich bin momentan dem Personal Service Center meines Unternehmens zugeordnet. Das ist ein autonomer Teilbereich, im dem gebündelt die ganzen Human Resource Services abgewickelt werden: Personalmanagement, Gehaltsabrechnungen, Mitarbeiterschulungen und -Trainings. Innerhalb des weltweiten Konzerns gibt es mehrere dieser Personal Service Center. Gerade habe ich die zwanzig Kompetenzfacetten ausgearbeitet – das ist ein Leitfaden, welche Qualifikationen eine Arbeitskraft meines Unternehmens haben sollte und das ist global für alle gültig. Es gibt drei Bereiche: individuelle Kompetenzfacetten, soziale Kompetenzfacetten und einen dritten Bereich Problemlösung.»

«Ich arbeite als Sales Manager, sprich Vertriebsleiter, bei einer international tätigen Maschinenbaufirma und bin nun seit drei Jahren zuständig für den deutschen Markt. Der musste komplett neu aufgebaut werden, das fand ich eine spannende Herausforderung. So richtig Kaltakquise. Telefon, anrufen. Ich arbeite 50-60 Stunden in der Woche, bin viel im Auto unterwegs, Besuche bei Kunden. 60000 km pro Jahr bin ich unterwegs. Die viele Zeit im Auto nutzte ich um mich weiterzubilden, ich höre mir meistens Vertriebsseminare auf CD an. Morgens gehe ich um halb sieben aus dem Haus und meistens komme ich so gegen 19.30 wieder heim.»

«Ich arbeite bei einer US-amerikanischen Softwarefirma, die am NASDAQ notiert ist. Das ist ganz wichtig zu wissen, weil dadurch meine Firma in Quartalen rechnet. Jedes viertel Jahr wird Bilanz gezogen. In einem bestimmten Software-Segment sind wir Marktführer und haben ein paar cash cows im Produktportofolio. Ich betreue ein neues Produkt, das ist noch ein question mark. Es gibt im Marketing vier Einteilungen für den Status eines Produktes oder einer Marke: rising star, cash cow, question mark, poor dog.»

«Ich bin Senior Manager bei einer führenden Unternehmensberatung. Ich mache relativ viele Sachen, die mit Excel zusammenhängen, relativ viele Sachen, die in irgendwelchen Power Point Sheets münden. Momentan geht es in dem Projekt darum, wie wir die Prozesse am besten organisieren, sodass die in der Organisation eintreffenden Dokumente am kürzesten in der Organisation verweilen. Ich habe mir da heute Morgen, Quatsch, gestern Abend Daten dazu schicken lassen, die die Kollegen in den letzten Tagen von Kundenseite aufgenommen haben. Diese Daten habe ich dann versucht optimal anzufassen, zu kneten. Das ist eigentlich auch ein Hauptteil meiner Arbeit: Nimm einen großen Datenberg, werfe ihn kreativ hoch, knete die Daten und sorge dafür, dass Du in schnellster Art und Weise mit einer neuen Perspektive auf die Daten guckst, die der Kunde noch nicht gemacht hat.»

«Ich bin jetzt auf eine globale Position im Global Key Account Management gekommen. Das Global Key Account Management ist eine Abteilung, die über alle Länder hinweg globale große Kunden betreut. Meine Kunden und mein Team sind also auf der ganzen Welt verstreut. Das macht es auch so schwierig, weil ab morgens 3 Uhr kann man eigentlich schon Emails machen mit Deutschland, ab 4 Uhr dann mit England und abends um 22 und 23 Uhr dann immer noch mit China.»

«Ich bin Projektmanagerin bei einer großen Werbeagentur. Meine Arbeit besteht darin, den Kunden zu betreuen, seine Wünsche mit ihm zu diskutieren, dann das Projekt vorzubereiten, Kosten zu planen und mit dem Kunden darüber zu diskutieren. Während der Projektdurchführung steuere ich interne Prozesse, also Texter, Grafiker und kaufe externe Leistungen ein, Models, Fotografen, Druckereien etcetera und überwache deren Produktion. Nach Fertigstellung ist es meine Aufgabe das Projekt mit dem Kunden abzurechnen. Das alle hört sich formal erst mal überschaubar an, mein Alltag sieht aber oft abenteuerlich aus: Kunden sind einfach ungeduldig und wenn etwas nicht passt, heißt das sofort in die Bresche springen. An extremen Tagen bedeutet das: Noch zu Hause beim Frühstück klingelt das Geschäftshandy und bis ich in der Arbeit ankomme, warten drei Kunden auf Antwort per E-Mail. Telefon, Termin, E-Mails abwechselnd und pausenlos, sodass ich manchmal vor sechs Uhr abends nichts anderes mache als Arbeit anhäufen ohne eine Chance, auch nur eine halbe Stunde über einem Projekt zu bleiben oder Mittagspause zu machen. Die tatsächliche Arbeit muss ich ja auch noch irgendwann erledigen.»

«Meine Firma hat sehr früh die Zeichen der Globalisierung erkannt und entsprechende Outsourcingkapazitäten in Indien, China, auf den Philippinen etc. aufgebaut. So dass man, was die Arbeit der Mitarbeiter angeht, ein Modell entwickelt hat, wo ganz klar unterschieden wurde zwischen Hochkostländern und Niedriglohnländern. In Ländern wie Deutschland sind die Berater sehr stark auf die kundenberatende, konzeptionelle, wertschöpfende Arbeit konzentriert und die wiederholbaren, ausführbaren Arbeiten wie z. B. Programmierung, Konfiguration, Aufsetzen von Systemen bis hin zu Massenaufarbeitung von Daten oder Unterlagen, wurde einfach an Niedriglohnländer abgegeben. Was mehrere Konsequenzen hat: Erstens

Du bist eigentlich beim Kunden von der Arbeit her in der sowohl schönen als auch harten Situation, dass Du immer nur die hochwertigen, hochqualitativen Arbeiten machen kannst. D.h. Arbeiten, die man früher gemacht hat, die vielleicht repetitiver waren oder dadurch auch etwas weniger das Gehirn gefordert haben und ein bisschen weniger anstrengend waren, die gibt es nicht mehr. Sondern die 14, 16 Stunden, die Du am Tag arbeitest, drehen sich nur um den Kunden und dann auch um die Kontrolle und die Qualitätssicherung dessen, was dann in Indien oder sonstwo passiert.»

«Meine Hauptaufgabe besteht im Grunde darin darin, Vertrauen aufzubauen. Ich bin Beziehungsmanager, die Kunden müssen Vertrauen haben in mich und meine Firma. Gerade in der Maschinenbaubranche ist das sehr wichtig. Man kauft sich eine solche riesige Maschine zur industriellen Fertigung ja nicht mal eben so, das ist schon eine Anschaffung, von der viel abhängt. Geld vor allem. Meine Firma ist spezialisiert auf Anlagen für die Fertigung von Deodorant-Verschlusskappen. Ja, sowas gibt's.»

Ziele

«Zielvereinbarungen werden in meinem Unternehmen in drei Zielfelder untergliedert: Business-Ziele, Leadership-Ziele, private Ziele. In jedem Zielfeld werden natürlich ganz andere Ziele vereinbart. Meine Ziele kann ich an dieser Stelle nicht nennen, das unterliegt der Verschwiegenheitspflicht meines Unternehmens.»

«In der Zielvereinbarung wird bei uns unter anderem die Quote festgelegt, zum Beispiel 75% cash beim Kunden, das heißt 75% deiner Arbeitszeit muss einem Kunden in Rechnung gestellt werden können. Je höher diese Quote gesetzt wird, desto eher musst du Verwaltungsarbeiten, Reisezeit, etcetera, in deiner Freizeit erledigen, weil du an ansonsten nicht auf deine Quote kommst. Und du gerätst bei einer hohen Quote unter Druck, weil andere – Kunden, Auftragslage, Projektstatus – die Voraussetzung für deine Zielerreichung werden.»

«In unserem Unternehmen wird schon seit den 1980er Jahren mit Zielen geführt, sprich: «Management by objectives». Solange die Ziele in einem gewissen Rahmen bleiben, gibt es erst mal keine Probleme. Grundsätzlich eigenen sich Zielvereinbarungen sehr gut, um Mitarbeiter zu steuern, sie schaffen ein bestimmtes leistungsorientiertes Klima. Vor einigen Jahren kam ein neuer CEO an die Spitze, für ihn stand der Shareholder Value ganz oben, und plötzlich wurden die Zielvereinbarungen für jeden einzelnen nach oben geschraubt – sich ehrgeizige Ziele setzen, hieß das dann.»

«Klar, ich muss mich jeden Tag selbst motivieren. Was motiviert mich, gute Frage... Gute Vergütung, ehrlich gesagt auch der tolle Firmenwagen. Aber vor allem die Möglichkeit, den eigenen Markt aufzubauen, das macht mich stolz, da kann ich absolut selbstständig arbeiten, bin komplett allein für alles verantwortlich.»

«Meine Bezahlung ist erfolgsabhängig. Im ersten Jahr lautete die Zielvereinbarung 35.000 € Umsatz. Im zweiten Jahr 1 Mio. Umsatz; im dritten Jahr 1,5 Mio. Umsatz.

Meinem Chef geht es nur um die Ergebnisse, er kennt sich im Grunde überhaupt nicht mit den Anlagen aus und hat so gut wie kein technisches Hintergrundwissen.»

«Meine größte Niederlage war ein Auftrag, für den ich wahnsinnig viel gearbeitet habe, und der dann am Ende doch nicht gekommen ist. Daran hatte ich zwei Monate am Stück gearbeitet, auch im Urlaub, weil der Auftrag unmittelbar bevorstand, ich war ständig am Telefonieren. Und dann hat das obere Management sich am Ende doch für eine schweizerische Firma entschieden.»

«Nach so etwas muss man sich erst mal wieder selbst antreiben. Aber die Fähigkeit zur Selbstmotivation muss man mitbringen, das ist ein entscheidender Faktor. Und auch, wenn etwas nicht klappt hat, zu analysieren, okay, es lag jetzt daran und daran. Und Selbstdisziplin. Selbstdisziplin ist genauso wichtig wie beim Sport. Diese Selbstdisziplin habe ich erst in den vergangenen vier Jahren gelernt. Ich hab mir gewisse Ziele gesteckt. Auszuprobieren, wie viel ich erreichen kann, wenn ich jetzt richtig viel arbeite, mal so richtig reinpowere. Ich möchte mich im beruflichen Leben genauso verwirklichen wie im privaten. Ich möchte auch mal Mitarbeiterverantwortung, Führungsverantwortung. Wenn ich mal einen Tag hatte, wo nichts vorwärts ging, bin ich schlecht gelaunt. Und wenn es gut läuft, hat es der Tag gebracht und man fühlt sich nur gut.»

«Das ganze läuft eingebunden in ein Karrieremodell. Du steigst auf der untersten Stufe ein. Nach zwei Jahren bist du berechtigt zur nächsten Stufe befördert zu werden, wenn deine Leistungen stimmen, das heißt in diesen zwei Jahren gibst du definitiv Gas. Mit der Beförderung kommt so ein erster Punkt, wo du sagst, okay ich mache mal vier Wochen Urlaub zwischen Projekten, wenn es sich gerade anbietet. Zwischen der zweiten bis zur dritten Karrierestufe liegen dann dreißig Monate bis du berechtigt bist zu dieser Beförderung. Die Entscheidung wird sechs Monate vor der Frist gefällt und weil sich die Entscheidung hauptsächlich auf die letzten zwölf Monate bezieht, musst du achtzehn Monate vor dem Beförderungsdatum anfangen wieder richtig Gas zu geben. Das heißt es gibt Phasen, wo du ein bisschen weniger machen kannst, wo aber auch ins Spiel kommt: Ja, du bist ja gerade befördert worden, jetzt zeig auch, dass wir dich zurecht unterstützt haben. Und dann kommt irgendwann der Punkt, wo du weißt, okay, jetzt muss ich Gas geben, wenn ich dann und dann auf die nächste Stufe will.»

«Auf jeder Karrierestufe gibt es Trainings, die dich auf die Erwartung an diese Rolle vorbereiten. Was sind so die verschiedenen Aufgaben und Rollen, die von mir erwartet werden. Auf der zweiten Karrierestufe führt man ein kleines Team von drei bis vier Analysts, d. h. in der Schulung sind auch Sachen wie Mitarbeiterführung, Motivation, verschiedene Typen von Menschen, wie reagiert wer auf welches Führungsverhalten. Diese Trainings sind wirklich gut und machen unheimlich Spaß: Man trifft dann Leute aus der ganzen Welt, ist mit denen auf einer gleichen Karrierestufe, tauscht sich aus, merkt, wie groß dieses Unternehmen ist, was man für Möglichkeiten hat. Das gibt auch einen neuen Antrieb, wenn man solche Sachen miterleben darf.»

«In meinem Unternehmen gibt es ein klares Wertesystem. Die Werte sind in einem Dreieck angeordnet. Ganz unten steht die Basis: Begeisterung, Wertschätzung,

Integrität, Disziplin. Darüber liegt eine Werteebene, die lautet: Hochmotivierte und leistungsstarke Mitarbeiter. Darüber folgt die Ebene: Herausragende Umsetzung. Der übergeordnete Block setzt sich aus vier gleichrangigen Segmenten zusammen, nämlich: Exzellente Produkte mit hervorragendem Kundenerlebnis, Führende Marken, Innovations- und Technologieführerschaft, Globale Präsenz und Vernetzung. Darüber folgt in der obersten Spitze im Dreieck der Wert, auf den alles zusammenläuft: Profitables Wachstum.»

«Es ist immer eine neue Herausforderung da, die liegt transparent vor einem, da will man dann immer die nächste noch mitmachen, und dann mach ich was anderes, nur die nächste Stufe noch. Und so habe ich Kollegen, die sind jetzt seit acht, neun Jahren dabei, die seit Analyst-Level gesagt haben: Wenn ich mich drei Monate langweile, oder ich keine Herausforderungen mehr sehe, mach ich was anderes. Und sie sind nie dazu gekommen, etwas anderes zu machen.»

«Was kommt nach dem Projekt? Ich habe gestern mit einem meiner Partner gesprochen, was kommt nach dem Projekt, ja es geht um die Entwicklung eines neuen Produktes und das darf ich dann morgen, eigentlich müsste ich's heute Abend, aber das werde ich definitiv nicht mehr machen, dafür darf ich morgen also auch noch so etwas wie einen Grobentwurf skizzieren, wie ich mir vorstellen kann so ein neues Produkt zu entwickeln. Offenbar gibt es die Annahme, dass ich auf diesem Projekt noch so etwas wie freie Valenzen habe und mich deshalb an der einen oder anderen Stelle in die Entwicklung eines Produktes einbringen kann. Happy Birthday. Ich weiß noch nicht ganz genau, wie ich das mache, wird wahrscheinlich eine Stunde Zeit kosten, vielleicht wird es dann morgen ein frühes Aufstehen geben, aber so ist es halt. Auf der anderen Seite wird es für mich nicht so unwichtig werden, weil diese Produktentwicklung natürlich auch ein Zugang ist, um nachher wieder selber Kundenakquise zu betreiben beziehungsweise Projekte zu verkaufen und das ist halt das, was bei uns letztendlich zählt, fakturieren, fakturieren, bzw. Umsatz zu machen. Geld muss halt ins Haus kommen.»

«Meine Zielvorgaben aufs ganze Jahr liegen dieses Jahr bei 2,5 Mio. Umsatz. Das kann nächstes Jahr schon bei 5 Mio. Umsatz liegen. Heruntergebrochen werden diese Zahlen auf jedes Quartal. Ich muss also Software im Wert von 2,5 Mio. pro Jahr machen. Wenn ich unter 80% der Zielvereinbarung liege, rollt mein Kopf oder ich werde zwangsversetzt oder so behandelt, dass ich freiwillig gehe, das habe ich bei anderen Kollegen schon mitbekommen. Liege ich bei 100% oder drüber lädt mich meine Firma zum «Presidential Club» ein, z. B. nach Dubai. Dort wird man dann vom CEO der Firma empfangen und alles – Hotel, Spa, Fitness, Speisen und Getränke natürlich – geht auf Firmenkosten. Auch die Partnerinnen und Partner werden mit eingeladen. Jetzt gerade ist es noch eine Woche bis zum Quartalsende. Und mir ist ein sicher geglaubter Auftrag geslippt, heißt: kommt erst im nächsten Quartal. Jetzt muss ich innerhalb von einer Woche noch ne halbe Million machen.»

«Ich glaube die Tage, an denen ich ohne intensivsten Zeitdruck meine Projekte abarbeiten konnte sind vorbei, und nun geht es erst mal darum, bei dem anderen Thema einen Fuß in die Tür zu kriegen. Also am Anfang nochmal richtig die Arme hochkrempeln, richtig tief rein in die Frage: wie mach ich's denn jetzt wirklich und in einem komplett neuen Setup Boden zu gewinnen. Das ist zwar ein Teil dessen, was mir das Leben als Berater extrem interessant macht, aber was auch jedes Mal nochmal eine Anschubfinanzierung, eine Anschubmotivation braucht, um in die Socken zu kommen.»

«Beruflich musste ich mir alles erkämpfen. Ich habe meine Ziele immer kompromisslos verfolgt, auch wenn dabei Privates ein wenig vernachlässigt wurde. Natürlich hatte ich auch viele Niederlagen, habe aber nie aufgegeben! Man muss das Kompetenz-Niveau auf jeden Fall halten, sich die Dinge aneignen, die verlangt werden. Eigenschaften und Talente bei sich erkennen und diese weiter ausbauen, vermarkten und kommunizieren. Immer mehr leisten als von einem verlangt wird, Wille zeigen, aber nicht künstlich dabei wirken. Man sollte nie Probleme sehen, nur Lösungen. Keiner will deine Probleme ausbaden.»

«In meinem Unternehmen herrscht die Clean Desk Policy, das heißt abends sollen alle Schreibtische sauber aufgeräumt verlassen werden. Bei mir türmen sich oft die Papierstapel, die schiebe ich abends oft nur einfach in die Schublade. Das müsste ich wirklich nochmal verbessern, das könnte ich zum Beispiel. auch in meine Zielvereinbarungen schreiben, wahrscheinlich dann unter private Ziele, ein Business-Ziel ist es ja nicht, oder eher ein Leadership-Ziel, weil ich mir dann zum Ziel setzte, mich selbst besser zu führen.»

«Mich rufen gerade viele interne Kollegen an: «Wie lange ist es her seit unserem letzten gemeinsamen Projekt? Ich bin hier gerade bei einem Kunden in Wien, der unsere Hilfe im Bereich Prozessmanagement benötigt. Hättest Du Interesse?» oder: «I have heard you are available. How about a team lead role for a pricing strategy project here in London?! Kick off will be in two weeks...» So oder so ähnlich klingen die Telefonate, die ich mit meinen Kollegen aus ganz Europa heute und in den letzten Tagen geführt habe. Für mich ist es immer wieder schön zu wissen, dass man innerhalb des Unternehmens die Möglichkeit hat, sich aus einer Vielzahl von interessanten Kunden und Projekten diejenigen raus zu suchen, die für einen persönlich am interessantesten sind. Und das Tolle ist: Auf jedem Projekt trifft man zum einen alte Bekannte wieder – zum anderen lernt man aber auch immer wieder neue, nette Kollegen aus der ganzen Welt kennen.»

Performance

«Für das kommende Jahr will ich nochmal mehr Gas geben und versuchen, an vier Tagen draußen, sprich: beim Kunden zu sein. Und gleichzeitig diese Termine effizienter zu gestalten, also besser telefonisch vorbereiten, qualitativ auf ein anderes Niveau heben, den Kunden vorher am Telefon besser befragen, mehr in die Tiefe gehen, genauer herausfinden, was er möchte, damit die Termine beim Kunden dann optimierter sind.»

«Du musst dich hier selbst um deine Weiterbildung kümmern, das Unternehmen lässt dir da alle Freiheit. Du kannst selbst entscheiden, in welcher neuen Technologie, Hardware, Software du dich spezialisieren willst. Das heißt, du bist selbst für deine eigene employability verantwortlich und auch dafür wie du dich im Unternehmen mit deinen Fähigkeiten, neudeutsch: skills, positionierst.»

«In unserem Unternehmen lautet das Motto: Vom Mitarbeiter zum Mitunternehmer. Das Konzept dient zur Motivation, zur Stärkung der Eigeninitiative, zur Förderung der Identifikation mit dem Unternehmen. Was mich selbst antreibt ist Selbstverwirklichung, ich habe jetzt hier die Chance bei einer großen Firma viel zu lernen.»

«Gerade geht es für mich darum, möglichst viele Leute in meinem Unternehmen kennenzulernen, ich bin ja noch recht neu hier. Also ein Netzwerk zu knüpfen, von dem man vielleicht später auch mal profitieren kann, wenn es um eine interne Stellenbesetzung geht, zum Beispiel, oder angefragt wird für ein Projekt und Team, das sich neu bildet. Aber das Networking läuft gerade bei mir noch nicht so gut, da muss ich mich noch viel breiter aufstellen. Ich bin schon eine people-person, gehe offen auf Menschen zu, aber mir fällt es schwer, Kontakte strategisch zu knüpfen. Oder neulich zum Beispiel musste ich für ein internes Mitarbeiter-Schulungs-Seminar einen Trainer abholen. Und es war klar: er hatte keine Lust auf small talk, ich hatte keine Lust auf small talk. Und trotzdem mussten wir es ja machen, wir mussten small talken. Mir fällt das schwer einfach immer etwas auf Abruf sagen zu können. Einer meiner ehemaligen Kommilitonen, der hatte es drauf, der wusste über alles Bescheid, konnte über alles ein Gespräch anfangen. Ich muss einfach noch viel mehr lesen, mir Wissen aneignen, darin muss ich mich ganz klar verbessern. Ich könnte mich zum Beispiel besser über die neusten Produktinnovationen informieren, damit ich dann auch was hätte, worüber man sich beim Mittagessen unterhalten kann.»

«Meine ganze Firma funktioniert stark über psychologischen, subtilen Druck. Wenn ich als Sales Manager nicht performe, also meine Zahlen bringe oder die richtigen Entscheidungen treffe, werde ich von meinem Chef im Meeting vor allen anderen Sales Managern denunziert. Die Gespräche mit meinem Chef über meine Performance finden immer in einem Meeting statt, sodass man vor allen anderen da steht und seine Zahlen rechtfertigen muss. Ich stehe ständig unter Druck. Zusätzlich kommt noch dazu, dass ein Kollege von mir meinen Bereich übernehmen will und gegen mich beim Chef intrigiert. Und wenn meine Zahlen nicht stimmen, hat er Argumente gegen mich.»

«Dein ganzer Arbeitstag ist in Meetings strukturiert. Du verbringst niemals Zeit mit dir oder mit deinem Computer, wo du vielleicht alleine Sachen vorbereitest, nachbereitest, du schaust oder überprüfst. Morgens fängt es damit an, kommt darauf an mit welchem Delivery Center du arbeitest, wenn man jetzt Indien sagt, die sind mit der Zeit voraus, 7.30 Uhr erste Telefonkonferenz zwei Stunden, was hat Indien während der Nacht geschafft. Im Anschluss erstes Gespräch mit dem Kunden, Status, was hat Indien in der Nacht geschafft. Was sind die Probleme, die Probleme mit dem Kunden klären, diese Probleme erfassen, diese Probleme aufbereiten. Dann intern diese Probleme vor Ort mit dem Team strukturieren, in Aufgabenpakete verteilen, sodass das Team daraus konkrete Aktionspläne macht, einpflegen dieser Pläne in ein System. Dann wieder Telefonkonferenz mit Indien, die muss bis so und soviel

Uhr stattfinden, weil sonst ist dort Nacht. Einpflegen der Sachen, Kommunikation an Indien, die Daten übernehmen und dann weißt du im Prinzip die Arbeiten und dann kommen die nächsten Meetings für die nächste Phase.»

«Meetings von acht Uhr morgens bis 8 Uhr abends und dann bis Mitternacht Emails aufbereiten und senden. Dann noch ein Stündchen Bierchen trinken mit den Kollegen und dann noch fünf Stunden schlafen, im Hotel, permanent unterwegs. Dadurch, dass du sieben Länder betreust, heißt das, du stehst morgens um 4.30 Uhr auf, um in den 6.30 Flieger nach Amsterdam zu steigen, bist den ganzen Abend in Meetings in Amsterdam, fliegst am Dienstag mit aufstehen um 5 Uhr nach London weiter, London hat dann noch dazu Zeitverschiebung, diese eine Stunde kann mehr ausmachen als man glaubt, bist also um 8 Uhr morgens in London im Büro, bist zwei Tage in London im Büro, fliegst am Donnerstag früh, wieder um 5 Uhr aufstehen, weiter nach Dänemark und bist um Freitagabend um zehn zu Hause. Was aber neben der großen Reisetätigkeit den eigentlichen Druck ausübt, ist die Tatsache, dass man permanent beim Kunden vor Ort ist. Weil der Kunde zahlt ja für einen, der Kunde zahlt viel Geld für einen, und selbst wenn man sich mit Kundenmitarbeitern gut versteht, was auch nicht immer der Fall ist, man darf sich da niemals die Blöße geben.»

«Ich habe mich dann zu kümmern um die Mitarbeitereffizienz, das ist wieder eine neue Aufgabe, die auf meinem Schreibtisch gelandet ist, die da eigentlich nicht hingehört. Aber natürlich werde ich da als Berater genutzt, um tja... Mitarbeiter davon zu überzeugen, dass sie einfach schneller arbeiten müssen oder anders formuliert, Mitarbeiter in den Hintern zu treten, dass sie einfach schneller laufen.»

«Ich verantworte ein Team von sechs Leuten. Verkäufern und Marketing-Leuten. Und die müssen an mich berichten. Je nach Situation muss ich einschätzen, ob ich meine Leute unter Druck setze, zum Beispiel dass die einen Kunden, einen Auftrag endlich klar machen oder inwieweit ich ihnen Freiheit lasse. Team-Building ist das A&O, dass meine Leute sich als Teil von was großem Ganzen fühlen. Früher bin ich immer mit dem ganzen Team saufen gegangen. Das verbindet, da kommt man sich näher, das schweißt gut zusammen und stiftet Vertrauen. Das kann man aber nicht auf Dauer machen, das geht nicht. Jetzt versuche ich immer noch irgendwelche Team-Events zu machen, eben wegen dieses Effekts, aber ohne ständig soviel Alkohol.»

«Essen gehen, abends zusammen ausgehen, das bringt der Job mit sich. Und zwar extern mit Kunden als auch intern mit Kollegen. Eine paradoxe Situation: Auf der einen Seite ist man in diesen Situationen gezwungen, etwas Privates über sich zu erzählen, das stiftet Vertrauen und Teamgeist, das ist wichtig. Auf der anderen Seite muss man aufpassen, dass man nichts erzählt, was später gegen einen verwendet wird.»

«Alle Manager werden bei uns in die Kategorien A, B oder C eingestuft. A-Player sind die Top 20% und haben die 4E-Führungsqualitäten. 4E steht für E wie Energy: ist intrinsisch motiviert, das zweite E steht für Energizer: kann andere begeistern und motivieren, drittes E steht für Edge, das heißt: ist wettbewerborientiert, mutig, herausfordernd und E wie Execution, soll heißen: liefert messbare Ergebnisse. B-Player sind die 70% der Workforce mit akzeptabler Leistung, die restlichen 10% sind C-Player, die sollte man in jedem Fall gehen lassen.»

«Meine Firma interessiert sich nur für Zahlen, für die Zielvorgaben. Meine Firma hat sogar neulich, ohne dass irgendjemand von den Mitarbeitern darüber Bescheid wusste, eine Art Psychotest durchgeführt. Ich wurde nur zu einem Gespräch gebeten, ohne zu wissen was der Hintergrund war. Zwei Personalberater haben mir dann alle möglichen Fragen gestellt. Am Ende stellte sich dann raus, dass sie getestet haben, wie belastungsfähig und stressresistent man ist. Gott sei Dank habe ich Glück gehabt, der Test ging gut für mich aus.»

«Wichtiger Bestandteil unserer Unternehmenskultur ist das 360° Feedback. Ein 360° Feedback dient zum Beispiel dazu, dass es so etwas wie Systemleichen nicht mehr gibt. Also Leute, die einfach nur ihren Job machen, weil sie ihn eben machen müssen, Dienst nach Vorschrift, die keinen Mehrwert mehr bringen. Ja, Systemleichen eben.»

Flow

«Die Kollegen sind auf der ganzen Welt verstreut, mit denen hat man sehr viel Interaktion, sehr viel Kommunikation, auch zu vielen verschiedenen Zeiten und zu vielen verschiedenen Orten. Ich arbeite mit vielen verschiedenen Teams zusammen, Teams in Südafrika, Teams in China, Teams in den USA natürlich, Westküste, Ostküste, sprich von früh morgens bis spät abends ist man unterwegs, es gibt eigentlich gar keinen natürlichen Feierabend mehr, weil wann ist der? Wenn an der Ostküste Feierabend ist oder in Deutschland Feierabend ist oder wie? Das macht es so schwierig, andere private Sachen zu organisieren. Und ich ertappe mich dabei, dass ich erst immer alles, alles für die Arbeit fertig machen will, bevor ich irgendetwas Privates mache. Und auf die Weise macht man gar nichts Privates mehr, also muss man die Strategie irgendwie ändern und bislang ist mir das noch nicht wirklich gelungen. Und wenn dann nur gezwungenermaßen, weil sonst etwas komplett den Bach runter geht. Ja, dann kommt eines zum anderen, man kann sagen Murphys Law, man kann aber auch sagen, das ist die Folge der permanenten Chaos-Organisation, wo man alles nur auf den allerletzten Drücker macht, irgendwie klappt es dann doch irgendwie das ist ja ganz erstaunlich manchmal.»

«Wie wird man Verkäufer? Wenn neue Leute bei mir anfangen, lasse ich die erst mal Monate lang nur telefonieren. Also 100 Anrufe am Tag, mit 30-50 Leuten gesprochen haben, und dann eine Aufstellung der Interessenten, und die nochmal aufgeteilt in verschiedene Gruppen. Und nach ein paar Monaten gibt es eine Erkenntnis. Was funktioniert an mir, was kann ich einsetzen, wie kann ich mich und den Erfolg selbst steuern.»

«Ich bin Freitagabend nach Hause geflogen, habe noch das eine oder andere Emailchen beantwortet, mein Kollege hatte leider bis abends noch nicht geliefert. Dann bin ich Samstagmorgen zurückgeflogen, immer noch kein Email von meinem Kollegen, ich werde ihm gleich eine Email schreiben, damit er mich nicht vergisst, sonst komme ich in Zeitnot. Gestern Abend hatte ich eine größere Festivität hier, eine Firmenfeierlichkeit, die ich dann... auf der ich mich einbringen durfte. Mit großer Freude, weil das natürlich hundert Prozent gegen mein Wochenende, mein persönliches, privates Wochenende geht, siebeneinhalb Stunden am Freitag nach Hause, siebeneinhalb Stunden gestern hierher zurück, Firmenveranstaltung und auch noch Zeitumstellung, konsequenterweise sind die Augenringe heute noch ein bisschen tiefer als sonst.»

«Heute war wieder einer dieser Tage, an dem ich dachte, heute mache ich das und das, und am Schluss hat man komplett etwas anderes gemacht, weil man reinkommt und es gibt schon die ersten Hilferufe und man muss zu Calls dazu, zu denen man eigentlich gar nicht mit dazu wollte. Und am Ende des Tages hat man nicht mal die Mails geschafft, die man unbedingt schaffen wollte, nämlich die vom Vortag oder vom Vorvortag, geschweige denn, dass ich die Mails geschafft hätte, die in den letzten zwei Wochen angelaufen sind, das war eigentlich der Plan. Plan total danebengegangen, gute Calls gehabt mit Kunden und natürlich auch gute Chancen rausgearbeitet. Jetzt gerade hatte ich mit einer Kundin einen Call, die auf dem Weg nach NY im Auto war und natürlich ganz fantastisch viel Zeit zum Plaudern hatte. Das kann man natürlich nicht davon laufen lassen, man muss die Gelegenheit am Schopf packen und das habe ich auch gemacht. Das war ein ganz erfolgreicher Call, aber erfolgreich nur fürs Business, nicht für mich selber, denn es ist gleich neun Uhr, ich bin immer noch im Büro. Ich habe eigentlich noch gar nichts gegessen heute, außer ein paar von diesen Reese's Peanutbutter Cups, wenn gar nichts hilft muss man sich eben von denen ernähren.»

«Manchmal muss ich dann einfach sagen, so jetzt ist Schluss, jetzt gehe ich nach Hause, aber heute geht's nicht, heute muss ich durchbeißen und das sind dann die Tage, wo ich sage: Komm Augen zu und durch, ich häng noch ne Stunde oder zwei dran. Und irgendwann verliere ich mich dann in der Arbeit und irgendwann ist es dann Mitternacht und ich sitze immer noch da. Jetzt ist es nach Mitternacht, ich schau jetzt mal, dass ich heimkomme. Ich muss jetzt hier einfach nur runterfahren und gucken dass ich die Energie aufbringe, mich morgen wieder so früh aus dem Bett zu schälen.»

«Ich gebe Dir ein Beispiel für einen Projektablauf für eine Software-Umstellung in einem europäischen Unternehmen: Ich fang in Deutschland an, ich rolle diese Software in Deutschland in den Markt rein, drei Monate später mache ich das mit England, drei Monate später mit Frankreich, drei Monate später mit der Slowakei. Auf einem solchen Projekt habe ich in elf Monaten achtzehn Länder ausgerollt und betreut. In dem entsprechenden Rhythmus, alle drei Monate drei bis vier Länder live zu nehmen, das heißt du bist einerseits in der heißen Phase mit Indien, die Deutschland zu liefern haben, bist andererseits in der heißen Phase konzeptionell Rumänien, Polen und Spanien vorzubereiten. Du machst ständig parallel die verschiedenen Projektlebenszyklen.»

«Früher hatte ein Projekt Hoch- und Tiefphasen. Konzeption war eine Hochphase, Entwicklungsphase war eine niedrige und der Rollout, in dem das Unternehmen dann umgeschaltet hat und das dazugehörige Training war wieder eine Hochphase.

Du hattest immer durch den Projektlebenszyklus eine Phase die niedrig ist. Durch diese Verschiebung von Arbeit bist du auf einmal in der Lage Projekte so zu strukturieren, dass diese Niedrigphasen überhaupt nicht mehr auftreten. Weil Du die Schnittstelle geschaffen hast, auch aufgrund von Technologie, wie arbeitest du mit diesen Niedriglohnländern perfekt zusammen, dass die nahtlos angreifen und du immer nahtlos in die nächste Stufe übergehen kannst. Das ist deutlich produktiver, das macht auch Spaß, aber das ist auf Dauer auch sehr hart. Es gibt keine Phasen in denen man runterkommen kann.»

«Die letzten Wochen und Tage vor einer wichtigen Kundenpräsentation oder gar der Abschlusspräsentation sind immer eine Herausforderung für das ganze Team und vor den letzten Tagen vor dem Abgabetermin gibt's schon mal die eine oder andere Nachtschicht. Kunden fallen nämlich recht häufig in letzter Minute noch ganz wichtige Fragestellungen ein, die unbedingt noch ausgearbeitet werden müssen. Wenn man sich in dieser Phase nicht auf das ganze Team verlassen kann und wenn die Stimmung nicht passt, wird es schwierig. Aber genau das war auch das letzte Mal wieder unsere große Stärke! Trotz des Stresses haben wir die Motivation und gute Laune nicht verloren (...nur ganz selten) und alle haben unter großem Einsatz auf den Abschluss und Erfolg des Projektes hin gearbeitet. Ein Hoch auf die Kollegen, hat echt Spaß gemacht!»

«In keiner anderen Firma habe ich so den Eindruck bekommen, dass die Menschen so gut zusammen passen, die hier zusammen arbeiten. Und in keiner anderen Firma hatte ich den Eindruck, dass der Aufbau von Netzwerken so unterstützt wird, wie bei uns: mit Veranstaltungen innerhalb der Projekte, mit regelmäßigen Meetings innerhalb der fachlichen communities, mit Treffen der Kollegen auf gleichem Karriere-Level... Und gefeiert wird dabei immer.»

«Jetzt gleich geht es an das Lieblingsthema des Donnerstagabend: Packen. Und das ist eigentlich in Anführungszeichen ein ruhigeres Projekt, obwohl ich 14-15 Stunden die Woche reise, ich hatte auch schon Projekte wo ich jeden Abend an einem anderen Standort war, was bedeutet: Jeden Abend Koffer auf, jeden Morgen Koffer zu, rein ins Flugzeug, rein ins Auto, wie auch immer, um dann am Abend wieder das Nomadenleben zu führen, nur nicht in Zelt und Schlafsack, sondern im Hotel.»

Liebe

«Wenn ich nicht gerade bei einem Kunden bin, sondern in meinem Büro, gehe ich in meiner Mittagspause ins Fitnessstudio, das ist mir sehr wichtig, die Bewegung zwischendurch. Wenn ich nicht verheiratet wäre und meine Frau zu Hause nicht auf mich warten würde, dann würde ich noch viel mehr arbeiten. So ist das Wochenende für mich heilig.»

«Ich liebe dieses Unternehmen, obwohl ich weggegangen bin. Was ich hauptsächlich an diesem Unternehmen so toll finde: Es stellt Dir eine Infrastruktur und ein Rahmenwerk an Regeln und Anforderungen zur Verfügung, innerhalb dessen hast du aber unwahrscheinlich viele Freiheiten. Wenn du dazu bereit bist, kannst du deine Karriere selber in die Hand nehmen und selber bestimmen wohin du gehst.

Wenn du im Ausland arbeiten willst, kannst du im Ausland arbeiten. Wenn du komplett ins Ausland wechseln willst, kannst du das tun. Du musst es aber selbst in die Hand nehmen. Es gibt immer mal wieder Kollegen, die nehmen ihre Karriere nicht selbst in die Hand und die werden dann ohne Rücksicht dahin geschickt, wo gerade Bedarf ist.»

«Die Arbeit macht wirklich Spaß. Ich hab kein Unternehmen gesehen, wo das Team so gut zusammenarbeitet, wo alle intelligent und clever sind, wo alle vom Typ her Leute sind, die mitziehen, wo du mitgezogen wirst, wo es auch Spaß macht mitzuziehen. Wenn man das Ganze als eine One-man-show machen müsste, würde es nicht gehen. Das ist das eine, das andere ist, selbst wenn es mal so ist, dass jemand sagt, okay ich kann nicht mehr, dann springt das Team für einen ein. Man ist schon in der Lage mal zu sagen, ich komm morgen später oder ich nehme mir mal einen Freitag frei, obwohl das ist schon die Ausnahme.»

«Ich werde gleich einem langgehegten Wunsch meiner Projektleiterin nachkommen und sie zu Hause besuchen bei Kaffee und Kuchen, Hund, Katze, Maus, Kind. Das Projekt dauert schon etwas länger und bekommt schon mehr als familiäre Züge. Seit achtzehn Monaten bin ich hier und ich diffundiere so langsam etwas in das Privatleben der Leute ein, was mir ehrlich gesagt nicht wirklich gefällt, weil es ein wenig von dem nimmt, was ich intellektuelle Unabhängigkeit nenne und für die ich meiner Meinung nach bezahlt werde, weil es natürlich schwieriger ist, jemand auf dem Kopf zuzusagen, du ich bin der Meinung, das ist völliger Quatsch, was du machst. Zum einen weil ich schon im du bin und zum anderen weil ich das private Umfeld kenne. Also dem Termin heute Nachmittag stehe ich nicht wirklich mit guten, positiven Gefühlen gegenüber, sondern eher mit gemischten Gefühlen.»

«Natürlich habe ich eine sehr, sehr kurze Nacht gehabt. Ich bin tausend Mal aufgewacht, ich habe in der Früh um 3 Uhr Terminanfragen mit dem Blackberry beantwortet, habe Emails beantwortet, habe nicht mehr schlafen können, bin dann irgendwann völlig gerädert um 7 Uhr aufgewacht und habe dann mit endgültiger Sicherheit erfahren, dass er nicht in den Flieger eingestiegen ist. Er war eingecheckt, es war alles bezahlt, und ja, ich bin ganz normal in die Arbeit gegangen und war den ganzen Tag sehr, sehr traurig und habe mir dann gedacht, jetzt habe ich auch keine Motivation um 15 Uhr an den Flughafen zu fahren, logischerweise, wollte eigentlich auch nochmal zu Ikea fahren, das habe ich dann nicht gemacht und habe dann die Zeit genutzt, einen ganz wichtigen Termin endlich mal wahrzunehmen, nämlich mittags auf die Bank zu gehen und war aber einfach richtig fertig. Es geht einen dann so an die Nieren und macht einen dann richtig traurig und nebenbei muss man aber komplett funktionieren, das ist ja auch nicht so, dass man in der Arbeit einfach sagen kann, jetzt bin ich mal einen Tag seelisch krank. Könnte man, mach ich aber nicht. Ich habe dann nach außen hin völlig funktioniert, habe auch einiges heute wieder weggearbeitet, mehr als ich dachte, gute Sachen gemacht, gute Calls gehabt, auch mit dem Teams gute Sachen besprochen.»

«Jeden Mitarbeiter, den ich im Einstellungsgespräch sehe und der mir zusagt, hole ich ohne mit der Wimper zu zucken ohne weitere Diskussion auf mein Projekt. Wenn ich weiß, dass der Mitarbeiter diese Anforderungen erfüllt, die ich an den

Tag lege, kann ich am Wochenende Händchen halten. Zitat von einer Ex-Freundin, die mich darum bat, doch dafür zu sorgen, dass meine Mitarbeiter unter der Woche funktionieren, damit ich am Wochenende Händchen halten kann.»

«Manchmal fehlt mir der Sinn in der Marketingmaschine. Jeder weiß, dass Marketing notwendig ist, aber was ist mit den wichtigen Dingen im Leben: Etwas bewegen in der Welt, anderen helfen oder sie zum Lachen bringen? Und nicht nur möglichst clever versuchen Kunden und deren Kunden etwas vorzumachen. Einfach ins Ausland zu gehen und ein Jahr um die Welt zu ziehen ist schon lange ein großer Traum.»

Exit

«Ich kenne kaum jemand, der in die Beratung geht und sagt: das ist mein Job, den ich für immer mache. Sondern es weiß jeder, die durchschnittliche Zeit sind drei Jahre und pro Jahr wechseln sich 15% der Workforce aus. Das Ganze ist ein Sprungbrett. Es ist klar, ich habe das letzte Jahr 120 Flüge gemacht und 220 Nächte im Hotel verbracht und das reicht dann irgendwann.»

«Ich bin mittlerweile verheiratet, ich hatte einfach keine Lust mehr soviel zu reisen. Es gab ein Aha-Erlebnis für mich, das war als ich in Prag auf dem Flughafen unter der Gepäckband-Anzeige stand, auf der steht auf welchem Band das Gepäck rauskommt. Und auf dem Monitor stand eben Amsterdam, Nürnberg, London und Wien. Das waren alles Städte, in denen ich in den letzten Wochen unterwegs war und ich musste wirklich überlegen: wo komme ich gerade her? Und das war der Moment, wo ich dachte, ich muss was ändern.»

2 Das revolutionäre Unternehmen

In meinen Recherchegesprächen begegne ich Menschen, die wie besessen sind von ihrer Arbeit. Kategorien wie Zeiterfassung und Anwesenheitspflicht spielen in diesen Arbeitszusammenhängen offenbar keine Rolle mehr. Die Arbeit – früher in feste Grenzen gepfercht – bestimmt hier das ganze Leben: sinnstiftend, abenteuerlich, berauschend und total. Was sind die Initialkräfte für diese grenzenlose Leidenschaft und Hingabe? Was ist die Idee dahinter, was das übergeordnete Ziel?

Um mich diesen Fragen anzunähern, stöbere ich in Bibliotheken durch die Regale mit Managementliteratur. Meine Auswahl ist dabei recht willkürlich: ich greife nach Titeln, die sich für mich spannend anhören und fange an, mir Notizen zu machen.

Die folgenden Textauszüge sind eine Auswahl der Notizen, die dabei entstanden sind. Es handelt sich nicht immer um wörtliche Zitate, sondern zum Teil um Paraphrasen und Zusammenfassungen. Die Hervorhebungen stammen von mir. Die Textauszüge stehen in keiner geordneten Systematik und wollen keinen Durchschnitt repräsentieren, sondern folgen vielmehr der lose formulierten Frage nach den sinnstiftenden Verheißungen dieser neuen, freien Arbeitswelt.

Das revolutionäre Unternehmen
von Gary Hamel
Econ Verlag Berlin 2001

S. 15

Wir stehen heute an der Schwelle zu einem neuen Zeitalter – dem **Zeitalter der Revolution**. Eigentlich ist uns klar, dass das neue Zeitalter bereits angebrochen ist. (...) Denn auch der Wandel an sich hat sich verändert. Er vollzieht sich nicht länger schrittweise, und er bewegt sich nicht mehr in eine bestimmte Richtung. Im 21. Jahrhundert geschehen Veränderungen diskontinuierlich, abrupt, umsturzartig.

S. 21

Im Zeitalter des Fortschritts war die Zukunft besser als die Vergangenheit. Im Zeitalter der Revolution wird die Zukunft anders als die Vergangenheit sein und vielleicht unendlich viel besser. (...) Heutzutage werden uns nur noch durch unser Vorstellungsvermögen Grenzen gesetzt. Aber die, die sich eine neue Wirklichkeit vorstellen können, waren gegenüber jenen, die dies nicht können, stets in der Minderheit. (...)

Aber **Individuen und Unternehmen, die unfähig sind, sich aus der Anziehungskraft der Vergangenheit zu befreien, werden von der Zukunft ausgeschlossen sein.** Um die Chancen vollständig zu erkennen, die uns durch das neue Zeitalter geboten werden, muss jeder von uns **sowohl zum Träumer als auch zum Macher werden.** Im Zeitalter des Fortschritts waren Träume oft wenig mehr als Fantasien. Heute sind sie in bislang unbekanntem Maß Türen zu neuen Realitäten. **Und unser kollektives Ich – unser Unternehmen – muss ebenfalls lernen zu träumen.**

S. 31

Wenn Sie im Zeitalter der Revolution prosperieren wollen, müssen Sie schon etwas mehr tun als noch etwas mehr Kapital aus den Strategien von gestern zu pressen. Sie müssen sämtliche Mitarbeiter in Ihrem Unternehmen von der Basis bis zur Spitze, dazu bringen, **mit jeder Faser die Herausforderung anzunehmen**, mehr als einen gerechten Anteil an den Chancen von morgen zu bekommen. Revolutionäre setzen kein Kapital frei, sie lassen Vermögenswerte entstehen. Sie beschränken sich nicht darauf, etwas Altes zu bewahren, sie bauen etwas Neues auf.

S. 32

Eigenschaften außergewöhnlicher Unternehmen: kreativ, umfassend, schöpferisch, offen, anspruchsvoll

S. 37

Es gab noch nie einen günstigeren Zeitpunkt, um **Aktivist zu werden:** Intranet und unternehmensweite Emails lassen etwas entstehen, das einer Informationsdemokratie nahe kommt. Die herrschaftssichernden Informationsschranken im Unternehmen sind durchlässiger geworden denn je. Die Führungsetage weiß, dass sie Engagement nicht befehlen kann, weil die Generation, die jetzt ins Arbeitsleben eintritt, eine größere Aversion gegenüber Autorität empfindet als ihre Vorgänger. Geistiges Kapital nimmt gegenüber physischem Kapital an Wert zu, daher **sind es die Mitarbeiter, die zu den eigentlichen «Kapitalisten» werden.**

S. 38

Also erzählen Sie mir nicht, es sei unmöglich. Fragen Sie sich nur, ob Sie den Mumm haben, die Revolution anzuführen. Träumen, entwickeln, erforschen, erfinden, voranschreiten, entwerfen: Beschreiben diese Worte, was Sie tun?
Wenn nicht, dann **sind Sie bereits bedeutungslos** geworden, und Ihr Unternehmen wird es wahrscheinlich noch werden. Das Zeitalter der Revolution erfordert keine gehorsamen Soldaten, die sich alle gemeinsam auf den Feind stürzen, sondern **Guerilla-Kämpfer, die hoch motiviert und weitgehend selbstständig agieren.**

S. 41

Liegt Ihnen genug an Ihrem Unternehmen, Ihren Kollegen und Ihnen selbst, um die Verantwortung dafür zu übernehmen, dass Ihr **Unternehmen revolutionsbereit** wird? Dann können Sie die steigende Flut der Entfremdung abwenden, die immer mehr Individuen das Gefühl nimmt, **etwas Gelungenes und Sinnvolles zu tun.** Dann können Sie zum Steuermann Ihres eignen Schicksals werden. Sie können der Zukunft ins Auge sehen und sagen:

Ich bin nicht länger ein Gefangener der Vergangenheit.
Alles, was ich mir vorstellen kann, kann ich auch erreichen.
Ich bin nicht länger ein Vasall in einer unpersönlichen Bürokratie.
Ich bin ein Aktivist, kein Schmarotzer.
Ich gehöre beim Marsch zum Erfolg nicht länger zum Fußvolk.
Ich bin ein Revolutionär.

S. 161

Ich beobachte die Entwicklung der Kunst vor allem der Volkskunst. Sie ist ein ausgezeichneter Vorbote für gesellschaftliche Veränderungen. Nehmen wir beispielsweise die Kubisten der 1930er Jahren. Zunächst war es eine Kunstrichtung, dann eine Baustruktur und schließlich die Struktur der meisten Organisationen. Im Augenblick erleben wir in der Kunst die «Außenseiter-Bewegung» – sie erweckt den Eindruck, dass **jeder ein Künstler** sei. (...) **Künstler unterliegen nur wenigen Beschränkungen.** Wie unter einem Vergrößerungsglas sammeln und konzentrieren sie das diffuse Licht des kulturellen Wandels.

S. 169

Gehen Sie ins Extrem. Betrachten Sie jedes Strategiegespräch als Ihre persönliche Version einer Extremsportart. Werden Sie radikal. (...) Revolutionäre finden einen Weg, um über Kompromisse hinwegzugehen.

S. 177

Wenn Sie ein leitender Manager sind, dann fragen Sie sich: Bin ich nach drei Jahrzehnten Branchenerfahrung radikaler oder konservativer geworden? Ist meine Bereitschaft, Konventionen in Frage zu stellen, gewachsen oder gesunken? Bin ich jetzt neugieriger, als ich es im Erwachsenenalter je gewesen bin, oder ist meine Neugier geschwunden? Bin ich ein Revolutionär oder ein Reaktionär? **Entspricht mein Lerntempo dem der Veränderung der Welt?**

S. 181

Wenn Sie **lieber ein Unternehmensbürger als ein Untertan** sein wollen, dann müssen Sie lernen, ein Aktivist zu werden. Aktivisten sind keine Anarchisten. Sie sind vielmehr die loyale Opposition. Ihre Loyalität gilt nicht irgendeiner bestimmten Person oder Position, sondern dem dauerhaften Erfolg ihres Unternehmens und all denen, die zu seinem Nutzen arbeiten.

S. 182

Individuen werden zu Aktivisten, weil sie wissen, dass ihr **Selbstwertgefühl von den Zielen bestimmt wird, denen sie dienen.** Sie brauchen daher ein großartiges Ziel. (...) Beginnen Sie, Ihr Unternehmen als Vehikel für die **Verwirklichung Ihrer Träume** zu betrachten, wobei nur Sie im Mittelpunkt stehen.

S. 238

Aktivisten sind die coolsten Leute auf diesem Planeten. (...) Um ein Aktivist zu werden, brauchen Sie mehr als ein Anliegen und eine durchdachte Kampagne. Sie benötigen ein Wertesystem, das Sie von den Höflingen unterscheidet: Ehrlichkeit: Aktivisten sagen die Wahrheit. Sie sind authentisch. / Demut: Aktivisten zeigen einen erschreckenden Ehrgeiz, ihr Anliegen zu realisieren, als Person aber sind sie demütig. Sie sind arrogant genug, um davon überzeugt zu sein, die Welt wirklich verändern zu können, doch sie sind nicht süchtig nach Ruhm. / Furchtlosigkeit: Aktivisten sind mutig. **Ihre Leidenschaft für die Sache siegt stets über ihren Selbsterhaltungstrieb.**

Handbuch Soft Skills Band 2: Psychologische Kompetenz
herausgegeben vom Deutscher Manager-Verband e.V.
Vdf Hochschulverlag 2004

S. 12

Allgemeine Facetten im Arbeitsablauf des Wissensarbeiters:

Arbeit ist größtenteils ortsungebunden. Die Räumlichkeiten des Arbeitgebers werden vor allem für Besprechungen und informelle Kontakte genutzt. Die Zusammenarbeit mit wechselnden Personen verlangt ein hohes Maß an Flexibilität, Offenheit und sozialer Kompetenz. Ein eigenes Büro ist überflüssig, sofern entsprechende technische Voraussetzungen geschaffen werden. Arbeit und Freizeit, wie formelle und informelle Kontakte verschmelzen bis zu einem gewissen Grad.

Sie als Wissensarbeiter können also Ihre ganze Arbeitskraft, Ihr Wissen und Ihre Kreativität uneingeschränkt auf die Umsetzung von Aufgaben und das Lösen von Problemen konzentrieren. Allerdings werden auch neue Anforderungen an die Selbstmotivation gestellt. Während Sie früher noch Stunden der Lustlosigkeit mit Dateiverwaltung vertrödeln konnten – Ihnen selbst vorschwindelnd, man arbeite ja – werden **in der Zukunft alle Arbeitshandlungen ergebnis- und erfolgsrelevant** sein.

S. 13

Der Wissensarbeiter ist kein abhängig Beschäftigter mehr, sondern **festangestellter Freiberufler**. Für die Qualität seiner Leistungen ist er seinen Vorgesetzten Rechenschaft schuldig. Wie diese Leistungen erbracht werden, bleibt dem Wissensarbeiter selbst überlassen. Daraus resultieren zahlreiche Implikationen für die Arbeitsmotivation.

S. 32

Flow-Erleben: Es kommt zu einer **Überschreitung der eigenen Ich-Grenzen**, die Zeit vergeht wie im Flug. Dieser Zustand, der dem kindlichen Spiel ähnelt, zeichnet sich durch eine hohe Aufgabenorientierung aus und ist ein Kennzeichen für optimale Aufgabenmotivation.

S. 45

Belohnung für einen erfolgreichen Tag: Kino, Theater, Essengehen, Sport+Wellness, einkaufen gehen.
Belohnungen für ein erfolgreiches Projekt: Kurzurlaub, Sportwagen mieten, sich ein neues Möbelstück kaufen, drei Tage nichts tun.

S. 71

Die nächsten Jahre werden **enorme Anforderungen an Sie** stellen. Viel wird sich verändern, Sie werden viel lernen müssen und sich an neue Gegebenheiten anpassen. Nutzen Sie die Veränderungen als Chance und stellen Sie sich ihnen. Andernfalls könnten Sie unter die Räder der Zukunft geraten. **Es liegt an Ihnen, denn wer motiviert ist, ist flexibel und anpassungsfähig – die wichtigste Grundlage jeden Erfolgs.**

Führung: Tom Peters Essentials
von Tom Peters
Gabal Verlag, Offenbach 2008

S. 6

Arbeitsplatz auf Lebenszeit hinter ein und denselben Mauern ist out. Lebenslange Selbsterfindung ist in. Die einzig wirksame Arbeitsplatzgarantie ist unser Talent. Und Talent beweisen wir, indem wir uns ein glitzerndes Portfolio an WOW-Projekten zulegen und uns in schrägem Denken üben (wie es diese verrückt schrägen Zeiten erfordern).

S. 7

Wir wollten eine **Welt der Unternehmen beschreiben, in der es vor revolutionären Chancen nur so wimmelt**, und schufen ein Buch voller Leidenschaft, Energie und Farbe.

S. 11

In Zeiten, in denen Wert ausschließlich das Produkt ist von Kreativität und Initiativkraft, müssen wir ein Führungsmodell entwerfen und praktizieren, das sich durch Freiräume, Offenheit und ständige Erneuerung auszeichnet.

S. 12

!Vision. Ich stelle mir vor... eine junge Frau, 27, die eine vielversprechende Möglichkeit erspäht, den chronisch überforderten Kundenservice ihres Unternehmens NEU ZU GESTALTEN. • Sie erzählt jedem, dem sie begegnet von ihrer faszinierenden Idee, und alle sagen: «Toll, aber wie soll das gehen?» Macht nichts. Sie arbeitet (und arbeitet) (und arbeitet) an dem Problem und stellt zu guter Letzt ein sechsköpfiges Team zusammen • ALLESAMT FANATIKER. • Zum Team gehören ein Talententwickler und ein Profitingenieur; unsere Superfrau ist Visionärin und oberste Anfeuerin. Im Laufe der gemeinsamen **Entdeckungsreise** stellt sie fest, dass ihre ursprüngliche Idee noch weit vom Ziel entfernt war. Aber die große Suchanstrengung mündet schließlich in etwas viel Besserem und viel Abwegigerem.

S. 13

Führung ist... faszinierend! **Ein Ruhm verheißendes Abenteue**r, das uns erlaubt auf den Lauf der Welt Einfluss zu nehmen. (...) Die neue Führung ist ein niemals endendes Projekt mit einem atemberaubend einfachen (und atemberaubend schwierigen) Ziel: Konsequente Neuerfindung!
(...)
Führung ist... nicht was Sie denken! Nicht Befehlsgewalt oder königliches Charisma. Sondern Leben in der Tiefe (inmitten des Schachspiels von Individualisten und Institutionen) und Streben nach der Höhe (**Ermunterung der Mitarbeiter, unmögliche Träume zu erfinden und zu verwirklichen**).

Winning – die Antworten auf die 74 brisantesten Managementfragen

von Jack Welch (ehemaliger CEO von General Electric) und Suzy Welch
Campus Verlag, Frankfurt/Main 2007

S. 48f.

Unternehmen gewinnen, wenn Manager klar und nachvollziehbar zwischen guten und schlechten Geschäftsbereichen und Mitarbeitern unterscheiden, wenn sie die Starken fördern und die Schwachen aussieben. (...) Da in Unternehmen sowohl die finanziellen Mittel als auch die Zeit für Führungsaufgaben begrenzt sind, investieren gute Führungskräfte dort, wo sie mit der höchsten Rendite rechnen können. In den anderen Bereichen wird entsprechend gekürzt.

S. 54f.

Sobald Sie Chef geworden sind, misst sich Erfolg daran, wie sich die anderen weiterentwickeln. Es geht darum, die Leute, die für Sie arbeiten, klüger, größer und wagemutiger zu machen. Nichts von dem, was Sie als Einzelperson tun, zählt mehr, sondern nur noch, wie Sie Ihr Team unterstützen und den einzelnen Mitgliedern helfen, ihr Selbstbewusstsein zu entwickeln. Ja, natürlich werden Sie Ihre Portion Aufmerksamkeit von ganz oben bekommen – aber nur sofern Ihre Mannschaft zu den Gewinnern gehört. Um es anders auszudrücken: Ihr Erfolg als Chef wird nicht davon abhängen, was Sie jeden Tag tun, sondern vom Widerschein des Erfolgs und der Leistung Ihres Teams. Das ist mit Sicherheit eine große Umstellung, und, keine Frage, sie ist auch schwer. In wenigen Worten: Chef zu sein erfordert eine komplett neue Geisteshaltung

S. 55f.

[Werden] Sie zum Mentor für Ihre Leute. Immer und jederzeit. Geben Sie ihnen bei jeder sich bietenden Gelegenheit eine Rückmeldung – nicht nur ein- oder zweimal im Jahr anlässlich der Leistungsbewertung. Kommentieren Sie die Leistung Ihrer Leute nach Meetings, Präsentationen oder Besuchen beim Kunden. Sorgen Sie dafür, dass jeder wichtige Moment einen pädagogischen Aspekt bekommt, indem Sie mit ihnen darüber sprechen, was Ihnen an ihrem Verhalten gefallen hat und wo sie sich noch verbessern können. (...)

Eine weitere Möglichkeit, Ihre Mitarbeiter zum Wachsen zu bringen, besteht darin, sich in deren Haut zu versetzen. Strahlen Sie positive Energie aus, in Bezug aufs Leben allgemein und auf die Arbeit, die Sie gemeinsam erledigen. Zeigen Sie sich optimistisch, was die Zukunft betrifft. Und interessieren Sie sich. Interessieren Sie sich leidenschaftlich für die Leistung und den Fortschritt eines jeden Einzelnen. Ihre Energie wird sich auch auf Ihre Umgebung übertragen.

S. 24f. (Aus: *Winning – Das ist Management*, Campus 2005)

[E]in effektives Leitbild [beantwortet] im Wesentlichen folgende Frage: ‹Wie wollen wir in unserem Geschäftsfeld erfolgreich sein?› (...) Letzten Endes bringen effektive Leitbildformulierungen das Mögliche und das Unmögliche miteinander in Einklang. Sie zeigen Mitarbeitern einen klaren Weg zur Profitabilität auf und geben ihnen das gute Gefühl, Teil eines großen, wichtigen Ganzen zu sein.

3 Das professionelle Selbst

Anpassungsfähigkeit, Autonomie, Belastbarkeit, Begeisterungsfähigkeit, Coach, Durchsetzungsvermögen, Employability, flexible Einsatzfähigkeit, Einfühlungsvermögen, Emotionale Intelligenz, Impulse geben können, Innovatorisch sein, Kommunikationsfähigkeit, Kompromissfähigkeit, Konfliktfähigkeit, Kreativität, Lebenslanges Lernen, andere mitreißen können, hohe Mobilität, Offenheit, Kompetenz im Projektmanagement, positive Grundeinstellung, Risikobereitschaft, Selbstevaluation, Selbstmanagement, Selbstsicherheit, soziales Kapital schöpfen, Spaß bei der Arbeit, Spontanität, Stehvermögen, Veränderungswille, Verfügbarkeit, Vermittlerfunktion, Vernetzung, Vielfalt der verfolgten Projekte, Visionär sein, Unternehmer im Unternehmen sein

(eine Sammlung Wörter aus den Anforderungsprofilen von Stellenanzeigen)

Meine Suche verzweigt sich – ich lese mich sowohl durch wissenschaftliche Theorie als auch durch die Methodiken der Management-Praxis. Die daraus resultierenden Fundstücke sind völlig unterschiedlich und geraten doch miteinander in Beziehung:

Im Internet stoße ich auf das Trainingsangebot einer renommierten Business School: Im Weiterbildungsbereich «Leadership Programme» wird ein Seminar zu «Persönliche Führungskompetenz» angeboten, das die ganzheitliche Persönlichkeit einer Führungskraft in den Vordergrund stellt.[1] Aufgeführt lese ich dort über die Konzeption des Seminars:

«Die souveräne Führungspersönlichkeit ist von sich selbst und ihrem Können überzeugt. Sie kann die Begeisterung über ihre Aufgaben auf andere übertragen, verfügt über Ausstrahlungskraft, kommuniziert eloquent und ist ein fairer Team-Player. Sie kennt ihre Stärken genauso wie ihre Schwächen. Besonders ist ihr auch die Wirkung bestimmter Verhaltensweisen auf ihre Umgebung, Mitarbeiter/innen und Vorgesetzte bewusst.

Solche Eigenschaften, Fähigkeiten und Verhaltensweisen gehören in den Bereich der persönlichen und sozialen Kompetenz einer Führungskraft. Bestehen hier Defizite, so kommt es trotz bestem fachlichen Know-how in kaufmännischen oder technischen Belangen nie zu wahrer beruflicher Meisterschaft, Lebensqualität und Arbeitszufriedenheit.

Daher ist es wichtig zu erkennen, dass die Grundlage einer jeden Managementtätigkeit in der Führung der eigenen Person liegt. (...) Während zweimal vier Tagen lernen und trainieren Sie, Ihre Wirkung auf andere zu überprüfen und zu steuern sowie Ihr persönliches Leistungs- und Kreativitätspotenzial wirkungsvoll zu mobilisieren:
- Sie lernen, Ihre vorhandenen Stärken auszubauen und erhalten sofort umsetzbare Hilfe bei allfälligen Defiziten.

---

1   www.sgbs.ch/sgbs/artikel.php?OAGN=70&AGN=60&Kennung=08ece1948d8016d405ef2038b0d469ca (08.12.2007)

- Unter Anleitung des Trainers entwickeln Sie ein individuelles mittelfristiges Trainingsprogramm zur Persönlichkeitsentwicklung und Potenzialsteigerung.
- Sie bekommen eine persönliche Standortbestimmung und haben so Gelegenheit, Ihre Persönlichkeit einer kritischen Inventur zu unterziehen.
- Der Seminarleiter führt in das mentale Training ein, eine effektive Methode zur erfolgreichen Selbststeuerung und Selbstmotivation.»

Die Beschreibung dieses Persönlichkeitstrainings erinnert mich an das Buch *Das unternehmerische Selbst*[2] des Soziologieprofessors Ulrich Bröckling, das ich kurze Zeit davor gelesen hatte. Ich krame in meinen Notizen:

S. 55
Das unternehmerische Selbst – eine Realfiktion: ein höchst wirksames Als-Ob, das einen Prozess kontinuierlicher Modifikation und Selbstmodifikation in Gang setzt und in Gang hält, bewegt von dem Wunsch kommunikativ anschlussfähig zu bleiben und getrieben von der Angst ohne diese Anpassungsleistung aus der sich über Marktmechanismus assoziierenden gesellschaftlichen Ordnung herauszufallen. Ein Subjekt im Gerundium – nicht vorfindbar, sondern hervorzubringend.

S. 283
Das unternehmerische Selbst existiert nur als Realfiktion im Modus des Als-Ob – als kontrafaktische Unterstellung mit normativem Anspruch, als Fluchtpunkt von Selbst- und Sozialtechnologien, als Adressierung, Kraftfeld, als Sog. So ausgefeilt die Strategien der Zurichtung und Selbstzurichtung auch sein mögen, sie übersetzen sich niemals bruchlos in Selbstdeutungen und individuelles Verhalten.

S. 284
Das «Reale» persistiert stets in Gestalt des Widerstands gegen das Programmieren. Die Programme der Selbst- und Menschenführung gehorchen dem kybernetischen Modell des Prozessmonitoring und nutzen Störungen als Signale, um Interventionen zu regulieren.

S. 289
Gebremst wird die Kraft der unternehmerischen Anrufung zunächst durch die von ihm ausgehende Überforderung: Das unternehmerische Selbst ist ein «erschöpftes Selbst». Weil die Anforderungen stets unabschließbar sind, bleibt der einzelne stets hinter ihnen zurück, weil der kategorische Komparativ des Marktes einen permanenten Ausscheidungswettkampf in Gang setzt, läuft er fortwährend Gefahr ausgesondert zu werden. Anerkennung ist gebunden an Erfolg, und jedes Scheitern weckt die Angst vor dem sozialen Tod. Fixpunkte und Ruhezonen fehlen: Jeder muss sich beständig an eine Welt anpassen, die ihre Beständigkeit verliert, an eine instabile, provisorische Welt mit hin und her verlaufenden Strömungen und Bahnen. (...) Negativfolie und Gegenüber des smarten Selbstoptimismus: das unzulängliche

---

2   Ulrich Bröckling: *Das unternehmerische Selbst. Soziologie einer Subjektivierungsform.* Berlin 2007.

Individuum. Burnout als Normalfall der Abweichung von der Norm einer postdiszi-
plinären Gegenwartsgesellschaft. Indem die Individuen ihre Wut nicht zu genügen
ausschließlich gegen sich selbst richten, bestätigen sie wider Willen noch einmal die
Tyrannei der Selbstverantwortung gegen die ihre leidende Psyche rebelliert.

Meine Anfrage, das Seminar «Persönliche Führungskompetenz» der Business
School im Rahmen meiner Recherche besuchen zu dürfen, wird abgesagt. Dafür
bringen mich die in der Inhaltsbeschreibung des Seminars genannten Themenblöcke auf eine andere Idee. Unter einzelnen Seminareinheiten wie zum Beispiel «Das
ganzheitliche Menschenbild, Persönlichkeitsstruktur», «mentales Training – Selbststeuerung» oder «Rhetorik, Auftreten, Körpersprache» werden jeweilig verschiedene Lernziele aufgelistet.
    Das sich daraus abzeichnende Persönlichkeitsprofil dient mir als Impuls: Ich
fange an, die mir begegnenden Anforderungen und Bewertungskriterien, die sich
Unternehmen von ihren Mitarbeitenden wünschen, zu sammeln und daraus einen
Positiv- und Negativ-Katalog der entsprechenden Verhaltensweisen anzulegen.
Wen muss ich verkörpern, wie muss ich mich verhalten, was muss ich fühlen, um
professionell zu sein? Der Typus einer idealen Arbeitskraft – eines souveränen und
authentischen Professionals – schält sich heraus.

Anforderungskatalog für einen Professional

positive Verhaltensweisen
- adressiert Ideen an die richtige Stelle, um diese im Unternehmen weiter voran-
  zutreiben
- analysiert Schwächen und Misserfolge auf Verbesserungsmöglichkeiten hin
- argumentiert auch in schwierigen Gesprächssituationen überzeugend und flexibel
- beantwortet alle Arten von Anfragen schnell, genau und vollständig
- beteiligt sich stets aktiv (verbal und physisch) und wirkt wach
- bewahrt die Ruhe auch in schwierigen Situationen
- bleibt körperlich sicher
- diskutiert lebhaft, scherzt und genießt den Kontakt zum Team
- engagiert sich für die Ziele des Teams
- entwickelt eigene Ideen
- ergreift die Initiative, macht häufig Vorschläge und argumentiert zielführend
- feiert «Sieg» als Teamleistung (verbal oder durch z. B. Handschlag oder Umar-
  mung)
- findet schnell Zugang zu dem/der Gesprächspartner/in
- fördert Teamintegration und Wir-Gefühl
- formuliert SMARTE Ziele
- geht bis an die Leistungsgrenzen und darüber hinaus
- geht klar, strukturiert und zielgerichtet vor
- geht Konflikten nicht durch rasche Kompromisse aus dem Weg
- gibt bei Schwierigkeiten nicht auf
- glaubt an «das Gute im Menschen»

- handelt als «Unternehmer im Unternehmen»
- hinterfragt bei Entscheidungen den jeweiligen unternehmerischen Wert
- holt sich aktiv Feedback zur eigenen Person ein
- hört gut zu und antwortet auf den Punkt
- investiert regelmäßig Zeit für die Erweiterung von Wissen, Kenntnissen und Fähigkeiten
- ist bereit, Strategien und bereits geplante Aktivitäten auch kurzfristig an sich verändernde Anforderungen anzupassen
- ist dem Druck der Situation konstant gewachsen
- ist energetisch vorwärtsgerichtet und drückt den Willen zum Weitermachen aus
- ist freundlich als Grundzug und nicht unnahbar, aggressiv, egozentrisch, abweisend
- ist freundlich und am anderen interessiert
- ist in der Lage, seine Arbeit selbst zu organisieren
- ist sicher und gewinnend im persönlichen Kontakt
- ist umstellungsbereit und kann wenig festgefahren auf Veränderungen reagieren
- kann auch bei einer Vielzahl verschiedener, wichtiger Aufgaben einen «kühlen» Kopf bewahren
- kann Stressoren identifizieren und proaktiv beseitigen
- kann Wesentliches von Unwesentlichem trennen
- kennt die Herausforderungen und Ziele des Unternehmens
- kennt Frau Optimismus und Herrn Humor
- kennt und nutzt verschiedene Möglichkeiten der Motivation
- kennt und respektiert die Werte des Unternehmens
- kommuniziert offen und ehrlich
- lächelt andere an
- lässt andere ausreden, hört aufmerksam zu
- nimmt regelmäßig an Trainingsmaßnahmen und Coachings teil
- nimmt unbekannte Aufgaben und Herausforderungen an
- optimiert das eigene Verhalten durch planmäßiges Üben und Feedback
- orientiert das eigene Handeln an den übergeordneten Zielen des Unternehmens
- pflegt Beziehungen zwischen internen und externen Kunden und Kollegen um Unternehmensziele zu erreichen
- praktiziert aktives Zuhören
- redet mit Höhen und Tiefen, ausdrucksstark – auch mimisch und gestisch – lebendig
- richtet Aktivitäten spezifisch auf das Erreichen eines Ziels aus
- schafft eine freundliche Atmosphäre
- schlichtet Konflikte falls erforderlich und weist auf gemeinsames Ziel hin
- setzt Ideen zur Kostenreduktion und/ oder Ertragssteigerung um
- setzt konstruktives Feedback in neue Verhaltensweisen um
- setzt Qualifizierungsinhalte in neue Verhaltensweisen um
- sieht Rückschläge und Kritik als Chance und Herausforderung
- steht zu eigenen Fehlern
- stellt hohe Anforderungen an die eigene Arbeitsleistung
- stellt sich auf neue oder unbekannte Situation und/oder Personen ein

- Stimme ist kraftvoll und energisch
- strahlt Lebendigkeit aus und ist oft in Aktion
- strahlt Lebendigkeit und Dynamik aus
- strahlt Ruhe und Sicherheit aus
- strahlt Souveränität und Autorität aus
- strahlt Zuversicht und Tatkraft aus
- sucht aktiv nach neuen Produkten und Distributionswegen
- sucht bei der Bewältigung von Problemen aktiv nach konstruktiven Lösungen
- sucht Blickkontakt
- sucht nach Möglichkeiten zur Wettbewerbsdifferenzierung
- Tonfall und Verhalten sind situativ angepasst: reich von ruhig und sachlich bis nachdrücklich bestimmend, aber doch einfühlsam, immer mit dem Ziel, sich durchzusetzen
- trägt ruhig und flüssig vor
- tritt konzentriert und sicher auf
- überzeugt und erklärt souverän und der anderen Person zugewandt und wertschätzend
- verfolgt die Entwicklungen im Markt aktiv, um neue Ideen zu generieren
- verfügt über bewusstes, persönliches Wertemodell und lebt und handelt danach
- verfügt über eine gute sprachliche Ausdrucksfähigkeit und rhetorische Kompetenz
- verfügt über klare Ideen zur Verbesserung der Entwicklungsfelder
- verfügt über realistische Einschätzungen eigener Stärken und Schwächen
- verhält sich auf Dauer zielorientiert, auch wenn die Situationen belastend sind
- vermittelt «Drive» und verfügt über eine Treibermentalität
- vermittelt Authentizität
- vermittelt hohes Anspruchsniveau
- versteht die Konsequenzen des Marktes und richtet sein eigenes Verhalten danach aus
- versteht die Sinnhaftigkeit der Bearbeitung von Aufgaben und versteht den damit verbundenen Mehrwert
- versteht die verschiedenen Treiber seiner Mitarbeiter und motiviert entsprechend
- vertritt das Unternehmen und seine Interessen angemessen
- vertritt den eigenen Standpunkt auch bei Widerstand mit Beharrlichkeit
- weckt Interesse
- wirkt enthusiastisch und begeisterungsfähig
- zeigt Mut, neue Ideen auszuprobieren
- zeigt sich offen für Kritik und Handlungsempfehlungen anderer
- zieht die anderen emotional und verbal mit
- zwingt sich bei Angst und Stress zur Ruhe

negative Verhaltensweisen:
- äußert keine Meinung, tut das was andere sagen
- beteiligt sich nicht an Gesprächen
- bezieht andere nicht ein, trifft keine Absprachen und hält keine ein

- bleibt im Gespräch unbeteiligt und passiv
- bleibt in den Vereinbarungen vage
- bringt Vorschläge nur leise und halbherzig ein
- entschuldigt sich für die eigene Sichtweise
- erzeugt Desinteresse
- erzeugt unoffenes Gesprächsklima
- gerät bei anderen Meinungen in Erklärungsnot
- gibt bei Widerstand schnell auf
- hat keinen «festen» Standpunkt
- ist körperlich unsicher
- konzentriert sich zu sehr auf Details
- lässt sich die Gesprächsführung aus der Hand nehmen
- lässt sich durch Einwände verunsichern
- Leistungswille nicht vorhanden (zieht sich physisch oder psychisch zurück, beschäftigt sich mit sachfremden Dingen, unterhält sich nicht sachbezogen, Hände in den Hosentaschen, abschweifender Blick)
- Mutlosigkeit in der Stimme
- pessimistischer Gesichtsausdruck, Pokerface, Verlierergesicht, Delinquentenausstrahlung
- reagiert auf Widerspruch und geht in die Defensive
- redet nicht über neue Möglichkeiten
- redet stockend und hastig
- spricht undeutlich und drückt sich unklar aus
- tritt Gesprächspartner/in eher verschlossen gegenüber
- tritt unsicher und wenig überzeugend auf
- tut nur das, was andere sagen (Befehlsempfänger)
- tut sich durch dumme Sprüche hervor
- verhält sich opportunistisch, passiv, desinteressiert
- vermeidet Blickkontakt
- versetzt sich nicht in die Lage des Gesprächspartners
- versucht befehlsbezogen und kommandierend eigene Sichtweisen durchzusetzen
- verwirft die eigene Sichtweise schnell
- wertet Wortbeiträge ab
- wird aggressiv, ironisch, zynisch
- zeigt Anzeichen physischer und psychischer Belastung
- zeigt Frustrationsverhalten (pessimistische Aussagen, ist beleidigt, jammert wegen subjektiver oder objektiver Schwierigkeiten)
- zeigt Profilneurose

4 Der neue Geist des Kapitalismus

Seit Beginn meiner Recherche begegnen mir ständig Wörter und Parolen, die ich eigentlich aus der Sphäre der Kunst und meinem eigenen Leben kenne. Ich blättere nochmal in meinen Notizen und Auszügen der Management-Literatur und sammele folgende Stichwörter heraus:

- Selbstverwirklichung
- Kreativität und Initiativkraft
- Freiräume, Offenheit und ständige Erneuerung
- Überschreitung der eigenen Ich-Grenzen
- Beginnen Sie, Ihr Unternehmen als Vehikel für die Verwirklichung Ihrer Träume zu betrachten, wobei nur Sie im Mittelpunkt stehen.
- Ihre Leidenschaft für die Sache siegt stets über Ihren Selbsterhaltungstrieb
- Lebenslange Selbsterfindung
- Wir brauchen Guerilla-Kämpfer, die hoch motiviert und weitgehend selbstständig agieren
- Allesamt Fanatiker!
- Ruhm verheißende Abenteuer
- Eigenschaften außergewöhnlicher Unternehmen: Kreativ, Umfassend, Schöpferisch, Offen
- Atemberaubende Projekte
- Werden Sie radikal, werden Sie Revolutionär, werden Sie Aktivist!

Die heutige Wirtschafts- und Arbeitswelt scheint mir durchdrungen zu sein von einer Sprache der Revolte. Hüllt sich hier ein ökonomisches, kapitalistisches Interesse lediglich in den Mantel einer revoltierenden Kunst-Avantgarde, um damit vor allem für junge Arbeitskräfte aufregend und abenteuerlich zu erscheinen? Oder geht es um mehr?

In dem Management-Ratgeber «Das revolutionäre Unternehmen» von Gary Hamel lese ich die Bemerkung: «Jeder ist ein Künstler»[3]. Wie ist dieser Satz des Künstlers Joseph Beuys hierher geraten? Ich beginne mich dafür zu interessieren, was Joseph Beuys mit seinem bekannten Satz «Jeder Mensch ist ein Künstler»[4] zum Ausdruck bringen wollte und tauche ein in die Beschäftigung mit seinem Ideenwerk und seiner Entwicklung eines sozialen, erweiterten Kunstbegriffs. In der damaligen Ökonomie – egal ob in kapitalistischer oder kommunistischer Spielart – sah er ein System, das die Menschen unterdrückte und zu entfremdeter Arbeit zwang. Dieses ökonomische System wollte er durch die Kunst in ein kulturelles System, in ein menschliches Gesamt-Projekt umwandeln. Den Menschen sah er darin als schöpferisches Wesen im Mittelpunkt und seine geistige, kreative Freiheit als das Kapital. Es ging ihm um nichts weniger als die von der Kunst her gedachten Umgestaltung aller gesellschaftlichen Verhältnisse.

Joseph Beuys war bis 1972 Professor an der Kunstakademie Düsseldorf und betreute dort eine Unzahl an Studierenden, weil er eigenmächtig die Zulassungs-

---

3   Gary Hamel: *Das revolutionäre Unternehmen*. Berlin 2001, S. 161.
4   Diese These äußerte Joseph Beuys erstmals 1967 im Rahmen seiner politischen Aktivitäten. (Vgl: Wolfgang Zumdick: *Joseph Beuys als Denker. PAN/XXX/ttt, Sozialphilosophie – Kunsttheorie – Anthroposophie*. Stuttgart, Berlin 2002, S. 12).

beschränkung aufgehoben hatte. Einige seiner Studierenden gingen nach ein paar Jahren Studium der freien Kunst in die Wirtschaft, machten dort Karriere. Erhielten mit dieser Grenzüberschreitung zwischen Kunst und Wirtschaft Joseph Beuys' Ideen über das Potenzial eines freien, kreativen Menschen Einzug in ökonomische Zusammenhänge? Oder wie erklärt sich die seltsame Verwandtschaft zwischen den sozialrevolutionären Ideen von damals und dem heutigen Leitbild eines unternehmerischen, kreativen, freien Selbst, das sich leistungsbereit und hochmotiviert für eine rein ökonomische Zielrichtung verausgabt? Dienten letztendlich die in der Sphäre der Kunst üblichen Lebensformen und Überschreitungen dazu, die Grenzen zu sprengen, in denen die Arbeit bis dahin tarifvertraglich eingesperrt war?

Ich nehme Kontakt zu Franz Schultheis auf. Er ist Professor für Soziologie an der Universität St. Gallen und eines seiner Forschungsgebiete ist die Transformation der Arbeitswelt. Ich frage ihn nach seiner Einschätzung und er skizziert mir in einem kurzen Telefonat seine Gedanken: «Das Bild hinter dem neuen Typus einer idealen Arbeitskraft ist der Unternehmer und Künstler als Inkarnation der schöpferischen, innovativen Kraft. Letztendlich lässt sich diese Entwicklung, dieser Einzug des Künstlertypus in die postfordistische Wirtschaft nicht anhand konkreter Personen oder Ereignisse festmachen. Ein solcher Prozess geht dezentral, rhizomatisch vonstatten, lässt sich nicht auf einen einzelnen Künstler wie Joseph Beuys verkürzen. Der Künstlertypus als solcher existiert ja außerhalb konkreter Personen und wurde im 19. Jahrhundert maßgeblich von Leuten wie Baudelaire (L'art pour l'art) oder Balzac geprägt, der in seinem «Traktat des eleganten Lebens» beschrieb, dass die einzige Weise für den Menschen sich nicht zu entfremden, die Kunst sei. So entstand ein Künstler-Habitus, eine Bohème als subkulturelle Verweigerung, die sich gegen jede Form von Entfremdung verwehrte. Mit der 68-Bewegung wächst eine neue Generation heran, die diese Künstlerkritik wieder aufgreift.»

Franz Schultheis verweist mich außerdem auf das Buch «Der neue Geist des Kapitalismus». Darin würde ich Antworten auf meine Fragen finden. Aus diesem Buch erfahre ich von einer grundsätzlichen Motivationskrise, in der sich das kapitalistische System Ende der Sechziger Jahre befand: Autoritäten waren in Verruf geraten, die Arbeitsmotivation in den Betrieben sank und unter jungen Menschen machte sich eine regelrechte Verweigerungshaltung gegenüber fremdbestimmter Arbeit, die nur den Profitinteressen des Kapitals diente, breit.

Die folgenden Textauszüge sind eine Auswahl meiner Notizen, die aus dem Studium dieses Buches entstanden sind.

Der neue Geist des Kapitalismus
von Luc Boltanski und Ève Chiapello
UVK, Konstanz 2003

S. 43
Die Mehrzahl der neuen Formen der Gewinnerzielung und der in den letzten dreißig Jahren neu entstandenen Berufen [stellen] «Einsatzbereitschaft der Belegschaft» in den Mittelpunkt.

S. 43f

Wir wollen als Geist des Kapitalismus eine Ideologie bezeichnen, die das Engagement für den Kapitalismus rechtfertigt. Dieser Geist des Kapitalismus steckt gegenwärtig in einer schweren Krise. (...) Deswegen ist ein neues, mobilisierungsstärkeres Ideologiesystem Voraussetzung für den Fortbestand des Akkumulationsprozesses. (...) Das gilt zumindest für die Industrieländer, die auch weiterhin den Motor des Akkumulationsprozesses darstellen und auch in Zukunft das Gros an qualifizierten Arbeitskräften, deren positive Einsatzbereitschaft unabdingbar ist, stellen wollen.

S. 64

Der Kapitalismus musste sich einen Geist zu eigen machen, der einerseits attraktive und aufregende Lebensperspektiven, andererseits aber auch Sicherheitsgarantien und sittliche Gründe für das eigene Tun bieten konnte. Nur so ließen sich die für eine stetige Akkumulation unerlässlichen Arbeitskräfte an sich binden. Dieses heterogene Mischungsverhältnis aus Motivlagen und Gründen erweist sich aber als zeitlich wandelbar.

S. 216

Studenten der 68-Bewegung (...) setzen auf eine Kritik der Entfremdung. In ihr werden die Hauptthemen der Künstlerkritik aufgegriffen, die in den Vereinigten Staaten bereits in der Hippie-Bewegung präsent sind: zum einen die Entzauberung, die fehlende Authentizität, das Elend des Alltags, die Entmenschlichung der Welt unter dem Einfluss der Technisierung und der Technokratisierung, zum anderen der Verlust an Autonomie, der Mangel an Kreativität und die verschiedenen Formen der Unterdrückung in der modernen Welt. (...) Im Bereich der uns hier stärker interessierenden Arbeit und Produktion dominiert die Kritik an der Macht der Vorgesetzten, an Paternalismus, Autoritarismus, aufgezwungenen Arbeitszeiten, vorgegebenen Arbeitsbereichen, der tayloristischen Trennung zwischen Konzeption und Ausführung und ganz allgemein an der Arbeitsteilung. Parallel dazu werden Forderungen nach Eigenverantwortlichkeit und Selbstverwaltung und das Versprechen einer grenzenlosen Freisetzung der menschlichen Kreativität formuliert.

S. 220

Im Mai 1971 tagt in Paris unter der Leitung der OECD eine Arbeitgeberrunde von Experten aus verschiedenen Ländern Westeuropas, den Vereinigten Staaten und Japan. (...) Ins Leben gerufen wurde diese Denkfabrik im Anschluss an das Phänomen der Zersetzung, das das Verhalten der Arbeiter kennzeichnet sowie infolge der Verhärtung der Einstellungen und der nachlassenden Arbeitsmotivation in der Industrie.

S. 226

Anfangs versuchen die Arbeitgeber die Krise zu beruhigen, indem sie auf gewerkschaftliche Forderungen nach verbesserter Lohn- und Arbeitsplatzsicherheit eingehen.

S. 227

Diese Strategie hat sich jedoch als kostspielig erwiesen, außerdem ist es weder dem Management noch den Gewerkschaften gelungen, die Leistungsbereitschaft am

Arbeitsplatz wieder in den Griff zu bekommen. Die Arbeitgeberschaft begreift jetzt die Krise als eine Künstlerkritik, als ein Aufbegehren gegen entfremdende Arbeitsbedingungen und traditionelle Autoritätsformen.

S. 239

Darüber hinaus ergibt sich das Interesse der Arbeitgeber für die Arbeitsbedingungen aus einer einfachen und realistischen Analyse: repetitive Arbeitsprozesse ohne Eigenverantwortung und Autonomie, zeitliche Leistungsbemessung und ein wissenschaftliche Arbeitsorganisation sind für junge Arbeitskräfte, die zum größten Teil über einen Schulabschluss verfügen, nicht mehr angemessen.

S. 243

Die Autonomieforderung wird zu einem absolut zentralen Wert der neuen Industrieordnung. Wie in der Interpretation der studentischen Autonomieforderung durch Edgar Faure wird die Autonomie hier sowohl im Sinne der Selbstständigkeit der Mitarbeiter (eine weniger direkte Arbeitsplatzkontrolle durch die Vorgesetzten) als auch im Sinne organisatorischer Eigenständigkeit (Abteilungen als unabhängige Einheiten und autonome Profitzentren) verstanden. Die Arbeitswelt verfügt von nun an nur noch über individuelle, miteinander vernetzte Instanzen.

S. 244

Um die Herrschaft in den Unternehmen wieder an sich zu reißen, wurde mit den zurückliegenden Kontrollformen gebrochen und die Forderungen nach Autonomie und Eigenverantwortung, die man bis dahin als subversiv betrachtet hatte, endogenisiert. Dieser Veränderungsprozess lässt sich schematisieren, wenn man bedenkt, dass die Kontrolle durch Selbstkontrolle abgelöst wurde und dass damit die immens hohen Kontrollkosten durch eine Verlagerung der Organisationslast auf die Angestellten externalisiert wurden. Die Fähigkeit, Autonomie und Eigenverantwortung an den Tag zu legen, bildete nunmehr eine der neuen Bewährungsproben.

S. 244

Eine Schriftenreihe, die belegt, wie intensiv die «Arbeitgeberexperten» darüber nachdachten und wie viele Experimente in den Unternehmen durchgeführt wurden: Die vierten nationalen Sitzungsberichte der Unternehmen vom Oktober 1977 beinhalten in Form von Kurzbeschreibungen mehrere hundert Neuerungen, die im Laufe des Jahrzehnts eingeführt worden waren und markieren den ersten größeren, öffentlichen Ausdruck des 68er Geistes in der Arbeitgeberwelt.

S. 245

Die wesentlichen Neuerungen betreffen die Umstrukturierung der Arbeitsplatzprofile. Man müsse eine Situation schaffen, in der der Arbeitnehmer durch die eigentliche Arbeit, die von ihm ausgeführt wird, motiviert werde. Dazu müssten dem Arbeiter Arbeitsbereiche zugewiesen werden, zu denen auch Elemente der Eigenverantwortung und der Selbstbeteiligung kämen.
(...)

Diese Umgestaltung erfordert es, die Kontrollfunktionen neu zu konzipieren, wobei Vorarbeiter weniger die Rolle des Vorgesetzten spielen, als eine Beratungsaufgabe für die autonomen Arbeitsgruppen erfüllen. Das Kontrollpersonal müsse sein Verhalten durch den Gruppenarbeitsansatz modifizieren. (...) Die Weiterentwicklung der Befehlsmethoden sei eine unerlässliche Voraussetzung, um das Image der Industrie aufzubessern. Das Führungspersonal könne ein Problem ansprechen und die Mitarbeiter zu eigenen Lösungen auffordern. Die Endphase, die allerdings größtenteils noch theoretisch sei, bestehe dann darin, dass die Arbeitnehmer selbst die Probleme erkennen, über die möglichen Lösungen diskutieren und schließlich zu gemeinsamen Entscheidungen gelangen. Um diese Ergebnisse zu erreichen, sei es vielleicht am besten, ein gänzlich neues, auf den neuen Normen beruhendes Klima zu schaffen. Der beste Weg dorthin besteht darin, eine neuartige Fabrik mit einer neuen Belegschaft und einer neuen Gruppe an Führungskräften zu errichten, die dazu bereit sind, in dieser jungfräulichen Umgebung neue Managementsysteme in die Praxis umzusetzen. Wenn diese neue Fabrik erst einmal stehe, würden alle Bemühungen um die Schaffung von effizienteren Arbeitsteams kreisen.

S. 257

Der neue Geist des Kapitalismus auf Abstand zum Sozialkapitalismus unter staatlicher Planung und Kontrolle, der als veraltet, beengt und beengend betrachtet wird, stützt sich vielmehr auf die Künstlerkritik (Autonomie und Kreativität). (...) Er öffnet sich gegenüber einer Kritik, die die Mechanisierung der Welt (postindustrielle versus industrielle Gesellschaft) und die Zerstörung von Lebensformen denunziert, die der Ausschöpfung der eigentlich menschlichen Potenziale und insbesondere der Kreativität förderlich sind. (...) Dadurch, dass der neue Geist diese Forderungen für eine Beschreibung einer neuartigen, emanzipierten, ja sogar libertären Art der Profitmaximierung nutzbar macht, durch die man angeblich auch sich selbst verwirklichen und seine persönlichsten Wünsche erfüllen könne, konnte er in der Frühphase seines Entstehens als eine Überwindung des Kapitalismus, damit auch als eine Überwindung des Antikapitalismus verstanden werden. Er beinhaltet das Thema der Emanzipation und des freien Zusammenschlusses von Kreativen, die eine gemeinsame Passion verbindet und die sich gleichberechtigt zusammenfinden, um ein gemeinsames Projekt zu verfolgen.

S. 261

Selbstverständlich geht es immer noch darum, die Angestellten zur Mitarbeit an der kapitalistischen Profitmaximierung zu bewegen. Während jedoch in der vorangegangenen Periode vor allem unter dem Druck der Arbeiterbewegung versucht worden war, dieses Resultat über ein kollektive und politische Integration der Arbeitnehmer in die Sozialordnung und durch eine Form des kapitalistischen Geistes zu erreichen, die den wirtschaftlich-technologischen Fortschritt an das Ziel der sozialen Gerechtigkeit geknüpft hatte, wird dazu nunmehr ein Selbstverwirklichungsprojekt entwickelt, in dem der Kult der individuellen Leistung und das Loblied auf die Mobilität mit netzartigen Konzeptionen des gesellschaftlichen Zusammenhalts verbunden wurden.

5 Gespräche mit Hinderk Emrich

Bei meinen Recherchen stoße ich auf den Zeitungsartikel «Die gedopte Elite», ver-öffentlicht u. a. in *SpiegelOnline* am 28. Juni 2008.[5] Darin kommt Professor Hinderk Emrich zu Wort, er schildert seinen Arbeitsalltag als Psychiater und berichtet von einer größer werdende Zahl an oft hochqualifizierten Menschen, die zu ihm kommen und mittels Medikamenten wieder «fit gemacht» werden oder sogar ihre Leistung noch steigern wollen. Dieses Phänomen interessiert mich unter anderem in Zusammenhang mit dem eingangs erwähnten Zeitungsartikel, in dem von einer Suizidserie unter hochqualifizierten Angestellten beim Automobilhersteller Renault berichtet wird. Darin wird aus einem Abschiedsbrief zitiert: «Ich bin nicht mehr fähig, diese Arbeit zu machen», sie sei «zu schwer auszuhalten».[6]

Welche Wechselwirkungen bestehen zwischen den offenbar vorhandenen Belastungssyndromen von Einzelnen zu unserem Gesamtsystem Arbeitswelt, das neue Formen der Freiheit und der sinnhaften Selbstverwirklichung verspricht?

Ich nehme Kontakt zu Hinderk Emrich auf. Er ist Psychiater, Psychoanalytiker und Philosoph und hatte bis 2008 den Lehrstuhl für Psychiatrie und Psychotherapie an der Medizinischen Hochschule Hannover. Jetzt ist er emeritiert und betreibt eine Privatambulanz am International Neuroscience Institute Hannover. Wir führen zwischen 2008 und 2009 zwei Gespräche, woraus die folgenden Textpassagen stammen.

Über Identität, den Funktionalismus und die haltgebende Funktion des Berufs

Hinderk Emrich: Ich begegne vielen Menschen, die ihre Identität sehr stark im Hinblick auf ihre Arbeitswelt definieren. Eine Patientin, die hier in der Klinik behandelt wurde, sagte, sie muss jetzt möglich schnell wieder zurück an ihren Arbeitsplatz. Ihre Identität ist die, in einer führenden Managementposition bei einer Oil-Company zu arbeiten. Ihr Schmerzproblem und das neurologische Problem sind nachrangig zu dem Problem, welches bedeutet, einige Wochen am Arbeitsplatz auszufallen. Der Ausflug hierher nach Hannover hat nur den Sinn und das Ziel, sich möglichst schnell wieder für ihren Arbeitsprozess fit zu machen. Und das ist etwas, das wir an einer langen Liste von Schicksalen beschreiben können. Ich kenne eine große Anzahl von führenden Managern, die quasi «rund um die Uhr» arbeiten, auch Samstag und Sonntag. Die ertragen sich selber nur dann, wenn sie immer im Büro sind, immer im Beruf. Wo das eigentlich herkommt, diese haltgebende Funktion, dass man nur noch Halt in den Regulatorien der Arbeitswelt hat, das hat sicher viele, und letztlich auch tiefenpsychologische, Gründe.

Arbeit ist ja etwas, das enorm viel «Geborgenheit» geben kann. In dem vielleicht wichtigsten Roman des 20. Jahrhunderts von Franz Kafka: *Der Prozess*, wird ein junger Versicherungsangestellter, Josef K., an seinem dreißigsten Geburtstag dargestellt. Da wird er quasi «überfallen». Aber das ist ein «innerer Überfall», es

---

5 Veronika Szentpétery: *Die gedopte Elite,* veröffentlicht u. a. auf SpiegelOnline (© Technology Review, Heise Zeitschriften Verlag, Hannover), 28.06.2008

6 *Schwarze Serie im Technocentre,* in: Tagesspiegel, 09.03.2007.

sind keine realen Figuren, die ihn verhaften. Und er sagt zu seiner Zimmerwirtin (sinngemäß), wenn ich in meinem Büro gesessen hätte und das Telefon hätte vor mir gestanden, dann hätte so etwas nicht passieren können. Und er sagt wörtlich: «Wäre ich gleich nach dem Erwachen ... aufgestanden ... so wäre nichts weiter geschehen, es wäre alles, was werden wollte, erstickt worden.»

Das heißt also, die Fähigkeit des Menschen, damit umzugehen, dass in ihm selber sehr kritische Stimmen sind: Wir kritisieren uns ja ständig selber, es ist nicht so schlimm, dass andere uns kritisieren, wir kritisieren uns, wir sind mit uns unzufrieden, wir fragen uns, was machst du hier eigentlich, was rennst du den ganzen Tag herum, kommt eh nichts dabei raus, bist ein «Dummdödel», dein Chef mag dich nicht und so weiter. Aber wenn es dann doch einigermaßen klappt, dann führt die Arbeit zu einer Art «Beruhigung». Ich kann in die Kantine gehen, die Menschen lächeln, ich bekomme was zu essen. Das ist ein angstlösendes Element. Und die Flucht in den Beruf bietet eine Möglichkeit, die Bedrohung durch seelische Umbrüche abzuwehren. Schließlich ist man dauernd beschäftigt und von sich selbst abgelenkt. Man spürt nicht sein eigenes psychisches Leid, an dem man sonst vielleicht zugrunde gehen würde. Die Flucht in den Beruf, in die Karriere, ist also eine Flucht weg vom Individuellen hin ins Allgemeine. Außerdem finden sich dort – vor allem im Bereich hochqualifizierter Beschäftigung – jede Menge Pseudokontakte, es herrscht ein Netzwerkfetisch und eine tendenziell flirtige Atmosphäre.

Grundsätzlich müssen wir uns die Frage stellen, eine Frage, die sich jede Kultur wahrscheinlich immer wieder neu stellt: Was heißt eigentlich Identität, was (oder besser: wer) bin ich als ich selber? Was ist meine persönliche Daseinsform, meine Lebensform, wie realisiere und manifestiere ich mich? Es gab früher eine ständische Kultur, da war man eben Bauer oder Bäcker oder war man Graf oder Fürst, also man hatte eine Identität, die identisch war mit einem ganz bestimmten Stand, in dem man hineingeboren war. Und in der modernen Welt, in dieser arbeitsteiligen Gesellschaft, in der wir jetzt leben, definiert man sich im Wesentlichen durch die Funktionalität, die man im Beruf hat. Diese Identität muss man sich aber permanent neu erarbeiten. Und da stellt sich eigentlich die Frage: Gibt es außer dieser mich durchherrschenden Funktion, nämlich einen bestimmten Beruf auszuüben und ihn zu 100% auszuüben, gibt es da noch etwas anderes?

Allerdings: Eine solche Frage nach der Sinngebung des Lebens wird überhaupt nicht mehr zum Thema gemacht, sondern es ist ganz selbstverständlich: das Kapital ist dazu da, sich zu vermehren und Menschen sind dazu da, diesen Vermehrungsprozess gewissermaßen zu «ernähren». Und dann fällt unter Umständen auch für viele Menschen die Frage weg: wozu bin ich da? Also die Frage, die Heidegger einmal die «Sinnstellung» genannt hat, also wo stelle ich meine Sinnhaftigkeit hin und wie stelle ich sie her, woher kommt sie eigentlich? – diese Frage ist weggefallen. Wir leben deswegen, wie ich es ganz gerne bezeichne, im Zeitalter des «Funktionalismus».

In erster Linie geht es meiner Auffassung nach im Funktionalismus immer darum, Arbeits-Funktionen zu definieren und diese dann zu optimieren. Jede Funktion ist dabei ersetzbar, wenn sie optimiert wurde und woanders billiger zu haben ist. Und so werden Menschen heute sortiert. Alle Lebenszusammenhänge sind durchrationalisiert, und als Aufgabe ist lediglich noch die Optimierung aller Funktionen im Gange. Aber dieser uns beherrschende Funktionalismus ist nicht mehr in Einklang zu bringen mit unseren Emotionen. Menschen können häufig nicht mehr, sie sind emotional völlig erschöpft. Natürlich kann man sagen, der Funktionalismus ist die eine Seite und führt dazu, dass es den Funktionsträgern irgendwo einigermaßen geht; aber die andere Frage ist: Nimmt es uns etwas von der Lebenssubstanz weg, von dem was es heißt, ich selbst zu sein?

Ich komme noch einmal auf Josef K. und seinen 30. Geburtstag in Kafkas *Der Prozess* zu sprechen. Im 30sten Jahr fängt man häufig an, darüber nachzudenken: was willst du eigentlich aus deinem Leben machen oder wer bist du überhaupt? Das gibt es ja in der Pubertät mit 14 bis 17 und das gibt es noch einmal mit 30 Jahren. Das sind Reifungskrisen, Identitätskrisen. Und da spielt die haltgebende Funktion des beruflichen Lebens eine ganz zentrale Rolle. Diese haltgebende Funktion des Berufes ist nicht selbstverständlich. Zum Beispiel im Mittelalter war es so, dass der Lehnherr in der Nacht keinen Anspruch auf die Arbeitszeit des Bauern oder des Arbeiters, des Landarbeiters in der Nacht hatte, nach den acht Arbeits-Stunden am Tage. Der Mensch war zwar leibeigen, gehörte richtig dem Herrn, aber die Nacht war frei. Die Nacht gehörte dem Funktionierenden selbst. Und wir haben es dahin gebracht, dass unsere Nächte von unseren Auftraggebern vollständig aufgesogen werden. Auch ich selbst denke natürlich oft nachts über meine Patienten nach.

Wir sind da in einen Sog hineingeraten, wohl zumindest z.T. durch ein religiöses Element: es kam nach dem Mittelalter bei uns in Mitteleuropa etwas Neues ins Spiel – der Calvinismus. Der Calvinismus hat ja quasi der Arbeit einen Heiligenschein verpasst. Das heißt, dass Arbeit nicht nur Mittel zum Zweck und zum Überleben ist (deswegen sind die Nächte ja früher frei gewesen). Jetzt wird die Arbeit identitätsbildend und zwar nicht nur in menschlicher Hinsicht sondern auch in metaphysischer Hinsicht, d.h. vor Gott! In dem Moment, wo der Mensch tatsächlich zeigen kann, meine Werke sind gottgefällig, was ich leiste ist überragend, deswegen geht es mir so gut und alles geht auf, was ich mir so ausgedacht habe, mein ganzes Lebensprojekt geht in Erfüllung!

Momentan bricht hier allerdings ein Mythos zusammen, denn dieser «Heiligenschein der Arbeit» – und damit das Versprechen des Calvinismus – funktioniert nicht mehr richtig. Worin soll jetzt noch der «heilige Wert der Arbeit» liegen? Sind die Führer der Arbeit alle Schauspieler, verlogene Halunken und Schwerverbrecher? Gleichwohl ist es weiterhin so, dass der Wert der Arbeit für den einzelnen einen extrem hohen Stellenwert hat. Ich arbeite z. B. jetzt hier in dieser Privat-Klinik seit einem dreiviertel Jahr, seit ich emeritiert bin und habe jetzt hier eine kleine Privatambulanz. Und die Sprechstundenhelferinnen, die hier für mich arbeiten, sind Leiharbeiterinnen. Sie sind also Frauen, die dafür, dass sie exzellente, schwerste Arbeit machen, wenig Geld bekommen. Sie sind nicht festangestellt in diesem Haus. Das hat man extra «outgesourct», man trägt also keine Lasten an ihnen, wenn sie krank sind. Da mag man vielleicht denken, naja, wenn das jetzt so ist, dass man da an diesen Kräften spart, dann sind die vielleicht nicht besonders gut. Aber sie sind hervorragend! Sie sind liebenswürdig, sie sind nett, sie sind klug, charakterlich absolut integer, und sie arbeiten «rund um die Uhr». Und sogar motiviert. Und sie sind froh, dass sie hier sein dürfen. So funktioniert das System!

Arbeit lenkt uns ja auch ab von den Fragen nach Selbstkritik: was bin ich wert, was ist mein Leben noch wert? Eine dieser beiden Frauen, die hier arbeiten, hat selber Krebs, das habe ich zufällig erfahren. Sie sieht jeden Tag bestimmt zwanzig, dreißig Krebspatienten als Sprechstundenhilfe, weil sie für fünf oder acht Professoren arbeitet, einer davon bin ich. Sie hat zwar selber Krebs, aber sie denkt durch ihre Arbeit nicht mehr an ihren Krebs. Sie kümmert sich nur um diese armen kranken Frauen und Männer.

Und wenn jemand, wie zum Beispiel diese Frau, die Krebs hat und für einen Hungerlohn vorbildlich bei uns hier arbeitet, kann man sie fragen: «Warum machen Sie das eigentlich? Sie opfern sich ja irgendwo.» Das Merkwürdige ist, dass im Kapitalismus, dessen Sinn nur in der Kapitalvermehrung besteht und der damit – wie Lyotard[7] es nennt – keine «Sinngestalt» hat, dass Menschen in ihm sich selber einen Sinn geben können. Sie geben sich diesen eben selbst und sagen: Für mich ist jeder Tag, den ich hierher gehen kann, sinnvoll. Ich kann hier essen gehen, ich treffe den Emrich, der strahlt mich an, und ich sehe diese armen Patienten, denen geht es noch viel schlechter als mir, ich bringe ein Opfer und ich erhalte ganz viel «Sinn» zurück. Das lässt sich auch in unserem durch und durch maroden und perfiden System nicht eliminieren.

1968 – gegen die übersteigerte Identifikation mit der Arbeit

Nach 1945 gab es natürlich eine schwere Zeit, aber auch eine fröhliche Zeit, weil die Menschen sich gesagt haben, hier jetzt mal Ärmelchen hochkrempeln und richtig los. Sie haben sich total mit dem Aufbauprozess identifiziert, weil man gesehen hat, dass sich die «Arbeit lohnt». Dieser ganze Slogan, den jetzt die CDU noch einmal auskramt – «Arbeit muss sich wieder lohnen» – das brauchte man den Leuten gar nicht zu sagen. Man hat das sofort gesehen, dass die Arbeit sich lohnt. Plötzlich hatte man ein Auto oder ein schönes Häuschen. Also war damals die Identifikation mit der Arbeit und dem Beruf sehr groß. Der Erfolg war ja in den Nachkriegsjahren und in der Zeit des Wiederaufbaus riesig.

Dann kam als Gegenreaktion 1968, das habe ich auch intensiv erlebt. Es gab das Syndrom einer «vaterlosen Gesellschaft», das hatte Alexander Mitscherlich, Psychoanalytiker in Frankfurt, in seinem gleichlautenden Buch zum Ausdruck gebracht.[8] Darin versucht er zu zeigen, dass in der Vaterlosigkeit dieser Gesellschaft auch ein Freiheitsmoment liegt aufgrund der Tatsache, dass die Väter nicht bereit waren, sich zu den Verbrechen im Dritten Reich zu bekennen. Stattdessen wurde alles totgeschwiegen. Also haben die Söhne und Töchter irgendwann bemerkt: da stimmt irgendwas nicht. Die Eltern waren zwar wohlhabend, hatten einen Mercedes, aber wenn man an dem Lack gekratzt und gefragt hat: was warst du denn 1933 bis 45? Ja Generalstaatsanwalt. Ja da wirst du auch viel Dreck am Stecken haben, das durfte man aber nicht sagen. Also sind die jungen Leute in den SDS (Sozialisti-

---

7   Gemeint ist: Jean-François Lyotard (1924 – 1998), französischer Philosoph und Literaturtheoretiker, der vor allem als Theoretiker der Postmoderne bekannt wurde (Anm. CL).

8   Alexander Mitscherlich: *Auf dem Weg zur vaterlosen Gesellschaft. Ideen zur Sozialpsychologie.* München 1963

scher Deutschen Studentenbund, Anm. CL) gegangen und haben gesagt, wir wollen jetzt hier mal ein bisschen Revolution machen, an der Uni und auf der Straße. Und das war auch eine Kulturrevolution gegen die übersteigerte Identifikation mit dem Arbeitsprozess. Es war ein bedeutender, wichtiger Befreiungsschlag, weil es plötzlich um geistige Gehalte ging. Vorher hatte der Geist kaum eine Rolle gespielt, im Dritten Reich sowieso nicht und nach 1945 auch erst einmal marginal. Im Großen und Ganzen haben entweder die alten Professoren weiter gelehrt und natürlich dann einfach den Nazikram weggelassen. Aber es war kein geistiger Aufbruch.

Der kam dann mit den 1968ern. Sie haben eine neue Sprache gesprochen, sehr stark an Sartre orientiert, Existenzialismus, Psychoanalytiker wurden berühmt, Philosophen wurden berühmt. Also: Das war unglaublich. Und da hat man eben nicht mehr darüber geredet, Mensch, was hast du da für ein Auto oder was verdienst du in deiner Firma oder was hast du denn für eine komische Jacke an, sowas trägt man doch gar nicht. Auf diese Idee, dass man Leute nach ihrer Kleidung, nach dem Auto oder nach ihren Wohnverhältnissen beurteilen würde, diese Idee galt als reaktionär, spießig. Insofern war 1968 wirklich eine ganz tolle Zeit. Aber ich habe damals den Leuten auch gesagt, ihr müsst aufpassen, sonst werdet ihr von der Gegenreaktion dazu überrollt werden.

Und wir sehen jetzt diese entsetzlichen Defizite in der Sozialdemokratie. Zur Zeit von Willy Brandt und Helmut Schmidt hätte man sich das niemals vorstellen können. Die Kohlsche Wende hat dazu geführt, dass die Beschütztheit von Menschen, die etwas langsamer funktionieren, am Arbeitsplatz verschwunden ist. Das rauere Klima für diejenigen, die einfach langsamer sind, also ein «Sozialdarwinismus» am Arbeitsplatz, das setzte damals ein. Und dieser «funktionalistische Darwinismus» ist ja heute in Höchstform, vielleicht noch nicht ganz perfekt. Ich schätze, es geht noch zehn Jahre in dieselbe Richtung. Sozialdarwinismus am Arbeitsplatz: Ich finde das ist ein Begriff, den muss man wirklich einmal festhalten und festschreiben.

Über den Sozialdarwinismus, die Hingabe an das Andere und die Frage nach dem Sinn

Sozialdarwinismus ist ein Wort, das etwas Fundamentales beschreibt, nämlich eine soziale Evolution, in der etwas immer robuster wird. Beim Darwinismus ist das primär ein rein biologisches Phänomen: «the survival of the fittest». Dasselbe gibt es aber auch in sozialen Systemen. Soziale Systeme können auch evolvieren, können immer mächtiger werden. Tatsache ist, dass sich bei uns in Deutschland auf eine tragische Weise im Dritten Reich ein biologistisch/rassistisch unterfütterter Sozialdarwinismus entwickelt hat. Hitler hat diesen fürchterlichen Satz gesprochen, 1943 in einer Rede an seine Leibstandarte: «Vogel friss oder stirb – hart wie Kruppstahl soll der deutsche Soldat sein». Diese Art von Sozialdarwinismus ist damals in der Mitte des vorherigen Jahrhunderts stark geworden und viele Dinge, die sich damals entwickelt haben, sind – fast prophetisch – jetzt noch stärker geworden.

Im heutigen Sozialdarwinismus sind es nicht primär die biologischen Eigenschaften, um die es geht. Hitler hat ja bei der Olympiade 1936 nicht schlecht gestaunt, dass Schwarze z.T. schneller laufen können als Weiße, denn er hatte ja

gedacht, der Arier sei in jeder Hinsicht «besser». Heute sind es nicht die biologischen, sondern die kognitiven Eigenschafen im Arbeitsprozess, die zählen. Da darf
der Mensch ruhig schwarz sein, wenn er/sie schneller im Denken ist, ist seine Haut-
farbe egal. Das Kapital will nur die effizienteste Arbeit belohnen. Und diese Form
des Sozialdarwinismus durchherrscht heute unsere Wirtschaft. Heute rennt alles
gegen alles und durch den Prozess der Globalisierung ist es sogar ein weltweites
Rennen aller gegen alle. Nur ist eben die Frage, was sind die Folgen für uns selbst,
was macht das mit uns? Jean-François Lyotard, ein französischer Philosoph, hat
dafür eine ganz wunderbare Formulierung gebraucht. Er hat in seinem Buch «Das
postmoderne Wissen» den Begriff der «Postmoderne» entwickelt. Ich zitiere aus
diesem Buch gerne eine Stelle, an der Lyotard sagt: «Das Kapital ist jener Pseudoor-
ganismus, der nie die Frage stellt, wozu bin ich da.»

Das heißt, es geht überhaupt nicht darum, irgendetwas Gutes für die Menschen
zu tun oder für irgendeine Weiterentwicklung, sondern es geht (rein sozialdarwinis-
tisch) nur darum: das, was sich am schnellsten weiterentwickelt, ist das richtige. Auf
dieser Lauf- und Teststrecke werden Menschen wie kleine Testlaufmaschinen eingesetzt und da sollen sie sich nun bewähren. Das ist das Projekt, das gerade läuft und
damit sind wir bereits recht weit gekommen. Aber was ist der Sinn dieses Rennens?
Diese Fragen hat man 1968 noch gestellt. Solche Fragen sind jetzt fast verboten;
sonst müsste man das ganze System in Frage stellen.

Das Merkwürdige scheint mir allerdings dabei zu sein, dass es in der Situation
der Atemlosigkeit bei vielen Menschen gleichwohl zu einer Zunahme von Erkenntnis kommt. Das heißt, die Menschen begreifen so langsam, es ist zwar ok und ich
kann mir dieses Auto leisten mit so und so vielen Schulden und was weiß ich was,
aber eigentlich durchblicke ich, dass unser System uns verarscht. Aber das Problem
ist doch folgendes: Selbst wenn Sie das jetzt wirklich durchschauen und sich dann
sagen: «Gut, jetzt müsste ich doch die und die Konsequenzen ziehen...», dann kann
es doch sein, dass Sie dann denken: «Naja, aber meine Tochter ist jetzt neun und bis
die Abitur macht und dann das Studium beendet hat, vergehen noch mal fünfzehn
Jahre. Und dieses Kind hat doch ein Anrecht darauf, dass es ihm nicht viel schlechter geht, also, dass es nicht verarmt.»

Trotzdem würde ich sagen, wir sind dabei, Atem zu holen. Das heißt, die nächsten vielleicht zehn Jahre werden irgendwann wieder dazu führen, dass der «Geist
wieder durchbricht»[9] und wir sagen: wir lassen uns nicht unterjochen und für blöd
verkaufen. Und es gibt interessanterweise einige Länder, wo das bereits so ist. Zum
Beispiel in Australien, aber zum Teil sehe ich das interessanterweise auch bei Gruppen von Amerikanern. Amerika ist zwar hegemonial eingestellt, aber im Innenver-
hältnis sind viele Mittelstands- und gerade auch intellektuelle Schichten weniger
selbstversklavt, als wir uns das vorstellen würden. Und auch hierzulande werden
Menschen gelassener werden und nicht mehr immer derart an Fäden gezogen sein
wie Marionetten, sondern die Fähigkeit haben, kritischer zu hinterfragen, warum
will das System das von mir, welche funktionale Rolle habe ich denn dabei? Und
Menschen werden sich auch die Frage stellen: Was ist Kultur? Warum werden wir
durch unser eigenes Kultursystem ständig beleidigt? Und es wird sich auch tat-

---

9   Søren Kierkegaard: *Entweder-Oder.* Kopenhagen 1843

sächlich etwas verändern: So etwas verläuft in Wellen. Im Moment sind wir noch in der Dominanz-Welle des Sozialdarwinismus, aber das dreht sich bestimmt auch wieder um.

Chronischer Stress und Krankheit als Kränkung

Man kann relativ genau beschreiben, was die Folgen dieses Rennens sind. Wir unterscheiden akuten Stress vom chronischen Stress. Akuter Stress führt zu Leistungssteigerung, führt zur Verbesserung der Leistung des Immunsystems, führt zu Spitzenmöglichkeiten in Geist und Körper. Chronischer Stress bewirkt das Gegenteil, Menschen werden lethargisch, werden depressiv, werden krank, werden immungeschwächt und haben Schwierigkeiten, den Sinn von all dem was sie tun, einzusehen. Deswegen braucht der Mensch immer eine Ruhephase, eine Besinnungsphase, er braucht Zeiten, in denen er sich regenerieren kann, keinen chronischen Stress hat und auch kein akuter Stress dazwischen kommt.

Was wir als Kliniker in den letzten 10, 15 Jahren beobachten ist eine Zunahme an resignativer, depressiver Symptomatik, die man auch gerne als «Burnout-Syndrom» beschreibt. Wir sehen das auch als zweite oder dritte Identitäts- und Reifungskrise an, in der Menschen das Gefühl haben: «Ich pack's nicht mehr, ich weiß auch nicht mehr, warum ich's machen soll, Geld habe ich eigentlich genug.» Sie fangen an zu trinken, werden abhängig von allen möglichen Beruhigungsmitteln. Sie haben nicht so sehr eine Depression, sondern leiden unter «Resignation», sie haben das Gefühl: ich weiß nicht, warum ich das mache. Wir sehen körperliche, psychosomatische und psychische Veränderungen in dramatischer Form.

Aber dieses Krankwerden kann ja etwas durchaus positives sein. Ich versuche als Psychotherapeut und Psychiater immer wieder, auch den «salutogenetischen» Anteil zu finden, d. h. eine Komponente, die der Heilung förderlich ist. Oft ist Krankheit – Freud sagt ja, Krankheit kommt von «Kränkung» – ein Vorgang, der uns weiterbringt, Krankheit ist nicht einfach nur schlecht und böse und muss bekämpft werden, sondern Krankheit kann eine sinngebende Bedeutung haben, kann ein Vorschlag der inneren Natur sein: ich zeige Dir jetzt einmal, was mit Dir passiert, wenn du so lebst. Krankheiten als Kränkungen wären dann gewissermaßen Vorzeigesymptome und wir Therapeuten reagieren darauf in dem wir sagen: In dieser Form kannst Du tatsächlich nicht weiterleben, Du musst – wie Rilke in einem Text[10] so wunderbar sagt – Du musst Dein Leben ändern. Krankheit kann ein Vorschlag sein: Ändere Dein Leben.

Autoregulation von Archetypen und zum Freund meiner Selbst werden

Es gibt eine tiefe Überzeugung von mir, sie stammt eigentlich von dem Psychoanalytiker C.G. Jung, der den Begriff der Archetypen entwickelt hat, dass wenn ein bestimmter Archetypus sich zu stark ausprägt, und das tut er im Moment, nämlich der Archetypus der Leistung, des Erfolgs, der Perfektion, dass sich dann quasi

---

10   Rainer Maria Rilke: Archäischer Torso des Apoll. In: Rainer Maria Rilke: *Der Neuen Gedichte anderer Teil.* Leipzig 1909.

automatisch im Sinne einer «Autoregulation» das Gegenteil verstärkt entwickelt, der Archetypus der Ruhe, der Entschleunigung, des Müßigganges, der Frage auch des Kontemplativen, der inneren Versenkung. Ich glaube, dass es sich irgendwann herumspricht, dass wir nicht Insekten und Sklaven unserer eigenen Arbeitswelt sein dürfen. Und dass wir dann eine alternative Lebensform entwickeln werden, der Balance zwischen dem einen und dem anderen Archetypus.

Das hat etwas Kontrapunktisches: Auf der einen Seite steht dieses gigantische Projekt von Leistung und Leistungsbelohnung und auf der anderen Seite die Frage, woher kommen Ressourcen zur Beruhigung, zur Entschleunigung, für Tiefe. Dieser Kontrapunkt, diese Dialektik, das wird wahrscheinlich ohne etwas Revolutionäres, ohne einen Umschlag nicht passieren. Wo kommt die Energie für diesen Umschlag her? Nach meiner Meinung geht die Energie für einen solchen Umschlag von der Spiritualität aus: von der Frage, was ist eigentlich wirklich Geist? Ich stelle mir vor, dass tatsächlich das große Thema der großen Beseelung den Kontrapunkt darstellt zu der überbordenden Leistungsbereitschaft.

Wenn sich drei Menschen umbringen, weil sie nicht mehr aufhören können zu arbeiten, geht es um etwas Archaisches. Es geht wieder um das Opfer, diesmal um die Selbstopferung. Wenn ich einen Michelin-Reifen verbrenne, dann gibt es hier ein Symbol, mit dem ich etwas kritisieren möchte, die Arbeitswelt beispielsweise. Das Symbol hierfür ist dieser Reifen. Aber wenn ich selber zum Symbol werde des Brennens, dann ist das ein archaischer Vorgang: eine Menschenopferung. Man darf diese Intensität dieses Signals nicht unterschätzen. Wenn drei Menschen zu dem Schluss kommen, selbst wenn ich 24 Stunden am Tag arbeite und für die Firma da bin, reicht es noch nicht, also muss ich mich opfern, also muss ich mich vernichten. Da ist eine neue Sprache gefunden worden. Hier wird ausgesagt: Ich als Mensch reiche nicht mehr aus, ich bin nicht die optimale Maschine, um das System zu bedienen, also muss ich mich eliminieren. Aber das ist zugleich, nicht nur real gemeint – im Sinne eines «Ich-reiche-nicht-aus» – sondern es ist auch ein subversives Signal der Kritik. Im gleichen Atemzug wird untergründig gesagt: Nicht nur ich bin in diesem System nicht hinreichend, sondern dieses System ist andererseits auch nicht hinreichend mich glücklich zu machen. Die nur zum Teil versteckte Subversion, die in diesen Selbstmorden liegt, müssen wir sehr ernst nehmen. Sie ist wichtig für uns und für die Frage: Wollen wir einander glücklich machen? Sind wir Menschen dazu da einander glücklich zu machen? Das wäre ja eine ganz große Frage. Und da man in der Arbeitswelt so einsam wird, dass man sich opfert und sagt: Weder können wir leisten, was von uns gefordert wird, noch können wir einander glücklich machen, dann ist das schon eine Sprache, die man endlich auch hören sollte und sagen: Ja, ich will das verstehen und ich will auch darauf reagieren.

Darüber hinaus sehe ich diese Selbstmorde in Zusammenhang mit einer Entwicklung, die mit grundsätzlichen Entfremdungsprozessen in unserer Gesellschaft zu tun hat. Mit dem Begriff der Entfremdung hat ja bereits Hegel zur Zeit der Romantik das zentrale Thema in seinem Werk Die Phänomenologie des Geistes getroffen. Die Entfremdung bei Hegel ist entstanden als Begriff aus der Beobachtung des natürlichen Bewusstseins: Der Mensch hat gewissermaßen ein ganz natürliches Selbstverhältnis und in diesem Selbstverhältnis gibt es eine Art innere seelische Ausgewogenheit und Harmonie. Wenn ich nun davon ausgehe, dass es von der

Romantik bis heute eine zeitliche Linie gibt, in der die Entfremdung immer weiter zugenommen hat und damit das natürliche Bewusstsein immer weniger eine Rolle spielt, hat das natürlich katastrophale Folgen für die seelische Verfasstheit und der Frage: Wie leben wir eigentlich und wie halten wir uns miteinander aus, wenn es im Grunde immer darum geht eine Fassade aufzubauen, die so wirken soll, als ob ich in einem harmonischen, natürlichen Bewusstsein existiere? Für mich ist das Synonym dafür ‹München leuchtet›. München ist für mich der Inbegriff eines Ortes, wo man Lässigkeit, Fröhlichkeit, Harmonie, das alles vorspielen muss. Im Grunde genommen wird das Leben dadurch noch ein wenig anstrengender, weil man nicht nur die Leistung bringen muss, sondern auch noch beweisen, mir fällt das ganz leicht und ich genieße das alles. Was ich hier sagen will ist folgendes: Wir sind vom natürlichen Bewusstsein immer weiter weggekommen, die Entfremdungsprozesse sind immer größer geworden und dadurch auch die psychischen Anforderungen. Die Menschen werden daran irgendwann zerbrechen und tun das zum Teil auch. Eine steigende Abhängigkeit von Medikamenten, leistungsfördernden Substanzen oder auch von Vorgängen (man kann ja auch von Vorgängen, wie z. B. Sport abhängig werden) – das alles spricht dafür, das etwas innerhalb der Frage «natürliches Bewusstsein und Entfremdung» auseinandergedriftet ist. Wir sind im Grunde genommen von uns selber zu weit weg. Das ist meine Diagnose. Das Gegenbild, das ich dazu sehe, wäre der Mensch, der in der Lage ist in irgendeiner Weise sein eigenes harmonisches Selbstsein zu entfalten. Der Gedanke, dass man auch ein Freund seiner Selbst werden kann, der ist von ungeheurer Bedeutung, dieser Gedanke hat geradezu eine rettende Funktion.

6 Über meine Begegnung mit «Meine Zeit ist mein Leben»

Bei meinen Überlegungen zu der Frage, welche Unternehmenskulturen und Managementtechniken die Bedingungen für ein Arbeiten ohne Ende sind, stoße ich auf den langen Artikel «Die Angst vor dem Montag»[11], veröffentlicht in einer Fachzeitschrift für Betriebsräte. Am Rande wird darin auf eine Aktion namens «Meine Zeit ist mein Leben» aufmerksam gemacht: ein bereits 1998/99 von Betriebsräten der IBM Düsseldorf initiiertes Projekt, das sich mit der Abschaffung der Stempeluhren bei IBM und der damit einhergehenden Arbeitszeitverlängerung unter den Beschäftigten auseinandersetzt. Auch ein gleichnamiges Sonderheft wurde dazu von der IG Metall herausgegeben, die Titel der darin enthaltenen Texte machen mich neugierig.

Auf der Suche danach gerate ich auf die Website eines philosophischen Vereins namens «Club Dialektik». Dort steht einer dieser Texte – «Meine Zeit ist mein Leben» von Stephan Siemens – zum Download bereit. Allerdings scheint die Verknüpfung nicht richtig programmiert und das Herunterladen scheitert. Stattdessen kann ich auf einen weiteren Aufsatz von ihm zugreifen, der auf der Website veröffentlicht wird und fange an, diese seine «Thesen zur Gegenwart» zu studieren. In Siemens' These 2 lese ich von den umwälzenden qualitativen Veränderungen, die durch die neue Form der Arbeitsorganisation stattfindet, die es den heute produzierenden Individuen erlaubt, aber auch abfordert, mehr und mehr zum Subjekt der Gesellschaftlichkeit ihrer eigenen Arbeitstätigkeit zu werden.[12] Mir schwirrt der Kopf – gleichzeitig macht mich das Gelesene neugierig auf den eigentlich von mir gesuchten Artikel.

Kurzerhand schreibe ich Stephan Siemens eine Email, frage ihn nach seinem Text «Meine Zeit ist meine Leben» und skizziere ihm in wenigen Worten mein Dokumentarfilmprojekt. Kurze Zeit später treffen wir uns in einem Kölner Café. Gleich zu Beginn legt er mir dar, aus welcher Position er spricht: «Ich bin Marxist. Ich verstehe den Marxismus als eine Theorie der Befreiung der Individuen in der wirklichen Geschichte, das heißt nicht in der ‹erzählten Geschichte›, sondern in der ‹gemachten Geschichte›, wenn man so will. Es gibt eine Stelle von Marx, die von vielen als Sozialromantik abgetan wird. Sie lautet ungefähr so: Im Rahmen der gesellschaftlichen Arbeitsteilung sind die Menschen Fischer, Hirt oder kritischer Kritiker. Sie sind ihrer Berufstätigkeit subsumiert, ihrer Arbeit und Funktion untergeordnet. Ihre eigene Arbeitstätigkeit erhält eine soziale Macht über sie, weil sie nur in und von ihrer Profession leben können. Aber, sagt Marx, die Menschen haben Jahrtausende lang gefischt, Schafe gehütet oder kritisiert, ohne je Fischer, Hirt oder Kritiker zu sein. Meiner Meinung nach bewirken die Veränderungen der Arbeitsorganisation und die neuen Managementmethoden, dass sich die Beschäftigten kapitalistischer Unternehmen mit der Unterordnung unter ihre Funktion in der gesellschaftlichen Arbeitsteilung auseinandersetzen. Sie erlernen damit die Fähigkeit, sich mit der Gesellschaftlichkeit ihrer Arbeit auseinanderzusetzen.

---

11 Michaela Böhm: Die Angst vor dem Montag. In: *AIBplus* 04/2007

12 Stephan Siemens: *Thesen zur Gegenwart*. In: http://www.club-dialektik.de/Texte:Thesen_zur_Gegenwart

Damit wird ihnen nach und nach deutlich, dass die kapitalistischen Produktionsverhältnisse, die auf der Subsumtion der Individuen unter ihre Funktion basieren, eigentlich unproduktiv sind und überwunden werden müssen. Es zeigt sich, dass die kapitalistischen Produktionsverhältnisse mehr und mehr zu einer Fessel für die Entfaltung der Produktivkraft der Menschen werden, wie Marx sagen würde. Wir können damit begreifen, dass es einer Überwindung dieser Subsumtion, dieser Produktionsverhältnisse bedarf, damit wir frei sein und unsere Kräfte und Fähigkeiten umfassend entfalten können.»

Bei unserem Treffen erhalte ich von Stephan Siemens eine Ausgabe des IG-Metall-Sonderhefts Denkanstöße – darin finde ich die von mir gesuchten Texte:

«Woher weiß ich was ich selber will» von Klaus Peters
(Auszüge im Anschluss)

«Meine Zeit ist mein Leben» von Stephan Siemens
(vollständiger Abdruck im Anschluss)

«Sinn als Mittel indirekter Steuerung» von Wilfried Glißmann
(Auszüge im Anschluss)

Außerdem erzählt er mir von der damit verbundenen Aktion der IG Metall, die 1999 bei IBM stattfand und schildert mir die damalige Situation aus seiner Perspektive als einer, der nicht bei IBM beschäftigt war, sondern dort im Rahmen der gewerkschaftlichen Arbeit Seminare durchführte. Die Zeiterfassung war kurz zuvor abgeschafft und die Vorgaben erhöht worden. Das führte dazu, dass eine Dynamik innerhalb der Teams sichtbar wurde, die ihn auf etwas Wesentliches dieses Neuen Managements aufmerksam machte: Nicht mehr der Chef sorgt dafür, dass die Arbeit gemacht wird, sondern die Teamkollegen untereinander sorgen dafür, dass die Arbeit von allen erledigt wird. «Wenn wir den nicht im Team hätten, könnten wir unser Ziel erreichen», solche und ähnliche Sätze bekam er in seinen Seminaren zu hören. Seiner Meinung nach führt die neue Organisation der Arbeit in Teams und Projekten dazu, dass die Kooperationsbeziehungen zwischen den Menschen selbst in eine produktive Kraft verwandelt werden: Das Team steht füreinander ein, man will sich nicht hängenlassen, es gibt einen gruppendynamischen Flow und ein schlechtes Gewissen gegenüber den Kollegen, sodass sich alle zu möglichst hohen Leistungen pushen.

Über Stephan Siemens bekomme ich Kontakt zu einer Betriebsrätin, die seit vielen Jahren bei IBM arbeitet. Sie berichtet mir, wie dort 1999 die Stempeluhr abgeschafft und stattdessen die so genannte «Vertrauensarbeitszeit» eingeführt wurde. Seitdem arbeiten alle viel länger als zuvor: eine 50 bis 60-Stunden-Woche ist mittlerweile normaler Durchschnitt, Tendenz steigend, erzählt sie mir. In ihren Augen wirkt diese neue Form des Managements wie eine Art Psychotechnologie, die Willen der einzelnen Beschäftigten werden dadurch deckungsgleich zu dem, was die Unternehmensleitung will, nämlich jährlich steigende Profite. Vom einstigen Interessenskonflikt zwischen Arbeitgeber und Arbeitnehmer spürt sie jedenfalls nichts mehr.

Eine interessante Ebene beginnt sich abzuzeichnen und ich recherchiere nach weiteren Texten, die sich mit den Auswirkungen neuer Managementformen beschäftigen. Angela Schmidt beschreibt in «Mit Haut und Haaren: Die Instrumentalisierung der Gefühle in der neuen Arbeitsorganisation» die extreme Beanspruchung der Gefühle als systematischen Effekt neuer betrieblicher Steuerungsformen.[13] Das darin Beschriebene erinnert mich stark an die Gespräche, die ich an anderer Stelle meiner Recherche persönlich geführt habe (vgl. Seite 141f.) und mir dabei die Menschen völlig durchdrungen von der Totalität und Maßlosigkeit der sie umgebenden Prozesse erschienen. Ich lese weiter in einem Artikel von Klaus Pickshaus: «Hieß es früher einmal lakonisch: Dienst ist Dienst und Schnaps ist Schnaps, so lautet das neue Motto des Kapitals: Wir brauchen Sie voll und ganz und zu jeder Zeit – und dazu müssen Sie Ihr Leben voll im Griff haben.»[14]

13 Angela Schmidt: *Mit Haut und Haaren: Die Instrumentalisierung der Gefühle in der neuen Arbeitsorganisation.* In: Denkanstöße, IG Metaller in der IBM: Mit Haut und Haaren. Der Zugriff auf das ganze Individuum. Mai 2000.

14 Klaus Pickshaus: *Der Zugriff auf den gesamten Menschen.* In: http://labournet.de/diskussion/arbeitsalltag /pickshaus.html (letzter Zugriff: 05.03.2013)

Vorwort

Der Text «Meine Zeit ist mein Leben» ist ein Versuch, gewerkschaftlich auf die neuen Formen der Organisation der Arbeit, die so genannten neuen Management-formen zu reagieren. Er stammt aus dem Jahre 1999. In dieser Zeit hatten Betriebs-räten der IBM Düsseldorf, im Rahmen der «Denkanstöße» der IG Metall, eine Bro-schüre für die Beschäftigten desselben Titels herausgegeben.[15] Für diese Broschüre ist der Text geschrieben. Die Idee selbst verdankte sich einem Beitrag von Stephan Siemens für eine Betriebsräte-Schulung im Jahr 1998 für die IG Metall in Stuttgart. Dem Text ging in der Broschüre eine Analyse der Abschaffung der Zeiterfassung durch die IBM Deutschland von Klaus Peters voraus mit dem Titel: «Woher weiß ich, was ich selber will? Die Abschaffung der Stempeluhr bei IBM und die Frage nach den Interessen der Arbeitnehmer».[16]

Einleitung

Die neuen Managementmethoden führen zum Phänomen «Arbeiten ohne Ende».[17] So ergibt sich die Frage: Wie können die Individuen, die in einem Unternehmen als Beschäftigte arbeiten, ihrer Arbeitszeit selber eine Grenze setzen?

Man könnte auf die Idee kommen: «Ganz einfach! Sie hören auf zu arbeiten. Punkt!» Man würde dann den Unternehmensleitungen naiver Weise glauben, dass sie mit den neuen Managementformen die Freiheit im Unternehmen eingeführt hätten. Das ist aber eine völlige Fehleinschätzung der wirklichen Lage, in die ich, der ich in einem solchen Unternehmen arbeite, versetzt werde. Denn mein Wille wird, insofern ich ein Beschäftigter eines solchen Unternehmens bin, vom Unternehmenszweck kolo-nisiert und besetzt. Dadurch wird meine Beschäftigung mit der Frage, was ich, der ich als Beschäftigter in einem solchen Unternehmen fungiere, als Individuum wirklich will, zum Ausgangspunkt betrieblicher Interessenvertretungspolitik. Herauszufinden, was ich in Bezug auf meine Arbeit wirklich will, muss ich einerseits selber tun; anderer-seits brauche ich dazu die Diskussion und die Solidarität der Kolleginnen und Kollegen.

I. Arbeiten ohne Ende

Durch die neuen Managementmethoden sehe ich mich in eine Situation gestellt, in der meine Arbeit kein Ende nehmen will. So ist es in gewisser Weise schon bisher. Ich übernehme dies und das, was ich im guten Falle – den ich den Normalfall zu nennen mir angewöhnt habe – in der geplanten Zeit schaffen könnte. Aber es kommt etwas

---

15 *Denkanstöße, IG Metaller in der IBM: Meine Zeit ist mein Leben. Neue betriebspolitische Erfahrungen zur Arbeitszeit.* Februar 1999.

16 Klaus Peters: *Woher weiß ich, was ich selber will?* In: *Denkanstöße, IG Metaller in der IBM: Meine Zeit ist mein Leben. Neue betriebspolitische Erfahrungen zur Arbeitszeit.* Februar 1999, S. 3-10. Nachgedruckt in: Wilfried Glißmann/ Klaus Peters: *Mehr Druck durch mehr Freiheit.* Hamburg 2001, S. 99-111. Vgl. auch http://labournet.de/diskussion/arbeitsalltag/peters.html.

17 Vgl. ebd.

dazwischen, oder es geht etwas schief. Ich hinke dem Zeitplan hinterher. Ich werde nervös, verliere die erforderliche Ruhe und Geduld. Ein Fehler, der sich gerade dann gerne einschleicht, macht mich noch nervöser. Ich werde den Zeitplan wieder nicht einhalten können. Ich habe mich verkalkuliert. Dann ist da noch die elektronische Post, die bearbeitet sein will. Sie enthält oft nebenher zu erledigende Arbeitsanforderungen, z. B. von Kolleginnen und Kollegen, die ich nicht hängen lassen will. Die andere Post gibt es auch noch... Eins kommt zum anderen und hinterher habe ich zum Beispiel drei Überstunden, und weiß eigentlich gar nicht so genau, wofür ich sie verbraucht habe. Ich nehme mir das nicht vor. Ich fange an zu arbeiten und erledige, was gemacht werden muss. Es zeigt sich: Ich komme mit meiner Zeit nicht aus. Es ist nur selten möglich zu sagen: «Jetzt ist Schluss! Ich höre auf!» Entweder fällt mir gar nicht auf, dass ich Überstunden mache, und ich merke es erst hinterher. Oder ich komme nicht auf die Idee, Schluss zu machen. Selbst wenn ich auf die Idee komme, nutzt das oft nichts. Denn es gibt viele Gründe, weiter zu arbeiten. Die Termine stehen und müssen eingehalten werden. Ich will die Kolleginnen und Kollegen nicht allein lassen, zusätzlich unter Druck setzen oder ihnen gar in den Rücken fallen. Ich will den Kunden zufrieden stellen und so die Zusammenarbeit für die Zukunft angenehm gestalten oder überhaupt nur sichern. Ich will das in mich gesetzte Vertrauen nicht enttäuschen. Ich will gute Arbeit machen, weil ich auch meine eigenen Maßstäbe erfüllen möchte usw. usf. Oft arbeite ich aus solchen und ähnlichen Gründen weiter, obwohl ich weiß, dass ich eigentlich mit Rücksicht auf meine Gesundheit, auf meine Familie, auf meine eigene Kraft und überhaupt auf mich selbst aufhören sollte.

Wenn ich das einige Zeit gemacht habe, kriege ich zuhause Schwierigkeiten, Streitereien, weil ich nie da bin. Denen möchte ich aus dem Weg gehen. Da arbeite ich lieber länger. Denn bei der Arbeit habe ich es mit Problemen zu tun, die ich lösen kann. Die Probleme zuhause werden immer unlösbarer, jedenfalls sind sie immer schwierig und oft völlig neu. Im Betrieb dagegen kenne ich die Probleme im Allgemeinen und weiß mit ihnen umzugehen. So ist es mir vielleicht ganz recht, länger bei der Arbeit zu sein, obwohl sich dadurch zuhause die Probleme verschärfen. Freunde, Hobbys und Familie verwaisen zunehmend. Umgekehrt vereinsame ich mehr und mehr. Der Erfolg bei der Arbeit wird für mein Selbstvertrauen und mein Selbstwertgefühl immer wichtiger. Aber er ist unter solchen Umständen auch immer schwieriger zu erreichen. Man hat sich an meine Leistung gewöhnt.

Je mehr die Probleme zunehmen, desto mehr scheint die Bereitschaft, darüber zu sprechen, abzunehmen. Denn ich bin umgeben von Leuten, die «es» schaffen, die «es» hinkriegen, oder die jedenfalls erzählen dass sie «es» schaffen. Nur ich scheine damit Schwierigkeiten zu haben, die Aufgaben zu bewältigen. Höchstens im Einzelgespräch kann ich einräumen, dass ich da Probleme habe. Doch ich muss aufpassen, dass ich mir nicht selber schade. Denn wer Probleme hat, gilt als schwach und wird angegriffen; das Einräumen von Problemen schadet im Gerangel um Projekte, um Einfluss und um die eigene Position im Betrieb und unter den Kolleginnen und Kollegen. Deswegen vertusche ich die Sache am besten. So machen es doch alle, oder jedenfalls viele. Es entsteht ein Klima, in dem die wirkliche Arbeitssituation gar nicht mehr zur Sprache kommt, weil alle sich nur erzählen, wie toll sie «es» hinkriegen.

Diese Situation gab es schon bisher, als es noch geregelte Arbeitszeiten gab. Diese Regelungen sollen nun – im Rahmen der so genannten «Vertrauensarbeitszeit» – wegfallen, damit noch mehr gearbeitet wird. Die Grenze zwischen Arbeitszeit und Freizeit soll und wird verfließen. Wenn die Arbeitszeit nicht mehr geregelt ist, dann muss ich meiner Arbeit selbst ein Maß setzen. Aber die Erfahrungen zeigen, dass ich dazu nicht oder in den seltensten Fällen in der Lage bin. Denn um meine Zeit selbst einteilen zu können, müsste ich wissen, was mir gut tut, und was für mich das Richtige ist, um dann entsprechend handeln können. Aber wie soll ich das wissen? Was ist mein Maßstab? Wer bin ich und welche Form, meine Zeit zu verbringen, ist mir angemessen? Wie kann ich mich mit solchen Fragen auseinandersetzen? Der Satz: «Meine Zeit ist mein Leben!» soll darauf eine Antwort geben. Aber bevor wir diese Antwort betrachten, machen wir einen Umweg, der als der einfachere und vielversprechendere Weg erscheint. Deswegen ist er vielleicht der bisher im Wesentlichen begangene Weg, der überdies politisch sehr erfolgreich war. Denn die Antwort auf die oben gestellten Fragen, scheint ganz einfach zu sein: Meine Zeit gehört mir! Ich möchte aber vorab schon sagen, dass diese Antwort meines Erachtens nicht ausreicht und als einzige Antwort auf die Probleme sogar falsch ist, weil sich in ihr das Problem wiederholt.

II. Meine Zeit gehört mir

«Wer ich selber bin, das werde ich doch wohl wissen», könnte man argumentieren. «Denn ich habe doch ein Bewusstsein meiner selbst, ein Ichbewusstsein, das es mir erlaubt, mir meine Zeit frei einzuteilen. Denn meine Zeit gehört schließlich mir. Wie ich meine Zeit verbringe, das bestimme ich.»

Meine Zeit ist in dieser Vorstellung eine Art noch unbestimmter Rohstoff, einem noch leeren Kalenderblatt vergleichbar, das noch frei ist und mit Terminen belegt werden kann. Die Zeit als solche schreibt mir nicht vor, wie ich sie zu verbringen habe. Nicht die Zeit bestimmt mich, so könnte man argumentieren, sondern umgekehrt: Ich bestimme, was ich in dieser Zeit mache. Die Zeit selbst ist sozusagen leer und harrt der Erfüllung durch das, was ich in ihr mache, was ich in meinen Kalender eintrage. Und das, so scheint es, liegt an mir.

II. a. Viele äußere Anforderungen an meine Zeit

Aber wenn ich das durchdenke, ergeben sich sofort Einschränkungen. Selbstverständlich muss ich mich mit zahlreichen Anforderungen auseinandersetzen, die von außen auf mich zukommen. Ich kann solche Anforderungen benutzen, um meiner Arbeitszeit eine Grenze zu setzen. Zum Beispiel habe ich auch noch Familie. ich bin nicht nur zum Arbeiten da, sondern ich muss mich auch um meine Familie und meine Kinder kümmern. Dies ist gesellschaftlich notwendig und berechtigt. Meine eigenen Eltern sind inzwischen so alt, dass ich viele Dinge für sie erledigen muss. Ich habe Nachbarn und Freunde, mit denen ich den Kontakt nicht verlieren will. Vielleicht halte ich mir Haustiere, die ich versorgen und pflegen muss. Ich habe Verpflichtungen im öffentlichen Leben, bin vielleicht in Vereinen. Ich habe Hobbys, will kulturell und politisch einigermaßen auf dem Laufenden sein; und ich muss mich schließlich erholen und entspannen... Womöglich bin ich in einer politischen Partei aktiv, in der Gewerkschaft oder in einem Betriebsrat... Die Anforderungen nehmen kein Ende. So kann ich mich nicht nur um die Arbeit kümmern. Es gibt auch andere Aufgaben, die ich zu erfüllen habe.

II. a. 1. Andere gesellschaftlich berechtigte Anforderungen

In diesem Sinne kann man zum Beispiel die gewerkschaftliche Kampagne «Am Samstag gehört Papi mir!» auffassen. Eine andere – gesellschaftlich ebenso berechtigte – Anforderung an mich bringe ich gegen überbordende Anforderungen meines Unternehmens an mich als «Arbeitnehmer» in Stellung. Aus der gesellschaftlichen Berechtigung und Notwendigkeit der Kindererziehung leite ich die Berechtigung der Gegenwehr gegen die überzogene Beanspruchung durch das Unternehmen ab. Denn wenn ich auch am Samstag für das Unternehmen da sein muss, dann bin ich nicht mehr in der Lage, meinen Verpflichtungen als Vater nachzukommen, die aber gesellschaftlich betrachtet genauso wichtig und wertvoll sind. Ich kann auf diesem Wege im gewerkschaftlichen Kampf meiner Arbeitszeit eine Grenze ziehen, indem ich die Anforderungen der Kindererziehung gegen die Anforderungen in der Arbeit setze.

II. a. 2. Zeitmanagement

Auf privater Ebene stellt sich das Problem dann so dar: Wie kann ich möglichst viele solcher Anforderungen erfüllen? Da mein Zeitbudget beschränkt ist, brauche ich dafür ein «vernünftiges Zeitmanagement». Der Rohstoff Zeit muss sparsam verwendet werden. Ich muss mir selber sagen: «Jetzt reiße Dich doch mal zusammen, dann wird das schon funktionieren!» Eine solche Handlungsweise setzt mich zusätzlich unter Druck. Sie fordert von mir die individuelle Fähigkeit, mit schier unendlichen Anforderungen an mich durch die Form meiner Zeiteinteilung fertig zu werden. Statt mich auf mich selbst zu besinnen – wie es aus der Perspektive des Zeitmanagements erscheint, eine weitere Anforderung an mich, die als Zeitverschwendung erscheinen kann –, soll ich vielmehr meine Möglichkeiten, solche Anforderungen zu bedienen, effektivieren. Der «Zeitmanager in mir» sagt: «Jetzt reiße Dich doch gefälligst zusammen!» Aber wer ist das, und wie ist er, mein «innerer Zeitmanager»? Er selbst steht außer jeder Diskussion. Denn weder hat er die Anforderungen erfunden, noch sagt er mir, welche ich zu bedienen habe. Alle zu bedienen ist aber deswegen unmöglich, weil dafür schier unendlich viel Zeit erforderlich wäre. Ich komme mit dieser Strategie jedenfalls in das Problem, mich dauernd entschuldigen zu müssen, weil ich nicht alles machen kann, was ich nach diesen Anforderungen machen müsste.

So wichtig und hilfreich ein gutes Zeitmanagement ist – und ich bin persönlich in meiner Zeitplanung ziemlich chaotisch, sodass ich gut ein besseres Zeitmanagement gebrauchen könnte –, so wichtig und richtig ist es auch, dass ein Zeitmanagement bei der Frage scheitern muss, wer ich bin und was ich mit meiner Zeit anfangen kann. Philosophisch gesehen ist ein solches Scheitern positiv zu beurteilen, wenn es sich auf das Problem bezieht, sich selbst zu bestimmen durch richtige Zeiteinteilung. Ein solcher Versuch muss scheitern, er wird scheitern, und es ist auch gut so, wie sich noch zeigen wird.

II. b. Die sinnvolle Nutzung der Zeit

Aber es stellt sich auch die Frage, ob ich alle Anforderungen erfüllen soll. Dann handelt es sich nicht mehr um das Problem, wie ich möglichst viele Anforderungen erfüllen kann. Jetzt geht es darum, was für Anforderungen ich erfüllen soll, d. h. um die Frage der Bewertung dessen, was ich mit meiner Zeit sinnvollerweise anfange. Ob meine Zeitgestaltung sinnvoll ist, ist eine Frage der Beurteilung, nicht eine Frage des technischen Zusammenhangs. Das Zeitmanagement hilft mir bei der Frage, wie ich meine Zeit effektiv einteile; die Beurteilung der Zeiteinteilung nach dem Sinn dessen, was ich tue, beantwortet die Frage, was ich tun soll, wofür ich mir Zeit nehmen soll. Selbstverständlich ist es nicht sinnvoll, wenn ich Anforderungen zu bedienen versuche, die unendlich sind, die mich maßlos überfordern. Ich muss eine Auswahl treffen. Während ich im Zeitmanagement eine Anforderung gegen die andere ausspiele und dadurch jede einzelne Anforderung begrenze, stelle ich mich bei der Beurteilung meiner Zeitverwendung nach ihrem Sinn über alle Anforderungen und bewerte sie nach ihrer Bedeutung für mich. Ich frage mich: Verwende ich meine Zeit sinnvoll? Wie lange hat es für mich Sinn, dies zu tun?

II. b. 1. Ich stehe über den Anforderungen

Auch auf dem Wege der Beurteilung meiner Zeitverwendung nach ihrem Sinn kann ich meiner Arbeit im gewerkschaftlichen Kampf Grenzen setzen und damit erfolgreich sein. Wenn ich etwa sage: «35 Stunden sind genug!», dann formuliere ich einen – aus meiner Beurteilung nach dem Sinn begründeten – Anspruch auf meine Zeit, der zugleich sozial gerechtfertigt ist, weil dadurch die Chance aller auf einen Arbeitsplatz vergrößert wird. Es handelt sich um eine sozial gerechte Maßnahme. Zugleich fordere ich Zeit für mich, die ich sinnvoll verwenden kann. Dabei führe ich nicht andere Tätigkeiten an, die ich in der gewonnenen Zeit machen kann. Ich setze auch nicht auf deren gesellschaftliche Berechtigung, sondern ich sage: Es ist genug! Ich stelle mich über die Anforderungen, und bewerte von diesem Standpunkt die Arbeit als eine der Anforderungen. Ich ziehe gemeinsam mit anderen der Arbeitszeit eine Grenze, jenseits deren die Arbeit für mich keinen weiteren Sinn mehr hat, keine Berechtigung für meine persönliche Entwicklung. Was ich mit der übrigen Zeit mache, spielt in dieser Forderung keine Rolle. Es reicht, dass ich der Arbeitszeit eine Grenze setze. Freilich kann ich das nicht alleine tun, sondern nur in einer gemeinsamen, solidarischen gewerkschaftlichen Aktion. Diese Aktion beruht auf gemeinsamen Interessen, die eine Vereinheitlichung in der politischen Aktion ermöglichen und dadurch die Gegenmacht zu erzeugen erlauben, die zur Durchsetzung dieser Forderung notwendig war.

II. b. 2. Die Verurteilung meiner Zeitvergeudung

Privat hingegen kann ich auf dem Wege der Beurteilung meiner Zeiteinteilung nach ihrem Sinn viele Anforderungen vernachlässigen und mich dadurch entlasten. Aber es bleiben doch so viele übrig, dass ich keine Zeit vergeuden sollte. Was immer ich tue, es sollte wertvoll sein, und den Wert meiner Zeit zum Ausdruck bringen. Ich persönlich zum Beispiel zappe abends vor dem Einschlafen oft eine Stunde und mehr. (Inzwischen nicht mehr. Ich habe den Fernseher bei mir abgeschafft, vielleicht deshalb.) Zappen ist reine Zeitvergeudung und aus dem Gesichtspunkt der Beurteilung meiner Zeiteinteilung ein völlig sinnloses Verhalten, um mich gelinde auszudrücken. Ich glaube aber, das Zappen zu brauchen, um einschlafen zu können. Es dient mir dazu, abzuschalten, zu vergessen, auch zu verdrängen, was mich beunruhigt und mich so am Einschlafen hindert. Es gibt noch mehr solcher Tätigkeiten, bei denen ich mich zu entspannen glaube, die aber als reine Zeitverschwendung erscheinen, wenn ich sie unter dem Gesichtspunkt der Sinnhaftigkeit meiner Zeiteinteilung beurteile. Solche Zeitvergeudung ist zu verurteilen. Im Sinne einer solchen Verurteilung kann man – oder auch ich – mir vorhalten: «Über Deine Zeit musst Du schon selbst verfügen können. Das ist ja wohl das Mindeste, was man verlangen kann.» Der nächste Schritt ist also der, dass man das Problem als ein Problem der Einzelnen ansieht und ihnen ihre Unfähigkeit vorwirft: «Wenn Du nicht in der Lage bist, Dich vernünftig zu verhalten, dann ist das Dein Problem. Das geht uns nichts an. Reiße dich gefälligst zusammen!» Ich versuche also, mich zusammenzureißen. Das geht so: Ich versuche mich derart zu terrorisieren, dass ich – gewissermaßen aus Angst vor mir selbst, vor meinem eigenen Urteil – keine Zeitvergeudung mehr zulasse. Ein solcher Versuch muss scheitern oder unglücklich machen.

Denn bei dieser Verurteilung bin Verurteiler und Verurteilter in einem: Ich bin im Widerspruch mit mir selbst. Mein Geist – so könnte ich sarkastisch scherzen – ist willig, aber mein Fleisch ist schwach. Diese Unterscheidung zwischen meinem Verhalten und meinem Urteil, ist kein Zufall, sondern der schlechte Witz der Sache, das, worauf es bei der Beurteilung dem Sinn nach ankommt. Denn der verurteilende Teil von mir selbst ist wieder, wie beim Zeitmanagement außer jeder Diskussion. Wer ich selbst bin und was ich sinnvoller Weise täte, muss ich wissen können, damit ich urteilen kann. Ein solches Wissen um mich selbst muss ich voraussetzen. Aber woher weiß ich das? Woher weiß ich, wer ich selber bin und was mich zum Handeln bewegt?

III. Meine Zeit ist mein Leben

Sowohl beim Zeitmanagement als auch bei der Verurteilung meiner Zeitvergeudung muss ich schon wissen, wer ich bin. Das weiß ich in gewisser Weise auch, insofern ich ein Ichbewusstsein habe. Aber wenn ich die Sache durchdenke, findet ein merkwürdiges Umschlagen statt, eine Bewegung, in der ich mir zugleich neu begegne, in der ich mir nicht nur meiner bewusst bin, sondern auch anfange, mich zu erkennen.

III. a. Wer bin ich selber?

Wenn ich voraussetze, dass ich mich selber kenne, mache ich folgende Erfahrung: Zunächst habe ich unmittelbar und einfach so ein Ichbewusstsein, wie alle anderen Menschen auch. Dieses Ichbewusstsein ist allen Menschen gemeinsam. Es soll auch nicht davon abhängig sein, wie ich meine Zeit verbringe, d. h. wie ich in Wirklichkeit bin. Im Gegenteil: Das Ichbewusstsein soll bestimmen, wie ich meine Zeit verbringe und was ich mit meiner Zeit anfange, wie ich also in Wirklichkeit bin. Wie ich in Wirklichkeit bin, so bin ich unterschieden von allen anderen Menschen; denn in Wirklichkeit bin ich anders als alle anderen Menschen. Dieser Unterschied stellt sich darin dar, wie ich meine Zeit verbringe. Und so soll es bei allen anderen Menschen auch sein. Die Menschen sollen selbst bestimmen, wie sie in Wirklichkeit sind, wie sie sich voneinander unterscheiden. Deshalb scheinen die Menschen auch frei zu sein. Dass ich das nicht kann, schiebe ich auf meine Inkonsequenz im Zeitmanagement oder darauf, dass ich im Vermeiden von Zeitvergeudung nicht durchsetzungsfähig genug bin. Ich habe nicht die Kraft zur sinnvollen Zeitverwendung. Ich denke mir: Als Mensch sollte ich das eigentlich können. Aber ich im Speziellen kann es nicht, weil ich nicht geübt genug bin, nicht konsequent genug... etc. Im Gespräch mit anderen freilich erlaube ich mir, so zu tun, als ob das bei mir klappen würde... Man gönnt sich ja sonst nichts. Damit halte ich die Illusion aufrecht, dass die Menschen das eigentlich können müssten.

Aber an dieser Stelle lohnt sich eine Überlegung: Ist es denn gut, wenn es klappt? Beim Zeitmanagement und bei der Beurteilung meiner Zeitverwendung versucht mein Ichbewusstsein einen wachsenden Einfluss auf meine wirkliche Zeitgestaltung zu gewinnen. Es trifft dabei auf einen Widerstand, der den Erfolg immer wieder einschränkt und behindert. Wenn ich mir das klarmache, stellt sich heraus, dass mein Leben gar nicht darauf gewartet hat, vom Ichbewusstsein in dieser Weise bestimmt zu werden. Mein Leben findet in gewisser Weise schon statt und hat seine eigene Zeiteinteilung, die dem Versuch des Ichbewusstseins, meine Zeit zu bestimmen, als ein Widerstand entgegentritt. Bei der Inkonsequenz im Zeitmanagement, bei der Mangelhaftigkeit der Zeitvergeudung, bei dem «schwachen Fleisch» handelt es sich darum, wie ich meine Zeit wirklich verbringe.

Diese Entdeckung führt mich zu mir, wie ich wirklich bin, wie sich mein Leben in der Zeit darstellt. Es stellt sich heraus, dass mein Leben schon bestimmt ist, bevor mein Ichbewusstsein auf die Idee kommt, dass meine Zeit mir gehört, und dass ich sie im Selbstmanagement bestimmen oder in ihrer Einstellung beurteilen könnte. Das Ichbewusstsein ist einfach so da. Aber es enthält keine Erkenntnis meiner selbst, keine Erkenntnis, wie ich wirklich bin. Wie ich wirklich bin, erscheint deswegen als ein Widerstand, auf den ich bei dem Versuch treffe, mich selbst in meiner Wirklichkeit zu bestimmen. So werde ich auf diesem Wege zu dem Satz geführt: Meine Zeit ist mein Leben!

III. b. Meine Zeit ist mein Leben! – eine Feststellung

Meine Zeit ist mein Leben! Dieser Satz ist zunächst eine Feststellung, keine Forderung. Diese Feststellung ist unwidersprechlich wahr. Es kann keiner kommen und sagen: Dieser Satz stimmt nicht. Der Satz ist wahr. Es kann auch keiner sagen: Verschieben Sie Ihr Leben. Leben Sie später, zum Beispiel, wenn Sie einen Aufhebungsvertrag unterschrieben haben. Ich lebe jetzt, immer jetzt, und ich habe nur ein Leben. Mein Leben kann ich nicht verschieben. Ich könnte es ja nur in meiner Zeit verschieben, und meine Zeit ist mein Leben.

Aber dieser Satz ist nicht nur wahr, er stößt auch Überlegungen an. Wenn meine Zeit mein Leben ist, dann ist die Art, wie ich meine Zeit verbringe, eine Darstellung meines Lebens und also meiner selbst. Ich kann deswegen durch Nachdenken und Sprechen mit Anderen darüber, wie ich meine Zeit verbringe, auf einem Umweg mich selbst kennen lernen, zur Erkenntnis meiner selbst gelangen. Meine Zeit ist kein unbestimmter Rohstoff mehr, der stört. Sie ist nicht wie ein leeres Kalenderblatt, das auf Eintragungen meines Ichbewusstseins wartet. In Wirklichkeit stellt sich in der Zeit dar, wer ich wirklich bin. Wenn ich mich damit beschäftige, wie ich meine Zeit wirklich verbringe, dann erkenne ich mich selbst, wie ich im Unterschied zu allen anderen Menschen bin. Dann lerne ich verstehen, welche Kräfte und Anforderungen auf mich einwirken, welche Mächte mein wirkliches Verhalten bestimmen, welche Funktionen ich wirklich bediene und erfülle, und wie ich mich mit ihnen arrangiere oder auch nicht. Ich verlasse mich nicht auf mein unmittelbares Ichbewusstsein, das bestimmen soll, wie ich zu sein habe, sondern setze voraus, dass ich schon jemand Bestimmtes bin, bevor mein Ichbewusstsein zu entscheiden versucht, wie ich zu sein habe. Ich verurteile nicht mehr meine Zeitverschwendung, sondern beschäftige mich damit, warum ich das tue, was ich tue. Denn ich möchte in wachsendem Maße verstehen, wie ich in Wirklichkeit – durch welche Mächte, Kräfte und Funktionsweisen, die als äußere und fremde Anforderungen an mich auftreten – bestimmt bin. Dies herauszufinden, ist nur möglich mit Anderen zusammen, im Gespräch mit Menschen, die mir zuhören, mich ernst nehmen und mich deswegen mit ihren Erfahrungen mit mir konfrontieren.

Der erste Anstoß zur Überlegung führt also dazu, die Fragerichtung umzukehren. Ich frage nicht: Was muss ich tun? oder: Wie schaffe ich das? sondern ich frage: Wie verbringe ich meine Zeit? Welche Kräfte und Mächte bestimmen mich also. Auf diese Art merke ich, wie sehr ich in meinem Handeln zum Beispiel vom Unternehmenszweck bestimmt bin. Ich kann mich in mir täuschen. Deswegen ist das Gespräch mit Kolleginnen und Kollegen, die mich in meinem Selbstbild korrigieren, sehr wichtig. Wie ich mich in meinem Leben wirklich darstelle, d. h. wie ich meine Zeit verbringe, das erfasse ich im Prozess der Selbsterkenntnis. Was beim Zeitmanagement stört, und bei der Zeitbeurteilung verurteilt wird, das bin ich selbst, wie ich in Wirklichkeit bin. Wenn Zeitmanagement und Zeitbeurteilung, die Aufgabe nicht lösen, die ihnen mein Ichbewusstsein zuweist, dann ist das etwas Gutes, weil es mich zur Erkenntnis meiner selbst und der mich in meiner Zeitgestaltung bestimmenden Kräfte führt. Dabei wird der Unternehmenszweck als eine dieser Kräfte sichtbar.

III. c. Meine Zeit ist mein Leben! – Ein Maßstab meines Tuns

Wie ich wirklich bin, das ist entscheidend für die Beantwortung der Frage, was für mich das Angemessene ist. Was für mich das Richtige ist, das hängt davon ab, wer und wie ich wirklich selber bin – und ich bin anders als alle anderen Menschen. Dieser Unterschied zu allen anderen Menschen, der stellt sich – sofern er sich darstellen kann und nicht unterdrückt ist – in der Zeit dar. Deswegen gewinne ich über den Umweg meiner Beschäftigung mit meiner wirklichen Zeitgestaltung Erkenntnisse über mich selbst, die mir zugleich einen Maßstab geben, was für mich das Richtige ist. Das weiß ich nun nicht mehr unmittelbar, sondern ich versuche das über einen Umweg herauszukriegen. Dieser Umweg führt über die Frage, wie sich mein Leben in der Zeit darstellt.

Denn der Satz «Meine Zeit ist mein Leben!» stößt auch eine zweite Überlegung an. Der Maßstab meines Tuns bin ich selber (aber ich nicht, wie ich mich als souverän über meine Zeit bestimmend voraussetze, sondern wie ich wirklich bin). Denn in dem Wort «mein» steckt auch ein Anspruch, dass das, was in meiner Zeit geschieht, auch wirklich die Darstellung meiner selbst, meiner Individualität ist; dass das, was sich in meiner Zeit abspielt, auch wirklich mein Leben ist, ein Leben ist, zu dem ich sagen kann: Das ist mein Leben! In welchem Maße ist das in meinem Leben sichtbar, dass es mein Leben ist? Inwiefern ist die bei der Arbeit verbrachte Zeit ein Bestandteil meines Lebens, den ich als Teil meines Lebens anerkennen kann? Wenn mich tatsächlich in meiner Arbeitszeitgestaltung im Wesentlichen äußere und fremde Mächte bestimmen, dann ist der Arbeitsalltag im Gegenteil davon gekennzeichnet, dass er nicht Ausdruck meines Lebens ist. Der Arbeitsalltag ist, wie es scheint, nicht in diesem Sinne Teil meines Lebens, also nicht Teil eines Lebens, das ich als mein Leben anerkennen kann. Er ist mir fremd. Diese Fremdheit, mit der ich mich längst abgefunden habe, ragt in mein Leben hinein und verunmöglicht mir, zu sagen: Dies ist mein Leben! im Sinne von: Die bei der Arbeit verbrachte Zeit ist Teil meines Lebens, Teil eines Lebens, das ich als mein Leben anerkennen kann. Dadurch stößt der Satz mich an, zu durchdenken, wie sich meine Arbeitszeit gestaltet, welche Umstände auf sie einwirken, und ob und inwieweit ich in der Lage bin, die Arbeitszeit als Darstellung meines Lebens zu akzeptieren. Sollte das nicht der Fall sein, so ergibt sich ein Widerspruch: Meine Zeit ist mein Leben, das ist eine Tatsache, und die Zeit, die ich mit Arbeiten verbringe, gehört dazu und nimmt sogar einen großen Teil dieser Zeit ein. Umgekehrt ist der Satz «Meine Zeit ist mein Leben!» auch ein Maßstab. So entsteht die Frage: Kann ich die bei der Arbeit verbrachte Zeit als Teil meines Lebens anerkennen? Wenn nicht, dann klaffen die beiden Bedeutungen des Satzes auseinander. Es zeigt sich ein Widerspruch: In meinem Leben – in meinem einzigen Leben – kommt die Tatsache, dass es sich um mein Leben handelt, nur begrenzt zum Ausdruck.

Dabei kann es nicht bleiben. Ich frage mich, woran das liegt und beschäftige mich mit den Ursachen dafür, warum das so ist. Damit werde ich auf die Probleme gestoßen, die mit den Formen der Arbeitsorganisation verbunden sind, und die im Beitrag von Klaus Peters zu dieser Broschüre «Woher weiß ich, was ich selber will?» diskutiert werden. Die beiden Bedeutungen des Satzes «Meine Zeit ist mein Leben!», eine wahre Feststellung zu sein, und zugleich einen Anspruch an mein Leben zu formulieren, führen dazu, dass ich beim Durchdenken dieses Satzes immer wieder von der einen Seite zur anderen gehe und so in eine Bewegung gelange, die mich zu einer Auseinandersetzung mit mir selbst führt.

Andererseits sind aber die Ursachen dieser Probleme – wie die Analyse von Klaus Peters zeigt – nicht in erster Linie bei mir zu suchen, sondern bei den – teilweise vom Unternehmen gesetzten – Rahmenbedingungen, unter denen ich in meiner Arbeit handeln muss. Meine Beschäftigung mit den Ursachen muss sich auch auf die Rahmenbedingungen und ihre «indirekte Steuerung» beziehen. Aber gerade diese Rahmenbedingungen setzen mich unter einen so gewaltigen Druck, dass mir die Zeit für solche Reflexionsprozesse fehlt. Zudem zielt die «indirekte Steuerung» auf meinen Willen und damit auf mein Denken selbst. Die «indirekte Steuerung» organisiert meine geistige Unterordnung unter den Unternehmenszweck, die –

immer wachsende – Gewinnproduktion, die Steigerung des Profits. Dadurch gerate ich in eine Ohnmacht in Bezug auf mein eigenes Denken, das sich gegen mich zu wenden scheint. Wie kann ich mich mit dieser Ohnmacht auseinandersetzen?

IV. Besinnung als politische Aktionsform

Die Auseinandersetzung mit dem Satz: «Meine Zeit ist mein Leben!» hat mich zu dem Problem geführt, dass mein Leben unter den Bedingungen der neuen Managementformen durch mir fremde Mächte und Kräfte bestimmt wird, die es mir nur begrenzt möglich machen, mein Leben als Ausdruck meiner selbst, meiner Individualität anzuerkennen. Daraus ergibt sich für mich das Interesse, meine Individualität in meinem Leben zunehmend zur Geltung zu bringen. Durch die «indirekte Steuerung» soll mir jedoch der Unternehmenszweck als mein eigener Wille suggeriert werden. So will die Unternehmensleitung mein Handeln und Denken – mir unbewusst – indirekt, aber umso nachhaltiger, beeinflussen. Dem kann ich mich entziehen, wenn ich mich mit mir selbst, mit meinem eigenen Denken auseinanderzusetzen lerne. Aber dazu fehlen mir als Einzelnem die theoretischen Mittel, die organisatorischen Möglichkeiten und die politische Durchsetzungsfähigkeit für eine Diskussion, die mir – gemeinsam mit anderen – Selbstverständigung ermöglicht. In allen diesen Punkten bin ich als Einzelner überfordert. Hier gewinnt der Betriebsrat eine neue Bedeutung. Er kann solche Diskussionen zur Selbstverständigung im Betrieb theoretisch ermöglichen, sie organisieren und politisch realisieren. So kann der Betriebsrat mir helfen, mir die Rahmenbedingungen meines Handelns bewusst zu machen. Er schafft mir damit die Möglichkeit, mir die von selbst ablaufenden Prozesse anzueignen, bzw. damit anzufangen. Denn diese Prozesse sind ja nichts anderes als unser – uns unbewusst bleibendes – Verhalten zueinander. Die IBM-Betriebsräte haben eine solche Selbstverständigungsdiskussion organisiert und sie gegen die Besinnungslosigkeit des Arbeitsdrucks politisch durchgesetzt. Sie haben sie «Besinnung» genannt und dafür die Aktionsform «Monat der Besinnung» entwickelt, die in den Jahren 1997 und 1998 durchgeführt haben. (Diese Aktionsmonate wurden in der Broschüre teilweise dokumentiert.) 1997 wurde die Notwendigkeit der Besinnung überhaupt betont. Der Monat der Besinnung hatte das Motto: «IBM – Ich besinne mich». 1998 wurde konkret die Arbeitszeit in den Mittelpunkt des Monats der Besinnung gerückt: «Meine Zeit ist mein Leben!»

IV. a. Theoretische Diskussion als politische Aktion

Aus den neuen Managementformen ergibt sich die Gefahr, dass ich mich bewusst oder unbewusst mit der Funktionszuweisung, die mir im Ganzen des Unternehmens zukommt, identifiziere. Ich würde mich dann selbst nur noch – oder doch in erster Linie – als «Professional» verstehen. Ich würde zwischen mir selbst und der Funktionszuweisung, die mir im Betrieb zukommt, keinen Unterschied mehr machen. Ich kann mich dann mit dieser Funktionszuweisung nicht mehr auseinandersetzen. Ich nehme mich selbst nur noch als «Professional», als Mensch vom Fach, als Servicegeber ernst. So ordne ich mich selbst, ohne es zu merken, einem Funktionszusammenhang unter, in dem es auf meine Individualität, auf mich selbst und meine Lage nicht ankommt. Dieser Funktionszusammenhang wird mir als eine Welt, als «die Welt der IBM» zum Beispiel, dargeboten. In dieser Welt kann ich Probleme vermeiden, auf die ich durch die Besinnung auf mich selbst umgekehrt gerade stoße. Auf die Frage «Wer bin ich?» könnte die Antwort dann lauten: «Ich bin IBMer! Das ist doch was. Viele wären froh, wenn sie bei IBM arbeiten könnten.» Aber Ausgliederungen, nun auch von ehemaligen «Kernbereichen», Aufhebungsverträge und vergleichbare Aktionen der Unternehmensleitung machen ein Selbstverständnis als IBMer mehr und mehr zur Illusion. Denn meine Funktion ebenso wie meine Stellung im Funktionszusammenhang sind ständig gefährdet. Es liegt nicht an mir, ob ich ausgegliedert werde. So wäre mein Selbstverständnis als IBMer abhängig von Bedingungen, die in der Macht der Unternehmensleitung liegen. Sie nötigt mich – etwa durch Ausgliederungen von Arbeitsbereichen und Hinausdrängen von Mitarbeiterinnen und Mitarbeitern, weil sie ein bestimmtes Alter erreicht haben – zur Erarbeitung eines individuellen Selbstverständnisses. Das kann ich in dieser Situation nur gewinnen, wenn ich mich als Individuum mit meiner Funktion und dem Funktionszusammenhang, also dem Unternehmen auseinandersetze, das mir die Funktion als mein Selbstverständnis aufdrängen will.

Eine solche Auseinandersetzung mit meiner Funktion geht mit der Besinnung im Betrieb einher. Unter dieser Voraussetzung, sich mit ihrer Funktion auseinanderzusetzen, handeln auch die Mitglieder des Betriebsrats. Denn bisher ist es oft so, dass der Betriebsrat – als eine Art betriebspolitischer Experte – die Interessen der Beschäftigten im Betrieb formuliert und sich – wenn möglich stellvertretend – um die Belange der Beschäftigten, also auch um meine, gekümmert hat. Diese Aufgabe bleibt bestehen, denn die zu regelnden Probleme werden nicht weniger, sondern mehr, wie sich tagtäglich zeigt. Aber in der grundlegenden Frage der Zeitgestaltung und Zeiteinteilung, die mit dem Satz «Meine Zeit ist mein Leben!» angesprochen ist, sind die Mitglieder des Betriebsrates in keiner anderen Situation als die Beschäftigten selbst. (Da dieser Sachverhalt oft nicht richtig aufgefasst wird, füge ich einen Satz ein: Die Mitglieder des Betriebsrates haben nicht nur dieselben Interessen wie die Beschäftigten. Das war auch bisher so. Dieses Mal geht es nicht um dieselben Interessen, sondern um dasselbe Verhältnis zwischen ihrer Funktion als Betriebsrat und ihrer Individualität, also dem, was sie nicht mit anderen gemein haben. Denn sie unterscheiden sich als Individuen von den anderen Individuen. Gleich sind sie nur, insofern dieser Unterschied für die Funktion keine Rolle spielen soll.) Betriebsratsarbeit kostet zusätzlich Zeit. Deswegen können sich Betriebsräte in der neuen Form der Arbeitsorganisation an mich als Individuum nur wenden, wenn sie zugleich sich selbst als Individuen mit diesen Problemen auseinandersetzen. Wenn ich jedoch vom Betriebsrat als Mitarbeiter des Unternehmens angesprochen werde, dann werde ich auch reagieren wie ein Mitarbeiter eines Unternehmens, das auf seine Probleme angesprochen wird. Ich werde sagen: «Ich als ‹Highperformer› habe keine Probleme, aber ich kenne da Leute, die Probleme haben ...» Warum sollte ich mich öffnen und eine Verurteilung riskieren, wenn derjenige, der mich anspricht, sich hinter seiner Funktion als Betriebsrat versteckt. Wenn er mit mir als Individuum spricht, dann spreche auch ich (vielleicht, sicher ist das nicht, aber immerhin besteht die Möglichkeit) mit ihm als Individuum. Sonst antworte ich ihm als Mitarbeiter, der seinem Betriebsrat antwortet. Denn ein Einräumen von Problemen kann eine Schwächung meiner Position im Gerangel um Projekte und Einfluss im Unternehmen bedeuten. Deswegen werde ich über Probleme nur sprechen, wenn ich mir sicher sein kann, dass mir das keine handfesten Nachteile bringt.

Um mich mit den Prozessen der «indirekten Steuerung» und ihren Auswirkungen auf mein eigenes Denken und Handeln zu beschäftigen, muss ich sie verstehen lernen. Ich möchte begreifen, was unter solchen Bedingungen mit mir geschieht. Dazu brauche ich neue theoretische Überlegungen, die mich in die Lage versetzen, die Auswirkungen der «indirekten Steuerung» auf mich selbst zu erfassen. Solche Überlegungen, wie sie diese Broschüre enthält, können im Betrieb diskutiert werden, wenn der Betriebsrat das initiiert. Denn in solchen Überlegungen wie den hier vorgetragenen löse ich mich von der geistigen Beeinflussung und Hegemonie der die Arbeitsprozesse beherrschenden Mechanismen und deren «indirekter Steuerung». Eine solche Loslösung ist notwendig für die Entwicklung eines Bewusstseins meiner selbst, das mich in die Lage versetzt, mich von meiner Funktion zu unterscheiden. Das kann mir einen Zugang zu meinem wirklich eigenen Willen eröffnen, also dazu, herauszufinden, was das mir wirklich Angemessene ist. Solche Diskussionen zur Selbstverständigung sind deswegen selbst schon ein politischer Schritt, ein Schritt zur Befreiung aus der geistigen Umklammerung durch die «indirekt gesteuerten» Prozesse im Unternehmen.

Das Ziel solcher Diskussionen kann nur sein, zu mir zu kommen. Das bedeutet, dass die Maßstäbe der – die allgemeine Täuschung aufrechterhaltenden – «High-Performance»-Geschichten durchbrochen werden. Dies ist die Voraussetzung dafür, dass meine wirkliche Arbeitssituation zur Sprache kommen kann. Die Maßstäbe der Erfolgsgeschichten dominieren aber nicht nur das Klima zwischen den Menschen im Betrieb, sondern sie bestimmen auch mein eigenes Denken. In der Diskussion muss ich mich daher mit meinem eigenen Denken auseinandersetzen können.

Die Erfahrungen bei IBM haben gezeigt, dass eine solche theoretischen Diskussionen auch deshalb selbst schon eine politische Aktion sind, weil die Zeit und die Unterbrechung des Arbeitsdrucks, die für solche Diskussionen notwendig sind, nur auf politischem Wege durchgesetzt werden können. Dafür bedarf es einer Initiative des Betriebsrats.

I.V. b. Die Beispieldiskussion

Aber es kann doch nicht sein, dass jeder und jede Einzelne erst die theoretische Diskussion führen muss, damit er oder sie sich mit sich auseinandersetzen kann. Wie kann ich also eine solche Selbstverständigungsdiskussion öffentlich beginnen? In der Kantine oder beim Kaffee finden gelegentlich solche Gespräche über die Überlastung bei der Arbeit statt, meistens zu zweit oder zu dritt, im vertrauten Rahmen. Denn ich und die Kolleginnen und Kollegen müssen aufpassen, was wir sagen und zu wem wir es sagen. So ist die Nichtöffentlichkeit, das Geheime, ein Schutz und damit eine wesentliche Voraussetzung solcher Gespräche. Wirksamkeit im Betrieb entfalten die Inhalte solcher Gespräche aber nur, wenn sie öffentlich geführt und dokumentiert werden. Wie kann ich die Diskussion in einer Form führen, die es erlaubt, wirklich die eigenen Probleme und Interessen zu formulieren, ohne sich selbst im Unternehmen zusätzlich zu gefährden?

Bei IBM hat sich die Form einer E-Mail-Diskussion bewährt, in der anonymisierte Diskussionsbeiträge von im Unternehmen beschäftigten Individuen veröffentlicht wurden. Denn durch die Anonymität setze ich mich nicht der Gefahr aus, Nachteile für das, was ich sage, in Kauf nehmen zu müssen. Außerdem kann ich auf ein gewisses Verständnis, auf Solidarität hoffen, wenn ich mich im Rahmen einer vom Betriebsrat initiierten E-Mail- Diskussion äußere.

Entscheidend für den Weg, die Diskussion zu beginnen, ist der Text, der den Anstoß zur Diskussion gibt. In solchen Texten stellt einerseits jemand seine Situation als ein Beispiel dar und setzt damit den Maßstab für das, was in der Diskussion zur Sprache kommen kann. Andererseits gibt ein solcher Text ein Beispiel und damit einen Anstoß, ähnliche Reflexionen über die eigene Arbeitssituation anzustellen und in der E-Mail-Diskussion darzustellen. Damit wird die Lage, wie sie von den Beschäftigten erlebt wird, dokumentiert. Im letzten Teil dieser Broschüre sind Beispieltexte abgedruckt, die eine solche Anstoßfunktion hatten. Als besonders geeignet stellt sich der Text «Meine Arbeit als Projektleiterin» dar.[18]

In diesem Text stellt eine Projektleiterin anonym ihre Arbeitssituation so dar, wie sie ihr vorkommt, wie sie sie erfährt und wie sie sie beurteilt. Sie stellt sich somit selbst als ein Beispiel dar. Diese Schilderung ist realistisch, aber auch ehrlich und schonungslos. Der Text enthält eine Auseinandersetzung mit dem eigenen Tun als Projektleiterin und damit zugleich mit dem Rahmen, in dem dieses Tun steht, mit der «Welt des Unternehmens». Zu einer solchen Schonungslosigkeit gehört die Souveränität der Autorin, die ihre eigene Ohnmacht formulieren kann, ohne sich dabei mit der Macht der Gegenseite zu identifizieren. Diese Souveränität setzt sie gegen die – meines Erachtens falsche – vorausgesetzte Souveränität dessen und deren, die sich in der Lage glaubt, über seine oder ihre Zeit frei verfügen zu können, und «es» zu schaffen. Der Beispiel-Text ermutigt deswegen die Leserinnen und Leser durch seinen Inhalt und durch seine Form dazu, ihrerseits entsprechende Reflexionen anzustellen. Zugleich räumt er die Möglichkeit zu Stellungnahmen ein. Einige Stellungnahmen waren weniger erfreulich. Sie versuchten, die geltenden Erfolgsmaßstäbe gegen die Reflexion der eigenen Lage in Stellung zu bringen. So erfordert diese Form der Diskussion auch eine Auseinandersetzung mit den üblichen Kommunikationsformen, in denen die Diagnose eigener wirklicher Ohnmacht als Schwäche erscheint. Für die auf einen solchen Text folgende Diskussion bedarf es daher der schützenden Gegenmacht des Betriebsrates, der an die Stelle des Schutzes der Nicht-Öffentlichkeit, der Anonymität, tritt, sowie der Solidarität der Kolleginnen und Kollegen.

Die so entstehende Solidarität beruht nicht in erster Linie, wie bisher, auf der Gemeinsamkeit der im Betrieb beschäftigten Individuen, sondern umgekehrt auf ihrer Unterschiedenheit. Denn diese Unterschiede können sich in der Diskussion darstellen, ohne dass dadurch die Solidarität gefährdet wird. Im Gegenteil besteht diese Form der Solidarität gerade darin, dass sich die Individualität und die Unterschiedenheit der Individuen darstellen kann, wie sie ist. Sie finden das Interesse und die Anerkennung der anderen Individuen, weil sich alle Individuen mit der Gleichmacherei im Unternehmen auseinandersetzen.

---

18 Meine Arbeit als Projektleiterin. In: *Meine Zeit ist mein Leben. Neue betriebspolitische Erfahrungen zur Arbeitszeit. Denkanstöße, IG Metaller in der IBM.* Februar 1999.

In einer so gearteten Diskussion entsteht ein Bild des Unternehmens aus den verschiedenen Blickwinkeln der Kolleginnen und Kollegen, eine Art Unternehmensanalyse, die auch von so gut wie allen im Betrieb akzeptiert wird. Dadurch hat eine solche Diskussion zugleich einen politischen Effekt, weil die Realität in einer Weise zur Sprache kommt, die nicht durch Angst und Einschüchterung charakterisiert ist. Eine solche E-Mail-Diskussion stellt zugleich schon selbst eine politische Aktion dar: Eine Analyse des Unternehmens als politische Aktion der Beschäftigten selbst. So verschaffen sich die Mitarbeiterinnen und Mitarbeiter einen eigenen Blick für die Wirklichkeit ihres Unternehmens. Sie eignen sich die Interpretationsgewalt über ihre eigene Situation bei der Arbeit an. Wer die Interpretationsgewalt im Unternehmen hat, der kann auch die geistige Hegemonie in den Betrieben des Unternehmens gewinnen.

IV. c. Die Durchsetzung in der betrieblichen Öffentlichkeit

Die E-Mail-Diskussion bestimmt schon das Klima im Unternehmen stark mit, weil sich in ihr dokumentiert, wie die im Unternehmen beschäftigten Individuen ihre Lage im Unternehmen – und damit das Unternehmen selbst – sehen. Damit entwickeln sich das politische Klima und die Möglichkeit, dass ich in von Betriebsräten organisierten Foren und Gesprächsrunden selbst meine individuelle Situation und meine Interessen öffentlich reflektieren und darstellen kann. Dieser Schritt ist in den «Monaten der Besinnung» ansatzweise, vor allem aber bei Teambesprechungen gelungen. Er ist aber schwierig und setzt ein hohes Maß an (Selbst-)Vertrauen voraus. Deswegen muss er politisch gut vorbereitet sein. Denn es besteht die Gefahr, dass solche Gespräche in Formen vor sich gehen, die von den Verhältnissen von Servicegeber und Servicenehmer im Unternehmen bestimmt sind. Das ist nicht mein Interesse. Denn in solchen Gesprächen will ich mich gerade mit diesen Verhältnissen, die von selbst entstehen, mit den anderen Individuen auseinandersetzen. Ich will lernen, sie zusammen mit den Kolleginnen und Kollegen zu verstehen. Denn je mehr ich die Verhältnisse unter uns verstehe, desto her bin ich in der Lage, sie mir anzueignen. Dadurch eröffnet sich die Perspektive, an die Stelle von Verhältnissen von Servicenehmern und Servicegebern mehr und mehr Verhältnisse zwischen Individuen zu setzen, d.h. Verhältnisse, die den Individuen, die in ihnen stehen, angemessen sind. Denn diese Verhältnisse sind ja nichts anderes als das Verhalten der Individuen zueinander. Damit würde ein erster Schritt gemacht, der «indirekten Steuerung» in wachsendem Maße die Mittel zu entreißen, mit der sie den Druck auf die im Unternehmen Beschäftigten aufrecht zu erhalten versucht. Das ist die Perspektive, in der die Aktionsform der Besinnung steht.

IV. d. Die Notwendigkeit von Gegenmacht im Betrieb

Von Anfang an, schon bei der Organisierung der theoretischen Diskussion, zeigte sich: Betriebliche Gegenmacht ist notwendig, wenn ich diesen Weg gehen will. Die Diskussion ist nur möglich, wenn der permanent überfordernde Arbeitsdruck politisch unterbrochen wird. Ich brauche Zeit und Raum für die Besinnung. Beides habe ich nicht, wenn es nicht vom Betriebsrat politisch durchgesetzt wird. Außerdem zielt die Diskussion darauf, mich mit meinem eigenen Denken auseinanderzu-setzen. Damit ringe ich gegen die «indirekte Steuerung» und gegen die Unwillkür-lichkeit der Verhältnisse bei der Arbeit um geistige Eigenständigkeit. Ich versuche mich der «indirekten Steuerung» zu entwinden und zu mir selbst zu finden. Das ist ein Versuch der geistigen Befreiung. Auch der setzt einen politisch durchgesetzten Freiraum voraus.

Die E-Mail-Diskussion ist technisch und praktisch abhängig von politischen Ini-tiativen von Mitgliedern des Betriebsrats. Sie beginnen die Diskussion und führen sie durch. Sie anonymisieren die Beiträge, stellen sie ins (Intra-)Netz und veröf-fentlichen sie gegebenenfalls auf Papier. Der realistische und ermutigende Charak-ter der Beispieltexte, die die Diskussion anstoßen, wird von den Mitgliedern des Betriebsrats beurteilt und gewährleistet. Mitglieder des Betriebsrates setzen die Diskussion als solche politisch durch. Sie nutzen die Diskussion als Betriebsanalyse nicht nur für die eigene Arbeit, sondern auch in der Auseinandersetzung im Betrieb. So verschaffen sie den Diskussionen politisch die Bedeutung, die sie haben, nämlich der wirkliche Ausdruck der Arbeitssituation der Beschäftigten im Unternehmen zu sein. Damit setzen die Betriebsratsmitglieder zugleich diese E-Mail-Diskussion als die Interpretation der Realität des Betriebs in der politischen Öffentlichkeit durch. So verschaffen sie sich die Interpretationsgewalt und mit der Zeit auch die geistige Hegemonie im Betrieb.

Schließlich initiieren die Betriebsratsmitglieder mit den Gesprächsrunden und den öffentlichen Diskussionen einen Prozess der Aneignung der Verhältnisse der Individuen im Betrieb zueinander. Damit betreten sie einen Weg, der in der Ten-denz darauf zielt, der «indirekten Steuerung» und denen, die sich ihrer bedienen, ihre Mittel aus der Hand zu schlagen. Dieser Schritt setzt bereits eine weitgehende Durchsetzung des neuen Weges im politischen Klima des Unternehmens voraus. Deswegen sind alle diese Schritte selbst nicht nur Vorbereitung der politischen Aus-einandersetzung, sondern gehören selbst unmittelbar schon dazu.

Man könnte einwenden: «Aber ich will nicht nur reden, auch wenn das schon politisch ist. Ich will substanzielle Veränderungen durchsetzen. Dazu ist entschlos-senes organisiertes Handeln nötig. Da reicht Reden nicht.»

Dem stimme ich zu. Aber einerseits wird durch eine solche Form des Diskutie-rens als politischer Aktion wieder Interesse für Betriebspolitik geweckt, wie die in der Dokumentation dargestellte Erfahrung zeigt. Mit dem Interesse wachsen auch die Fähigkeit und das Bedürfnis politisch zu handeln. Andererseits aber stehen wir am Anfang neuer Auseinandersetzungen, und damit auch am Anfang der Entwick-lung der ihr entsprechenden politischen Handlungsformen. Über die richtigen und angemessenen Handlungsformen werden wir nachdenken müssen; das sollten wir tun. Denn es ist nicht mein Interesse, den neuen Auseinandersetzungen auszuwei-chen, weil wir noch nicht wissen, mit welchen Handlungsformen wir sie bestehen können. (Womöglich sind es die bekannten Handlungsformen, die die Arbeiter-bewegung immer schon verwendet hat, mit einem neuen Gesicht. Das ist sehr wahrscheinlich.) Die neuen Handlungsformen werden in den Diskussionen entwi-ckelt, die durch eine Initiative wie die Besinnung auf «Meine Zeit ist mein Leben!» angestoßen werden. An solchen Initiativen habe ich ein Interesse, persönlich wie politisch. Das Zusammenkommen von beidem macht den Pfiff der Sache aus. Wie im richtigen Leben. Es geht um Betriebspolitik und zugleich unmittelbar um mich selbst. Denn es bleibt wahr: «Meine Zeit ist mein Leben!»

Nachwort (2008)

Seit der Entwicklung der Ideen, die der Broschüre «Meine Zeit ist mein Leben!» zugrunde liegen, sind nun mehr als 10 Jahre ins Land gegangen. Im Jahre 1991 haben Klaus Peters, Wilfried Glißmann und ich – unterstützt von vielen anderen – die Analyse der neuen Managementformen angefangen. Insgesamt etwa 8 Jahre lang haben wir uns damit beschäftigt. Am Ende dieser Beschäftigung standen eine Reihe Publikationen und Thesen, zu denen auch diese Broschüre der IG Metall gehörte.

Damals hatte ich den Eindruck, wir stünden damit vor einer Art Durchbruch. Und dieser Eindruck hat nicht getäuscht. Diese Gedanken und Analysen haben tatsächlich in gewisser Weise mehr Menschen erreicht, als es uns zunächst möglich schien. Aber es waren nicht die Menschen, um die es mir ging. Diese Überlegungen werden – verbunden mit anderen Namen, die dort eine wichtige Rolle spielen – in sozialwissenschaftlichen Kreisen diskutiert. Die Literatur scheint dazu inzwischen uferlos. Aber die Menschen, die es mit diesen Überlegungen zu erreichen gilt, sind nicht die Sozialwissenschaftlerinnen und Sozialwissenschaftler. Es sind die unmittelbaren Produzentinnen und Produzenten in den Betrieben selbst. Leider werden sie mit diesen Überlegungen nicht oder doch zu wenig konfrontiert, obwohl alle, von denen ich höre, dass sie sich damit auseinandersetzen, das mit großem Gewinn tun. Es ist mitunter schmerzlich, zu sehen, wie solche Gedanken in Kreisen diskutiert werden, in denen andere Menschen durch die Form der wissenschaftlichen Methode und Diskussion zum Objekt von Studien herabgesetzt werden, Gedanken, die eigentlich im Gegenteil darauf abzielten, diese Menschen zum Subjekt ihres eigenen Lebens zu machen, zu Individuen, die sich ihr eigenes Leben aneignen. Aber die Trennung der Theorie von den Menschen ist nicht nur immer schon da, sie wird auch mit einer Macht betrieben, die es uns oft nicht möglich macht, den unmittelbaren Kontakt zu den Produzentinnen und Produzenten zu halten.

Nun aber erwacht eine neue Bewegung und drängt nach einer Theorie der neuen Formen der Arbeitsorganisation. Menschen, die diesem Bedürfnis nachgehen, werden auf die sozialwissenschaftlichen Studien treffen, in denen über die Menschen, die arbeiten, geredet wird. Dann sollen sie aber auch die Gelegenheit haben, das zu lesen, was sich an die Menschen, die arbeiten, selbst wendet. Das haben wir damals versucht mit den Überlegungen, die in «Meine Zeit ist mein Leben!» formuliert sind. Damals haben sie die Produzentinnen und Produzenten bei IBM erreicht, soweit das in unserer Macht zu stehen schien. Und heute?

Nachwort (2013)

Inzwischen hat sich das Bedürfnis, über die neue Arbeitsorganisation zu diskutieren, weiter ausgebreitet, und auch die Beschäftigten selbst werden nach und nach mit den Überlegungen konfrontiert, die wir damals erarbeitet haben. Das ist gut so. Denn es zeigt sich, dass es nicht richtig ist, diese Überlegungen auf hochqualifizierte Angestellte zu reduzieren. Alle Beschäftigten werden in eine «Umwelt» versetzt, die ihnen abverlangt, gemeinsam Unternehmerfunktionen auszuüben, oft auch gegeneinander und gegen sich selbst. Das ist inzwischen auch in der Sozialwissenschaft anerkannt, zumindest dem Wort nach. Nicht ganz so anerkannt ist die Überlegung, dass das ein begrüßenswerter Fortschritt ist. Denn es handelt sich um eine Anpassung der Unternehmen an die Weiterentwicklung der produktiven Kraft der Beschäftigten. Aus dieser Kraft Gewinn zu ziehen für die Interessenvertretung der Beschäftigten, das ist die Aufgabe, die wir uns damals gestellt haben. Diese Aufgabe ist dann lösbar, wenn man erkennt: Die Beschäftigten organisieren ihre Arbeit selbst, wenn auch unter Bedingungen, die nicht selbst gesetzt sind. Es geht darum, den Kampf um diese Bedingungen zu führen. Das ist aber nur möglich, wenn die Beschäftigten die Erfahrung machen, dass sie ihre Arbeit noch so gut machen können: Unter diesen – von den Unternehmensleitungen gesetzten – Bedingungen können sie nicht gegen das «System» gewinnen. Wir brauchen nicht nur die produktive Kraft, sondern auch die Herrschaft über die Bedingungen, unter denen wir diese Kraft äußern können. So rückt die Frage des Eigentums an Produktionsmitteln wieder in den Vordergrund auch der Aufmerksamkeit. Im Vordergrund der Sache stand sie meines Erachtens immer.

Exzerpt
Klaus Peters: «Woher weiß ich was ich selber will»[19]

S. 1

Die Abschaffung der Zeiterfassung: Am 16. Dezember 1998 meldete die Stuttgarter Zeitung, dass bei IBM die Stempeluhren abgeschafft werden. Die Geschäftsführung hat sich in den laufenden Tarifverhandlungen mit ihrer Forderung durchgesetzt, dass die Arbeitszeit der Beschäftigten nicht mehr erfasst werden soll.

Das wirft eine Menge Fragen auf. Die wichtigste davon ist die erste, – und sie wird besonders leicht übersprungen: Wie kommt es denn eigentlich, dass die Arbeitgeber ein Interesse an der Abschaffung der Zeiterfassung entwickeln?

S. 3

Kontrolle, heißt es da, solle jetzt durch Vertrauen ersetzt werden! Eine schöne Parole, die aber nur zudeckt, worauf es eigentlich ankommt: dass nämlich die Arbeitgeber auf die Zeiterfassung nur deswegen verzichten, weil sie vorher Bedingungen geschaffen haben, unter denen sich dieser Verzicht für sie rechnet. Vertrauen allerdings! Aber sie vertrauen nicht der Belegschaft, sondern sie vertrauen ihren neuen Managementtechniken.

Und zwar zu recht! Es handelt sich darum, dass das Organisationsprinzip von Command-and-Control, in dem die Zeiterfassung für die Arbeitgeber tatsächlich völlig unverzichtbar war, ersetzt wird durch ein völlig neues Organisationsprinzip, das sich auf völlig neue Weise zum Willen des einzelnen Beschäftigten verhält.

---

19   Klaus Peters: Woher weiß ich, was ich selber will? In: *Denkanstöße, IG Metaller in der IBM: Meine Zeit ist mein Leben. Neue betriebspolitische Erfahrungen zur Arbeitszeit*. Februar 1999, S. 3–10. Der Text ist vollständig zu lesen auf: http://labournet.de/diskussion/arbeitsalltag/peters.html

Das neue System will den eigenen Willen des einzelnen Arbeitnehmers nicht mehr unterordnen unter den Willen eines anderen (Vorgesetzten, Chefs usw.), sondern es will ihn nutzen. Es will ihn nicht mehr unterdrücken, sondern es will ihn instrumentalisieren für die Steigerung der Produktivität des Unternehmens. Der Arbeitnehmer der Zukunft soll die Arbeitszeit nicht mehr auf Anordnung eines Chefs überschreiten, sondern – von sich aus!

S. 4
Mit Vertrauen-statt-Kontrolle hat das offenkundig nichts zu tun. Die neuen Managementtechniken erreichen diesen Effekt vielmehr dadurch, dass sie an die Stelle – der Unterordnung des einen Willens unter einen anderen Willen – die indirekte Steuerung des Willens durch unwillkürliche Prozesse setzen.

S. 6
Das Kommandosystem (...) unterstellt als selbstverständlich, dass ein allgemeines Chaos ausbricht, wenn der Einzelne seinen Willen nicht unterordnet, und dass also effektives, organisiertes Handeln in einem Unternehmen nur mittels einer solchen Unterordnung zu haben ist.

Die neuen Managementmethoden wissen das besser. In sozialen Zusammenhängen gibt es genau wie in einem lebendigen Körper Prozesse, die ihren eigenen Gesetzen folgen, das heißt: Organisation, die von selbst entsteht, ohne dass ein Kommandant sie erzwingt. Und diese unwillkürlichen Prozesse kann man genau wie die natürlichen Lebensfunktionen indirekt steuern.

(...)
In Zukunft sollen die Arbeitnehmer nicht mehr tun, was ihnen ihre Chefs sagen, sondern man gibt ihnen die Möglichkeit, selbstständig zu reagieren, auf das, was die Unternehmensführung tut. Das Management bestimmt, worauf die Arbeitnehmer reagieren müssen, aber wie sie reagieren, was sie tun, bestimmen sie selbst, und wenn die indirekte Steuerung funktioniert, wird genau dadurch, also dadurch, dass die Beschäftigten tun, was sie selber wollen, das erreicht, was die Unternehmensführung will. *Die Ziele der Unternehmensführung setzen sich durch in Gestalt des eigenen Willens des einzelnen Arbeitnehmers.*

S. 7
Durch die indirekte Steuerung wird es möglich, selbstständiges, unternehmerisches Handeln in abhängige Beschäftigungsverhältnisse einzuführen, – ohne dass an den Macht- und Eigentumsverhältnissen gerüttelt werden muss. Damit soll die Leistungsdynamik eines selbstständigen Unternehmers bei unselbstständigen Arbeitnehmern reproduziert und zum Hauptmotor der Produktivitätssteigerung eines Unternehmens gemacht werden.

S. 8
Der Einzelne kann in dieser Situation an seinem eigenen Willen irre werden, weil er in einen Gegensatz zu sich selbst tritt. Es ist, als wenn die zwei Willen, die im Kommandosystem säuberlich auf zwei verschiedene Personen verteilt waren: hier der Arbeitnehmer, der eigentlich nach Hause gehen will, und dort der Chef, der ihn

gegen seinen Willen festhalten will, – als wenn diese beiden Willen jetzt in ein- und derselben Person gleichzeitig vorhanden sind. Einerseits will er aufhören, länger zu arbeiten, als er muss. Andererseits will er, wenn es soweit ist, doch wieder zurück an den Schreibtisch.

Und dass das tatsächlich etwas ist, was er selber will, merkt er spätestens dann, wenn jemand anders dazwischentritt – etwa ein Betriebsrat -, und ihn an sein eigenes Interesse erinnert. Er fühlt sich dann nämlich von außen gestört bei der Realisierung einer eigenen Absicht und vor allem bevormundet in seiner Selbstständigkeit.

S. 9

Nachträglich ist zu erkennen, *dass das Kommandosystem uns nicht eigentlich von unserer Freiheit trennt, sondern vom Problem unserer Freiheit!* Anders gesagt: mit der Beseitigung des Kommandosystem werden wir von einer falschen, irreführenden Fragestellung befreit und endlich mit dem wirklichen Problem konfrontiert.

Und darum ist die Abschaffung des Kommandosystems, von Befehl und Gehorsam, von Unselbstständigkeit, Bevormundung und Kontrollen bedingungslos zu begrüßen! Aber sie ist paradoxerweise nicht deswegen zu begrüßen, weil sie der Übergang zu einer ‹Humanisierung der Arbeit› ist, sondern obwohl eher das Gegenteil der Fall ist.

Exzerpt

Wilfried Glißmann: «Sinn als Mittel indirekter Steuerung»[20]

S. 1

Unter den neuen Managementformen stoßen die Menschen in ihrer Arbeit auf die Frage «Was will ich wirklich selbst?». Letztlich geht es sogar um die Frage «Worin sehe ich den Sinn meines individuellen Lebens?» Ich will in diesem Beitrag zeigen, dass diese individuellen Sinn-Fragen der Beschäftigten für die Arbeitgeber zu einem brisanten Problem werden.

Wann und wo stellen sich persönliche Sinn-Fragen? Üblicherweise stellen sie sich nicht in der Arbeitszeit, sondern in der Freizeit. In der alten Unternehmensorganisation sind Arbeitszeit und Freizeit klar getrennt:

- in der Arbeitszeit muss ich tun, was andere wollen (was «mein Chef» will)
- in der Freizeit kann ich endlich tun, was ich selber will

Die Klarheit dieser Trennung wird durch die neuen Managementformen aufgehoben: zunehmend soll ich nun auch in der Arbeit tun, was ich selber will. Ich soll all meine Kreativität und Selbstständigkeit in die Arbeit einbringen.

Die Arbeitswelt hatte bisher – insbesondere in Großunternehmen – eine relativ stabile Grundlage (...) Viele Selbstverständlichkeiten werden nun vom Unternehmen aufgekündigt: «Was sind die Kernkompetenzen des Unternehmens?» und «Welche Tätigkeiten können wir uns nicht mehr leisten?» Diese Fragen richten

---

20 Wilfried Glißmann: Sinn als Mittel indirekter Steuerung. In: *Denkanstöße, IG Metaller in der IBM: Meine Zeit ist mein Leben. Neue betriebspolitische Erfahrungen zur Arbeitszeit.* Februar 1999, S. 23f.

sich an den einzelnen Beschäftigten: «Hat Deine Arbeitskraft noch einen aktuellen Marktwert?» Von diesem Marktwert hänge nun die «employability» ab – die Verwendungsfähigkeit des Angestellten für das Unternehmen.

S.2

Unter diesen Veränderungen stellt sich für Angestellte die Frage. Hat meine Loyalität zum Unternehmen noch eine reale Grundlage? Und: Wie steht es um die Loyalität des Unternehmens zu mir? (...) In den USA wurde in den Unternehmen hart unterschieden: welche Beschäftigten sind wirklich unverzichtbar (mit «critical skill») und welche sind verzichtbar (mit «non-critical skill»).

Die Management-Theoretiker und Management-Praktiker stehen somit vor dem Problem, eine neue Grundlage für das Verhältnis zwischen Angestelltem und Unternehmen zu finden. Der Konzern (die Corporation) verändert sich fortwährend und damit ändert sich immer wieder auch die Gruppe der Menschen, die als «unverzichtbar» gelten. Wie kann ein intelligenter Angestellter unter diesen unsicheren Bedingungen das Gefühl einer Zugehörigkeit zum Unternehmen entwickeln?

S.3

Die Einflussnahme auf individuelle Sinn-Fragen
Welchen *Sinn* könnte es für den Angestellten haben, im Unternehmen zu bleiben? «Sinn-Fragen» stellen sich für mich als Beschäftigten auf verschiedenen Ebenen:

- Die Frage nach dem Sinn des Unternehmens
- Die Frage nach dem Sinn meiner Aufgabe im Unternehmen
- Die Frage nach dem Sinn meines individuellen Lebens.

Es geht dabei stets um Fragen nach dem persönlichen Sinn. Ist meine Aufgabe für mich persönlich sinnvoll? Hat meine Arbeit im Unternehmen einen persönlichen Sinn oder ist sie letztendlich nur eine Verschwendung meiner Lebenszeit?

Wenn sich ein Angestellter, der als «unverzichtbar» gilt, mit diesen Fragen beschäftigt, dann wird es für das Unternehmen brisant! Es ist dem Arbeitgeber nicht gleichgültig, welche Antwort der Arbeitnehmer auf diese Fragen findet. Daher gibt es neue Konzepte, wie sich Unternehmen in diesen Sinn-Findungs-Prozess der Beschäftigten einmischen wollen.

S.6

Die Einflussnahme auf Selbst-Bild und Selbst-Verständnis
Die Antworten auf die Fragen «Wie sehe ich mich selbst?» und «Wie verstehe ich das, was ich tue?» können auch in einer allgemeinen Form erfolgen. Als ein bestimmtes Selbst-Bild oder ein bestimmtes Selbst-Verständnis, das den Beschäftigten im Unternehmen dann nahegelegt wird.

Das Selbst-Bild «Ich als Professional». Diese Auffassung ist scheinbar unproblematisch, denn ohne Frage bin ich auf meinem Gebiet ein Fachmann (ein «Professional»). Problematisch wird es aber, wenn ich meine Selbstverwirklichung mit diesem Selbst-Verständnis «ich als Professional» gleichsetze. Es geht dann nämlich nicht mehr um die Entfaltung meiner Individualität, sondern um Selbstentwicklung in einem eingeschränkten Sinne: Selbstentwicklung, sofern ich Fachmann bin.

S. 7

Auch die Anerkennung als Person ist reduziert auf diese Bestimmung. Es geht um die Reduzierung meiner selbst auf eine Prozess-Funktion – nämlich die Funktion, ein Professional zu sein. (...) Entweder ich bin ein Professional oder ich bin ein Nichts und ein Niemand. (...) Mein Selbstverständnis «ich als Individuum» sagt hingegen: «Ich bin nicht nur Professional, ich bin auch sonst noch jemand.» Dieses Selbstverständnis drückt die Selbst-Behauptung meiner Individualität aus, ich setzte mich selbst als Kriterium und Maßstab. (Vgl. Siemens 99: 18ff)

S.9

Die Wahl der Perspektive macht einen entscheidenden Unterschied. (...) Was ist mein Kriterium und mein Maßstab? Hier wird noch einmal der fundamentale Unterschied hinsichtlich des Selbst-Bildes und des Ich-Sagens deutlich. Ich als Funktion (als Fachmann, als Professional, als Service-Geber) oder Ich als Individuum – das sind zwei völlig verschiedene Perspektiven. Der Unterschied der Perspektiven ist entscheidend, wenn ich nicht von der neuen Dynamik im Unternehmen weggerissen werden will:

- «Ich als Individuum» heißt: mein Arbeiten und Geldverdienen ist Mittel zum Zwecke
- meines individuellen Lebens!
- «Ich als Funktion» heißt: mein Leben ist Mittel zum Zweck des «Überlebens der Unternehmens-Einheit».

Die Auffassung eines Unternehmens als Organismus zielt somit auf die möglichst vollständige Unterordnung meines gesamten Lebensprozesses unter den «Lebensprozess des Unternehmens».

S. 9

Das Sinn-Problem. Fredmund Malik (Hochschule St. Gallen) beschrieb 1985 in erhellenden Weise das Problem, um das es hier geht. «Wo der Sinn des Ganzen fehlt, wird keine Motivation zu schaffen sein. (...) Es ist zweifellos eine schwierige und ausgesprochen anspruchsvolle Aufgabe, jemanden Sinn zu vermitteln. Traditionellerweise kam diese Aufgabe ja ganz anderen Institution zu, vor allem natürlich den Kirchen und bis zu einem gewissen Grad auch der Familie. Zum Teil haben diese traditionellen Institutionen der Sinnvermittlung aber sehr stark an Bedeutung verloren und teilweise auch ihre Glaubhaftigkeit eingebüßt. Zu einem Teil jedenfalls tritt deshalb das, das, was wir Management nennen, an die Stelle dieser traditionellen Sinnvermittlungs-Institutionen.

Exzerpt

Angela Schmidt: «Mit Haut und Haaren: Die Instrumentalisierung der Gefühle in der neuen Arbeitsorganisation»[21]

S. 1f

Anders als in der fordistischen Arbeitsorganisation sind die Gefühle in der neuen Organisation nicht Störfaktor, den es zu unterdrücken und zu kanalisieren gilt, sondern sie sind der Katalysator einer Dynamik, die die Beschäftigten zu Höchstleistungen antreibt. Sie werden gefordert und gefördert. Die Betonung einer neuen emotionalen Ganzheitlichkeit durch Unternehmensberater und Management-Trainings ist Ausdruck dieses Trends.

S. 2

Die extremen Gefühle sind Motor und Folge eines maßlosen ‹Von-selbst›, das sich vollzieht, wenn die Beschäftigten selbstständig auf Setzungen und Rahmenbedingungen reagieren. (...) Die entstehenden Gefühle sind nützlich, sind funktional: Sie helfen dem Mitarbeiter extreme Arbeitsleistungen zu erbringen. Sie machen Mitarbeiter steuerbar, die heute durch die alten Mittel des *Command and Control* (Befehl, Kontrolle, Strafandrohung) nicht mehr zu lenken sind. Es herrschen diejenigen Gefühle vor, die dem Einzelnen persönlichen Erfolg und der Einheit das Überleben am Markt ermöglichen.

S. 7

Die Firmenleitung sagt: Ihr selbst seid die Experten. Seht Euch den Markt an und tut, was ihr tun müsst! Plötzlich setzen paradoxe Gedankengänge ein: Ich selbst beginne zu überlegen, ob meine Beschäftigung für die Firma überhaupt noch profitabel ist, ob meine Kosten nicht zu hoch sind. Ich selbst zwinge mich, bis an die Grenzen meiner Leistungsfähigkeit weiterzuarbeiten.

S. 8

Die Begründung dieser Denkweise ist immer die Bedrohung von außen: Konkurrenten kämpfen um meine Marktanteile, Shareholder verlangen Profite, Kunden die besten und billigsten Produkte. Mein Unternehmen droht mit ‹Desinvestment›, falls Abteilungen Kostenziele nicht erreichen, ihren Wertbeitrag nicht erbringen. Auf diese Verhältnisse reagiere ich. Doch meine Reaktion schafft Fakten. Mein Tun setzt für die anderen die Rahmenbedingungen ihres Tuns. So bringen die neue Arbeitsorganisation, das Kosten-Nutzen-Denken, das drohende ‹Desinvestment› unter den Menschen Prozesse in Gang, die über sie hinauswachsen. Mein eigenes Tun tritt mir selbst als scheinbar Fremdes entgegen. Die beschleunigte Marktkonkurrenz ist nichts anderes als das selbstständige Tun der Menschen, die scheinbar auf das Tun anderer reagieren. Je besser ich mich ‹anpasse›, desto besser müssen sich auch die

---

21 Angela Schmidt: Mit Haut und Haaren: Die Instrumentalisierung der Gefühle in der neuen Arbeitsorganisation. In: *Denkanstöße, IG Metaller in der IBM: Mit Haut und Haaren. Der Zugriff auf das ganze Individuum.* Mai 2000.

anderen anpassen. Wenn ich schneller und billiger produziere, müssen das auch die anderen tun, und ich muss sie wiederum übertreffen.

(...)

Meine Gefühle sind dieser Dynamik nicht äußerlich, sie kommen nicht nachträglich hinzu. Angst, High, auch schlechtes Gewissen und andere Gefühle wie Aggressivität, Stolz, Unsicherheit, etc. sind notwendiger Teil der Selbstständigkeit. Sie sind Ausdruck davon, dass die Beschäftigten selbst, direkt, ohne Vermittlung durch Vorgesetzte und Experten mit ihren Notwendigkeiten konfrontiert werden und unmittelbar reagieren müssen. Sie treiben die Dynamik an und werden zugleich von ihr gespeist.

(...)

Das High z. B. ist das Selbsterleben der Mitarbeiter in der Auseinandersetzung mit den Arbeitsgegenständen, die jedoch nicht länger gegenständlich sind. Weil meine Arbeitsaufgabe im Neuen die Bewährung am Markt ist, sind nun die Marktprozesse mein ‹Arbeitsgegenstand›. (...) Das Neue liegt darin, dass ich selbst nun Dinge tun kann, die früher dem Management oder dem Unternehmer vorbehalten waren: ich konfrontiere mich selbst mit dem Marktgeschehen, sehe mich selbst im Spiegel der Accounting-Systeme, ziehe Schlüsse und agiere – ohne die Vermittlung eines Vorgesetzten. Ich führe nicht mehr Aufträge aus, sondern sondiere den Markt wie ein Selbstständiger und handele dann. Plötzlich bin ich der Unternehmer, und mein Gegner ist der Marktprozess. Das wirkliche Leben schwappt plötzlich an mich heran, wo früher der Damm der Hierarchien mich vor der Brandung schützte.

S. 10

Ständig bin ich mit neuen unternehmerischen Gefahrensituationen konfrontiert, in denen ich mich neu bewähren muss. Mein Verhalten ist nicht mehr von vorneherein richtig oder falsch. Angst muss ich nicht haben vor einer Bestrafung durch den Chef, sondern vor den wirtschaftlichen Konsequenzen meines Tuns.

S. 11

Die Managementliteratur hat die Gefühle entdeckt. Eine neue Offenheit wird gefordert. Der ‹Professional› soll sich ganz und gar ausleben. ‹Emotionale Intelligenz› seht hoch im Ansehen. Doch geht es meines Erachtens weniger und eine Befreiung der Emotionen, als um deren Dienstbarmachung für den Unternehmenszweck. (...) Ein Geschäftszweig, den man ‹Emotional Engineering› nennen könnte, kümmert sich darum, dass die Mitarbeiter die richtigen Gefühle entwickeln. Ganze Gefühlskulturen werden für und in Unternehmen entworfen. Gefühlsregeln sagen, fühle Dich so und so, sonst gehörst Du nicht mehr zum Team.

S. 15

Ich gehe in diesem Aufsatz davon aus, dass die Enteignung der Gefühle in den Arbeitsprozessen und im ‹Emotional Engineering› ein politisches Problem ist. Meine Gefühle werden für einen fremden Zweck instrumentalisiert. (...) Was spricht dagegen, die Gefühle ebenso wie die berufliche Qualifikation, die geistige und körperliche Leistungsfähigkeit für den beruflichen Erfolg einzusetzen? Dienen Gefühle wie Angst, schlechtes Gewissen, ‹High›, Kampfeslust etc. doch den Mitarbeitern selbst bei ihrer Aufgabe in den Betrieben, bei ihrer Karriere, ihrem Lebensweg, sofern sie ihre Aufmerksamkeit schärfen und sie zu besonderen Leistungen motivieren. Was spricht dagegen, dass ich mich nun auch emotional einbringe?

Die Frage nach der Enteignung der Gefühle kann nicht gestellt werden, ohne eine viel grundsätzlichere, geradezu philosophische Frage zu diskutieren: Worin sehe ich Sinn und Zweck meines Lebens? Wer bin ich? Was will ich? Sind meine Gefühle doch Teil meines Selbst. Sie sind kein getrennter Gegenstand, den ich unabhängig von mir bearbeiten und einsetzen kann. So sehr Gefühlsmanager wie Lou Gerster (ehem. CEO von IBM, Anm. CL) darauf abzielen, die Mitarbeiter in eine Unbewusstheit und Distanzlosigkeit zu führen, so wichtig ist die Bewusstheit für die Beschäftigten selbst. (...) Wie kann ich aber zu dieser Bewusstheit kommen, wenn alle Prozesse und Manipulationen darauf abzielen, mich nicht zu Sinnen kommen zu lassen? Die individuelle Auseinandersetzung von mir mit mir selbst ist nur in einem kollektiven Prozess der Verständigung mit anderen Individuen möglich (nicht ‹allein im stillen Kämmerlein›). Ich brauche dazu andere Individuen, die sich selbst ähnlich ernst nehmen und mir sagen, welche Erfahrungen sie selber gemacht haben.

7 Randnotizen am Ende oder Über die Leerstelle meiner Recherche

Beim Zusammenstellen meiner unterschiedlichen Recherche-Wege für das Buch zum Film gerät mir eine Abzweigung in den Blick, deren Fährte ich während meiner Materialsuche nie richtig zu fassen bekam. Darüber hinaus erinnert mich auch die Reaktion einer leitenden Führungskraft, die mir nach Fertigstellung des Films begegnete, wieder daran: «Selbstverständlich arbeiten die Leute länger, wenn wir die Stempeluhren abschaffen, darum haben wir das doch eingeführt, damit die Leute mehr arbeiten. Wir dürfen es nur nicht sagen.»

In solchen Aussagen blitzt mir das Wissen um die sehr bewusst gestalteten Vorgänge eines Human-Resource-Management entgegen und wirkt auf mich wie ein Teil eines viel umfassenderen sozialtechnologischen Steuerungsprogramms. Wann und wo wurde dieses Wissen um die indirekte Steuerbarkeit von Menschen und die dafür notwendigen Gesetzmäßigkeiten, Funktionsweisen und Anforderungen entwickelt? Der Soziologieprofessor Ulrich Bröckling erwähnt in seinem Buch «Das unternehmerische Selbst», dass die Programme der Selbst- und Menschenführung «dem kybernetischen Modell» gehorchen.[1] Was ist damit gemeint?

Die Recherche zu dem Begriff Kybernetik führt mich zu einem Vortrag des Professors Claus Pias namens «Die kybernetische Illusion»[2]. Darin erfahre ich von den so genannten «Macy Konferenzen»[3], die zwischen 1946 und 1953 in den USA stattfanden. Hier versammelten sich führende Wissenschaftler aus so heterogenen Wissensbereichen wie Anthropologie und Sprachwissenschaft, Elektrotechnik und Soziologie, Neurobiologie und Psychoanalyse, Wahrnehmungslehre und Mathematik und entwickelten im Rahmen dieses interdisziplinären Laborfelds die Kybernetik – eine universale Theorie der Regulation, Steuerung und Kontrolle, die für Lebewesen ebenso wie für Maschinen, für ökonomische ebenso wie für psychische Prozesse, für soziologische ebenso wie für ästhetische Phänomene zu gelten beansprucht. Es war der Versuch einer Universalwissenschaft, in der man nicht länger gezwungen war, den Menschen zu denken, sondern alle möglichen Prozesse von Leben, von Ökonomie, von Sprache, von Computern usw. unter den gleichen Vorgängen von Information und Feedback zu verstehen. Für Warren McCulloch, den Tagungsleiter der Macy Konferenzen war das menschliche Selbst «computationally constituted», Joseph C. R. Licklider, ein weiterer Teilnehmer der Konferenz, sprach vom Menschen als einer «humanly extended machine». Zahlreiche Teilnehmer der Konferenzen besetzten damals oder später Schlüsselpositionen in der Entwicklung von Computertechnologie, Verhaltensforschung, Waffenbau oder Psychologie. So schwärmten die Ideen der Kybernetik anschließend in alle möglichen Wissensgebiete und Disziplinen aus und ordneten dort unter anderen Namen die diskursiven Felder neu.[4]

---

1 Ulrich Bröckling: *Das unternehmerische Selbst. Soziologie einer Subjektivierungsform.* Berlin 2007, S. 284
2 Claus Pias: *Die kybernetische Illusion.* In: http://www.uni-due.de/~bj0063/texte/illusion.pdf
3 Die Konferenzen hießen bis 1948 noch umständlich Circular Casual, and Feedback Mechanisms in Biological and Social Systems und anschließend schlicht Cybernetics.
4 Vgl. Claus Pias, ebd.

Mich interessiert in erster Linie das wissenschaftliche Feld der Verhaltensforschung und der Psychologie. In welcher Form hat sich dort die neue Universalwissenschaft eingeschrieben? Ich stoße auf den US-amerikanischen Psychologen Henry A. Murray (1893-1988). Er gehörte zum sozialpsychologischen Netzwerk des Sozialwissenschaftlers Larry Frank, einem der Gründungsmitglieder der Macy Konferenzen. Zwischen 1958-62 wendete sich Murray dem intensiven Studium des menschlichen Verhaltens unter Stressbedingungen zu mit dem Ziel, alles über das Wesen, das Entstehen und die Veränderungsmöglichkeiten von Persönlichkeit zu erforschen und, wenn möglich, zu systematisieren (Murray: «Überprüfung der Anwendbarkeit von Systemtheorie im Bereich der Psychologie für individuelle- und zwischenmenschliche Beziehungen») und entwickelte daraus Instrumente und Methoden für die Vorhersage des Verhaltens jeder Person. Die Murray-Tradition in der Persönlichkeitsbegutachtung wurde später zu einem florierenden Geschäftsfeld und war maßgebend für die Entwicklung der heutigen Assessment-Center und der sich immer perfekter entwickelnden Methoden für die zivile wie militärische Persönlichkeitsbewertung.[5]

Auf der weiteren Suche nach dem wissenschaftlichen Fundament eines Programms zur Steuerung menschlichen Verhaltens tut sich ein anderes Fundstück auf: In einem Vortrag namens «Travestien der Kybernetik» des Filmemachers und Künstlers Lutz Dammbeck zitiert er den Neo-Behavioristen B. F. Skinner aus dem Jahr 1970: «Während des 2.Weltkrieges brachten wir Tauben bei, Missiles auf feindliche Kriegsschiffe zu steuern. Wenn wir das schon mit Tauben machen konnten, was konnten wir dann mit Menschen machen? Also entwickelten wir programmiertes Lernen und Lehrmaschinen. Aber das ist nur ein Anfang. Nennen Sie uns Ihre Anforderungen für ein gutes kommunales Leben, und wir können das entsprechende Verhalten in jedem Bürger hervorrufen. Er wird sagen, er ist glücklicher und auch freier.» Skinner lehrte von 1948-1974 an der Harvard Universität als Professor für Psychologie. Außer seiner wissenschaftlichen Arbeit schrieb er den viel diskutierten Roman: Walden Two[6], in dem das Leben einer durch operante Konditionierung geformten Gemeinschaft geschildert wird. In ihm zeigt Skinner ein befriedetes Zusammenleben in einer konfliktfreien Gesellschaft, die sich auf Technologien der Verhaltenssteuerung stützt und insbesondere auf die positive Verstärkung von sozial gewünschten Verhaltensweisen. Dieser utopische Roman wurde wegen der in ihm propagierten, von vielen als manipulativ bewerteten Sozial- und Verhaltenstechniken weithin – gegen Skinners Intention – als «negative Utopie» rezipiert: Der Roman (und auch Skinner selbst) lässt die Frage offen, wer das Recht und die Allmacht haben soll, die gesellschaftlichen Rahmenbedingungen festzulegen, die hernach das Zusammenleben der Angehörigen dieser Gesellschaft bis ins Kleinste bestimmen.[7]

---

5   Aus: http://www.t-h-e-n-e-t.com/html/_film/pers/_pers_Murray.htm
6   B. F. Skinner: *Walden Two*. Indianapolis 1948 (die erste deutsche Ausgabe trug den Titel: Futurum Zwei).
7   Aus: http://de.wikipedia.org/wiki/B._F._Skinner.

Eine weitere Fährte begegnet mir erst kürzlich, längst nachdem der Film fertigge-
stellt ist, in dem Radiofeature «Der ökonomische Putsch»[8]. Darin kommt die Vor-
lesungsreihe «Die Geburt der Biopolitik», eine Geschichte der Kunst des Regie-
rens, die der Philosoph Michel Foucault 1979 in Paris gehalten hat, zur Sprache.
Er bemerkte, dass ein grundlegender Wandel in der Welt vor sich geht und analysiert das dominant werdende ökonomische Denken seiner Zeit, den Neoliberalismus, eine Denkweise und ein Ordnungsprinzip, nach dem Politik, Gesellschaft und
Individuen sich richten sollen. Foucault begann seine Analyse des Neoliberalismus
der 1970er Jahre mit einem historischen Rückgriff auf das Deutschland nach 1945:
Die Ordoliberalen der Freiburger Schule um Walter Eucken und Friedrich Hayek
zählten zu den Beratern des ersten Wirtschaftsministers der Nachkriegszeit Ludwig
Erhard, der die deutsche Wirtschaft gemäß ihrem Modell der «sozialen Marktwirtschaft» neu gestaltete. Im Radiofeature wird Ludwig Erhard mit folgendem Originalton zitiert: «Es ist ja auch ganz sicher, dass in den letzten zwei Jahren die deutsche Umwelt nichts so sehr geformt und nichts unserem Leben so sehr den Stempel
aufgedrückt hat, als gerade die Politik der sozialen Marktwirtschaft. Wirtschaftspo-
litik aber greift weit über den ökonomischen Bereich hinaus und wir können vielleicht noch gar nicht richtig ermessen, inwieweit sie die Geister und die Menschen
selbst gewandelt hat. Und ich bin wahrhaft glücklich, in allen Kreisen der Verbrau-
cherschaft feststellen zu können, wie rasch und wie total sich der Umschwung
des Denkens vollzogen hat.» Im Weiteren wird auch Foucault selbst zitiert: «Die
Gesellschaftspolitik soll also nicht die anti-sozialen Wirkungen des Wettbewerbs
aufheben, sondern aufheben, was dem Wettbewerb entgegensteht und von der
Gesellschaft hervorgebracht werden konnte. Die Freiheit des Marktes macht somit
eine aktive und äußerst wachsame Politik notwendig. Und ich glaube, wir können
in diesem permanenten Eingreifen des Staates das Spezifische des Neoliberalismus
erkennen: Die Regierung soll so auf die Gesellschaft einwirken, dass der Markt die
Gesellschaft regelt, sodass also die Wettbewerbsmechanismen in jedem Augenblick
und an jedem Punkt das soziale Dickicht regeln. Wie Sie sehen, handelt es sich
also darum, ein soziales Gebilde herzustellen, in dem die Individuen die Form eines
Unternehmens haben.»

Die soziale Marktwirtschaft als ein begriffliches Vexierbild, in dem es eigentlich von
Anbeginn an um etwas anderes geht? Ein Programm zur grundlegenden Umwand-
lung des Denkens aller, in dem staatliche Interventionen im Dienste der Wirtschaft
sicherstellen, dass Politik, Gesellschaft und Individuen sich marktförmig ausrichten
und allein Profitgedanken und Konsum das Leben bestimmen? Ist dieses Einwirken
auf die Gesellschaft mit dem Adjektiv «sozial», in der «sozialen Marktwirtschaft»
gemeint?
    Ohne die genauen Antworten darauf zu kennen, stellen sich mir – durch dieses
Radiofeature erneut – die grundlegenden Fragen zum tieferen Verständnis unserer
Gesellschaft, in der wir heute leben: Zu welchen Ausgangsorten führen ihre histo-

---

8   Roman Herzog: *Der ökonomische Putsch.* Radiofeature im DLF, gesendet: Freitag, 20. April 2012,
    19.15 – 20.00 Uhr. Produktion: SWR/SR/DLF 2012

rischen Fluchtlinien, auf welchem geistigen Fundament und zu wessen Nutzen hat sie sich entwickelt und aufgebaut?

Aus Klaus Peters' Aufsatz über die «Individuelle Autonomie der abhängig Beschäftigen»[9] kenne ich ein Zitat des Philosophen Baruch de Spinoza: «Die Erfahrung lehrt uns nicht weniger als die Vernunft, dass die Menschen sich nur deshalb für frei halten, weil sie sich ihrer Handlungen bewusst, der Ursachen aber, von denen sie bestimmt werden, unbewusst sind.» Eine Aufgabe könnte darin bestehen, sich selbst die Ursachen der eigenen Handlungen bewusst zu machen – nicht nur, um von der eigenen Unfreiheit zu wissen, sondern vielmehr um an der Stelle der eingebildeten Freiheit um eine wirkliche Befreiung zu ringen. Die Fragen und die Suche zu diesen Ursachen werden sicher kein Ende nehmen. Außer für heute an dieser Stelle.

---

9   Klaus Peters: Individuelle Autonomie von abhängig Beschäftigten. Selbsttäuschung und Selbstverständigung unter den Bedingungen indirekter Unternehmenssteuerung (S. 77-106). In: Kastner (Hrsg.), *Neue Selbständigkeit in Organisationen. Selbstbestimmung – Selbsttäuschung – Selbstausbeutung?* München 2003.

8 Anhang

Einwilligungserklärung

An mancher Stelle wird in diesem Buch die Einwilligungserklärung erwähnt, mit der die vor der Kamera mitwirkenden Personen ihre Rechte am Filmmaterial nach dem jeweiligen Dreh abgegeben haben (nähere Erläuterungen dazu siehe Interview S. 12). Weil während der Dreharbeiten der endgültige Titel des Films noch nicht feststand – WORK HARD PLAY HARD war eigentlich nur der so genannte Arbeitstitel – ist in der Einwilligungserklärung lediglich stellvertretend von einem Film über Arbeitswelten der Zukunft die Rede.

Name:

Anschrift:

Geburtsdatum:

Einwilligungserklärung

Hiermit erkläre ich unwiderruflich und zeitlich unbefristet meine Einwilligung, dass das von der Firma HUPE Film- und Fernsehproduktion im Rahmen des Dokumentarfilms von Carmen Losmann über Arbeitswelten der Zukunft von mir in Bild und Ton aufgenommene Material im Ganzen und in Teilen vervielfältigt, verbreitet und öffentlich vorgeführt werden darf.

Diese Einwilligung bezieht sich auf sämtliche Medien, in denen die Produktion veröffentlicht werden soll, insbesondere auf Film, Fernsehen, Videocassetten, DVD, andere Bild- und Tonträger und Abrufsysteme (z.B. Video-on-Demand).

Ort, Datum _____

_____
Mitwirkende(r)

Anfragen an die Unternehmen

Vielfach wurde ich gefragt, wie ich zu den jeweiligen Drehgenehmigungen in den Unternehmen gekommen bin. Ich habe Kontakt aufgenommen und danach gefragt. Zwei Beispiele von Projektskizzen, wie ich sie als Anfrage an Unternehmen verwendet habe, finden sich hier:

WORK HARD PLAY HARD
Eine Produktion von HUPE Film in Co-Produktion mit dem ZDF und in Zusammenarbeit mit ARTE

Die Formen der Arbeit haben sich in den letzten Jahren grundlegend geändert. Unser Dokumentarfilmprojekt beschäftigt sich mit diesem Wandel von einer Industrie- hin zu einer durch Wissensarbeit geprägten Gesellschaft. Wir wollen herausfinden, welche Entwicklungen schon heute sichtbar sind und eine Perspektive auf zukünftige Formen des Arbeitens werfen.

Der Film besteht dabei aus zwei Erzählsträngen. Der erste Erzählstrang führt in die Welt der neusten Büroarchitekturen, die davon erzählen, was zunehmend wichtig wird: Kommunikation, Kreativität und soziale Interaktion. Im zweiten Erzählstrang wollen wir die sich verändernden Arbeitswelten und Spielräume anhand des Human Resource Managements beleuchten. Mit welchen Methoden und Instrumenten entwickeln Unternehmen ihr Humankapital, damit es nicht nur heute, sondern auch noch in fünf Jahren erfolgreich ist?

Uns interessiert unter anderem die Personalauswahl und -diagnostik: Wie gehen Unternehmen vor, um die Anforderungen zukünftiger Kompetenzen zu erkennen? Nach welchen Kriterien werden High Potentials von morgen ermittelt? Sehr gerne wollen wir ein Assessment Center dokumentarisch begleiten und suchen dafür ein Unternehmen, das Interesse an einer Zusammenarbeit hat.

WORK HARD PLAY HARD
Eine Produktion von HUPE Film in Co-Produktion mit dem ZDF und in Zusammenarbeit mit ARTE

Die Formen der Arbeit haben sich in den letzten Jahren grundlegend geändert. Unser Dokumentarfilmprojekt beschäftigt sich mit der so genannte Entgrenzung der Arbeit, also der Loslösung aus örtlichen und zeitlichen Beschränkungen und dem Verschwimmen zwischen Arbeit und Freizeit. Wir wollen herausfinden, wie sich die Arbeit gewandelt hat, wie heutzutage gearbeitet und wie die Arbeit in Zukunft aussehen wird.

Der Film besteht aus zwei Erzählsträngen. Der erste führt in die Welt des Human Resource Management und dreht sich um die Frage, welche Anforderungen und Kompetenzprofile an eine Arbeitskraft von morgen gestellt werden. Der zweite Erzählstrang beschäftigt sich mit moderner Büroarchitektur und erfragt, inwieweit sich veränderte Arbeitsverhältnisse in frisch gebauten Arbeitswelten widerspiegeln. Der Arbeitsraum trifft auf die neuen Bedürfnissen einer hochmobilen High-Tech-Arbeiterschaft, die sich zunehmend weniger an einem festen Arbeitsort aufhält – «Office is where you are», lautet die Devise.

Mit welchen architektonischen Konzepten und Visionen reagieren moderne Bürobauten auf diese veränderten Formen von Arbeit? Ihr Bauprojekt hat uns neugierig gemacht. Könnten Sie sich vorstellen, im Rahmen eines Portraits über Ihr Gebäude in unserem Dokumentarfilm mitzuwirken?

9 Literaturliste
mit Büchern, Texten, Websites aus der Recherche

Böhm, Michaela: *Die Angst vor dem Montag*. In: AIBplus 04/2007.

Boltanski, Luc/ Chiapello, Ève: *Der neue Geist des Kapitalismus*. Konstanz 2003.

Bröckling, Ulrich: *Das unternehmerische Selbst. Soziologie einer Subjektivierungsform*. Berlin 2007.

Bröckling, Ulrich/ Krasmann, Susanne Krasmann/ Lemke, Thomas (Hrsg.): *Gouvernementalität der Gegenwart. Studien zur Ökonomisierung des Sozialen*. Berlin 2000.

Dammbeck, Lutz: *Eingangsstatement zu Travestien der Kybernetik*, 24./25.6.2005. In: www.expolar.de/kybernetik/dammbeck.html (letzter Zugriff: 05.03.2013)

Dammbeck, Lutz: *Re-Reeducation oder: Kunst und Konditionierung*. In: Telepolis, 15.10.2007. http://www.heise.de/tp/artikel/26/26380/1.html (letzter Zugriff: 05.03.2013)

Deutscher Manager-Verband e.V. (Hrsg.): *Handbuch Soft Skills Band 2: Psychologische Kompetenz*. Zürich/ Singen 2004.

Dietrichsen, Dietrich: *Eigenblutdoping. Selbstverwertung, Künstlerromantik, Partizipation*. Köln 2008.

Foucault, Michel: *Die Geburt der Biopolitik. Geschichte der Gouvernementalität II: Vorlesungen am Collège de France 1978/1979*. Berlin 2000.

Friebe, Holm/ Lobo, Sascha: *Wir nennen es Arbeit. Die digitale Boheme oder: Intelligentes Leben jenseits der Festanstellung*. München 2006.

Glißmann, Wilfried: *Ökonomisierung der «Ressource Ich» – Die Instrumentalisierung des Denkens in der neuen Arbeitsorganisation*. In: Denkanstöße, IG Metaller in der IBM: Mit Haut und Haaren. Der Zugriff auf das ganze Individuum. Mai 2000.

Glißmann, Wilfried: *Sinn als Mittel indirekter Steuerung*. In: Denkanstöße, IG Metaller in der IBM: Meine Zeit ist mein Leben. Februar 1999.

Glißmann, Wilfried/ Peters, Klaus: *Mehr Druck durch mehr Freiheit. Die neue Autonomie in der Arbeit und ihre paradoxen Folgen*. Hamburg 2001.

Hamel, Gary: *Das revolutionäre Unternehmen*. Berlin 2001.

Herzog, Roman: *Der ökonomische Putsch*. Radiofeature im DLF, gesendet: Freitag, 20. April 2012, 19.15 – 20.00 Uhr. Produktion: SWR/SR/DLF 2012.

Keicher, Imke/ Brühl, Kirsten: *Sie bewegt sich doch! Neue Chancen und Spielregeln für die Arbeitswelt von morgen*. Zürich 2008.

Lefebre, Henry: *The Production of Space*. Oxford 1991.

Moldaschl, Manfred/ Sauer, Dieter: *Internalisierung des Marktes. Zur neuen Dialektik von Kooperation und Herrschaft* (S. 205-224). In: Minssen, Heiner (Hrsg.): Begrenzte Entgrenzungen. Wandlungen von Organisation und Arbeit. Berlin 2000.

Peters, Klaus: *Die Ohnmacht der Mächtigen. Anmerkungen zum Unterschied zwischen Zwang und Notwendigkeit* (S. 241-253). In: Gerd Peter (Hrsg): Grenzkonflikte der Arbeit. Hamburg 2007.

Peters, Klaus: *Individuelle Autonomie von abhängig Beschäftigten. Selbsttäuschung und Selbstverständigung unter den Bedingungen indirekter Unternehmenssteuerung* (S. 77-106). In: Kastner (Hrsg.), Neue Selbständigkeit in Organisationen. Selbstbestimmung – Selbsttäuschung – Selbstausbeutung? München 2003.

Peters, Klaus: *Woher weiß ich was ich selber will?* In: Denkanstöße, IG Metaller in der IBM: Meine Zeit ist mein Leben. Februar 1999, S. 3–10. Nachgedruckt in: Glißmann, Wilfried/ Peters, Klaus: Mehr

Druck durch mehr Freiheit. Hamburg 2001, S. 99-111. Vgl. auch http://labour-net.de/diskussion/arbeitsalltag/peters.html (letzter Zugriff: 05.03.2013).

Peters, Tom: *Führung: Tom Peters Essentials.* Offenbach 2008.

Pias, Claus: *Die kybernetische Illusion.* In: http://www.uni-due.de/~bj0063/texte/illusion.pdf (letzter Zugriff: 05.03.2013).

Pickshaus, Klaus: *Der Zugriff auf den gesamten Menschen.* In: http://labournet.de/diskussion/arbeitsalltag /pickshaus.html (letzter Zugriff: 05.03.2013)

Pollesch, René: *www-slums.* Reinbek 2003.

Pongratz, Hans J./ Voß, G. Günter: *Vom Arbeitnehmer zum Arbeitskraftunternehmer. Zur Entgrenzung der Ware Arbeitskraft* (S. 225-247). In: Minssen, Heiner (Hrsg.): Begrenzte Entgrenzungen. Wandlungen von Organisation und Arbeit. Berlin 2000.

Röggla, Kathrin: *wir schlafen nicht.* Frankfurt 2004.

Schmidt, Angela: *Die unselbständigen Selbständigen. Glück und Elend in der neuen Arbeitsorganisation.* In: Daniela Dahn, Günter Grass, Johano Strasser (Hrsg): In einem reichen Land. Zeugnisse alltäglichen Leidens an der Gesellschaft. Göttingen 2002.

Schmidt, Angela: *Mich regiert die blanke Angst.* In: Klaus Pickshaus, Horst Schmitthenner, Hans-Jürgen Urban (Hrsg.): Arbeiten ohne Ende. Neue Arbeitsverhältnisse und gewerkschaftliche Arbeitspolitik. Hamburg 2001.

Schmidt, Angela: *Mit Haut und Haaren: Die Instrumentalisierung der Gefühle in der neuen Arbeitsorganisation.* In: Denkanstöße, IG Metaller in der IBM: Mit Haut und Haaren. Der Zugriff auf das ganze Individuum. Mai 2000.

Sennett, Richard: *Der flexible Mensch.* München 2000.

Sennett, Richard: *Die Kultur des neuen Kapitalismus.* Berlin 2005.

Siemens, Stephan: *Meine Zeit ist mein Leben.* In: Denkanstöße, IG Metaller in der IBM: Meine Zeit ist mein Leben. Neue betriebspolitische Erfahrungen zur Arbeitszeit. Februar 1999.

Siemens, Stephan: *Thesen zur Gegenwart.* In: http://www.club-dialektik.de/Texte:Thesen_zur_Gegenwart (letzter Zugriff: 05.03.2013).

Szentpétery, Veronika: *Die gedopte Elite.* In: SpiegelOnline, 28.06.2008.

Wagner, Hilde (Hrsg.): *Rentier' ich mich noch? Neue Steuerungskonzepte im Betrieb.* Hamburg 2005.

Weber, Max: *Die protestantische Ethik und der Geist des Kapitalismus.* Tübingen 1934.

Welch, Jack/ Welch, Suzy: *Winning – die Antworten auf die 74 brisantesten Managementfragen.* Frankfurt am Main 2007

NACHWORT

von STEPHAN SIEMENS

In der ersten meiner Filmdiskussionen im Kino wurde gegen Ende die Frage aufgeworfen: Wie kann man verhindern, dass der Film WORK HARD PLAY HARD einseitig interpretiert wird? Dieses Buch soll einen Beitrag dazu leisten, einer einseitigen Rezeption des Films zu widersprechen. Es soll zu weiteren Diskussionen anregen. Der Film wie der in ihm dargestellte Gegenstand verdienen es.

Der Film WORK HARD PLAY HARD gehört zu den meistgesehenen Dokumentarfilmen der Gegenwart. Das ist zweifellos seiner ausnehmend guten künstlerischen Gestaltung zu verdanken, die auch in einigen der Artikel dieses Buches Gegenstand ist. Dabei zeigt der Film Dinge, die man nicht sehen kann, und das in einer Weise, die viele Menschen angesprochen, berührt und in seinen Bann geschlagen hat. Die Bildsprache der begrenzten Freiheit, die Bedrohlichkeit bestimmter Töne, das Fordernde der andauernden Formulierung «Are you there?», die geduldigen Kamerafahrten, die immer wieder gezeigten Monitor-Abbildungen der Natur – das sind unter anderem die filmgestaltenden Elemente, die dem Film eine unglaubliche Spannung verleihen. Und das obwohl er – oder vielleicht gerade weil er – eine Dokumentation dessen ist, was viele alltäglich erleben, aber ebenso viele nicht wahrhaben haben wollen: Die Wirkungsweise der gegenwärtigen Formen der Organisation der Arbeit.

Dies ist meines Erachtens der zweite Grund für den Erfolg des Films. Er seziert minutiös und gnadenlos die Formen der Organisation der Arbeit, die von vielen für menschlich gehalten werden. Insofern stößt er – so ist zu hoffen – ein neues Nachdenken über diese Formen zu arbeiten und vor allem über deren Folgen an. Eine solche Reaktion ist zunächst von denen zu erhoffen, die sich zuerst und lautstark zu Wort melden, wenn ein neuer Film erscheint. Kulturschaffende und KritikerInnen gleichermaßen haben in der Regel gezeigt, dass ihnen die so genannte «Arbeitswelt der Gegenwart» nicht vertraut ist. Nur diese Unkenntnis macht es verständlich, dass sie oft mit Abwertungen einzelner oder vieler ProtagonistInnen des Films reagiert haben. Dagegen lag es ihnen fern, sich darüber zu wundern, dass ihnen offenbar eine schon lang andauernde Entwicklung der Veränderung der Formen zu arbeiten entgangen war, ihnen, die doch die «Nase im Wind» haben sollten. Dies Buch soll auch zeigen: Die Abwertung der beteiligten Personen ist weder das Ziel oder der Inhalt des Films, noch ist sie der Sache nach angemessen. Die im Film handelnden Personen setzen sehr professionell ein System um, das sehr gut funktioniert und von dem wir alle leben, inklusive der Filmstiftungen, die einen solchen Film finanzieren und der Kulturredaktionen, die ihn wiederum rezensieren. Kritik ist sicher angezeigt, aber nicht in erster Linie an den beteiligten Personen, sondern an dem System, das die Produktivität der Menschen auf eine Weise entwickelt, die ihnen selbst unbewusst bleibt. Dass die Menschen, deren Produktivität auf diese Weise weiterentwickelt wird, davon kein Bewusstsein haben, das ist das Problem. Daran wirken auch die Kulturschaffenden mit, die sich mit derart profanen Dingen des produktiven Lebens offenbar nicht gerne befassen – deren wichtige Aufgabe es aber sein könnte, ein solches Bewusstsein entwickeln zu helfen.

Die zweite Gruppe, die zum Nachdenken kommen könnte, und das in den Filmdiskussionen auch gezeigt hat, sind die Beschäftigten solcher Unternehmen wie denjenigen, die in dem Film vorkommen. Diese Gruppe von ZuschauerInnen kennt diese im Film gezeigten Prozesse und hat sich – so schwer das vorstellbar sein mag – häufig daran gewöhnt. Für sie ist die Dichte, der Zusammenschnitt, die durch den Film herbeigeführte Distanz das Neue, das ihnen zeigt: Irgendetwas stimmt hier nicht. Hier zeigt sich eine von verschiedenen Enden einsetzende Diskussion, die aus der durch den Film ermöglichten Distanz fragt: Ist das eigentlich «normal», was in dem Film gezeigt wird? Diese Verfremdung setzt Diskussionsprozesse in Gang, deren Zeugen wir nach Vorführungen immer wieder sein durften. Diese Diskussionen gehörten für mich zu den schönsten Erlebnissen des letzten Jahres. Denn der Film hat Auseinandersetzungen und Diskussionen in die Kinos gebracht, die von einer ganz anderen Seite dazu führten, über das eigene Leben nachzudenken. Dieses Nachdenken unter dem Gesichtspunkt, wie andere Kräfte oder Institutionen auf das eigene Leben Einfluss zu gewinnen versuchen, ist ein Ergebnis des Films, das ich in den Kinos oft miterleben durfte.

Die Auseinandersetzung veränderte auch die Art des Sprechens über den Film. Denn nun berichtete der Film nicht mehr über eine den DiskutantInnen fremde Welt, sondern über ihre eigene, nun aber mit fremden Augen betrachtete Welt. Diese fremden Augen erlaubten es, Dinge zu sehen, die den Beschäftigten selbst nicht sichtbar waren. Auch diese Fremdheit kam in den Diskussionen immer wieder zur Sprache. Die Sprache des Managements, das weitgehende Fehlen derjenigen, die unmittelbar in den Unternehmen arbeiten, die Konzentration auf die Managementkonzepte – das alles führte dazu, dass die Beschäftigten zunächst schockiert waren. Die Kritik der englischen Ausdrücke, die Distanz zu der Sprechweise der UnternehmensberaterInnen und auch das ungläubige Staunen über die Überlegungen, mit denen PlanerInnen von Großraumbüros menschliche Bedürfnisse aufzunehmen und zu instrumentalisieren versuchen, das alles wurde als bedrückend und erschreckend empfunden. Auch auf diese Fremdheit wurde vor allem zu Beginn der Diskussionen mit Skandalisierung und moralischer Verurteilung einzelner ProtagonistInnen des Films reagiert. Aber im Laufe der Diskussion wurde dieser Standpunkt in der Regel überwunden. An die Stelle dieser Verurteilung anderer trat in der Regel eine Reflexion des eigenen Verhaltens. «Ich verhalte mich doch auch so, dass...». Solche Überlegungen standen am Anfang einer Zuwendung zur eigenen Lebenssituation, zur eigenen Praxis in den Unternehmen.

Dadurch kam die Widersprüchlichkeit, in der sich viele von uns bewegen, und die im Film ihre Bilder erhielt, zur Sprache. Ich kenne Menschen, die den Film nutzen, um sich über ihre Situation im Unternehmen mit anderen zu unterhalten. Bilder – gerade unkommentierte Bilder – rufen danach, eine ihnen entsprechende Sprache zu erzeugen. Sie fordern den Zuschauer und die Zuschauerin auf, Worte für das Gesehene zu finden und eine Sprache dafür zu entwickeln. Sie fordern zudem, aus der Rolle des oder der von Mächten, die als fremd und bedrohlich angesehen werden Bestimmten in eine Rolle zu gelangen, in der man sich mit der eigenen Bestimmtheit durch diese Prozesse auseinandersetzen kann. Sprechen lernen erfordert eine solche Auseinandersetzung und macht sie – wenn man mit anderen zu sprechen in der Lage ist – möglich. Unkommentierte und gleichzeitig intensiv wirkende Bilder, die viele gemeinsam im Kino sehen, regen zu einem gesellschaftlichen Verständigungsprozess an, der anschließend organisiert werden kann, und der in verschiedenen Zusammenhängen organisiert wird. Ein solches gemeinsames Sprechen, ein solcher Versuch der Verständigung von verschiedenen Positionen aus ist zudem am ehesten geeignet, eine einseitige Vereinnahmung des Films zu verhindern.

Eine solche Sprache zu erzeugen, ist dringend notwendig. Denn eine solche Sprache setzt eine Distanz voraus, oder – wenn eine solche Distanz noch nicht vorhanden ist – schafft die Distanz, die notwendig ist, um in dieser Form der Organisation der Arbeit zu überleben. Der Film zeigt, dass es zahlreiche Gefahren und Gefährdungen gibt, die mit dieser Art zu arbeiten verbunden ist. Wer in den Film geht und sich die Frage stellt, wie es kommt, dass psychische Belastungen in der Arbeit oder überhaupt in der Gegenwart zunehmen, der wird die Antwort ahnen, wenn er aus dem Film kommt. Wessen Leben auf die im Film gezeigte Weise vorab «generiert» wird, der kommt in einer völlig neuen Weise in innere Konflikte zwischen seiner Unternehmerfunktion und seiner Individualität. Der Ruf «Are you there?» drückt dabei aus, wie stark dieser Konflikt und die Unterordnung unter die neuen Konzeption ist. Diese Konflikte zu bewältigen, das ist nicht einfach. Dazu gehört es sicher, diese Konflikte zu erkennen und zu bearbeiten. Es ist eine der großen Stärken des Films, dass er dazu einen wichtigen Anstoß gibt.

In den Filmdiskussionen habe ich immer wieder die Position vertreten, dass der Film eine neue produktive Kraft der Beschäftigten sichtbar macht. Diese setzen sich – das scheint mir das Wesen der Veränderung zu sein – mit dem gesellschaftlichen Sinn und der gesellschaftlichen Bedeutung ihrer Arbeit in der Arbeit selbst auseinander. Die Unternehmen passen sich daran an, indem sie dieser Auseinandersetzung den Maßstab der Profitabilität unterschieben. Denn in einer kapitalistischen Produktionsweise ist das gesellschaftlich sinnvoll, was Profit bringt, und es ist umso sinnvoller, je mehr Profit es bringt. Diese unerfreuliche Form verbirgt einen Fortschritt dem Inhalte nach, dessen Erkenntnis für die Beschäftigten wie für die Menschheit von grundlegender Bedeutung ist. Denn sie verheißt eine Zukunft, in der die Menschen ihre Arbeit, ihre produktive Tätigkeit der Form wie dem Inhalt nach zu beherrschen lernen. Nichts scheint notwendiger, als das zu lernen. Dafür muss allerdings der Profit als der Maßstab der gesellschaftlichen Bedeutung der eigenen Arbeit überwunden werden.

Der Film erlaubt es uns, diese produktive Kraft im Spiegel der Management-Konzepte zu erkennen. Denn die ManagerInnen und die UnternehmensberaterInnen sind in dieser Entwicklung nicht souverän, sondern ihr ebenso unterworfen. Sie passen sich an die produktiven Kräfte der Beschäftigten an. Sie beherrschen sie nicht, sondern akkommodieren sich ihnen. Diese Unbeherrschtheit ist bedrohlich. Wie die Menschen mit dieser Bedrohung umgehen – diese Frage stellt der Film. Die Antwort müssen die Menschen selbst geben, nicht im Film, sondern in der Wirklichkeit.

Freilich ist das eine Art des Verständnisses des Films. Als Kunstwerk ist er offen für andere Interpretationen, und das ist gut so. Denn so kann der Film die Funktion erfüllen, die sich in der Diskussion über ihn schon jetzt darstellt: Er lädt ein zu einem kulturellen und öffentlichen Selbstverständigungsprozess darüber, wo wir in der Gegenwart stehen. An der Notwendigkeit einer solchen Selbstverständigung kann kein Zweifel bestehen. Es ist eine der großen Leistungen des Films WORK HARD PLAY HARD, dass er uns diese Gelegenheit verschafft. Und es ist schön zu erleben, dass und wie dadurch das Kino zu einem öffentlichen Diskussionsraum wird. Das zeigt: Kunst kann bewegen.

DokFilm

François Niney
**Die Wirklichkeit des
Dokumentarfilms**
50 Fragen zur Theorie und Praxis des
Dokumentarischen
Übersetzt und herausgegeben Heinz-
B. Heller und Matthias Steinle
256 S. Pb., € 19,90
ISBN 978-389472-728-4

Dokumentarfilme gewinnen
Festivalpreise, locken Zuschauer ins
Kino und sind im Fernsehen auf
vielen Sendern präsent. Umso mehr
stellt sich die Frage: Was ist ein
Dokumentarfilm? Francois Niney
erläutert anhand von 50 Fragen das
Wesen des Dokumentarfilms – für
Laien verständlich, aber trotzdem auf
dem aktuellen Stand der Forschung.

Universitätsstr. 55 · D-35037 Marburg
Fon 06421/63084 · Fax 06421/681190
www.schueren-verlag.de

DokFilm

Thorolf Lipp
Spielarten des Dokumentarischen
Buch und DVD
144 S., Geb., € 19,90
ISBN 978-3-89472-755-0

Der nonfiktionale Film fasziniert
durch seine enorme Bandbreit an
Subgenres. Man redet unter anderem
von Dokumentarfilm, Dokumentation,
Langzeitbeobachtung, ethnographi-
schem Film, Feature, Reportage,
Doku, Doku-Drama, Docutainment
oder Mockumentary. Aber bezeichnen
diese Begriffe wirklich alle eine
eigenständige dramaturgische Form?
Auf der Begleit-DVD wird die These
des Buches anhand einer Fülle an
klassischen und zeitgenössischen
Filmausschnitten vertieft und
veranschaulicht.

Universitätsstr. 55 · D-35037 Marburg
Fon 06421/63084 · Fax 06421/681190
www.schueren-verlag.de